文化诗学理论与实践丛书

北京师范大学文艺学研究中心
　　主编：童庆炳、赵勇

赵 勇 著

整合与颠覆：大众文化的辩证法

法兰克福学派的大众文化理论（增订版）

图书在版编目(CIP)数据

整合与颠覆:大众文化的辩证法:法兰克福学派的大众文化理论/赵勇著. —2版. —北京:北京大学出版社,2022.7
(文化诗学理论与实践丛书)
ISBN 978-7-301-33133-0

Ⅰ. ①整… Ⅱ. ①赵… Ⅲ. ①法兰克福学派—研究 Ⅳ. ①B089.1

中国版本图书馆 CIP 数据核字(2022)第 108852 号

书　　　名	整合与颠覆:大众文化的辩证法
	——法兰克福学派的大众文化理论(增订版)
	ZHENGHE YU DIANFU: DAZHONG WENHUA DE
	BIANZHENGFA——FALANKEFU XUEPAI DE
	DAZHONG WENHUA LILUN(ZENGDINGBAN)
著作责任者	赵　勇　著
责 任 编 辑	张文礼
标 准 书 号	ISBN 978-7-301-33133-0
出 版 发 行	北京大学出版社
地　　　址	北京市海淀区成府路 205 号　100871
网　　　址	http://www.pup.cn　新浪微博:@北京大学出版社
电 子 信 箱	pkuwsz@126.com
电　　　话	邮购部 010-62752015　发行部 010-62750672
	编辑部 010-62767315
印 刷 者	天津中印联印务有限公司
经 销 者	新华书店
	965 毫米×1300 毫米　16 开本　26.25 印张　418 千字
	2005 年 6 月第 1 版
	2022 年 7 月第 2 版　2022 年 7 月第 1 次印刷
定　　　价	108.00 元

未经许可,不得以任何方式复制或抄袭本书之部分或全部内容。
版权所有,侵权必究
举报电话: 010-62752024　电子信箱: fd@pup.pku.edu.cn
图书如有印装质量问题,请与出版部联系,电话: 010-62756370

目　录

序 ………………………………………………… 童庆炳　001

导　言 …………………………………………………………… 001

第一章　整合与颠覆：大众文化的辩证法
　　　　——法兰克福学派大众文化理论综论 ……………… 011
　一　法兰克福学派大众文化理论的合法性危机 …………… 011
　二　法兰克福学派大众文化理论的生成语境 ……………… 019
　三　否定与肯定：法兰克福学派大众文化理论的两套
　　　话语 ………………………………………………………… 029

第二章　阿多诺：将批判进行到底 ……………………………… 036
　一　什么是文化工业 ………………………………………… 037
　二　从文化工业的视角看流行音乐 ………………………… 061
　三　法西斯主义与大众文化 ………………………………… 084
　四　印刷文化语境中的现代性话语 ………………………… 100

第三章　本雅明：另类之音 …………………………………… 113
　一　巴黎：城与人，或大众文化的梦像 …………………… 115
　二　形左实右：摇摆于激进与保守之间 …………………… 136
　三　阿—本之争：关公战秦琼 ……………………………… 165

第四章　洛文塔尔：逡巡于雅俗之间 ………………………… 190
　一　摇晃的立场与暧昧的历程 ……………………………… 192
　二　大众文化是怎样生产的 ………………………………… 213
　三　通俗文学视野中的大众文化 …………………………… 235

第五章　马尔库塞:乌托邦的终结? …………………… 251
　　一　从"整合"到"颠覆":大众文化的两张脸 ………… 252
　　二　走向美学:从异托邦到乌托邦 …………………… 282

结　语 …………………………………………………… 306

附录　法兰克福学派大众文化理论及相关研究综述 …… 311
　　一　国外研究综述 …………………………………… 311
　　二　国内研究综述 …………………………………… 350

参考文献 ………………………………………………… 370

索　引 …………………………………………………… 392

后　记 …………………………………………………… 405

跋 ………………………………………………………… 409

增订版后记 ……………………………………………… 412

序

童庆炳

赵勇的博士学位论文《整合与颠覆:大众文化的辩证法——法兰克福学派的大众文化理论》即将出版,我真为他感到高兴。赵勇的路走得真是不容易,10年前,他就来报考博士研究生,因英文成绩欠佳而落榜。1998年,他又来报考,英语成绩依然以4分之差而没能入围。可以想象,他是鼓起多大的勇气,克服着内心多少痛苦,一次次走进北师大博士研究生的应试考场的。那岂不是有一点"风飒飒兮木萧萧"的味道吗?后来他终于考过了英语,走进了北师大的校门,成为文艺学专业的一名博士生。这便是赵勇给我的第一印象:坚持,再坚持,决不放弃。

赵勇给我的第二印象是他抽烟上了瘾。记得那时我给他们那个年级的博士生上《文心雕龙》研究课,一个上午连上三节,中间休息10分钟。他几乎是等不到休息时间,那烟瘾就上来了。一旦宣布休息,他差不多总是第一个走出教室,去楼道里吞云吐雾。记得有几次他是未等宣布休息,就提前走出教室去了。我很同情他,却并没有责怪他。我自己不抽烟,但我能理解上了烟瘾是怎么回事。而且我也知道,这些抽烟的学者,多半出于思考问题时集中注意力的需要。我听过这方面的不少故事。我这样说,并非赞美抽烟。

赵勇给我的第三印象是他勇于接受各种各样的挑战。选择博士论文题目的时候,几经反复,但在我的坚持下,还是选择了"法兰克福学派大众文化理论"进行研究。因为此前我读过赵勇的一些关于大众文化问题的文章,文章写得很漂亮,思路之清晰,文字之老辣,都令人赞赏。但似乎缺少一点什么。我建议他做"法兰克福学派大众文化理论",意思是想给他将来的大众文化研究弥补所缺少的东西——理论的素养。赵勇勇敢地接受了这个挑战。他明知自己英文不是太好,明知这个题目一定要阅读许多英文资料,明知这对他来说是很大的挑战,可他还是面对困难,毅然前行。赵勇博士论文的研究过程的确是十分艰辛的。法兰克福学派大量的英文著作,都必须读。其中有一些专门谈音乐的论文,而且是很专业的论文,几乎每翻一页书都要查辞典,阅读速度很慢。但他又不像别的学生那样,读不懂就跳过去,而是非读懂不可。他情愿接受挑战的勇气,他的勤奋的精神,他的实事求是的态度,都让我很难忘。

赵勇给我的第四印象是善于独立思考。

我自己也读过一些关于法兰克福学派大众文化理论的著作,给我的印象是法兰克福学派大众文化理论的特点就是它的批判性。法兰克福学派的学者们令人信服地证明了那些流行于资本主义国家的各色大众文化,是帮资本家的忙的,是为资本家服务的。因为,这些以感官刺激、欲望的满足为特色甚至是"花花公子"式的以色情为核心的大众文化,无非是要麻痹人们的思想感情,把资本的统治渗透到社会生活的每一个最细小的角落,从而不但把人们的思想控制起来,甚至连人们的感觉也用资本逻辑的绳索五花大绑起来。这样,人们除了舒舒服服听凭他们的统治之外,再也不会有什么非分之想了。因此,资本主义的大众文化不过是巩固资本主义的文化工具。这就是我当时对法兰克福学派大众文化工业的基本理解。我相信这也是许多人的理解。

但是,赵勇在经过长时间的钻研后告诉我,我的这种理解是不准确的,起码是不全面的,是误解。赵勇以他的论文回答了这些误解。赵勇论文以辩证的眼光,在大量占有第一手中文和英文资料的基础上,以阿多诺、本雅明、洛文塔尔和马尔库塞为个案,对法兰克福学派的大众文化理论进行了坚实的研究。论文既看到他们的共同性,又充分注意到他们各自的理论个性。作者在细致梳理、评述四人理论的基础上,总结出法兰克福大众文化理论的整合与颠覆两种模式和否定性与肯定性两种话语。这就如他后来论文所述的那样,法兰克福学派的大众文化工业理论是复杂的,它确有整合的一维,但同时也有颠覆的一维。赵勇说:对大众意识水平的不同理解、对大众文化的功能或作用的不同认识,以及思考问题的逻辑起点、思维方式与个人的学术背景、批判立场等等的不尽相同,又使法兰克福"研究所"成员各自拥有了具有个性化特征的大众文化理论。阿多诺的文化工业批判理论构想了一种整合模式,本雅明的大众文化理论建立了一套颠覆模式。前者经洛文塔尔、马尔库塞的补充论证,甚至通过本雅明的反证(他对传统艺术消亡时的怀恋)而成为法兰克福学派大众文化批判理论的主流;后者同样经洛文塔尔、马尔库塞的书写润色而成为法兰克福学派大众文化理论的宝贵资源。因此,只有一个阿多诺,即终生批判着大众文化的阿多诺,但是却有两个本雅明(布莱希特式的与波德莱尔式的)、两个洛文塔尔(蒙田式的与帕斯卡尔式的)和两个马尔库塞(本雅明式的与阿多诺式的)。所以,本雅明、洛文塔尔与马尔库塞在对待大众文化问题上都具有两面性、暧昧性与矛盾性。那么什么是整合模式或否定性话语呢?赵勇告诉我们:法兰克福学派以阿多诺等人为代表的主流观点认为,由于资本主义社会已变成了一个"全面被监管社会"或"单面社会",由于技术合理性就是统治本身的合理性,所以,大众文化并不是在大众那里自发地形成的文化,而是统治阶级通过文化工业强加在大众身上的一种伪文化。这种文化以商品拜物教为其意识形态,以标准化、模式化、伪个性化、守旧性与欺骗性为其基本特征,以制造人们的虚假需要为其主要的欺骗手段,最终达到的是自上而下整合大众的目的。那么什么是颠覆模式或肯定性话语呢?赵勇说:在法兰克福学派的本雅明等人看来,肯定性话语的基本假定是:在资本主义社会中,大众不是被文化工业整合的对象,而是需要被大众文化武装的革命主体。通过新型的大众文化形式(电影、摇滚乐等),通过大众文化所执行的新型功能(心神涣散、语言暴动、身体狂欢与爱欲解放等)对大众革命意识与批判态度的培养,最终可以达到颠覆资本主义制度的目的。我听了赵勇的研究结论后,才知道我此前对法兰克福学派大众文化的理解确有片面性。可是如果赵勇的研究到此止步,那只能算他读懂了书,研究清楚了问题。更难能可贵的是,赵勇善于独立思考,又在这个研究的基础上再前进一步,他认识到,历史地看,法兰克福学派的大众文化理论的否定性话语与肯定性话语均有其理论盲点,所以它们均有扬弃其片面性进而相互沟通对话的必要,并最终应该统一在"批判理论"的基本宗旨之下。正是基于这一考虑,赵勇的论文把整合模式与颠覆模式看作大众文化的辩证法,并在后一点上,展开了精彩的深入的论述,体现了他的独立思考和理论创新的勇气和功力。当然赵勇的论文不止于此,它还有许多令人信服的研究,都给人十分深刻的印象。

在国内的西方文论研究中,我认为最令人受不了的是,研究谁就说谁了不起,缺少评析的、批判的精神。更低劣的则是只会玩弄西方学者提出的一些名词术语,对西方人的学术理论则一无所知。实际上,随着我们对西方学者了解的深入,他们的理论建树虽然有许多新意,但也不是没有问题。新意我们可以吸收,问题则要一一分析。这才是真正的研究。食洋不化最终是要得学术胃病的。现在一些人已经胃穿孔,除了赞美西方的"后现代"理论之外,除了在西方学者面前自卑之外,除了说中国人这也不行那也不行之外,已经说不出什么新鲜话来了,这是很可悲的。有鉴于赵勇的法兰克福学派大众文化理论研究克服了上面那种在西方学术面前食洋不化的弊病,谈了如上的一些感想。

赵勇的路还很长,我希望他继续接受挑战,继续毅然前行,继续获得新的成果,同时也希望他不要再抽烟了。

2005 年 2 月 28 日

导　言

　　本书的论题是"法兰克福学派的大众文化理论",在进入正式的论述之前,对如下几个方面的问题有必要加以交代或说明。

　　一、所谓的"法兰克福学派"(Frankfurter Schule/The Frankfurt School)是后来被追加的一个学术称谓,①它的本来名称是社会研究所(Institut für Sozialforschung/Institute for Social Research)。该所于1923年2月3日正式成立于德国的法兰克福市,与法兰克福大学保持着密切的联系。它的创始人是韦尔(Felix Weil)、格拉赫(Kurt Albert Gerlach),第一任所长是格吕堡(Carl Grünberg)。但本书所论及的"法兰克福学派"指的是霍克海默继任所长(1931年1月)以后的社会研究所。霍克海默上任之后,马上改变了格吕堡时代的研究方向,把研究重心从经验的、具体的政治经济学、工人运动史研究转到了哲学与社会科学研究上来,并把"批判理论"(Critical Theory)作为研究所的指导思想。纳粹掌权(1933)后,研究所及其成员开始了流亡生涯。研究所先去日内瓦,后在巴黎等地设立了办事处,最终于1934年在美国纽约的哥伦比亚大学安家落户,其成员(本雅明除外)也先后到了美国。1950年,研究所结束了流亡生涯返回联邦德国,但部分成员却永远留

---

　　① 据法兰克福学派研究专家马丁·杰伊考证,1950年研究所返回德国时,这一称谓还未出现。据威格斯豪斯的说法,"法兰克福学派"被叫响的时间是1960年代。See Martin Jay, *The Dialectical Imagination: A History of the Frankfurt School and the Institute of Social Research 1923-1950*, London: University of California Press, 1996, p. xxix. See also Rolf Wiggershaus, *The Frankfurt School: Its History, Theories, and Political Significance*, trans. Michael Robertson, Cambridge: The MIT Press, 1994, p. 1.

在了美国,其中包括本书所论及的两位重要人物:洛文塔尔与马尔库塞。①

二、法兰克福学派的"大众文化理论"一般被称为"大众文化批判理论",但本书只是在具体的论述语境中才使用这一说法,泛泛论及法兰克福学派时则使用"大众文化理论"这一中性的称谓。之所以如此,是因为在对大众文化的认识上,法兰克福学派内部实际上一直存在着两种声音:否定与肯定,并相应地形成了两套不同的理论话语。这两套话语都是法兰克福学派的遗产,且都应该具有合法存在的价值与理由,而单以"大众文化批判理论"命名则容易以偏概全,也容易让人产生误解(在本书第一章中,笔者将对这一问题做出阐述)。

三、在本书的语境中,让"大众文化理论"与"法兰克福学派"形成一种搭配关系只意味着要澄清一个基本的事实,并不意味着要淡化法兰克福学派对大众文化的批判色彩。因为无论是否定还是肯定大众文化,实际上都是一种战术上的考虑,从总体上看,它们又都被纳入了法兰克福学派"批判理论"的战略规划中,因此,这里有必要对"批判理论"略作交代。

"批判理论"又称"社会批判理论"。霍克海默在1932年6月为研究所自己创办的刊物《社会研究杂志》撰写的短序中指出:批判理论的目的是试图"按照每一种可能的理解水平来把握社会生活的进程"。②1937年,霍克海默与马尔库塞又分别撰写了《传统理论与批判理论》和《哲学与批判理论》,进一步明确了批判理论的目的、方向、研究范围与方法。前者认为:"批判理论不仅是德国唯心主义的后代,而且也是哲学本身的传人。它不只是在人类所进行的事业中显示其价值的一种研究假说;它还是在历史努力中创造出一个满足人类需求和力量之世界的根本成分。无论批判理论与各种具体科学之间的互动多么广泛……这一理论的目的绝非仅仅是增长知识本身。它的目标是要把

---

① 资料来源:Martin Jay, *The Dialectical Imagination: A History of the Frankfurt School and the Institute of Social Research 1923-1950*, pp. 1-40, 281-299. Phil Slater, *Origin and Significance of the Frankfurt School: A Marxist Perspective*, London: Routledge & Kegan Paul Ltd., 1977, pp. xiii-xvi. Martin Jay, ed., *An Unmastered Past: The Autobiographical Reflections of Leo Lowenthal*, Berkeley: University of California Press, 1987, pp. 52-81。〔德〕H. 贡尼、〔德〕R. 林古特:《霍克海默传》,任立译,北京:商务印书馆1999年版,第18—26页。

② 〔德〕H. 贡尼、〔德〕R. 林古特:《霍克海默传》,第25—26页。

人从奴役之中解放出来。"① 而后者除进一步强调了批判理论所蕴含的"人类解放的旨趣"外,还着重论述了批判理论对个人的自由与幸福的捍卫,对人的理性潜能的开掘,同时,批判理论对于现实还应该具有一种超越性质,甚至具有一种乌托邦气质。马尔库塞指出:"没有幻想,所有的哲学知识都只能抓住现在或过去,却切断了与未来的联系,而未来才是哲学与人类真正历史之间的唯一纽带。"② 对于法兰克福学派的批判理论,美国哲学教授(同时也是马尔库塞研究专家)凯尔纳(Douglas Kellner)则从方法论的角度提升了它的意义。他说,作为一种跨学科的研究,批判理论试图建构一种系统的、综合的社会理论来面对当时关键的社会与政治问题。"至少,批判理论的一些看法是对相关的政治理论进行关注和对受压迫、被统治的人们的解放予以关心的产物。因此,批判理论可以被看成是对统治的批判,是一种解放的理论。"③

尽管洛文塔尔在 1980 年谈到"批判理论"时显得比较低调,④ 但是从霍克海默与马尔库塞的论述以及凯尔纳的总结中可以发现,"批判理论"是借用马克思《资本论》的研究方法并在马克思主义的传统中加以运作、尊重科学的发展但是却与种种科学化的社会研究与哲学方法(尤其是实证主义)划清界限、批判权力统治及各种社会文化现象同时也批判自身、旨在拯救个体并致力于人类解放的理论。而自由、幸福、理性、幻想、乌托邦、人类解放等等既是批判理论的核心概念,同时也构成了批判理论特殊的叙述方式。而在后现代主义理论家(比如利奥塔)看来,"批判理论"也正是他们所批判的"宏大叙事"。指出这

---

① Max Horkheimer, *Critical Theory: Selected essays*, trans. Matthew J. O'Connell and Others, New York: The Continuum Publishing Corporation, 1982, pp. 245-246.
② Herbert Marcuse, *Negations: Essays in Critical Theory*, trans. Jeremy J. Shapiro, Harmondsworth: Penguin Books, 1972, p. 155.
③ Douglas Kellner, *Critical Theory, Marxism and Modernity*, Cambridge: Polity Press, 1989, p. 1.
④ 在与杜比尔(Helmut Dubiel)的交谈中,洛文塔尔反复强调,批判理论"是一种视角(perspective),一种面对所有文化现象所采取的普通的、批判的、基本的态度。它从来没有自称为一种体系"。洛文塔尔虽然明确了批判理论的"实践"功能,但是他并没有使用霍克海默与马尔库塞使用过的自由、幸福、理性、幻想、乌托邦、人类解放等等"大词"对批判理论进行限定。这应该是一个很有意思的症候。See Martin Jay, ed., *An Unmastered Past: The Autobiographical Reflections of Leo Lowenthal*, pp. 60-62.

一点是想说明,后现代主义与批判理论仿佛具有的不共戴天之仇的根源究竟在哪里。

必须把法兰克福学派的大众文化理论置于"批判理论"的总体思维框架中,我们才能对大众文化理论本身做出准确的把握与理解。也就是说,大众文化批判理论既是"批判理论"这一总体理论模式与思维模式的合理延伸,也是"批判理论"进入操作阶段之后一种更具体的实践形式。而当美国的大众文化成为法兰克福学派 1940 年代的主要研究对象之后,①由于阿多诺在此之前已经开始了对大众文化的批判,所以于他而言,把"批判理论"运用于大众文化研究已是轻车熟路;对于洛文塔尔来说,则给他提供了一个把"批判理论"与"文学社会学"结合起来的重要契机;马尔库塞虽然迟至 1960 年代才开始其对大众文化的大规模批判,但是这种批判依然秉承了"批判理论"的传统。因此,法兰克福学派的大众文化理论与"批判理论"的关系是撕扯不开的。

四、按照一般的操作程序,谈论法兰克福学派的大众文化理论应该从他们对大众文化的定义谈起,但是本书并不打算这么做。之所以如此,是因为法兰克福学派的大众文化理论虽然是其"批判理论"的具体化,但是它的成员对大众文化依然有着不尽相同甚至截然相反的理解;即使具体到某个人,他在不同的时期对大众文化的看法也是不一样的。因此,没有必要以一个共同的定义来规范法兰克福学派的大众文化理论,从而遮蔽其成员思考的个性化特征。不过,尽管存在着这样一种状况,依然有必要指出法兰克福学派所谓的大众文化(mass culture)与当今西方学者所论及的大众文化(popular culture)之间的联系与区别。

根据西方学者的研究,大众文化(popular culture)虽然在"近代欧洲"(1500—1800)就已经出现了,②但是法兰克福学派所面对的大众

---

① 在霍克海默的领导下,社会研究所一个时期有一个时期的中心工作。当权威主义、法西斯主义等研究告一段落之后,大众文化成为研究所 1940 年代的主要研究对象。See Martin Jay, *The Dialectical Imagination: A History of the Frankfurt School and the Institute of Social Research 1923-1950*, p. 172.

② Peter Burke, *Popular Culture in Early Modern Europe*, London: Maurice Temple Smith Ltd., 1978, pp. xi-xii.

文化(mass culture)却主要是指20世纪30—60年代在美国所出现的一种新型的文化现象。① 这种文化尽管与"早期的"大众文化存在着一种血缘关系,但是却又有着一些新的特征:第一,工业化、都市化的进程使美国逐渐步入了一个大众社会,而大众社会则是大众文化产生的温床;第二,大众媒介,尤其是新型的电子媒介(如电影、唱片、无线电广播、电视以及乐队所使用的电声乐器等)在对大众文化的传播与塑造方面起着不可低估的作用;第三,大量消费刺激了大众文化的批量生产,而批量生产的形式又生产出了更多的大众文化的消费群体;第四,以资本的运作为手段并以营利为目的,成为大众文化生产的基本动力和大众文化存在的基本形式。正是由于上述特点,在谈到大众文化时,西方学者才喜欢引用英国流行艺术研究者汉密尔顿(Richard Hamilton)1957年为大众文化所做的基本限定。他认为大众文化具有"流行(为大量阅听人而存在)、瞬间即逝、唾手可得、成本低廉、大量生产、主要以年轻人为诉求对象、诙谐而带点诘慧、撩拨性欲、玩弄花招而显得俏皮、浮夸、足以带来大笔生意等十一项特质"②。而近年来西方学者在谈到大众文化时也依然指出:"大众文化是通俗文化,它是由大批生产的工业技术生产出来的,是为了获利而向大批消费公众销售。它是商业文化,是为大众市场而大批生产的。它的成长意味着:任何不能赚钱、不能为大众市场而大批生产的文化,都很少有地位,如艺术和民间文化。"③

由此可以看出,商业因素是大众文化得以形成的重要因素。西方学者在论及大众文化时几乎都会谈到这一因素,法兰克福学派自然也不例外。然而,与西方其他学者的不同之处在于,法兰克福学派除了对大众文化的商业因素进行了深入细致的分析之外,还别具匠心地发现了潜藏于大众文化中的政治因素。尽管由于流亡的原因,阿多诺与

---

① 当然也有例外,如洛文塔尔把大众文化的讨论追溯到16世纪的欧洲,本雅明则从波德莱尔笔下那个19世纪的巴黎看到了大众文化的存在。

② 转引自〔英〕斯威伍德:《大众文化的迷思》"译者导论",冯建三译,台北:远流出版事业股份有限公司,1993年,第4页。比如,丹尼尔·贝尔在谈到"大众享乐主义"时就引用过汉密尔顿的这种说法。见〔美〕丹尼尔·贝尔:《资本主义文化矛盾》,赵一凡、蒲隆、任晓晋译,北京:生活·读书·新知三联书店1989年版,第120页。

③ 〔英〕多米尼克·斯特里纳蒂:《通俗文化理论导论》,阎嘉译,北京:商务印书馆2001年版,第16页。

霍克海默在20世纪30—40年代常常采用伊索寓言似的写作方式而绝口不提政治,尽管与政治保持距离是阿多诺所遵循的一个基本宗旨,但是当他们把文化工业看作统治阶级自上而下的整合工具时,大众文化显然包含了政治的因素;而当本雅明与马尔库塞在一个特殊的历史时期把大众文化看作颠覆既存的统治秩序的重要手段时,他们所谓的大众文化也依然包含了政治的因素。区别只在于,前者痛斥的是大众文化中的"反革命"政治,而后者所欢呼的是大众文化中的"革命"政治。因此,对大众文化中政治因素的发现与发掘、否定或肯定是法兰克福学派大众文化理论区别于其他大众文化理论的重要特征,也是我们理解法兰克福学派大众文化理论的重要视角。

五、任何一个学派都是由其成员亦即具体的人所组成的,所以,谈论法兰克福学派的大众文化理论实际上也就是谈论其成员的大众文化理论。本书根据法兰克福学派的成员对大众文化理论的贡献程度和影响程度,选择其第一代[1]的核心成员特奥多尔·W. 阿多诺(Theodor Wiesengrund-Adorno,1903—1969)、列奥·洛文塔尔(Leo Löwenthal,1900—1993)、赫伯特·马尔库塞(Herbert Marcuse,1898—1979)与编外成员[2]瓦尔特·本雅明(Walter Benjamin,1892—1940)的大众文化理论作为其研究对象;同时,由于马克斯·霍克海默(Max Horkheimer,1895—1973)在研究所中的特殊位置和在大众文化研

---

[1] 西方学界一般把霍克海默等学者看作法兰克福学派第一代理论家,把哈贝马斯等学者看作法兰克福学派第二代理论家,把霍耐特(Axel Honneth)等学者看作法兰克福学派第三代理论家。据说,法兰克福学派第四代已崭露头角,但还没有成型。参阅曹卫东:《法兰克福学派的掌门人》,《读书》2002年第10期。

[2] 本雅明究竟是不是研究所的正式成员,笔者见到两种说法。第一种说法来自洛文塔尔的回忆:"真实的情况是,本雅明并非研究所的正式成员,但他是阿多诺及其妻子的好友,我们也都与他相熟。由于他在法兰克福待过一段日子,由于获取大学讲师职位的失败,我们几乎经常与他进行个人的接触,后来,则通过通信联系。"另一种说法来自《霍克海默传》的作者,他们指出:"本雅明从1935年起是研究所在巴黎的同事,1940年成为研究所成员。"本雅明的研究者一般认为,1935年前后,本雅明与研究所有了更为固定也更为密切的联系,原因是他给《社会研究杂志》写稿,研究所为无法维持生计的他提供必要的生活费用(起初是每月500法郎,后增至每月1000法郎)。1940年晚夏,霍克海默为他搞到了去美国的担保与签证,但这是不是就意味着已接受本雅明为研究所的成员,不得而知。故把本雅明看作研究所的编外成员。See Martin Jay, ed., *An Unmastered Past: The Autobiographical Reflections of Leo Lowenthal*, p. 67. 参阅〔德〕H. 贡尼、〔德〕R. 林古特:《霍克海默传》,第43页。See Rolf Wiggershaus, *The Frankfurt School: Its History, Theories, and Political Significance*, pp. 191-193.

中的领导作用,他将作为我们考察法兰克福学派大众文化理论的一个重要的背景人物。

六、因此,本书所谓的法兰克福学派的大众文化理论实际上主要是对阿多诺、本雅明、洛文塔尔、马尔库塞等四位思想家的大众文化理论分别进行的个案研究。由于他们的思考既是法兰克福学派"批判理论"这一共同背景之下的具体产物,又是他们之间相互交流、协商、影响、启发、对话与潜对话乃至批判与反批判的结果,同时,由于每个人的知识谱系、艺术素养、气质爱好以及思考问题的逻辑起点等等均大不相同,所以,本书在面对四位学者的大众文化理论时一方面要考虑他们的异中之同,但更重要的是要呈现他们的同中之异。因此,把他们的理论还原到形成这一理论的个人化语境中并呈现其个性化特征,将成为本书的一个主要工作。

七、这样,本书的研究将不仅仅意味着对四位思想家的大众文化理论进行梳理、澄清、分析与鉴别,而且也意味着对形成某一种理论话语的个体进行相应的语境化思考。于是,在呈现其理论话语的同时,尽量呈现思想家本人的心路历程,并思考这两者之间的关系,将成为本书的另一个主要工作。不过,在进入个案分析之前,有必要指出这四位思想家以及霍克海默的共性特征。

1. 他们全都出身于富裕的中产阶级家庭:霍克海默的父亲是斯图加特一家纺织工厂的厂主,后来成为巴伐利亚王家商业顾问。阿多诺的父亲是葡萄酒商,洛文塔尔的父亲是医生,马尔库塞在1922年的自传中称自己"是商人卡尔·马尔库塞与其妻子格特路德的儿子"。本雅明的父亲是拍卖师,住在柏林西区的高级住宅区里,据本雅明回忆,他家的客厅可容纳30人同时进餐,餐具柜里整齐排列的银餐具闪闪发光。[1] 指出这一点是想说明,本书所涉及的法兰克福学派成员全

---

[1] 资料来源:〔德〕H. 贡尼、〔德〕R. 林古特:《霍克海默传》,第4页。〔日〕细见和之:《阿多诺——非同一性哲学》,谢海静、李浩原译,石家庄:河北教育出版社2002年版,第18页。Martin Jay, ed., *An Unmastered Past: The Autobiographical Reflections of Leo Lowenthal*, pp. 17-18. Douglas Kellner, *Herbert Marcuse and the Crisis of Marxism*, Berkeley: University of California Press, 1984, p. 13. Momme Brodersen, *Walter Benjamin, A Biography*, trans. Malcolm R. Green and Ingrida Ligers, London: Verso, 1996, p. 9. 〔日〕三岛宪一:《本雅明——破坏·收集·记忆》,贾倞译,石家庄:河北教育出版社2001年版,第15—16页。

部都是中产阶级的富家子弟,①但是他们又全都没有子承父业,而是最终走上了反叛其家庭出身与父辈们价值观念的道路。然而,也必须指出,由于他们从小接受的就是贵族化的教育与高雅文化的熏陶,所以,他们的审美趣味决定了他们不可能更多地与下里巴人的大众文化心心相印,而只会更多地与阳春白雪的艺术作品灵犀相通。虽然法兰克福学派对大众文化的批判有许多更加隆重的理由,但是我们显然不应当忽略植根于他们潜意识中的这种审美旨趣。也就是说,当法兰克福学派的批判者把法兰克福学派的成员对大众文化的批判看成是一种"文化贵族"或"精英主义"的话语时,这固然是片面之词,但却并非空穴来风。

2. 他们全都出身于被同化的犹太人家庭,②这意味着在他们的思想中或多或少地存在着一种犹太情感。霍克海默在其晚年坦率承认:"犹太教是我的宗教信仰,德意志帝国是我的祖国。"并相信"没有一种我表示赞赏的哲学会不具有神学因素"。③ 马丁·杰伊认为,尽管阿多诺没有像本雅明那样深地陷入犹太教,但是他思想中那种虽然微弱却很明显的犹太情感是存在的。④ 洛文塔尔在其晚年也一再表示,犹太-弥赛亚主题(Jewish-messianic motif)在马尔库塞和他本人,尤其

---

① 国内学者程巍在谈到马尔库塞时曾对"中产阶级子弟"做了一个很好的解释:"为什么不说(他)是中产阶级或资产阶级,而是中产阶级或资产阶级的子弟?这里有一个家族史的因素,因为第一代的中产阶级忙于积累财富,无暇顾及'精神生活'(这使他们从没落的贵族那儿获得了'没有文化的暴发户'这个恶名),而他们的子弟不用为财富操心,从小就开始了贵族化的教育,在价值上认同于贵族文化。资产阶级的父辈本想以子弟的高级教育,洗刷贵族加在他们身上的无文(化)的历史恶名,不过他们没有想到,这种文化本身具有反资产阶级和工业文明的性质,因而他们的子弟在价值上站在了他们的对立面。最初的空想社会主义者是这样,马克思和恩格斯是这样,波德莱尔和那些浪荡子是这样,卢卡奇是这样,以后的法兰克福学派以及1968年的造反学生也是这样。"程巍:《否定性思维——马尔库塞思想研究》,北京:北京大学出版社2001年版,第9页。
② 有关他们的传记资料往往都会在一开始指出这一事实。在谈到被同化的犹太背景时洛文塔尔指出:"弗洛姆(Erich Fromm)是研究所圈子里唯一一位出身于正统(犹太)背景的成员。"See Martin Jay, ed., *An Unmastered Past: The Autobiographical Reflections of Leo Lowenthal*, p. 244.
③ 〔德〕H. 贡尼、〔德〕R. 林古特:《霍克海默传》,第105、111页。
④ 〔美〕马丁·杰:《法兰克福学派的宗师——阿道尔诺》,胡湘译,长沙:湖南人民出版社1988年版,第11页。马丁·杰通译马丁·杰伊,阿道尔诺通译阿多诺。

是在本雅明的思想中扮演着重要角色。① 明乎此,我们也就理解了为什么在他们的哲学与美学中有着那么多的乌托邦因素与救赎冲动,而这样一种因素或冲动与他们对大众文化的批判并不是没有关系的。简单地说,大众文化对他们的救赎愿望是破坏而不是维护(在本书的第五章第二节中,笔者将涉及并分析这一现象)。

3. 他们全都是流亡知识分子(纳粹上台后,本雅明流亡巴黎,其余全部流亡美国),也全都是现代型或现代性知识分子。② 流亡生涯及其生命体验一方面决定了他们将永远携带着对法西斯主义的痛苦记忆,另一方面也决定了他们的心灵将处于"永恒流放"③状态而失去了真正的归宿。而"现代型"的身份特征又意味着他们与知识分子批判传统的内在关联,意味着他们将义不容辞地扮演起理性的守护者、正义的捍卫者、人类解放的呼吁者与参与者、乌托邦思想的传播者、权威性话语的发布者等多重角色。对于后现代性知识分子来说,这样的角色扮演既显得冬烘又显得沉重,还越来越具有一种悲剧式的壮美,然而,也唯其如此,它才更显得弥足珍贵。而流亡的生命体验、现代性知识分子的角色扮演显然又是建构法兰克福学派成员批判大众文化特殊姿态时的重要元素,因为前者意味着他们往往会把对法西斯主义

---

① See Martin Jay, ed. , *An Unmastered Past*: *The Autobiographical Reflections of Leo Lowenthal*, pp. 232, 245.

② 因使用的语境不同,对"现代性"的解释也大不相同。笔者这里所谓的"现代性"或"现代型"是靠齐格蒙·鲍曼(Zygmunt Bauman)所界定的意义上而使用的。他指出:"典型的现代型世界观认为,世界在本质上是一有序的总体,表现为一种可能性的非均衡性分布的模式,这就导致了对事件的解释,解释如果正确,便会成为预见(若能提供必需的资源)和控制事件的手段。"鲍曼区分了"现代型"与"后现代型"两种类型的知识分子,他们形成于各不相同的世界观中,且分别扮演着"立法者"与"阐释者"的角色。见〔英〕齐格蒙·鲍曼:《立法者与阐释者——论现代性、后现代性与知识分子》,洪涛译,上海:上海人民出版社 2000 年版,第 4—7 页。

③ "永恒的流放"(permanent exiles)是马丁·杰伊对法兰克福学派流亡知识分子心灵与思想状况的一个基本定位。他认为,如果把法兰克福学派的成员当作美国人,他们显然是无法改变的欧洲人;而若把他们当作欧洲人,在美国那些年的生活又对他们产生了深刻的影响。另外,法兰克福学派的一些成员后来虽返回德国,但"批判理论"并没有因此而结束它的流放。从这个意义上说,法兰克福学派及其成员与"批判理论"将处于"永恒流放"之中。马丁·杰伊本人认为这种定位非常准确,马尔库塞与洛文塔尔也认同这种说法,但是,这一定位却遭到了霍克海默与韦尔的强烈反对。参阅王逢振:《今日西方文学批评理论——十四位著名批评家访谈录》,桂林:漓江出版社 1988 年版,第 109 页。See Martin Jay, *Permanent Exiles*: *Essays on the Intellectual Migration from Germany to America*, New York: Columbia University Press, 1985, pp. xxi-xiii.

的批判换算成对大众文化的批判,后者则意味着批判大众文化是现代知识分子与生俱来的冲动,是无须质疑的天经地义之举。从这个意义上说,可以把法兰克福学派的大众文化理论看作一群具有特殊身份的知识分子在特殊的历史语境中生产出来的现代性话语。

  八、在对四位思想家个案分析的基础上,笔者将提出自己对法兰克福学派大众文化理论的认识与理解:法兰克福学派的大众文化理论并非一套单一的话语体系,对于大众文化,它始终存在着否定与肯定、批判甚至赞美两个维度。这两个维度不是一种简单的对立的关系,而是呈现出了辩证法的丰富性。正是基于这一考虑,本书对法兰克福学派的大众文化理论提炼并论证的是这样一个核心观点——整合与颠覆:大众文化的辩证法。

第一章 整合与颠覆：大众文化的辩证法
——法兰克福学派大众文化理论综论

法兰克福学派的大众文化理论诞生以来，虽然不乏唱和之词与同情之语，但更多的声音却是质疑、批判甚至全面的否定。尤其是随着"后现代主义"话题的讨论与深入（1980年代），随着"文化研究"成为当今西方的显学（1990年代），法兰克福学派的大众文化理论更是成了被批判的靶子、需清理的路障。越来越明显的趋向仿佛已在表明，随着那种既定的历史背景的消失，法兰克福学派的大众文化理论似乎也应该寿终正寝了。

在这样一种艰难的语境中，我们将开始对法兰克福学派大众文化理论的考察。因此，对它的梳理既意味着澄清，也意味着辩护，同时还意味着对它的重新认识与重新定位。在本章中，我们将试图对如下问题做出回答：一、法兰克福学派大众文化理论面临着怎样的合法性危机；二、法兰克福学派的大众文化理论形成于怎样的历史语境之中，一些学者对它的误读与这种语境究竟产生了怎样的错位；三、关于法兰克福学派大众文化理论的既成看法或流行看法是什么，把这种理论作为一个系统，我们应该对它做出怎样的理解。

一 法兰克福学派大众文化理论的合法性危机

法兰克福学派大众文化理论的合法性危机是通过西方一些学者的严辞批判而体现出来的。大体而言，这种批判来自三个方面：第一，来自西方马克思主义阵营内部；第二，来自与法兰克福学派具有不同文化背景的英、美国家的学者；第三，来自晚近接受后结构主义或后现代主义文化洗礼的大众文化批评家。需要说明的是，这种划分并不严密,而三种批判在其思路与话语表述方式等方面也有交叉重叠之处,做出上述区分只是为了叙述的方便。

来自西方马克思主义内部的批判并不是直接针对法兰克福学派的大众文化理论的,但是从他们对法兰克福学派理论的研究方式与存在方式的总体批判中,我们依然可以感受到这种批判与大众文化理论本身之间的关联。在这种批判中,最激烈的声音来自布莱希特(Bertolt Brecht)、卢卡奇(Georg Lukács)与新左派理论家佩里·安德森(Perry Anderson)。早在1942年5月,布莱希特就在日记中记下了他对社会研究所的尖刻评议:"和埃斯勒一起在霍克海默那儿吃完午饭后,埃斯勒提议聊一聊法兰克福社会研究所的历史。一个有钱的老人(小麦投机商魏尔)去世了。世上的痛苦使他不安。他在遗嘱中捐赠一大笔钱来建立一个研究痛苦根源的研究所。这个痛苦的根源当然就是他自己。"①布莱希特对法兰克福学派的批判往往都是通过这样一种尖酸刻薄的话语表述出来的,而在刻薄的程度上,卢卡奇丝毫不亚于布莱希特。在《小说理论》的新版(1962)前言中,卢卡奇指出:"包括阿多诺在内的德国最重要的知识分子中,有相当一部分人已住进了'深渊大饭店'(Grand Hotel Abyss),我在批评叔本华(Schopenhauer)时曾把它描述为'一个设备齐全、舒适漂亮却处在深渊、虚无与荒谬边缘的饭店。而沉浸于美味佳肴与艺术消遣之间,每日在深渊中的沉思冥想只能强化精妙舒适的享受所带来的快乐。'"②

从某种意义上说,卢卡奇是法兰克福学派成员的马克思主义导师,③而布莱希特则是本雅明的亲密战友(参阅第三章第二节),他们对法兰克福学派的指责尽管刺耳,但是却不得不予以高度重视。现在看来,除去个人恩怨的因素,他们与法兰克福学派交恶的原因主要还

---

① 〔德〕贝托尔特·布莱希特:《劳工杂志》,美因河畔法兰福,1973年,第1卷,第443页。转引自〔德〕H. 贡尼、〔德〕R. 林古特:《霍克海默传》,任立译,北京:商务印书馆1999年版,第19页。

② Georg Lukács, *The Theory of the Novel*, trans. Anna Bostock, Cambridge, Mass. , 1971, p. 22. Quoted in Martin Jay, ed. , *An Unmastered Past: The Autobiographical Reflections of Leo Lowenthal*, Berkeley: University of California Press, 1987, p. 191.

③ 1920年代,霍克海默、阿多诺与本雅明等人实际上都是通过卢卡奇的《历史与阶级意识》接近马克思主义的。See Susan Buck-Morss, *The Origin of Negative Dialectics: Theodor W. Adorno, Walter Benjamin, and the Frankfurt Institute*, New York: The Free Press, 1977, pp. 20-21.

不在于美学观念上的差异,而在于如何才算坚持了正确的马克思主义发展方向。在他们看来,哲学家的任务不是躲在"深渊大饭店"里修身养性、闭门造车,而是要使理论成为变革世界的工具,成为政治实践的手段。对马克思关于费尔巴哈的第 11 条提纲的共同兴趣使他们积极投身到了政治实践的行列中去,从而也使他们具有了嘲讽法兰克福学派更加充足的借口与理由。

布莱希特与卢卡奇对法兰克福学派的嘲讽与批判不是没有道理的,因为研究所远走美国是一次安全转移,但也意味着对工人运动与革命斗争的逃离。更重要的是如此一来,理论的生产与实践活动也就严重脱节了。正是在这一意义上,安德森指出:"该所迁移美国,就使它转移到一个连形式上从事社会主义事业或具有任何实质性马克思主义传统的巨大工人阶级运动也不复存在的政治环境。在新环境下,该研究所稳步地倾向于适应当地的资产阶级秩序,并对自己过去和现时的著作加以检查以适应当地的学术气氛或集体的感情,进行带有通常实证主义特征的社会学调查。该所为了在新的住地掩饰它自己,在实际上完全退出了政治活动。……该所于 1949—1950 年迁回法兰克福,但是,它的社会作用和方向在美国期间所发生的根本变化,是再也不可能变更了。由于战后的西德在政治上和文化上都是欧洲最反动的主要资本主义国家,它的马克思主义传统遭到纳粹沙文主义和英、美镇压而破坏,它的无产阶级暂时变得消极和沉寂了。在这种环境下,德国共产党被取缔,而德国社会民主党已正式放弃了与马克思主义的任何联系,该研究所已经实现了非政治化:在美国学术界里,它还只是一块孤立的飞地,而在西德则正式享有盛誉并受到保护。豪克海默尔在三十年代所宣扬的'批判性理论'现在已经与社会主义实践明显地脱离了联系。豪克海默尔本人在退休后终于堕落到恬不知耻地为资本主义作辩护的地步。另一方面,于 1958 年担任该所所长、并在第二次世界大战以后出版了该所最有影响的一批著作的阿多尔诺,却没有走这条路;由于他脱离政治,而且总是比他的同事们要脱离得多,反而使他避免走这条路。"①

---

① 〔英〕佩里·安德森:《西方马克思主义探讨》,高铦、文贯中、魏章玲译,北京:人民出版社 1981 年版,第 46—47 页。

与布莱希特和卢卡奇的冷嘲热讽相比,安德森的批判显然更注重事实的陈列与学理的辨析,这就使得法兰克福学派的合法性危机再一次变得严重起来。事实上,如果我们沿用传统马克思主义的思路来衡量西方马克思主义语境中的法兰克福学派,那么,所谓的脱离政治、理论与实践的脱节等等虽然与事实本身存在着一定的距离(因为这种概括起码不适用于本雅明与马尔库塞),但却是"批判理论"的总体设计与实际操作中存在的一个致命弱点。这就在一定程度上使得法兰克福学派的大众文化批判理论显得空洞和大而无当了。但问题是,法兰克福学派的"批判理论"与大众文化理论是建立在对工人运动与无产阶级的特殊认识之上的,学派成员本来就对传统马克思主义意义上的无产阶级失去了信心与指望,他们的理论也就不可能对无产阶级大众做出某种承诺。而且,除了布莱希特与卢卡奇所扮演的革命的或激进的知识分子角色之外,取文化批判立场而不介入政治的知识分子角色扮演是不是就没有了存在的价值,类似这样的问题,显然需要谨慎思考而不能一批了之。

　　如果说来自西方马克思主义内部的批判主要指出了法兰克福学派政治实践功能的匮乏,那么许多具有英美文化背景的学者则更多从实证主义的哲学思路出发,去批判法兰克福学派大众文化理论的粗疏、浅陋与想入非非,并进而指出,形成这种局面的原因是他们以精英主义、文化贵族的心态去看待大众文化。比如,当马尔库塞指出发达的资本主义消费社会与大众文化制造出了人们的"虚假需要"而封死了人们"真实需要"的可能性时,麦金太尔(Alasdair MacIntyre)就率先发难:"马库塞怎样获得了谈论别人真实需求的权利? 他如何逃脱影响其他人的那种思想灌输? 关键不是责备马库塞狂妄自大,而是强调他的观点必然导致精英主义式的结论。"① 而斯威伍德(Alan Swingewood)则指出:在法兰克福学派的大众文化理论中,"我们看到了双重的盲点。一方面这是精英论者的文化观,认为形式'高雅'的才是文化,才能变化人心而充当改变社会的利器;另一方面,这又是很悲观地武断,认为劳动阶级心甘情愿地牺牲,臣服于物化的环境里。经由这

---

① 〔英〕阿拉斯代尔·麦金太尔:《马库塞》,邵一诞译,台北:桂冠图书股份有限公司1992年版,第63页。"马库塞"即"马尔库塞"。

些比对,我们倒看出了很怪异的地方,从马克思主义出发论事的法兰克福学派,竟然与反马克思理念的尼采,在许多观念上,有相通之处:大众是'平庸之辈',而资产阶级无法抗拒科技资本主义的巨轮。如果劳动阶级的行动与典章制度是如此的无能,还有什么力量能够拯救社会,使之免于'文化上的野蛮状态'呢?"① 与此同时,巴托莫尔(Tom Bottomore)又进一步挖掘出了法兰克福学派批判大众文化的深层原因:"在阅读法兰克福学派论及个人自主性的丧失之作品(尤其是阿多诺与霍克海默的著作)时,我们难免有个印象,认为他们所要表达的正如韦伯一般,是关于社会某一特殊阶层的没落,是受过教育的上层中产阶级,尤其是'王公贵族'的没落,以及一种对传统德国文化(kultur)的怀旧病。"②

从文化贵族、精英主义乃至审美主义的角度去批判法兰克福学派的大众文化理论是一种很流行的观点。③ 正如我们在"导言"部分所指出的那样,由于法兰克福学派成员全部属于中产阶级的富家子弟,由于他们的教育背景与知识谱系全部与"高雅文化"相关,④所以,长期浸淫于这种文化当中也就不可能不使他们形成一种纯正高雅的审

---

① 〔英〕斯威伍德:《大众文化的迷思》,冯建三译,台北:远流出版事业股份有限公司1993年版,第46—47页。
② 〔英〕巴托莫尔:《法兰克福学派》,廖仁义译,台北:桂冠图书股份有限公司1984年版,第54页。
③ 这种观点甚至影响到了中国学界,1990年代中期以来,中国一些学者对法兰克福学派大众文化理论的批判很大程度上就是在精英主义与审美主义的思维框架中运作的,首倡者是旅美学者徐贲。他认为中国目前的大众文化批评实际上是把阿多诺的"精英审美论"当作一个"跨时代、跨社会的普遍性理论来运用,把历史的阿多诺变成了阿多诺模式"。因此,对于中国的大众文化批评来说,"走出阿多诺模式"至关重要。徐贲批判法兰克福学派所动用的理论资源比较复杂,其中既有伯明翰学派的话语资源,又有后现代主义文化语境中的费斯克的理论。总体上看,他的观点基本上是对当今西方流行的大众文化理论的附和。参阅徐贲:《走向后现代与后殖民》第五章"大众文化批评:理论与实践",北京:中国社会科学出版社1996年版,第246—308页。所引用文字见该书第295页。
④ 阿多诺的音乐造诣很深,能弹一手好钢琴,且能自己作曲。在他的心目中,勋伯格、卡夫卡、贝克特等人的作品是艺术作品的典范;本雅明的文学修养高深莫测,他一生中倾家荡产所做的一件事情就是装备自己的图书馆,成为种种珍奇版本的收藏者。卡夫卡、波德莱尔、普鲁斯特等作家的作品既是他钟情的对象,也能与他形成强烈共鸣;洛文塔尔少年时代就在其父亲的引导下读了叔本华的著作,他的学术研究的起点是陀思妥耶夫斯基及其接受状况;马尔库塞在青年时代就对19世纪的德国浪漫小说情有独钟,并对席勒的《美育书简》产生了浓厚兴趣。——从法兰克福学派成员的这些个人爱好、修养与痴迷的对象中可以看出,他们一开始就与"高雅文化"结下了不解之缘。

美趣味。因此,说法兰克福学派对大众文化的批判是一种精英主义的模式并不是捕风捉影、无中生有之词。但问题的关键并不在这里,而在于法兰克福学派的精英主义思想主要应被看作一种知识话语与美学趣味,它们确实参与了批判理论家对大众文化的判断,但是却不应该被看作他们进行价值判断时的唯一尺度。因为在对人类解放与真善美的价值追求中,实际上并不存在精英主义与民粹主义之分,而只存在对真理的渴望与臣服。因此,孤立地批判法兰克福学派的精英主义取向不但没有多大的价值与意义,而且还很容易转移人们的视线,把他们那种来自痛苦的生命体验的东西简化为一个轻巧的话题。事实上,西方许多学者在批判法兰克福学派的精英主义时,就是运行在这样一条思维轨道之上的:他们一方面无视这群流亡知识分子的心灵苦痛与创伤,另一方面又把一种来自生命体验丰富性的理论缩减成了一个可供操作的话题。这种站着说话不腰疼的批判姿态很容易让人产生如下怀疑:这是不是为了维护英美文化的传统而向德国文化的宣战,以至于批判中有了较劲、意气用事的成分从而淡化了批判的学理内涵?①

第三种批判来自具有后现代主义文化背景的西方学者。在《启蒙辩证法》中,阿多诺与霍克海默指出,文化工业甚至使姑娘打电话赴约会时的行腔运调、遣词造句都模式化了。约翰·多克(John Docker)在引用了这段文字后批判道:"阿多诺和霍克海默怎么会想到知道这些事呢?他们是怎样知道几百万美国年轻妇女是怎样接受约会的呢?他们是不是听到了她们的交谈,或者窃听了她们的电话?他们怎么能知道美国大众在'最亲密的状态中'内心有什么活动呢?他们是怎样成为这种特许的观察者的呢?他们是不是到处游荡,观察数以百万计

---

① 我在这里所提出的这种猜测,一方面基于对这些学者的文本所进行的"症候式阅读",另一方面也因为一些英美学者有过为自己的国家拥有"大众文化"而自豪的表述。比如,美国的大众文化研究专家托马斯·英奇就曾指出:"我想论证的是,我们所谓的高雅文化与通俗文化之间没有区别,至少就20世纪的美国而言是如此。我们所具有的只是美国文化。在我们生活于其中的大众社会中,旧的文化区分是没有意义的,我们必须寻求新的方法去理解我们的艺术和创作成就的形式、功能以及评价它们的方法。美国人不必再为我们只有爵士乐和滑稽剧这些土生土长的艺术形式而抬不起头来,不必再为我们主要通过电影产生国际文化影响而挺不起胸来。事实上,我们可以开始为这些特殊的成就扬眉吐气。"虽然这种说法不是直接针对法兰克福学派的,但显然是针对来自精英文化的歧视。见〔美〕M.托马斯·英奇:《通俗文化研究》,肖俊明译,《国外社会科学》1995年第7期。

的人在做爱呢？即使如此,这样的观察(不管是怎样得到的)会使他们进入人民大众的'内心活动'吗？"最后,多克形成了这样的结论:"这些论点的证据,其水准不但是肤浅的,甚至是可笑的,使人感到困惑;同时又自以为是,而令人反感。"①

必须指出,法兰克福学派的大众文化理论虽然融入了他们自身的经验感受,但具体到阿多诺与霍克海默,主要还是一种逻辑推衍的产物。从形式逻辑的角度看,他们往往是"演绎"大于"归纳"。② 如此一来,理论在运作到更具体的层面时往往会因缺少经验上的论据而不免显得空疏,甚至会出现一些漏洞。然而,多克的这种指责却是没有道理的,他企图把德国人的思辨拉入实证主义的思维框架中让其现出原形,但若是按照此法句句夯实而不承认逻辑推衍的思维方法,那么人类的思维活动也就无法进行了。这样的观点本来不值一驳,把它摆到这里只是想说明,后现代主义理论家居然也会犯如此有趣的低级错误。

真正对法兰克福学派大众文化理论构成挑战的是近年来风头正健的美国大众文化理论家费斯克(John Fiske)。费斯克的思想资源比较复杂,他既认同伯明翰"当代文化研究中心"(CCCS)霍尔(Stuart Hall)的编码与解码理论,又大量使用了罗兰·巴特(Roland Barthes)、米歇尔·德塞都(M. De Certeau)的符号学理论与巴赫金(Mikhail Bakhtin)的狂欢化理论,最终形成了这样一种观点:大众文化不是由文化工业强加到大众身上而是由大众自己创造出来的。"大众文化是对其从属地位感到愤愤不平的从属者的文化",它"并不是从属的文化将人们一体化或商品化成作为牺牲品的资本主义的受人操纵的傀儡"。③ 因此,"并不存在一种统治型的大众文化,因为大众文化的形成总是对

---

① 〔澳〕约翰·多克:《后现代主义与大众文化》,吴松江、张天飞译,沈阳:辽宁教育出版社2001年版,第57页。

② 说阿多诺与霍克海默的大众文化理论是"演绎"大于"归纳",一方面是基于笔者的判断,一方面也是因为法兰克福学派的批判者常常以"缺乏经验上的论据"为由对他们的理论进行质疑。还有,拉扎斯菲尔德之所以要为阿多诺提供"广播研究项目"的工作,其中的一个原因就是因为"他想看一看批判学派和经验学派是否能够在一个共同的研究事业中进行合作"。然而,不幸的是,合作最终以失败告终。这也可以说明理性主义者喜欢使用的"演绎"与经验主义者所擅长使用的"归纳"之间的冲突。参阅〔美〕E. M. 罗杰斯:《传播学史——一种传记式的方法》,殷晓蓉译,上海译文出版社2002年版,第295—297页。

③ 〔美〕约翰·菲斯克:《解读大众文化》,杨全强译,南京大学出版社2001年版,第8页。

统治力量的反应,却从来不会成为统治力量的一部分。"①依据这种判断,他更侧重于从"抵抗"(resistance)的角度来论述大众文化的颠覆功能。在他看来,穿条破牛仔裤,看回搞笑的电视节目,在商店里玩一把顺手牵羊的恶作剧,就构成了他所谓的文化反抗。经过如此这般的论证之后,大众文化的颠覆模式也就取代了法兰克福学派的整合模式(参阅第一章第一节)。

后结构主义或后现代主义虽然可以成为我们对以往的学说加以审视和检点的重要视角,但是它们同样无法成为对法兰克福学派大众文化理论行使价值判断的尺度。因为从本质上说,后现代主义者的解构心态实际上是无法与批判理论家的建构心理相提并论的。因此,当费斯克把针锋相对的矛头对准法兰克福学派的大众文化理论时,他一方面简化了后者的学说,另一方面又把西方马克思主义语境中的沉重(霍尔的思想资源主要来自葛兰西[Antonio Gramsci]与阿尔都塞[Louis Althusser])转换成了后结构主义符号学游戏的轻松。所以,尽管他的"颠覆说"貌似先锋,但是与我们后面将要论述的本雅明与马尔库塞的"颠覆说"却无法同日而语。因为当本雅明与马尔库塞强调大众文化的颠覆功能时,他们起码是在身体力行,是要把"革命主体"(revolutionary subject)武装起来从而进行一次不无悲壮的政治实践。这种举动尽管充满了乌托邦色彩,但是却体现了一种知识分子薪火相传的珍贵气质。然而美国大学里的学者显然已不可能有这样的壮举,②于是,在符号界游戏、在想象界撒野、"在文化的脂肪上搔痒"③就

---

① John Fiske, *Understanding Popular Culture*, Boston: Unwin Hyman, 1989, p. 43.
② 在当今的西方世界,甚至连西方马克思主义也已经学院化了。法兰克福学派研究专家马丁·杰伊指出:"几乎所有美国的马克思主义者都集中在各个大学,几乎所有的人都不参与改变社会的政治活动。我自己也是如此。我对马克思主义的兴趣,主要是通过激进知识分子的文化圈子形成的,而不是因为我参加了什么社会政治运动。因此,可以毫不隐讳地说,我们都是'学院化的马克思主义'。"西方马克思主义者尚且如此,后现代主义者也就可想而知了。见王逢振:《今日西方文学批评理论——十四位著名批评家访谈录》,桂林:漓江出版社1988年版,第110页。
③ 这里反其意而使用了国内学者朱学勤的说法。他认为相对于上一代富有革命气质的批判者(如恩格斯)来说,法兰克福学派对资本主义的批判是"在文化的脂肪上搔痒"。但在笔者看来,实际上比法兰克福学派更不堪的是后结构主义或后现代主义。朱学勤对法兰克福学派的批评虽一针见血,却也存在着某种偏颇。从思想谱系上看,这种来自"自由主义"者的言论更像西方新左派的中国版本。参阅朱学勤:《书斋里的革命》,长春:长春出版社1999年版,第168—175页。

成了他们的日常功课。"后结构主义无力打碎国家权力结构,但是他们发现,颠覆语言结构还是可能的。"①伊格尔顿(Terry Eagleton)的这一论断尤其适用于费斯克的大众文化理论。

从以上罗列的观点中可以看出,法兰克福学派的大众文化理论显然存在着一种愈来愈严重的合法性危机。在三种不同的语境中,它分别被指认为保守、贵族化与冬烘,并被送上了相应的审判台。必须承认,任何一种理论话语都是特定的历史语境中的产物而不可能放之四海而皆准,因此任何一种理论话语都不可能享有不被审判的豁免权;然而,同时也必须承认,只要一种理论是严肃思考的产物,它就必然拥有一种合理的内核,也必然具有一种合法存在的价值与理由。那种泼洗澡水连同孩子一起泼出去的做法之所以不可取,是因为肇事者要么失去了分离的能力,要么就是明知故犯而自编自导了一出恶作剧。

在对法兰克福学派的种种指责、批判与攻击中,许多更为复杂的因素远不是三言两语就可以说清楚的,但这些批判往往都具有一个共同的特征,即它们都或多或少地淡化或剥离掉了法兰克福学派大众文化理论的生成语境,而把这种理论当成了一种孤零零的标本。因此,把法兰克福学派的大众文化理论还原到那个特殊的语境中并说明它形成的必然性与合理性,进而让它成为与当今种种不同的大众文化理论进行对话的宝贵资源,就成了一件意义重大的事情。

二 法兰克福学派大众文化理论的生成语境

在我看来,至少有三个相互关联的因素——西方马克思主义的认知模式、法西斯主义带给他们的痛苦记忆、美国大众文化蓬勃发展的势头——构成了法兰克福学派大众文化理论得以形成的逻辑前提。也就是说,若要对法兰克福学派的大众文化理论有一个正确的理解和清醒的认识,就必须对这三个因素仔细分析。

作为西方马克思主义队伍中的一支重要力量,法兰克福学派与马克思主义的关系可以说是非常暧昧的。一方面,"老年马克思"关于商

---

① 〔英〕特雷·伊格尔顿:《二十世纪西方文学理论》,伍晓明译,西安:陕西师范大学出版社1987年版,第156页。

品拜物教的理论成了阿多诺与本雅明剖析大众文化的重要武器,"青年马克思"的人道主义关怀又成了马尔库塞建构审美乌托邦王国的主要依据,以至于马克思关于人类解放的学说与理念已经镶嵌于"批判理论"的总体设计中,并构成了"批判理论"宏大叙事的基本元素(参阅导言部分);另一方面,法兰克福学派成员又对传统马克思主义中的经典语汇(如阶级、工人阶级、无产阶级大众等)所指涉的对象及其作用产生了怀疑,并逐渐抛弃了马克思的那种认知模式——因为经济剥削和政治压迫,无产阶级必然会起来革命,进而会推翻资本主义制度;自然,作为"革命主体"的无产阶级大众也就与那种认知模式一起被抛弃了。在谈到法兰克福学派出场的时机时,安德森指出:

> 葛兰西在意大利的与世隔绝和逝世、科尔什和卢卡奇在美国和苏联的隔离和流亡生活,标志着西方马克思主义在西方群众中活动自如的阶段已告结束。从此以后,西方马克思主义就以自己的密码式语言来说话了,它与工人阶级的距离愈来愈远,但它对于工人阶级的命运还是努力设法效劳并力求与之相联系的。[1]

法兰克福学派远离无产阶级确实是一个不争的事实,但是这种远离却是建立在他们对无产阶级的重新认识之上的。按照恩格斯的解释,"无产阶级是由于工业革命而产生的"。作为"完全靠出卖自己的劳动而不是靠某一种资本的利润来获得生活资料的社会阶级",它的成员从一开始就处在了被剥削受压迫的境地。结果,他们的生活状况与社会地位"不是随着工业的进步而上升,而是越来越降到本阶级的生存条件以下。工人变成赤贫者,贫困比人口和财富增长得还要快"。因此,资产阶级在为自己生产着财富的同时,也为自己生产出了掘墓人。[2] 显然,在马克思与恩格斯写作《共产党宣言》的年代,无产阶级毫无疑问是一个革命的阶级,无产阶级大众则是首当其冲的革命主体。然而,随着自由资本主义时代的结束和垄断资本主义时代的来临,资本主义社会也进入了一个新的历史阶段。阿多诺把这个社会定位成"全面被监管社会"(the totally administered society),而马尔库塞

---

[1] 〔英〕佩里·安德森:《西方马克思主义探讨》,第44—45页。
[2] 《马克思恩格斯选集》第1卷,北京:人民出版社1995年版,第230、284页。

则进一步把它形象化地表述为"单面社会"(one-dimensional society)。由于统治阶级通过"技术理性"或"工具理性"的力量把统治意识形态推进、渗透到了全社会的方方面面,所以无产阶级也成了被整合的对象;又由于多数无产阶级已经不再是"无产",而是进入了资本主义的体制中逐渐"有产",进而成了资本主义共同利益的分享者,所以,所谓的无产阶级实际上已经名存实亡,工人阶级也丧失了革命的动力。关于这一问题,马尔库塞曾做出过如下判断:

> 在大多数工人阶级身上,我们看到的是不革命的甚至反革命的意识占着主导地位。当然,只有在革命的形势下,革命的意识才会流露出来;然而与以前相反,工人阶级在当今社会中的一般状况却妨碍了其革命意识的发展。工人阶级中的绝大部分已被资本主义社会所整合,这并不是一种表面现象,而是植根于基础(infrastructure)本身,植根于垄断资本主义的政治经济之中的:宗主国的工人阶级从超额利润、从新殖民主义的剥削、从军事预算与政府的巨额津贴中分得好处。说工人阶级可以失去比锁链更多的东西也许听起来粗俗,却是正确的表述。①

如此看来,法兰克福学派对无产阶级的认识实际上是对传统马克思主义的无产阶级学说的改写或修正。在这种改写或修正的过程中,他们首先有了一个事实判断(不革命甚至反革命的工人阶级取代了曾经革命的工人阶级),然后才有了逻辑判断与思维方式的转换。而当大众社会(mass society)的认知模式取代了阶级社会(class society)的认知模式之后,无产阶级大众也就再也不可能被法兰克福学派看作真正的革命主体了。他们已经或正在成为资本主义制度的合作伙伴,自然他们也就不知不觉或心甘情愿地成了资本主义制度的整合对象。因此,法兰克福学派所谓的"大众"虽然在更多的时候已经指代着中产阶级大众或商业意义上的大众,但实际上却隐含了对无产阶级大众堕落为中产阶级大众的失望与批判,其中的政治意味是不言而喻的。

对无产阶级的失望使得法兰克福学派把关注的视线不断地投向了个体,从而形成了一种二元对立(自律的个体与顺从的大众)的思维

---

① Herbert Marcuse, *Counterrevolution and Revolt*, Boston: Beacon Press, 1972, pp. 5-6.

模式,这就为艺术与大众文化的进一步对立埋下了伏笔。同时,对资本主义整合程度的不同认识又使他们形成了两种思想趋向:显在层面是悲观主义——资本主义的整合力量如此强大以至于任何努力都无济于事。这种趋向在阿多诺身上体现得尤为明显。隐在层面是乐观主义——不断寻找革命主体的冲动使得他们具有了把洛文塔尔所谓的"政治—革命意识"(political-revolutionary consciousness)①转化为革命实践与政治行动的动力。这种趋向在本雅明与马尔库塞那里表现得更加淋漓酣畅。而到了最后,他们又全部在美学—宗教的救赎层面胜利会师。于是,对大众的弃之不顾,对个体的打捞拯救,犹太救世主义的渴望,政治行动主义的迷狂,皈依美学的冲动,所有这一切,都构成了"批判理论"的叙事元素,而大众文化理论就是在这样一种叙事模式之下被书写出来的。

如果说西方马克思主义的思想背景与学理背景为法兰克福学派提供了一种认知模式,从而使他们对大众文化的思考有了一个特殊的切入角度(首先从政治,然后才是商业),那么,法西斯主义带给他们的心理创伤与痛苦记忆却帮助他们形成了一种既定的心理图式。这种图式在对他们的大众文化理论塑造中同样扮演着重要角色。霍克海默在纽约的秘书麦尔(Alice Maier)曾经如此描绘过1930年代末1940年代初研究所所面临的压倒一切的任务:"必须抨击希特勒和法西斯主义——可以说这是我们共同拥有的一个信念,正是这一信念把我们团结到了一起。我们都觉得有一种使命,包括所有的秘书,所有进入研究所并在那里工作的人,这种使命确实使我们产生了一种忠诚、抱团的感情。"②如此看来,抨击法西斯主义进而研究法西斯主义产生的根源,是当时摆在研究所全体成员面前的头等大事。但是由于具体的研究思路与设计方案不尽相同,也就形成了不同的对策。在这一时期,马尔库塞写出了《理性与革命》,一方面旨在证明法西斯主义与实证主义哲学的内在联系,一方面试图拯救出黑格尔哲学中的"否定性思想"。洛文塔尔与别人合作研究的成果是《欺骗的先知》,意在说明

---

① Martin Jay, ed., *An Unmastered Past: The Autobiographical Reflections of Leo Lowenthal*, p.240.

② Martin Jay, *The Dialectical Imagination: A History of the Frankfurt School and the Institute of Social Research 1923-1950*, London: University of California Press, 1996, p.143.

美国的煽动者与法西斯主义的宣传使用了相同的技巧与策略,其目的在于达到对大众心理的控制。阿多诺与霍克海默则写出了《启蒙辩证法》,法西斯主义的野蛮行径使他们开始了对这样一个核心问题的思考:"为什么人类没有进入真正的合乎人性的状态,反而陷入一种新的野蛮之中。"① 而面对法西斯主义的文化策略,远在巴黎的本雅明是提出以牙还牙、以毒攻毒的主张:法西斯主义谋求的是政治审美化,"而共产主义对此做出的回答是艺术政治化"②。显然,在对法西斯主义的声讨与批判上,研究所成员达成了共识。

凯尔纳指出:"法西斯主义对研究所的计划与理论构成了重要影响。它把研究所成员驱赶到流亡状态,从而也极大地塑造了他们的理论兴趣、他们的语言以及他们对政治与社会的态度。"③ 因此,可以说法兰克福学派的大众文化理论是法西斯主义阴影笼罩之下的产物,是研究所成员对法西斯主义批判的合理延伸。那么,在法西斯主义与大众文化之间,对法西斯主义予以声讨与对大众文化进行批判的连接点又在哪里呢? 简单地说就是大众媒介。由于无线电广播、电影等新型的电子媒介成了法西斯主义最重要的宣传工具,由于"如果没有扩音器,我们是不可能征服德国的"④ 成了希特勒的经验总结,所以,大众媒介在把"个体"变成"群众"的过程中起着至关重要的作用。⑤ 带着这样一种"前理解"或心理图式,法兰克福学派成员看到同样由大众媒介或文化工业生产出来的大众文化时就不可能不产生相似的联想,并进而再把这种联想转换为学理层面的论证。在谈到这一问题时,凯尔纳指出:

---

① Theodor W. Adorno & Max Horkheimer, *Dialectic of Enlightenment*, trans. John Cumming, New York: Herder & Herder, Inc., 1972, p. xi.

② Walter Benjamin, *Illuminations*, trans. Harry Zohn, London: Fontana Press, 1992, pp. 234-35.

③ Douglas Kellner, *Herbert Marcuse and the Crisis of Marxism*, Berkeley: University of California Press, 1984, p. 115.

④ 转引自〔法〕贾克·阿达利:《噪音——音乐的政治经济学》,宋素凤、翁桂堂译,上海人民出版社2000年版,第119页。

⑤ 阿多诺指出:"一般说来,领袖都是卖嘴皮子的人物典型,具有口若悬河和蛊惑人心的动人力量。他们施加于追随者的著名魔力主要是依靠他们的口才:语言本身——虽然缺乏其理性意义,却能以一种神奇的方式发挥作用,并且推动古老的退化,使个体降格(reduce)为群体的成员。" Theodor W. Adorno, *The Culture Industry: Selected Essays on Mass Culture*, London: Routledge, 1991, p. 127.

流亡美国期间,他们注意到"二战"时期罗斯福(Roosevelt)让人印象深刻的媒介使用,也觉察到宣传家对大众媒介的利用。结果,战争条件下对媒介的政治用途和控制,扩大的战时状态和从属的战时经济,加上娱乐工业的资本主义操纵,所有这些都为研究所那个作为社会控制之工具的文化工业模式提供了历史依据。的确,处于这种军事化社会体制与战争状态之下的媒介——无论它是自由民主的、法西斯主义的还是国家社会主义的——都更与单面的(one-dimensional)或宣传的形式密切相关。而且,媒介与社会的"批判理论"模式可以对"二战"之后"冷战"期间某种统治的趋势与效果做出更精确的描绘。当媒介被征用于反共讨伐运动(anti-Communist crusade)时,当媒介内容受到严格的控制与审查时,阿多诺与霍克海默所提及的以"清洗"(purges)为标志的局面也就出现了(《启蒙辩证法》第123页)。①

凯尔纳的分析应该说是非常公允的。实际上,脱离开研究所成员既成的心理图式,脱离开"二战"与"冷战"的历史语境,法兰克福学派对美国大众文化的严厉批判将无法理解。因此,法兰克福学派对大众文化的批判虽然有文化贵族与精英主义的偏见,但更重要的是对一种体制的批判。因为在批判理论家的眼中,法西斯主义实际上是资本主义的一种特殊形式,只要资本主义体制继续存在下去,它就会源源不断地生产出法西斯主义的替代形式——极权主义,而大众文化又是孕育、催生极权主义的巨大温床。从这个意义上说,用无线电广播生产出来的法西斯宣传品与用好莱坞梦幻工厂生产出来的娱乐片没有本质的区别。它们表面上都在对大众做出某种承诺,但实际上却只对极权主义负责,而大众最终则变成了牺牲品。如此说来,那些把法兰克福学派对大众文化的批判单单归结为一种精英主义话语的学者,确实把批判理论家那种沉重的问题意识大大地简化了(第二章第三节有对这一问题更详细的分析,可参阅)。

西方马克思主义的认知模式使研究所成员做出了"大众犹如原子"的判断,因法西斯主义而形成的心理图式又使他们得出了"大众文

---

① Douglas Kellner, *Critical Theory, Marxism and Modernity*, p.134.

化是极权主义的温床"的结论。那么,美国的大众文化对于他们来说又意味着什么呢?

美国是盛产大众文化的国度,这种盛产实际上在1930年代就已经成了一个显而易见的事实。在谈到大众媒介与大众文化迅猛发展的势头以及它们对美国普通人的生活与知识界的影响时,美国学者指出:"在整个30年代,几乎没有什么比新闻影片、画报、广播节目以及好莱坞电影更能影响人们对世界的看法了。对于知识界以及一般公众而言,大众传播媒介的影响是无孔不入,无法回避的。不管电台播放些什么,不管电影公司放映些什么,数以百万计的人每天晚上听无线电,每星期看两场电影,已养成习惯。甚至人们对社会问题的看法也日益取决于《生活》杂志和《时代的进展》节目中卢斯①的观点;人们认为恰当的举止谈吐也要以电台或银幕的明星为典范。除了这些明显的现象外,传播工具还有更微妙的作用:总统利用无线电广播使得政府好象亲切地来到了每个家庭的炉火边,从而取得了人们对新政各项政策的支持。新闻纪录片的技巧和电影对白一下子闯进了文学领域,连小说家似乎都在不知不觉中承认,如果他的技艺不能适应大众文化的新时尚,便无法生存下去。"②

——这就是研究所成员来到美国时所面对的大众文化格局。对于美国的普通公众来说,由于大众文化是伴随着新型的传播媒介(主要是电影)从20世纪初期就迅速发展起来的、"符合大众的口味,又从大众中获得力量"的文化形式,③所以,经过了30年左右的耳濡目染、潜移默化之后,他们已经把娱乐的快感与享受看成是一件天经地义的事情;对于美国的知识分子来说,尽管在1910年代他们曾经有过"娱乐活动必须受到社会的约束"的呼吁,④但是到了1930年代他们已在大众文化的强大攻势面前缴械投降,纷纷开始了与大众文化调情、为

---

① 亨利·鲁宾逊·卢斯(1898—1967),美国新闻史上最有势力的人物之一。他创建了《时代》《幸福》和《生活》杂志,1931年主办广播系列报道《时代的进展》,1935年摄制了同名的新闻电影片。——原书译注
② 〔美〕理查德·H.佩尔斯:《激进的理想与美国之梦——大萧条岁月中的文化和社会思想》,卢允中、严撷芸、吕佩英译,上海:上海外语教育出版社1992年版,第312—313页。
③ 〔美〕丹尼尔·杰·切特罗姆:《传播媒介与美国人的思想——从莫尔斯到麦克卢汉》,曹静生、黄艾禾译,北京:中国广播电视出版社1991年版,第39、64页。
④ 同上书,第46页。

大众文化鸣锣开道的旅程①,所以美国的知识界基本上已被大众文化所同化。种种迹象表明,当法兰克福学派的成员来到美国时,大众文化在美国不但已经落地生根、合理合法,成了人们生活中不可或缺的重要内容,而且成了美国人引以为豪的东西。甚至连后来的政治家在总结自己这个国度的成就时也对大众文化念念不忘:"如果说,罗马献给世界的是法律,英国献给世界的是议会民主政体,法国献给世界的是共和制的民族主义,那么,现代美国献给世界的是科学技术进步和大众文化。"②

然而,这样一种欣欣向荣的文化景象对于这群有着贵族文化背景且长期与高雅文化耳鬓厮磨的法兰克福人来说却是完全陌生的,他们的文化素养与知识背景无论如何不可能使他们像美国的知识分子那样与时俱进、洗心革面,从而投身于大众文化狂欢的海洋之中。因此,从一开始,批判理论家与美国大众文化的对峙甚至对它的敌视无疑是存在的。而当大众文化研究成了研究所 1940 年代的中心工作之后,研究所成员则纷纷进入美国的媒体或政府部门③,目睹了大众文化的制作、生产过程,也观察到"政府把大众传播当作政治宣传工具使用"的情况④。正是在这一背景下,阿多诺写出了一系列论电台音乐与流行音乐的文章(参阅第二章第二节),并与霍克海默提出了"文化工业"的著名论断(参阅第二章第一节),洛文塔尔在对通俗传记的研究中得出了传记主人公由"生产偶像"变成了"消费偶像"的结论(参阅第四章第二节),马尔库塞这段时间在大众文化研究方面虽然无所作

---

① 美国学者佩尔斯指出:"30 年代的作家对大众文化深感兴趣,他们认为大众文化是人们对普通人的习俗与态度表现出的特殊爱好的一部分。与此同时,他们有一种强烈的愿望,希望它在重新塑造这个国家的制度与信仰时,能直接发挥某种作用。……他们甚至声称电影中惯有的'大团圆结局'正合乎那些认为美国生活基本上决非悲惨和严峻的公众的口味。就这样,知识分子本身开始形成'世俗的'心理状态,宁愿投大众之所好而不谈有美学价值的艺术,宁愿提倡虔诚恭顺而避免探究挑剔。"〔美〕理查德·H. 佩尔斯:《激进的理想与美国之梦——大萧条岁月中的文化和社会思想》,第 315 页。

② 〔美〕布里辛斯基:《两个世纪之间:美国在电子时代的作用》,转引自陈学明:《文化工业》,台北:扬智文化事业公司 1996 年版,第 15—16 页。

③ 阿多诺 1938 年进入拉扎斯菲尔德(Paul Lazarsfeld)的普林斯顿无线电研究中心工作。洛文塔尔 1943 年参加美军,在战时情报处工作,1949 年开始任"美国之音"研究部主任。马尔库塞 1941 年开始先在美国战略服务处工作,后在国务院情报研究处任职。

④ Douglas Kellner, *Critical Theory, Marxism and Modernity*, Cambridge: Polity Press, 1989, p. 130.

为,但他在美国政府部门长期工作的经验无疑为他 1960 年代对大众文化的继续批判提供了更加充分的论据。

如此看来,当法兰克福学派的大众文化理论呈现出强烈的"批判"色彩时,美国既存的大众文化对于这种"批判性"的形成确实起着至关重要的作用。由于批判理论家本来就是携带着高雅文化的知识谱系、西方马克思主义的认知模式与法西斯主义造成的心理创伤来到美国的,所以当他们打量这块陌生的土地上生长出来的大众文化时就不可能不带上原有的"心理图式"。这样,那些生猛强悍但在美国人眼中又温馨可人、值得自豪的东西,对于这群温文尔雅的欧洲人来说却不啻是一种刺激与挑战。而在媒体或政府部门的供职则加深了他们对文化工业生产程序、商业与政治合谋的了解,美国知识界对大众文化的暧昧态度又强化了他们对实用主义、实证主义的认识(从某种意义上说,美国知识分子认同于大众文化实际上是实用主义哲学的胜利),所有这些因素加起来,使他们无法不对大众文化采取一种批判的姿态。在谈到研究所成员批判大众文化的原因时,霍克海默指出:"我们批判大众文化,并不是因为它给人提供了更多的东西,或是使人的生活更有保障——这些我们可以留给路德的神学(Lutheran theology)——而是因为它造成了这样一种状况:人们得到的太少且得到的都是糟糕的东西;在这种状况下,整个社会的各个阶层都生活在可怕的贫困之中,人们与不义达成妥协,世界则维持在这样一种状态:一方面人们必须预料到一场巨大的灾难,另一方面聪明的精英们则密谋实现一种可疑的和平。"①如此归结批判的原因当然显得更加隆重也更加冠冕堂皇,但是在阿多诺下面这段不无苦涩的表白中,却似乎隐藏着更多也更值得玩味的信息:

> 在美国,我从一种文化上的天真信念中解放出来,获得了从外部看待文化的能力。这里需要澄清的是:不管怎样对社会进行批评,不管怎样意识到经济诸因素的决定地位,但是对我来说,精神(Geist)的绝对重要性都如同神学教义,它从一开始就是不言而喻、不证自明的。而我在美国获得的教训是,这种不证自明并非

---

① Quoted in Theodor W. Adorno, *Prisms*, trans. Samuel and Shierry Weber, Cambridge, Ma.: The MIT Press, 1981, p.109.

绝对有效。在中欧和西欧,不仅是所谓的受过良好教育的阶层,就连这个阶层之外的人都对任何智性的东西肃然起敬,而在美国却并非如此;这种尊敬的缺席,导致精神(spirit)走向批判性的自我反省之中。①

阿多诺在这里虽然没有提到大众文化,但是他以欧洲人的眼光看待美国文化并拿欧洲文化与美国文化进行对比的意图却是一目了然的。也就是说,当他以一个异乡人的身份获得了一种打量美国的视角并由此反观欧洲文化时,他也就建立了一种比较的尺度,而在这种比较中,他的心理天平最终还是倾向了后者。之所以如此,原因倒也非常简单:美国文化本来就缺少欧洲文化中无须证明的"精神",人们又对"精神"缺少必要的敬意。由此联系到他终其一生坚持批判的大众文化,其批判的又一原因也就大体清楚了:美国的大众文化使他意识到了精神家园的沦丧,而精神家园的重建不可能是在技术理性高度发达的当代美国,甚至也不可能是在生长过法西斯主义的现代欧洲,而只能是在记忆中或想象中的某个乌托邦王国里。

阿多诺晚年的这种思考实际上代表着批判理论家的共同想法。本雅明自杀之前那种浓郁的弥赛亚情结,马尔库塞晚年的皈依席勒,洛文塔尔对乌托邦思想的反复申明,所有这一切都表明,共同的文化背景使他们的思想在一个必然的逻辑终点相遇在一起(参阅第五章第二节)。除了本雅明,无论他们曾经对大众文化采取过怎样的态度,美国的大众文化,或者更确切地说是在美国的生活经验,都参与了对他们思想的塑造,并最终帮助他们完成了最后的选择。因此,更全面地说,法兰克福学派之所以批判大众文化,西方马克思主义的认知模式和对法西斯主义的痛苦记忆固然已经坚定了他们的批判立场,而美国的大众文化一方面使他们进一步意识到了批判的必要性,另一方面又唤醒并确立了已经埋藏在他们心中的精英主义的文化立场,且帮助他们形成了"艺术与大众文化"二元对立的思维模式。所以,虽然法兰克福学派的批判者完全取精英主义的角度是片面的,但是取消了精英主

---

① Theodor W. Adorno, "Scientific Experiences of a European Scholar in America," in Donald Fleming and Bernard Bailyn, eds., *The Intellectual Migration: Europe and America, 1930-1960*, Cambridge: The Belknap Press of Harvard University Press, 1969, p. 367.

义这一维度,对法兰克福学派的大众文化理论将无法做出更精微的分析与更准确的判断,这是我们在面对法兰克福学派的大众文化理论时应该特别要加以注意的。

三 否定与肯定:法兰克福学派大众文化理论的两套话语

在对法兰克福学派大众文化理论的生成语境进行分析时,我们更多是对1930—1940年代远去美国的研究所进行总体的考察。如果再结合1920—1930年代欧洲与1960年代世界范围内的历史文化语境,同时深入法兰克福学派大众文化理论形成时的个人化语境,如果能够把法兰克福学派的大众文化理论作为一个整体的系统加以看待,那么,我们就会发现法兰克福学派内部对大众文化的运作方式一直存在着两种理解:整合与颠覆;由此对大众文化也就形成了两种相反相成的思维模式与两套并行不悖的话语表述方式:否定与肯定。它们共同构成了法兰克福学派大众文化理论的宝贵遗产,并统一在对资本主义制度的总体批判中。在接下来的分析中,我们首先需要论证的是法兰克福学派的大众文化理论确实存在着这样两套话语,其次需要指出,这两套话语均有其存在的价值和理由又都具有某种片面性,因此,如何使其扬长避短并让其沟通对话就显得很有必要。正是在这一意义上,我们把整合与颠覆看成是大众文化的辩证法。①

在谈到法兰克福学派的大众文化理论时,西方学者一般都采用如下三种思维模式:第一,把法兰克福学派的大众文化理论等同于阿多诺、霍克海默与马尔库塞的大众文化理论。由于阿多诺与霍克海默是大众文化坚定不移的批判者,由于马尔库塞在写作《单面人》(*One-Dimensional Man*)②时期也对大众文化持一种坚决批判的态度,所以,在

---

① "辩证法"是法兰克福学派在对前人批判的基础上所使用的一个概念,比如,本雅明创造了"静止状态的辩证法"的用法,阿多诺则提出了"否定的辩证法"的哲学主张。笔者这里对"辩证法"的使用依然沿用的是传统的意义,即从柏拉图到黑格尔所界定的"对立统一"。

② One-Dimensional Man 在汉语学界有单面人、单维人、单向度的人、线性人、片面发展的人等多种译法。

这样一种思维模式中运作,法兰克福学派的"大众文化理论"也就与"大众文化批判理论"完全画上了等号。① 第二,虽然把本雅明对大众文化的思考看作一种与众不同的声音,但是这种声音还不足以改变法兰克福学派大众文化理论的总体思路,因此,法兰克福学派的"大众文化理论"依然是"大众文化批判理论"。② 第三,把本雅明的思考从法兰克福学派"批判理论"的语境中分离出来,让他成为后现代主义阵营中的盟友或一员,这样,本雅明的大众文化理论就成了法兰克福学派大众文化批判理论面临着合法性危机的一个证据。隐藏在这种观点背后的是这样一种假定:本雅明的大众文化理论之所以有更大的价值与意义,就是因为法兰克福学派的"大众文化理论"是"大众文化批判理论"。③

以上三种思维模式虽然其切入的角度各不相同,但是却有着一种共同的倾向,即它们都在不同程度上把法兰克福学派的"大众文化理论"看作"大众文化批判理论",这样,法兰克福学派的大众文化理论也就只存在一套话语,一种声音。之所以会不约而同地形成这样一种思路,大概有如下一些原因:第一,法兰克福学派大众文化理论是"批判理论"的产物,因此把大众文化理论看成大众文化批判理论是顺理成章合乎逻辑的。第二,没有对法兰克福学派核心成员个人的大众文化理论进行仔细辨析。在大部分学者的著作中,我们很难看到他们对洛文塔尔大众文化观的详细分析(甚至法兰克福学派研究专家马丁·杰伊与凯尔纳的分析也是象征性的),这样,在谈到法兰克福学派的大众文化理论时,洛文塔尔基本上是缺席的。另一方面,在谈到马尔库塞时,也大都没有对两个马尔库塞做出区分。还有,阿多诺晚年在大众文化批判立场上的松动虽然不足以对他个人的大众文化观构成多

---

① 如斯威伍德(《大众文化的迷思》)、巴托莫尔(《法兰克福学派》)等学者均持这样一种观点。

② 持这种观点的人居大多数,其代表性的学者有马丁·杰伊(*The Dialectical Imagination*)、凯尔纳(*Critical Theory, Marxism and Modernity*)、赫尔德(*Introduction to Critical Theory*)、斯莱特(*Origin and Significance of the Frankfurt School*)、斯道雷(《文化理论与通俗文化导论》)等。

③ 持这种观点的学者有斯特里纳蒂(《通俗文化理论导论》)、多克(《后现代主义与大众文化》)、费瑟斯通(《消费文化与后现代主义》)、沃特斯(《美学权威主义批判》)、莱德雷斯(*Ideology and Art*)等。

大影响,但是却对法兰克福学派的"大众文化批判理论"构成了一定程度的消解。关于这一点,正面论述法兰克福学派的学者一般避而不谈。第三,由于本雅明的复杂性与多重身份,把他划入后现代主义阵营中有一定的合理性,但是不能因此而割断他与法兰克福学派的关系。事实上,本雅明对大众文化的主要研究成果不但是与阿多诺对话的产物,而且他的思想也对阿多诺、马尔库塞与洛文塔尔产生了重大影响。只有把他开创的另一套大众文化理论话语放到法兰克福学派"批判理论"的总体规划中,乃至放到西方马克思主义的总体语境中,才能显示出更大的价值与意义。

当我们指出上述思路的共性特征及其成因时,并不是要完全否认这些思路所形成的判断的合理性——因为法兰克福学派大众文化理论最容易辨认的特征无疑就是批判,而是想说明这样一个事实:对于法兰克福学派大众文化理论的丰富性来说,这种抽象一方面是一种简化,另一方面也容易给人带来理解的误区。而且,对法兰克福学派大众文化理论的许多批判实际上也正是建立在这样一种误读或误解的基础上的。因此,若要对法兰克福学派的大众文化理论有一个更接近于其本来面貌的理解,甚至对它的批判能够取一种公允平常之心,就必须抛弃那种既成的思维模式,而把法兰克福学派的大众文化理论看作在"批判理论"总体规划下运作的两套话语。

第一套话语自然就是大众文化批判理论,这也是法兰克福学派呈现得最充分、表述得最明确的一套话语。这套话语的基本命题如下:由于资本主义社会已变成了一个"全面被监管社会"或"单面社会",由于技术合理性就是统治本身的合理性,所以,大众文化并不是在大众那里自发地形成的文化,而是统治阶级通过文化工业强加在大众身上的一种伪文化。这种文化以商品拜物教为其意识形态,以标准化、模式化、伪个性化、守旧性与欺骗性为其基本特征,以制造人们的虚假需要为其主要的欺骗手段,最终达到整合大众的目的。通过阿多诺与霍克海默、洛文塔尔、马尔库塞的相关思考与表述,甚至通过本雅明间接迂回的反证(他对传统艺术消亡时的怀恋),大众文化批判理论构成了法兰克福学派的主流话语。这也是诸多学者共同承认,且不论是赞扬还是批判都会在这里大做文章的一套话语。我们把这套话语称为大众文化的否定性话语。

值得注意的是第二套话语,这套话语的首倡者是本雅明,后经洛文塔尔与马尔库塞的补充论证与强调,同样在法兰克福学派大众文化理论的系统中走出了一条清晰的线索。这套话语的基本命题建立在这样一种假定之上:在资本主义社会中,大众不是被文化工业整合的对象,而是需要被大众文化武装的革命主体。通过新型的大众文化形式(电影、摇滚乐等)、通过大众文化所执行的新型功能(心神涣散、语言暴动、身体狂欢与本能欲望的解放等)对大众革命意识与批判态度的培养,最终可以达到颠覆资本主义制度的目的。我们把这套话语叫作大众文化的肯定性话语。

由于第二套话语常常被人们忽略,所以这里需要略加论述(更详细的论述参阅第三章第二节、第四章第一节、第五章第一节)。在法兰克福学派大众文化理论的话语系统中,如果说否定性话语思考问题的逻辑起点是统治意识形态与资本主义社会,那么,肯定性话语的逻辑起点却是大众。本雅明认为,高雅艺术无法赢得大众,大众总是从艺术作品中寻求着某种温暖人心的东西。由于资产阶级的先锋派艺术离大众较远,电影这种新型的艺术形式便承担了温暖大众的工作。① 洛文塔尔在论述大众接近通俗传记的原因时,则以这样一种含糊其辞的口吻指出:"从未有心理学家说过,当大众参与到日常的欢愉中时,无聊是他们脸上的表情。也许,由于平常工作日所遵循的是一生中通常都不会有任何变化的常规,因此,闲暇活动中的常规和重复特性就成了对工作日的一种辩护和美化。"②而在 1960 年代的文化革命中,马尔库塞则同样把他的关注视线转向了大众。

洛文塔尔关注现代大众的原因很大程度上是因为蒙田对民众的同情。当洛文塔尔对蒙田同情民众的行为产生了"极大的同情"③之后,这种同情心实际上也在一定程度上延伸到了现代大众那里。而本雅明与马尔库塞之所以会把大众当作关注的对象,主要的原因在于要

---

① Walter Benjamin, *The Arcades Project*, trans. Howard Eiland and Devin McLaughlin, Cambridge: Belknap Press, 1999, p. 395.

② Leo Lowenthal, *Literature, Popular Culture, and Society*, Englewood Cliffs, NJ: Prentice-Hall, 1961, pp. 134-135.

③ Martin Jay, ed., *An Unmastered Past: The Autobiographical Reflections of Leo Lowenthal*, p. 252.

强化理论的政治实践功能。西方学者认为,实际上存在着两个本雅明,一个是波德莱尔式的本雅明,一个是布莱希特式的本雅明。① 当布莱希特对本雅明的影响一度占了上风之后,左翼知识分子的激情,寻找革命武器的冲动,武装革命主体的渴望就成了本雅明思想中的重要内容。因此,他所谓的大众基本上依然是传统马克思主义意义上的,并被布莱希特所强调的无产阶级大众。另一方面,从大众文化理论的承继关系上看,实际上也存在着两个马尔库塞,一个是阿多诺式的马尔库塞,一个则是本雅明(布莱希特式的)式的马尔库塞。在马尔库塞的一生中,他虽然一直坚持着无产阶级已被整合的判断,但是他也一直没有放弃寻找新的革命主体的努力。在1960年代文化革命的高潮中,当他最终在造反学生、黑人、嬉皮士、知识分子新左派、受着性压迫的妇女、第三世界的人民大众那里看到了新的革命主体出现的希望时,他的思维方式与话语表述方式已完全转到那个布莱希特式的本雅明那里。因此,在本雅明与马尔库塞论述的语境中,大众的所指虽然并不相同,但是他们的思维方式、操作手段与最终所要达到的目的却是完全一致的,即都是要把革命的理论转换为革命的行动。

对大众文化的肯定与欣赏实际上就是被这种革命理论书写出来的话语,于是,在否定性话语那里被构想出来的大众文化的负面意义,在肯定性话语这里则具有了蕴藏着革命能量的正面功能。受布莱希特"叙述体戏剧""间离效果"与"中断"技巧的启发,本雅明在电影蒙太奇的震惊效果中不仅发现了心神涣散(distraction)的革命意义,而且发现了被阿多诺遗忘的"身体"。因为"只有身体与形象在技术中彼此渗透,所有的革命张力变成了集体的身体神经网,而集体的身体神经网又变成了革命的放电器,现实才能使自己超越到《共产党宣言》所需求的那种程度"②。而当马尔库塞从黑人所使用的"污言秽语"(obscenities)中,在造反学生所痴迷的爵士乐与摇滚乐中挖掘出一种否定性或颠覆性的因素时,他一方面是要为其"新感性"(new sensibility)的建构寻找依据,另一方面同样也像本雅明那样强化了身体的"放

---

① See Michael Löwy, *On Changing the World: Essays in Political Philosophy, from Karl Marx to Walter Benjamin*, London: Humanities Press, 1993, pp. 133-141.

② Walter Benjamin, *One-Way Street and Other Writings*, trans. Edmund Jephcott and Kingsley, London: Verso, 1992, p. 239.

电器"功能。从这一意义上说,本雅明的身体政治学、马尔库塞的身体美学与巴赫金的狂欢化理论确实构成了一种有趣的呼应。于是,与大众文化理论的否定性话语相比,肯定性话语更多是建立在对狂欢身体的期待之上,而不是主要建立在对法西斯主义的痛苦记忆之中。

这样,相对于否定性话语来说,肯定性话语也就完成了一次全方位的转移:通过对大众的关注,它强调的是革命主体的力量与能动作用;通过对大众文化的肯定性思考,它否定的是高雅文化的懦弱与保守,强化的是大众文化的政治实践功能。于是,自下而上的颠覆模式取代了自上而下的整合模式,改变世界的激情取代了解释世界的冲动。而革命理论对大众文化的重新书写,也在一定程度上消解了批判理论所传达出的自律个体与顺从大众、现代艺术与大众文化紧张对峙的状态,淡化了批判者对大众文化所采取的精英主义姿态,从而使大众文化呈现出一种民间性(尽管它已不可能是真正意义上的民间文化),使大众文化的肯定者拥有了一种平民主义的立场。这种平民主义的立场当然不是与生俱来的,而是被一种特殊的语境催生出来的。然而,世界范围内的事实业已表明,当现实处境需要知识分子以政治行动主义的姿态出现时,他们常常会从精英主义走向平民主义,以文化贵族的身份去弹奏民间立场的乐章。俄国19世纪的民粹派人士是如此,中国五四时期"走向民间"的多数知识分子是如此,法兰克福学派的文化贵族也是如此。

必须指出,大众文化的肯定性话语虽然表面上与大众文化的否定性话语构成了一种对立关系,但这却是法兰克福学派内部与西方马克思主义语境中左翼激进的一面与右倾保守的一面的对立,甚至是同一个人思想中两种不同的思想资源的较量交锋(本雅明与马尔库塞身上恰恰存在着来自激进知识分子与来自浪漫怀旧的文人的两股拉力)。这种对立起因于思考问题的不同逻辑起点(自上而下还是自下而上),分野于对大众意识水平的不同理解(被动顺从还是能动反叛),胶着于对大众文化功能与作用的不同解释(是统治者整合的帮凶还是被统治者颠覆的武器),然而,它们又统一于"批判理论"的基本宗旨之下。也就是说,由于它们革命的目标(资本主义制度)与批判的对象(极权主义社会)是一致的,由于无论是否定还是肯定都是被救赎、人类解放、乌托邦主义的宏大叙事书写出来的话语,所以它们并不是势不两立水火不容的,在对共同目标的追寻中,它们可以也应该握手言和,从而走向新的融合。

然而,这种融合却是扬弃各自片面性的融合。否定性话语对大众文化与大众传播的批判性分析与评价无疑是深刻而精湛的,但是这种思路也把大众置于永远的愚昧、顺从与受奴役的位置。不相信民间存在着力量,拒绝民众的支援,完全否认大众拥有认知的能力与反抗的愿望,而只是把希望寄托在少数的精英身上,那么,所谓的批判也就真的成了只能在一小部分专家学者的书斋里秘密旅行的密码式话语,批判因其回避了实践的功能而变得空洞了。肯定性话语意识到了武装并发动大众的重要性,因而也就加强了理论与实践的联系,并且强化了知识分子的民间立场,这样一种姿态当然是非常珍贵的。但是由于这套话语的逻辑前提是"艺术政治化",这就使它与政治形成了种种暧昧的关系。因为无论在历史的语境中思考还是从现实的层面上考察,大众文化本身并没有固定的立场,它既可以成为"革命"政治的武器又可以成为"反革命"政治的工具。既然如此,肯定性的理论话语又如何保证大众文化只是成为指向共产主义的"放电器"而不去充当极权主义的"传声筒"呢?

因此,尽管我们承认大众文化存在着整合与颠覆这两种基本的运作方式,但是我们并不认为对大众文化一味地否定或肯定就可以抵达一个理想的彼岸。这应该是我们对待法兰克福学派大众文化理论的基本态度。

第二章　阿多诺:将批判进行到底

正如现代哲学是建立在对老黑格尔的批判之上一样,当代大众文化理论的推陈出新也几乎都是从批判阿多诺的大众文化批判理论开始的。早在1950—1960年代,以希尔斯(Edward Shils)、伯拉姆森(Leon Bramson)和甘斯(Herbert Gans)等人组成的批评家方阵就对阿多诺进行过激烈的抨击。他们认为,阿多诺自称是左翼人士,却又如此轻蔑民众的趣味和价值,其立场与观点自相矛盾;由于阿多诺对普通人的朴素快感怀有敌意,他其实已成为"一个隐蔽的清教徒和禁欲者"(a covert Puritan and ascetic)[1]。其后,对阿多诺的批判之音便不绝如缕。在进一步的批判中我们又被告知,阿多诺是一位精英统治论者,他的价值标准完全建立在"精英知识分子的立场"之上,其理论假设因缺乏经验上的论据而无法验证[2];把德国法西斯主义的独特发展历程套用于所有的资本主义国度是不科学的,"若说有一个'文化工业',试图由上而下,假借国家机器来整编其人民,并把人民任意摆布,认为他们只能在政治上处于被动状态,那么这样的情形是以极权国家为背景的,不是商业挂帅的资本主义社会"[3];阿多诺对大众文化产品论述的

---

[1] See Martin Jay, *Permanent Exiles*: *Essays on the Intellectual Migration from Germany to America*, New York: Columbia University Press, 1985, pp. 121, 286. 这一批评家方阵的文章或著作分别为: Edward Shils, "Daydreams and Nightmares: Reflections on the Criticism of Mass Culture," *Sewanee Review* (Autumn 1957), 65 (4): 587-608; Leon Bramson, *The Political Context of Sociology* (Princetion, 1961); Herbert J. Gans, "Popular Culture in America: Social Problem in a Mass Society or Social Asset in a Pluralist Society?" in Herbert S. Becker ed., *Social Problems*, *A Modern Approach* (New York, 1966).

[2] 〔英〕多米尼克·斯特里纳蒂:《通俗文化理论导论》,阎嘉译,北京:商务印书馆2001年版,第85—93页。

[3] 〔英〕斯威伍德:《大众文化的迷思》,冯建三译,台北:远流出版事业股份有限公司1993年版,第188页。

主要失误在于他"没有充分理解在功能性产品的生产(如汽车)与文本性产品的生产(如摇滚乐录制)之间的关键区别",因此他也就"过分夸大了流行音乐中标准化的范围,以致对它的现象作出了错误解释";①大众文化产生于内部或底层,而不是来自上面。它是由"大众制作而并非由文化工业生产出来的。文化工业所能做的,是为各种各样的大众阵型(formations of the people)生产出文本库存(repertoire of texts)或文化资源,以便大众在生产其大众文化的持续过程中使用或拒绝它们"②。——所有的这些商榷、质疑、批判和针锋相对都对阿多诺的大众文化批判理论构成了巨大的挑战,而所有的这些警示之声也在不断地提醒我们:阿多诺的理论在晚期资本主义时代是不是已然失效?"走出阿多诺模式"究竟是现实层面上的必然选择还是文化语境位移(从现代主义到后现代主义)之后理论层面上的假设替换?对阿多诺的批判是不是建立在对其理论的某种误读之上的?我们该如何面对阿多诺留给我们这份丰富而又驳杂的历史遗产?我们还有没有必要从他的理论中剥离出一些闪光的东西,以此作为我们建造当代大众文化理论大厦的基石抑或材料?

对阿多诺的理论梳理将从这样一些疑问与困惑中展开。需要指出的是,由于在大众文化批判理论方面的部分著作与文章中,霍克海默亦是阿多诺的合作者③,本章在主要论述阿多诺的同时也兼及霍克海默。

一 什么是文化工业

谈论阿多诺的大众文化批判理论,我们首先遇到的一个问题是,他所谓的"文化工业"(culture industry)究竟意味着什么,我们究竟在哪一个层面展开思考才更接近他的论述而不至于犯"过度阐释"的错误。

---

① 〔美〕伯尔纳·吉安德隆:《阿多诺遭遇凯迪拉克》,陈祥勤译,见陆扬、王毅编选:《大众文化研究》,上海:上海三联书店2001年版,第219、230页。

② John Fiske, *Understanding Popular Culture*, Boston: Unwin Hyman, 1989, p. 24.

③ 大众文化研究方面他们合作的重要文章其一是为人熟知的《启蒙辩证法》中的"The Culture Industry: Enlightenment as Mass Deception",其二是"The Schema of Mass Culture"。后者迟至1981年才被翻译到英语世界。

根据西方学界的最新研究成果,阿多诺与霍克海默的大众文化/文化工业理论已在叙述学、语言论等学理背景上被重新阐释。杰姆逊(Fredric Jameson)发现,如果把阿多诺的文化工业代到由"艺术"("精神"与创新等)、"反艺术"("恶俗"的艺术、文化工业等)、"非艺术"(消遣[*das Amusische*]等)所组成的"语义方阵"之中,第四项"非反艺术"的内容究竟是什么却暂付阙如。经过一番考证研究之后,他认为"庸人"(philistines)应该是"非反艺术"中的核心概念。而在阿多诺论述的语境中,这种"庸人"既不是指被动消费大众文化的公众,也不是指奥德修斯船上的水手,"他们被剥夺了感受任何文化(无论是真正的文化还是商业性文化)的全部感官,而只是一些对艺术本身心怀仇恨的人"。在《启蒙辩证法》中的《反犹主义因素》一文中,杰姆逊发现了"庸人"得以形成的社会形式,并由此指出了美国文化工业(如好莱坞)中的"庸人"与纳粹德国反犹主义者之间的内在联系。经过这番梳理阐释之后,杰姆逊重新修改了他的"语义方阵",把"庸人"直接指认为非反艺术的语义项,并把这一语义方阵纳入到了"基础"与"上层建筑"、"统治阶级"与"被压迫阶级"所组成的更大的结构框架中。①

从叙述学的角度来审视文化工业是一个全新的视角,而通过对失踪语义项的追寻与打捞,起码使阿多诺对纳粹德国的仇恨与对美国大众文化的敌视之间所存在的内在联系进一步明晰起来了。但是,仅仅在这一层面开掘显然不足以解释文化工业的丰富内涵。倒是作者在另一处地方的论述更显得实在:阿多诺等人关于文化工业的理论著作"是把马克思主义物化的理论扩展并应用于大众文化的作品","阿多诺和霍克海默对文化工业分析的力量,在于它表明了商品结构如何出乎意料地、不被察觉地进入到艺术作品本身之中"。② 阿多诺对文化工业进行剖析的理论武器之一是马克思的商品与商品拜物教理论,这是无论如何都不应当忽略的。这也应该是我们考察阿多诺的文化工业批判理论的一个逻辑起点。

---

① Fredric Jameson, *Late Marxism: Adorno, or the Persistence of the Dialectic*, London: Verso, 1990, pp. 151-154.

② 〔美〕弗雷德里克·詹姆逊:《大众文化的具体化和乌托邦》,王济民译,见王逢振主编《詹姆逊文集》第3卷《文化研究和政治意识》,蔡新乐等译,北京:中国人民大学出版社2004年版,第53、55页。

《作为象形文字的大众文化》是论述阿多诺的一篇有趣且重要的文章。作者汉森(Miriam Hansen)在比较了阿多诺与德里达、克拉考尔的相关思想之后认为,阿多诺一直把电影与其他大众文化产品看作一种象形文字的书写。而这种被书写出来的语言则是造成观众感官退化的罪魁祸首,它剥夺了观众注目沉思的能力,并因此为洛文塔尔的著名命题——"大众文化是精神分析的对立面"(Mass culture is psychoanalysis in reverse)——提供了有力的证据。阿多诺对于作为象形文字的大众文化的批判,其意义在于可以帮助我们进一步确立批判的视点,因为大众文化的文本与现代主义写作之间的分裂能够使我们形成一种跨越"当代媒介文化"两极的立体视线,以便对被后现代文化弄得日益模糊的高雅艺术与通俗艺术进行重新认识。①

很显然,汉森是在西方"语言论转向"的文化背景中来重新阐释阿多诺的大众文化理论的。他在论文中隐约提到的大众文化与媒介文化之间的内在关系对于我们认识阿多诺的大众文化理论有较大的参考价值,但是囿于语言论的视角,他并没有对这一问题全面展开。而且,仅仅把大众文化看作一种象形文字的书写,也只会对阿多诺的理论构成一种简化。

如果说汉森在"语言论转向"的语境中"改写"了阿多诺大众文化批判理论的思路,那么库克(Deborah Cook)则是在西方晚近对大众文化正面评价的思潮中"放大"了阿多诺文化工业理论中微乎其微的民粹主义思想。在《再探文化工业》一书中,作者认为,"文化工业的意识形态极为虚弱"是阿多诺的主要观点之一,因此,"文化工业并不能完全强化和控制消费者的意识与无意识。之所以如此,不仅是因为晚期资本主义固有的矛盾与其意识形态的透明性,也因为文化商品消费者的双重意识无法完全为强化的局限性提供解释"。在库克看来,不是因为文化工业本身的欺骗而是因为消费者本人的自我欺骗才使得文化工业的机制运转起来了,所以消费者并非消极被动。"如果观众与听众完全是受动和被操纵的话,他们就不会进行自我欺骗了"。于

---

① Miriam Bratu Hansen, "Mass Culture as Hieroglyphic Writing: Adorno, Derrida, Kracauer," in Max Pensky ed., *The Actuality of Adorno: Critical Essays on Adorno and the Postmodern*, Albany: State University of New York Press, 1997, pp. 83-111.

是,阿多诺一直寄希望于文化商品消费者的受教育与被启蒙,而事实上,他在后来的一些事例中已经看到了大众觉醒之后文化工业的骗局被识破的胜利曙光。①

尽管库克在此书中不乏精彩的论述,但作者的这一观点却难以让人苟同。在前期的《启蒙辩证法》(写于 1940 年,初版于 1947 年)中,阿多诺固然说过"文化工业中广告宣传的胜利意味着消费者即使能识破它们,也不得不去购买和使用它们的产品"②;在后期的《电影的透明性》(1966)与《闲暇》(1969)中,阿多诺也对文化工业控制与整合大众的程度与大众的反抗作过如下反思:"文化工业的意识形态本身在其试图控制大众时,已变得与它想要控制的社会那样内在地具有了对抗性。文化工业的意识形态包含着对自身谎言的解毒剂。"③"对意识与闲暇的整合尚未完全成功。个人的现实利益在某种限度内依然很有力量,足以抵制总体的控制。"④但是,这并不能为阿多诺的民粹主义立场提供足够的证据,也不能因此松动他的"文化工业整合说"的巨大底座。事实上,阿多诺自始至终都是一个文化保守主义者和艺术精英主义者,而文化工业对人的整合、操纵、收编与改造则是贯穿在他整个文化工业批判理论中的一条主线。放大阿多诺肯定大众与大众文化的一面显然是库克想在反对"阿多诺模式"的浪潮中为他辩护,但如此操作,反而容易模糊我们对阿多诺的认识。

由此看来,对阿多诺理论的"变形""改写"与"放大"在给我们提供了阐释阿多诺种种"新思维"的同时,也为我们制造了某种思维误区与理论陷阱。为了尽可能地恢复历史的本来面目,我们需要回到阿多诺论述的语境中,看看他究竟进行了哪些思考。

1. 商品拜物教:文化工业的意识形态

虽然在《论爵士乐》(1936)与《论音乐中的拜物特征与听的退化》(1938)等文章中,阿多诺的大众文化/文化工业理论已相当成熟,但是

---

① Deborah Cook, *The Culture Industry Revisited*: *Theodor W. Adorno on Mass Culture*, Lanham: Rowman & Littlefield Publishers, Inc., 1996, pp. 65-73.

② Theodor W. Adorno & Max Horkheimer, *Dialectic of Enlightenment*, trans. John Cumming, New York: Herder & Herder, Inc., 1972, p. 167.

③ Theodor W. Adorno, *The Culture Industry*: *Selected Essays on Mass Culture*, London: Routledge, 1991, p. 157.

④ Ibid., p. 170.

"文化工业"这一概念的正式提出与文化工业现象被大张旗鼓地批判,却是首次出现在他与霍克海默合著的《启蒙辩证法》中。阿多诺后来在《文化工业述要》(1963)一文中如此解释他们使用"文化工业"一词的动机:

> 文化工业(culture industry)这一词语大概是在《启蒙辩证法》这本书中第一次使用的。……在草稿中,我们使用的是"大众文化"(mass culture),后来我们用"文化工业"取而代之,旨在从一开始就把那种让文化工业的倡导者们乐于接受的解释排除在外:亦即,它相当于某种从大众当中自发产生的文化,乃是民众艺术(Volkskunst)的当代形式。但是"文化工业"与民众艺术截然不同,必须严格加以区分。文化工业把家喻户晓、老掉牙的东西加以熔合,产生出一种新的东西来。在其所有的分支中,文化工业的产品都是或多或少按照特定的意图、专为大众消费而量身定做出来的,且在很大程度上决定这种消费的性质。文化工业的各个分支在结构上相似,或至少彼此适应,因而自成系统,浑然一体。而这种局面之所以成为可能,全赖当代技术的能力以及财力与管理的集中。文化工业有意自上而下整合其消费者,它把分离了数千年、各自为政、互不干扰的高雅艺术与低俗艺术强行拼合在一块,结果是两者俱损。高雅艺术的严肃性在于其精确的效力,文化工业对这种效力进行投机追求而毁坏了它;低俗艺术的严肃性在于社会控制尚不彻底的情况下它与生俱来的反叛性抵抗,但是文化工业将文明化制约强加于其上,消灭了它的这种特征。因此,尽管文化工业针对的是大众,尽管它毋庸置疑地在对芸芸众生的意识与无意识状态投机押宝,但是大众对它来说并不是首要的,而是次要的,他们仅仅是被算计的对象,是整个运转机制的附属物。顾客并不像文化工业试图让人相信的那样是它的上帝,也不是它的主体,而是它的对象。①

在这段文字中,阿多诺除了对使用"文化工业"一词的理由进行了

---

① Theodor W. Adorno, *The Culture Industry: Selected Essays on Mass Culture*, London: Routledge, 1991, p. 85.

陈述和对"文化工业"这个概念的使用范围进行了限定外(文化工业既非民间文化,也非早期资本主义阶段的大众文化,而是资本主义进入垄断阶段之后大众文化的特殊形式),还包含着如下几个重要的观点,实际上,这也是我们需要进一步加以思考的问题:第一,既然技术的力量和经济、管理上的集中造成了文化工业的格局,那么它们在文化工业的生产/消费中究竟扮演着怎样的角色?第二,文化工业整合消费者的路线是自上而下,那么何谓"自上而下","上"的真正含义又是什么,这种整合经过了怎样的中介机制?第三,为什么文化工业使高雅艺术与低俗艺术都深受其害,人们往往把文化工业理解为低俗艺术产品的制造者,那么文化工业与高雅艺术又存在着怎样的关系,阿多诺心目中理想的艺术标准究竟是什么?

让我们先从第一个问题谈起。经济、管理上的高度集中是垄断资本主义,也就是阿多诺所谓的"晚期资本主义"(late capitalism)[①]社会的主要特征,而在晚期资本主义阶段,统治的结构与早期资本主义阶段相比已发生了重大变化:"传统的统治结构是把人的基本需要和高一层次的需要(体育、娱乐)减少到最低限度,同时把经济剥削增加到最大限度。然而,今天的统治结构变成了使大众的各种需要和资本主义的需要一致,废除基本需要和第二层次需要之间的差异,从而使统治增加到最大限度。"[②]这就是说,如果说以往的统治是一种硬性统治甚至血腥统治,那么进入晚期资本主义时代后,统治的策略与技巧却发生了重大变化:所有的一切都是以让人娱乐或享乐、让消费者满意的名义出现的,统治的巨大身影隐藏在温情脉脉的面纱之后,给人造成了统治业已消失或消亡的错觉。而这种运作之所以能够成为可能,商品的力量与资本的逻辑在其中起到了关键的作用。在谈到这一现

---

① 根据杰姆逊对资本主义三个阶段的划分,笔者以为阿多诺在其著述中指称的"晚期资本主义"相当于他所谓的"垄断资本主义"。但由于阿多诺生活于"垄断资本主义"向"晚期资本主义"(杰姆逊所界定的)的转换时期,在阿多诺所谓的"晚期资本主义"社会里实际上已出现了杰姆逊所界定的那个"晚期资本主义"的种种征兆。关于"晚期资本主义",阿多诺曾有专文论述。See Theodor W. Adorno, "Late Capitalism or Industrial Society," in V. Meja, D. Misgeld, and N. Stehr, eds., *Modern German Sociology*, New York: Columbia University Press, 1989, pp. 232-247. 参阅〔美〕杰姆逊:《后现代主义与文化理论》,唐小兵译,北京:北京大学出版社1997年版,第6—7页。

② 欧阳谦:《西方马克思主义的文化哲学》,台北:雅典出版社1988年版,第124页。

象时,杰姆逊指出:"如果说第二阶段中资本主义将世界殖民地化,以一种外在的、暴力的、客观的方式进行,那么,第三阶段中就没有这么多地域上的侵略,却是一种更深刻的渗透。可以说,帝国主义的掠夺中幸留下来的一些区域,现在被晚期资本主义殖民地化、资本化了,这两个区域就是自然与无意识。"而当商品与资本渗透到文化中之后,意味着文化已经变形,原来的文化格局已不复存在。"在十九世纪,文化还被理解为只是听高雅的音乐,欣赏绘画或是看歌剧,文化仍然是逃避现实的一种方法。而到了后现代主义阶段,文化已经完全大众化了,高雅文化与通俗文化,纯文学与通俗文学的距离正在消失。商品化进入文化,意味着艺术作品正在成为商品,甚至理论也成了商品。"①

如果从文化分期的角度把 1960 年代看作后现代主义在西方世界的正式登陆,那么阿多诺实际上是最先嗅到后现代主义气息的理论家之一。而文化工业理论则是他试图从商品、资本的层面对资本主义统治新格局首先解释进而批判的一种尝试。因此,文化工业批判理论首先是政治经济学意义上的批判理论,然后才是弗洛伊德主义、②叙述学、语言论意义上的批判理论。在对文化工业的思考中,马克思关于商品拜物教的理论是阿多诺对文化工业进行分析的主要依据,也是他对文化工业进行批判的逻辑起点。在《论音乐中的拜物特征与听的退化》一文中,阿多诺指出:

> 马克思把商品的拜物特性定义为对物的崇拜,这种物作为交换价值是由人自己制造出来的,同时又使它自身与生产者和消费者——"人"——相异化。"商品形式的奥秘不过在于:商品形式在人们面前把人们本身劳动的社会性质反映成劳动产品本身的物的性质,反映成这些物的天然的社会属性,从而把生产者同总

---

① 〔美〕杰姆逊:《后现代主义与文化理论》,第 161、162 页。
② 库克把阿多诺定位成一个弗洛伊德式的马克思主义者实际上也是对阿多诺身上弗洛伊德情结的某种"放大"。虽然马丁·杰伊指出,阿多诺"在他精通马克思之前就研究过弗洛伊德",并在文化工业理论中借用了弗洛伊德的心理分析方法与术语,但是他与马尔库塞或弗洛姆那种试图打通马克思与弗洛伊德之间的通道并使两者加以融合的研究思路还是区别很大的。因此,不宜夸大阿多诺文化工业理论中弗洛伊德思想所占的比重。参阅 Deborah Cook, *The Culture Industry Revisited: Theodor W. Adorno on Mass Culture*, pp. 1-26。〔美〕马丁·杰:《法兰克福学派的宗师——阿道尔诺》,胡湘译,长沙:湖南人民出版社 1988 年版,第 106 页。

劳动的社会关系反映成存在于生产者之外的物与物之间的社会关系。"这是成功的真正秘密。①

马克思在谈到商品的拜物教性质之后进一步指出:"劳动产品一旦作为商品来生产,就带上拜物教性质,因此拜物教是同商品生产分不开的。"②而根据马丁·杰伊的研究,阿多诺坚决认为文化工业的产品并不是艺术品,"**从一开始**(from the very beginning),它们就是作为在市场上销售的可替代的商品而被生产出来的"③。也就是说,当阿多诺借用马克思的拜物教理论来打量文化工业生产出来的文化产品时,他压根就没把它们当成艺术作品,而是把它们当成了商品,于是拜物教性质也就顺理成章地成了文化工业产品的基本属性。

除了从马克思那里借来了"商品拜物教"外,阿多诺还从卢卡奇那里拿来了"物化"。物化这一概念在马克思的《资本论》中实际上就已经存在,卢卡奇的做法是"用'物化'这一术语拓展了商品拜物教的含义"④,并最终让它取代了拜物教。根据杰姆逊的定义,"物化指的是将人与人之间的关系转化成为物或物与物之间的关系,即卡莱尔(Carlyle)所说的'现金交易关系',把社会现实转化成交换价值和商品"⑤。而卢卡奇的功绩之一是他在马克思论述的基点上进一步指出了物化世界的可怕和工人阶级在资本主义机械化大生产中的"原子化"过程:"生产的机械化也把他们变成一些孤立的原子,他们不再直接—有机地通过他们的劳动成果属于一个整体,相反,他们的联系越来越仅仅由他们所结合进去的机械过程的抽象规律来中介。"⑥之所以指出这一点,一方面是要说明马克思所谓的"阶级社会"与卢卡奇所谓的"阶级意识"的观念在阿多诺那里已经逐渐模糊,从而被他心目中

---

① Theodor W. Adorno, "On the Fetish-Character in Music and the Regression of Listening," in Andrew Arato and Eike Gebhardt eds., *The Essential Frankfurt School Reader*, New York: Urizen Books, 1978, p. 278. 阿多诺在此未注明马克思原文的出处。此段文字实际上出自《资本论》,但英译文与中译文有一定出入。此处马克思原文的翻译采用的是中译文,见《资本论》第1卷,北京:人民出版社1975年版,第88—89页。
② 马克思:《资本论》第1卷,第89页。
③ Martin Jay, *Adorno*, London: Fontana Paperbacks, 1984, p. 122.
④ Simon Jarvis, *Adorno: A Critical Introduction*, Cambridge: Polity Press, 1998, p. 53.
⑤ 〔美〕杰姆逊:《后现代主义与文化理论》,第268页。
⑥ 〔匈〕卢卡奇:《历史与阶级意识》,杜章智、任立、燕宏远译,北京:商务印书馆1992年版,第152页。

的"大众社会"最终取代。①另一方面也是要强调当"原子""原子化"成为阿多诺描绘大众与大众社会的常用词汇,当异化(马克思)—物化(卢卡奇)—原子化(阿多诺)成为一条既具有内在关联又具有不尽相同的意义指涉的逻辑线索时,可以说,阿多诺既从马克思、卢卡奇那里汲取了重要的思想资源,同时也完成了他对资本主义社会重新认识的思维范式的转换。

经过商品拜物教与物化的武装之后,阿多诺对文化工业时代与文化工业本身的剖析与批判便如虎添翼。不过,需要指出的是,当马克思与卢卡奇谈到商品拜物教与物化现象时,他们主要面对的是经济领域或物质生产领域,而在阿多诺这里,精神生产部门经过文化工业这架机器的重新组装之后已经与物质生产没有了本质区别,人们的物质消费与文化消费也全部渗透着交换原则的运作逻辑,商品拜物教与物化已成了资本主义社会中的一种普遍现象。于是,在阿多诺看来,用钱购物的妇女仅仅陶醉于自己的购买行为中,汽车宗教(the auto religion)使在圣礼中念叨着"那是一辆劳斯莱斯(Rolls Royce)车"的所有男人成了兄弟,妇女往往更重视美容美发师而不是美容美发师为其提供的服务。"这些不相干的关系完全显示着其社会本质"。而对于文化消费者来说,他们实际上崇拜的不是音乐,而是"他本人花费在托斯卡尼尼音乐会(Toscanini concert)门票上的钱"。② 在谈到音乐这种特殊商品的拜物教特性时,阿多诺指出:

> 在文化商品领域,交换价值是以特殊的方式行使自己的权力的。因为在商品世界,这个领域似乎不受交换权力的影响,而与商品建立了一种直接的联系。正是这种假象反过来单独为文化

---

① 伽威斯指出,阿多诺对"阶级"与"阶级意识"的看法是矛盾的,在他那篇非常重要又几乎不被人知晓的文章《反思阶级理论》("Reflections on the Theory of Class")中,阿多诺一方面保护马克思的阶级与阶级意识概念,反对人们说它们已经过时;一方面又认为把它们拿来直接运用于当代社会存在着障碍,这就意味着对阶级概念的"保护"与"改变"成为必需:"之所以保护,是因为剥削者与被剥削者的区分不但没有减少反而在其强化与固定中得到了增加;之所以变化,是因为被压迫者,即根据理论预测占当今人口绝大多数的人,已不能把自己体验为一个阶级。"See Simon Jarvis, *Adorno: A Critical Introduction*, pp. 55-56, 58.

② Theodor W. Adorno, "On the Fetish-Character in Music and the Regression of Listening," in Andrew Arato and Eike Gebhardt eds., *The Essential Frankfurt School Reader*, pp. 279-80, 278.

商品赋予了交换价值,但与此同时,文化商品仍然完全落入到了商品世界中,为市场而生产,以市场为目标。……如果商品通常都是由交换价值和使用价值合成的,那么纯粹的使用价值,在彻底的资本主义社会中必须保持在文化商品上的幻觉,就必然被纯粹的交换价值所取代,而后者也正好以交换价值的身份欺骗性地接管了使用价值的功能。音乐中那种特殊的拜物特性存在于这种替代物(quid pro quo)之中。那些进入交换价值中的情感制造了直接性的假象,同时与客体关系的缺失又证明了这种假象的错误。这种假象构成了交换价值抽象性的基础。一切"心理的"层面,一切替代性满足(ersatz satisfaction),都依赖于这种社会置换。①

阿多诺的这段文字虽然比较深奥,但其基本意思还是清楚的。如果说在马克思论述的语境中,使用价值与交换价值是商品(物质产品)的基本属性,它们构成了商品质的规定性的内在依据,那么当阿多诺把文化工业的产品看作一种不折不扣的商品时,它的质的规定性的构成已经发生了重大变化——交换价值取代了使用价值,原来支撑着商品的双维结构变成了单维,文化商品因此被抽去了所指(使用价值)而变成了没有实际意义指涉的空洞能指,从而进一步具有了马克思所谓的"幽灵般的"特征。这种偷梁换柱之术之所以能被消费者接受,一方面是消费者本人的拜物主义倾向②与文化商品制造的拜物效果形成了一种同构关系,一方面也是因为文化工业制造了一种使用价值已经支付给消费者的幻觉(比如可以借文化产品消遣、娱乐、放松、获取知识等等)。而就在这种假象与幻觉中,文化商品的交换逻辑与其追求的"赤裸裸的赢利动机"③却被隐藏在深不可测的黑暗中,变得不为人察觉了。然而,最终遭殃的还是消费者:"在商品的神学怪想(theological

---

① Theodor W. Adorno, "On the Fetish-Character in Music and the Regression of Listening," in Andrew Arato and Eike Gebhardt eds., *The Essential Frankfurt School Reader*, p. 279.

② 阿多诺说,所有对音乐声音的崇拜"都在对大师小提琴的崇拜中达到了荒诞的顶峰。只要听到被明确标示为斯特拉迪瓦里(Stradivarius)或阿玛蒂(Amati)小提琴发出的声音,人们马上就会欣喜若狂,而忘记了欣赏作品与演奏,但是只有专家的耳朵才能把这种小提琴与一把上乘的现代小提琴区别开来。"同上书,第 277 页。

③ Theodor W. Adorno, *The Culture Industry: Selected Essays on Mass Culture*, p. 86.

caprices)面前,消费者变成了神殿里的奴隶。无处牺牲自己的人可以在这里献祭,而在这里他们又完全被出卖了。"①

正是因为商品拜物教把资本主义的经济利益动机、资本的逻辑、交换价值的秘密全部铭写在文化工业所制造出来的产品中,我们才把商品拜物教看作文化工业的意识形态。② 而当文化工业的意识形态与统治阶级的意识形态形成一种相互支援、相互利用、唇齿相依、荣辱与共的复杂关系时,意味着一种政治经济学意义上的文化工业机制已经初具规模,利用文化工业对消费者进行整合的意识形态国家机器已经开动。

2. 自上而下:文化工业的整合路线

当阿多诺在1963年的文章中谈到"文化工业有意自上而下(from above)整合其消费者"时,实际上依然是他20多年前的思路的进一步延续,因为在《启蒙辩证法》中,他与霍克海默就对文化工业作过如下描述:"娱乐和文化工业中的所有元素在文化工业出现之前就早已存在了,现在它们则由上面(from above)接管并使其成为一种时尚。"③为什么"自上而下""从上面"成了阿多诺心中的一个情结,所谓的"自上而下"究竟具有怎样的内涵? 现在我们需要对第二个问题做出回答了。

在阿多诺的思想生涯中,与政治保持距离是他所遵循的一个基本的宗旨。在1930—1940年代流亡美国期间,为避免惹出政治麻烦,他与社会研究所的其他成员又常常采用伊索寓言似的写作方式而绝口不提政治。这就意味着在阿多诺集中批判文化工业的年代里,他不可

---

① Theodor W. Adorno, "On the Fetish-Character in Music and the Regression of Listening," in Andrew Arato and Eike Gebhardt eds., *The Essential Frankfurt School Reader*, p. 280.

② 意识形态有多种含义,但其基本的意思有二:虚假意识和思想体系。我们把商品拜物教看作文化工业的意识形态,正是在这两种意义上使用这一概念的。即它既是输入到文化商品中的一种思想观念,又是借此对消费者施加控制的一种虚假意识。正是基于这一考虑,在这一问题上笔者既没有采用阿多诺本人的说法,也不同意库克的归纳。因为前者虽然说过"大众不是文化工业的衡量尺度,而是文化工业的意识形态","消费者变成了娱乐工业的意识形态",但这一说法比较费解;后者虽概括出文化工业的意识形态是实证主义,但这一说法又显得有些泛化。参阅 Theodor W. Adorno, *The Culture Industry: Selected Essays on Mass Culture*, p. 86. Theodor W. Adorno & Max Horkheimer, *Dialectic of Enlightenment*, p. 158. Deborah Cook, *The Culture Industry Revisited: Theodor W. Adormo on Mass Culture*, 1996, p. 90.

③ Theodor W. Adorno & Max Horkheimer, *Dialectic of Enlightenment*, p. 135.

能对何谓"上面"做出清晰的解释。事实上,无论是《启蒙辩证法》还是其他有关文化工业/大众文化的专题文章,阿多诺也没有在论述到"上面""自上而下"时多作停留,对他来说,这似乎是一个不言自明的问题,或者他更愿意以这样一种隐喻的方式保持一种言说的弹性。不过,尽管阿多诺不愿意挑明,但根据他的相关论述,我们还是可以做出某种推断:他所谓的"上面"应该指的是一种"统治的意识形态"(dominant ideology)。因此,我们首先需要对他所谓的意识形态做出辨析。

对于意识形态,阿多诺的思考应该说是比较辩证的,一方面,他认为"意识形态不真实,是虚假意识,是谎言。它很明显地体现在艺术作品的败笔之中,体现在其自身的虚假之中,所以它总被批评所抨击"①;另一方面,他又认为"意识形态是社会中必要的幻象,这就意味着如果它是必要的,那么不管受到怎样的歪曲,它都必须具有真理性的外观"②。实际上,阿多诺一直就是在"它确实是虚假意识,但它又不仅仅是虚假"这样一个"意识形态的辩证法问题"③上展开其思考的。把意识形态看作虚假意识,显然是对传统马克思主义通常看法的一种呼应;而意识到意识形态不可或缺,则又分明看到了作为幻象的意识形态在人们的社会生活中扮演着重要角色。而理论家的任务就是要揭示这种幻象之虚幻,谎言之虚伪,并在这种揭示中接近对真理的认识。因为"阿多诺认为虚假意识也能够获得真理,这就是为什么在《小伦理学》(*Minima Moralia*)中阿多诺坚持孩子不能和洗澡水一起泼出去的原因"④。

因此,意识形态对于阿多诺来说既是他终其一生批判的对象,也是他始终不渝分离的对象——把与真理纠缠在一起的虚假意识剥离

---

① Theodor W. Adorno, *Notes to Literature*, Volume One, trans. Shierry Weber Nicholsen, New York: Columbia University Press, 1991, p. 39.

② Theodor W. Adorno, *Aesthetic Theory*, trans. C. Lenhardt, London: Routledge & Kegan Paul, 1984, p. 331.

③ Theodor W. Adorno, "Contribution to the Theory of Ideology," Quoted in Simon Jarvis, *Adorno: A Critical Introduction*, p. 65.

④ Deborah Cook, *The Culture Industry Revisited: Theodor W. Adorno on Mass Culture*, p. 81.

出来,还"真理内容"①一个清白之身。明乎此,我们也就理解了阿多诺对文化工业异常冷峻的批判态度,因为文化工业一方面构造出了自己的意识形态(商品拜物教),另一方面又成了统治阶级意识形态的理想载体。在《否定的辩证法》中,阿多诺对统治与意识形态的关系曾作过如下思考:"由于在政治经济学批判的主要对象垮台之后统治仍固执地存活着,统治便帮助一种意识形态取得了廉价的胜利:这种意识形态将要么从所谓集中化之类的非异化的社会组织形式中,要么从现实过程中抽象出来的意识、即理性中推演出统治。也正是这种意识形态,要么以公开的赞同、要么以鳄鱼的眼泪预言:只要有组织的社会存在着,统治就有无限的前途。"②如此看来,文化工业的意识形态与统治的意识形态所构成的是一种相互依存的关系:后者帮助前者建立了一种思想体系,前者既帮助后者维护了一种统治的权威,又巧妙地传达了后者的意识形态话语。晚期资本主义新的统治形式就是以这样一种方式在暗箱中进行操作的。

当阿多诺如此思考着统治的意识形态与文化工业的关系时,他所谓的"统治的意识形态"的主要内容首先应该意味着政治。而阿多诺对政治的理解一方面融入了他对资本主义制度之下那个行政管理高度集中之世界的哲学思考,一方面又带着他对纳粹体制之下极权主义统治的情绪记忆。伯恩斯坦(J. M. Bernstein)指出:虽然阿多诺没有在任何地方把文化工业与法西斯主义的政治胜利等同起来,但是他确实直接或间接地暗示了文化工业对社会的有效整合标志着在自由民主国家取得了与法西斯主义政治胜利同样的效果。③ 如此说来,当阿多诺形成了一种文化工业自上而下的整合假说时,他对极权政治的"前理解"以及这种极权政治所形成的恐怖统治是他做出如此判断的

---

① "真理内容"(truth content/Wahrheitsgehalt)是阿多诺《否定的辩证法》与《美学理论》中的一个重要概念,根据西方学者的阐释,"真理内容"的规定性"在于从意识形态的背后重新找出一种物质内容和一种历史的、政治和社会的现实性之间的巧合。这种现实性本身是和生产力和生产关系的某种状态相适应的"。参阅〔法〕马克·杰木乃兹:《阿多诺:艺术、意识形态与美学理论》,栾栋、关宝艳译,台北:远流出版事业股份有限公司1990年版,第198页。See Max Paddison, *Adorno's Aesthetics of Music*, New York: Cambridge University Press, 1993, pp. 56-59.

② 〔德〕阿多尔诺:《否定的辩证法》,张峰译,重庆:重庆出版社1993年版,第321页。

③ 参阅《文化工业》一书的编者伯恩斯坦为该书写的导言。See Theodor W. Adorno, *The Culture Industry: Selected Essays on Mass Culture*, pp. 3-4.

基本前提。于是,这种整合模式也就成了一种经验式的超验判断。那么,把法西斯纳粹的自上而下整合说移植到自由民主的资本主义文化工业中,这种移植合适吗?——西方许多学者正是在这一问题上对阿多诺的理论提出了质疑。但是如果我们承认国家的、统治的意识形态并没有终结,如果我们也承认"统治阶级的思想在每一时代都是占统治地位的思想"①,那么我们就没有理由不去思考这一假说中合理的内涵。

"统治的意识形态"中第二个内容应该是技术。如果仔细分析我们就会发现,在《启蒙辩证法》关于文化工业这一章中,阿多诺与霍克海默围绕着"技术合理性就是统治本身的合理性"②这一总的命题,对以技术形式体现出来的所有大众媒介展开了全方位的批判。为什么在批判文化工业的同时批判技术?我们当然可以把这种批判看作他们对技术/工具理性批判向文化工业领域中的合理延伸,但这样的归类又显得笼统。实际上,在阿多诺对文化工业中的技术化倾向进行批判的时候已经隐含着这样一个命题:意识形态与大众媒介究竟是一种怎样的关系。

关于大众媒介,阿多诺的看法是这样的:"大众媒介(mass-media)是专门为文化工业打造出来的一个词语,它已经不动声色地将侧重点转移到了于人无害的范畴里。它既不是一个是否把大众放在首位的问题,也不是表达这种关切的传播技术问题,相反,它是一个精神问题,这种精神以主人的声音充斥到大众当中。"③何谓"主人的声音"?可以理解为这是阿多诺打的一个比方,也可以理解为他是暗指掌握着政治权力、控制着经济机构的统治阶级。也就是说,在阿多诺的心目中,大众媒介并不为大众着想,而只为统治者负责。而每一次技术力量的加强,伴随着技术革命而出现的每一种新的媒介,都意味着统治阶级有了控制大众的更精良的武器,也意味着统治的意识形态有了更好的传声筒。于是,在阿多诺那里,大众媒介成了承载并传播意识形态的工具,或者更确切地说,只有通过大众媒介,文化工业自上而下的整合才算真正落到了实处。

---

① 《马克思恩格斯全集》第3卷,北京:人民出版社1995年版,第98页。
② Theodor W. Adorno & Max Horkheimer, *Dialectic of Enlightenment*, p. 121.
③ Theodor W. Adorno, *The Culture Industry: Selected Essays on Mass Culture*, pp. 85-86.

对于阿多诺的这一观点,西方学者同样进行了猛烈的批判:"大众媒介与意识形态之关系究竟如何?……上自阿多诺,下至米利本与阿图塞,意识形态的运作都是单方面的,也就是由上而下,渗透进入劳动阶级的组织与意识,显得像是一股外来而保守的力量。……如果认为这样的概念能够成立,则不啻是说,社会中的霸权关系已不复存在(或说公共领域因而解体)。如果硬要说资本主义是一种大众社会,那么意识形态永远也就只能是'虚假意识'。"而正确的做法是把意识形态看作"活生生的一股力量,它把资本主义种种不同并且相冲突的层级,捆绑成为一个整体,就历史或社会意义而言,意识形态变成了阶级支配的工具,但却富有弹性而且变幻多端"。"大众媒介在转化统治阶级的意识形态时,它们同时也把意识形态建构为实际的作为与理论的参照形式"。①

把意识形态看作富有弹性且变化多端的一股活生生的力量,是对统治阶级意识形态功能的重新阐释。进入晚期资本主义社会后,意识形态也许确实具有调和矛盾、化解冲突的功能,但是这并不能掩盖这样一个事实:意识形态同样也以富有弹性、变化多端的形式变原来的强行推销为现在的灵活渗透。而它所渗透的地方只能是生产娱乐、制造梦幻的文化工业。如果说由于历史的原因,以交换价值为表征的文化工业理论还稍嫌粗糙的话,那么,米兰·昆德拉(Milan Kundera)的"意象形态"假说与波德里亚(Jean Baudrillard)的"符号价值"理论,对于当代资本主义意识形态控制的新形式则具有更强的说服力与阐释力,而这两种思想实际上又都可以视为对文化工业理论的合理延伸。另一方面,如果说阿多诺与霍克海默那个"晚期资本主义社会中的娱乐是劳作的延续"②的断言还稍嫌空疏的话,那么美国学者的较新研究成果已经表明,在后工业社会的条件下,阅听人实际上已成为一种商品,大众媒介其实就是这种商品的生产者(卖方),而广告商则是买主。所以,当阅听人坐在电视机前享用那些"美味佳肴"时,他实际上

---

① [英]斯威伍德:《大众文化的迷思》,第 131、133、137 页。
② Theodor W. Adorno & Max Horkheimer, *Dialectic of Enlightenment*, p. 137. 霍克海默在《艺术与大众文化》一文中对此问题有更详尽的论述。See Max Horkheimer, *Critical Theory: Selected essays*, trans. Matthew J. O'Connell and Others, New York: The Continuum Publishing Corporation, 1982, pp. 273-290.

是在做苦工,他不仅在消磨时光,也是在以一种相当确定的方式付出自己的精力与时间;他全神贯注地参与节目,实际上做了广告商所支持的媒介公司的社会化背景。他所做的,正如同把时间耗费在无报酬劳动中的工人所为。他在替消费品的生产者执行市场功能,并进行生产与复制劳动力的工作。① 而无论是把消费者当作让其娱乐的对象还是把他们当作商品,都意味着意识形态力量的播散和以一种巧妙的方式对其受众的征服。

事实上,如果我们把意识形态通过大众媒介自上而下整合大众看作一种假说,那么验证其合理或不合理的依据是需要对如下两个问题做出回答:一、大众媒介是否依然是意识形态的载体?二、如今的大众媒介如何运作?关于第一个问题,我们可以集中到阿多诺极力批判的美国好莱坞电影方面加以分析。如果说阿多诺只是以一个"异乡人"的身份客居美国因而对好莱坞缺乏感性的认识,其批判还更多流于哲学思辨的话,那么美国本土学者对好莱坞的认识应该说更加客观公允一些。托马斯·沙兹(T. Satz)在谈到好莱坞电影时特别引用了考尔克的一段文字:"美国影片……往往支持主导的意识形态,但却把自己表现为直接的现实,它在给我们娱乐的同时却在支持有关爱情、英雄主义、家庭、阶级结构、性别、历史的被确认的看法。"然后他又进一步谈道:"在整个好莱坞的历史中,各种团体,从州检查部到道德协会到非美活动委员会所做的努力都是试图控制那个讲坛,把它们自己的意识形态强加于它,一般来说,它们要求好莱坞投射一个甚至更为简单化的、赞成社会的美国形象。"② 如此看来,好莱坞影片不可能是纯粹的娱乐片,从1940年代的《公民凯恩》到晚近的《泰坦尼克号》《珍珠港》,其中都含蓄地表达了美国主导的意识形态。

关于第二个问题,美国学者的看法是这样的:"每一种教条或信念都是虚幻的,尽管如此,报刊、无线电仍旧加以宣扬,而且还用它去培养未来的从业人员。……实际上,确有一些可存异议的安全岛,但几

---

① See Janet Wasko, Vincent Mosco, and Manjunath Pendakur, eds., *Illuminating the Blindspots: Essays Honoring Dallas W. Smythe*, Norwood, N. J.: Ablox Pub. Corn., 1993. 参阅金元浦:《谁在出售商品阅听人?》,《读书》1999年第7期。

② 〔美〕托马斯·沙兹:《旧好莱坞/新好莱坞:仪式、艺术与工业》,周传基、周欢译,北京:中国广播电视出版社1992版,第185页。

乎没有什么船只能够最终停泊进去;因为接受这些信念的压力不容抗拒,年青的记者如同报界的同仁、坚持信念者以及社会大众中的思考者或思想家一类的人那样,在不知不觉中接受了这一切。"①大众媒介的主体是人,但其从业人员却不可能有什么主体性,他所能做的就是接受意识形态的规训然后充当意识形态的传声筒。阿特休尔(J. Herbert Altschull)在这里虽然说的是美国传媒中的新闻业,但对于娱乐业同样也应该是适用的。② 所不同者在于,新闻业与意识形态的关系更直接,而娱乐业则首先追求的是商业利润,它与意识形态所保持的是一种更隐蔽的关系。

实际上,对阿多诺的整合说构成最有力挑战的还是费斯克的理论。费斯克的思想资源是法国的符号学理论(罗兰·巴特与米歇尔·德塞都)与巴赫金的狂欢化理论(其中有明显的误读)。在他看来,大众(主要是由年轻人组成的亚文化群体)穿牛仔裤,看娱乐片,在商店里顺手牵羊或者仅仅消费一下商品的形象就构成了对统治意识形态的抵抗,于是,阿多诺那种自上而下的"整合说"被费斯克这种由下而上的"颠覆说"取代了:"日常生活的文化可以通过斗争与反抗的比喻得到最好的描绘:战略被战术反抗,资产阶级被无产阶级抵制,霸权遇阻,意识形态背道而驰或逃之夭夭;自上而下的权力(top-down power)受到了由下而上的力量(bottom-up power)的抗争,社会的规训面临无序状态。"③在费斯克所描绘出来的图景中,我们已看不到阿多诺式的忧郁冷峻,扑入眼帘的到处是欢乐祥和与春光明媚。然而,仔细想想,费斯克的理论却有一个致命的弱点。如果说阿多诺的整合说有一些形而上的玄虚但依然是面向现实层面发言的话,那么,费斯克的颠覆说却因其只在符号界游戏而犯了站着说话不腰疼之大忌。真实的情况很可能是,那些"年轻的游击队员"在想象界是颠覆的英雄,在现实界又成了被整合的对象;而想象界的撒野或许正是现实界遭到

---

① 〔美〕J. 赫伯特·阿特休尔:《权力的媒介》,黄煜、裘志康译,北京:华夏出版社1989年版,第134页。
② 美国学者刘易斯·科塞对这一问题做过专门分析,他在《理念人——一项社会学的考察》(郭方等译,中央编译出版社2001年版)一书中以专章论述了"大众文化产业中的知识分子",参阅该书第354—365页。
③ John Fiske, *Understanding Popular Culture*, p. 47.

整合之后压抑情绪的变相宣泄。对于这一问题,西方一些学者的提醒还是很有价值的,莫蕾斯基(T. Modleski)认为:"如果说法兰克福学派的著作,问题出在其成员自外于他们所检视的文化太远,那么,今天的批判者,似乎正巧面对相反的问题:他们一头浸淫于(大众)文化当中,半遮半掩地与他们的研究主体发生了爱恋,有些时候,他们也就因而不再能够与受其检视的文化体,保持贴切的距离。结果一来,他们或许就在不经意间,一手为大众文化写下满纸的歉语,一手却又紧抱大众文化的意识形态。"①

这样的辩护固然让人开心,但这是不是意味着阿多诺的整合说就无懈可击了呢?不是的。作为一种哲学思辨的产物,它确实显得有些粗疏,它的有效性与合理性依然需要进一步的验证。其实,如果我们向后看看,实际上完全可以把阿多诺的整合说视为阿尔都塞"意识形态国家机器"理论的雏形。在阿尔都塞看来,国家机器有两种,一种是由政府、行政机构、军队、警察等组成的"强制性的国家机器",一种是"以各具特点的、专门化的机构为形式",直接显现于人们面前的"实体",这种实体就是他所谓的"意识形态国家机器"。而在他开出的意识形态国家机器一览表中,传播媒介即属于意识形态国家机器的一个分支。他特别强调:"只有将意识形态国家机器投入使用才能把统治阶级意识形态变成统治意识形态。"②而在阿多诺思考的语境中,由种种大众媒介构成的文化工业机构实际上就是阿尔都塞所谓的意识形态国家机器。而文化工业自上而下整合的过程,也就是把统治阶级意识形态转换为统治意识形态的过程。显然,阿尔都塞在这里的思考要比阿多诺来得更加清晰,它可以帮助我们进一步明确阿多诺的理性思辨;同时,这也说明了西方马克思主义者的殊途同归:在意识形态批判这一问题上,他们思考的路线是大体相同的。

3. 艺术抵抗文化工业:永远的悖论

若要对阿多诺的文化工业批判理论做出更充分的理解,我们就不

---

① T. Modleski, *Studies in Entertainment*, Bloomington: Indiana University Press, p. 11. 转引自〔英〕戴维·莫利:《电视、观众与文化研究》,冯建三译,台北:远流出版事业股份有限公司 1995 年版,第 60—61 页。

② 〔法〕路易·阿尔都塞:《意识形态和意识形态国家机器》,李迅译,《当代电影》1987 年第 3—4 期。

得不思考他对艺术(尤其是现代艺术)的态度。换句话说,在阿多诺论述的语境中,艺术与文化工业究竟是一种怎样的关系,阿多诺是站在怎样的哲学或美学制高点上来看待这两种不同的文化生产形式的,在晚期资本主义社会中,艺术又面临着怎样的命运,它究竟是文化工业的敌人还是它的同谋。搞清楚这些问题,有助于我们对上面所归纳的第三个问题作出回答。

上述所有的问题似乎都可以在阿多诺1936年3月18日写给本雅明的信中找到答案。在这封信中,阿多诺第一次批评了本雅明《机械复制时代的艺术作品》中的观点。他认为,伟大的艺术作品与电影"两者都打上了资本主义的烙印,两者都包含着变化的因素(当然,绝不是勋伯格与美国电影的中间状态),两者都是一种完整的自由被撕裂的一半,然而两者相加却并不等于完整的自由"①。此后,这一观点便贯穿在了他的许多文章中,比如,在《论音乐中的拜物特征与听的退化》一文里,阿多诺在谈到轻音乐(light music)与严肃音乐的区别且两者无法调和到一起时,进一步重申了他的这一观点:

> 这两个音乐领域的统一因此是无法解决的矛盾的统一。它们不能以如此方式结合在一起:把低级当作高级的通俗性介绍,或者让高级向低级借用某些东西从而恢复其失去的集体力量,整体并不能以分离成两半的相加之和组成,但无论相距多远,两者都只能在矛盾的运动之中体现整体的变化。②

由此看来,有必要澄清阿多诺研究中经常出现的一种误区(这种误区在中国学者这里体现得尤为明显):阿多诺并不是完全站在捍卫艺术的立场上去批判大众文化的,实际上,他对高雅艺术与低俗艺术(文化工业生产的大众文化)的认识既充满了丰富的辩证法,也充满了诸多的矛盾。在他与霍克海默看来,艺术诞生于艺术享受与手工劳动的分离之中,它的出现以一种隐喻的方式暗示了统治与被统治的结构关系。当奥德修斯(Odysseus)面对海妖塞壬(Sirens)那种充满诱惑的

---

① Theodor W. Adorno, "Letters to Walter Benjamin," in Ronald Taylor ed., *Aesthetics and Politics*, London: Verso, 1986, p. 123.

② Theodor W. Adorno, "On the Fetish-Character in Music and the Regression of Listening," in Andrew Arato and Eike Gebhardt eds., *The Essential Frankfurt School Reader*, p. 275.

歌声时,摆在他面前的只有两条逃生之路:一条是用蜡封住水手们的耳朵,避开诱惑,猛冲过去,这应该是最稳妥的一种选择;然而,奥德修斯作为让他人为其劳作的领主,选择的却是第二条道路:"他把自己牢牢地绑在桅杆上,去听那歌声,这种诱惑之声越是响亮,他就越是把自己绑得更紧——这种情形就像后来资产者在自身权力膨胀的同时,却要坚决否认自己的享乐一样。歌声对奥德修斯并未产生出任何后果,他只能以点头作为把他从捆绑中解救出来的信号。但一切都太晚了,那些充耳不闻的水手只知道歌声的危险可怕却不晓得它的美妙悦耳,他们离开了绑在桅杆上的奥德修斯只是为了救他和他们自己。他们使他们的压迫者和他们自己获得了再生,而那位压迫者却再也无法逃避他所扮演的社会角色。那条绑在奥德修斯身上的绳索使他不可避免地依赖于实践的同时,也使塞壬远离了实践:她们的诱惑显得毫无作用,从而变成了单纯的沉思冥想的对象,变成了艺术。"① 在阿多诺的思考中,如果说前现代艺术具有一种改变现实的功能的话,那么,现代自主艺术却一方面是脑力劳动与体力劳动分工的结果,另一方面也暗示了主人与奴隶、有产者与无产者、统治者与被统治者之间的关系。因为奥德修斯战船上针对塞壬的诱惑而采取的措施,"成了启蒙辩证法充满预见的隐喻。表现力就是统治手段,而统治则是最有力的表现行为,因此表现力本身同时就成了进步和倒退的表现手段"。而奥德修斯本人则成了统治者的象征,成了役使别人劳动而自己却享受劳动成果(艺术)的可疑之物。随着启蒙精神所带来的技术/工具理性向人类生活的全面渗透,奥德修斯与水手的关系也演变成了当今的管理者与大众的关系,他们以艺术的名义通过文化工业向大众输入自己的意识形态,以欺骗的形式占领大众的思想。而这时候,大众的耳朵里虽不再有封蜡,但由于他们早已丧失了感受艺术的眼睛与耳朵以至于已经辨别不出好坏真假。他们所能做的就是被组织在一起去进行一种原子化的"欣赏":"桨手们不能彼此交谈,他们相互以同一节奏连在一起,就像在工厂、影剧院里那些被集结在一起的现代劳动者一样。"

---

① Theodor W. Adorno & Max Horkheimer, *Dialectic of Enlightenment*, p. 34. 此处主要采用渠东等人的译文,根据英译本有改动。参阅曹卫东编选:《霍克海默集》,渠东、付德根等译,上海:上海远东出版社1997年版,第72页。

于是,现代的大众像古代的水手那样面临着同样的命运,而被文化工业生产出来的所谓艺术则在维护这种统治与被统治的结构关系中扮演着可耻的角色。①

因此,从艺术发生史的角度看,现代艺术的诞生并不是清白无辜的,它一方面与统治阶级的意识形态纠缠在一起,一方面也渗透着资本主义的商品逻辑。在谈到这一问题时,阿多诺的如下论述尤其值得我们注意:

> 艺术的自主性不是给定的先验之物,而是艺术观念构成过程中的产物。曾经靠祭礼艺术(cult art)支配过部落社会的相同的权威,在内在形式律的伪装下重新出现在最真实的自主性艺术产品中。与审美自主性的自由观念密切相关的自由观念,是被统治塑造出来的;确实,自由已经成为一种普遍化的统治。这种状况同样适用于艺术作品。艺术作品越是试图摆脱外在目的,就越是受到构成创造过程的自定原则(self-posited principles)的制约。因此,艺术作品反映并内化了社会的统治。假如记住这一点,那么批判文化工业就不可能不同时批判艺术。②

从历史发展中的人为区分与艺术观念的构造生成方面看,现代艺术是自主的;从反映并内化了社会的统治和商品逻辑对它的渗透方面看,现代艺术又是他律的。而本来就处于矛盾的统一状态中的现代艺

---

① 参阅曹卫东编选:《霍克海默集》,第 72—75 页。
② Theodor W. Adorno, *Aesthetic Theory*, trans. C. Lenhardt, p. 26. 参考王柯平译本,见《美学理论》,成都:四川人民出版社 1998 版,第 31—32 页。See also Theodor W. Adorno, *Aesthetic Theory*, trans. Robert Hullot-Kentor, London: The Athlone Press, 1997, pp. 17-18. 在最新的英译本中,最后一句话的译文如下:"一旦意识到这种联系,坚持进行与艺术划清界限的文化工业批判并不可能。"在另一段论述中,阿多诺表达了相似的观点:"这并不意味着我们可以天真地把自主艺术与大众媒介之间的两分法看作理所当然,我们都知道它们之间的关系是相当复杂的。今天在所谓的'阳春白雪'与'下里巴人'的艺术(long-haired and short-haired art)之间做出硬性区分完全是历史长期发展的结果。把以前的艺术看作完全纯粹的,认为创造性的艺术家只考虑艺术品的内在联系而不考虑它对观众的影响,这是一种浪漫的幻想。……相反,审美的退化器官(vestiges of the aesthetic)所要求的那些自主性的东西,那个自足的世界,甚至保留在最平常的大众文化产品中。事实上,目前把艺术硬性区分为自主性的与商业性的方面,本身就是商品化作用的一个结果。19 世纪上半叶在巴黎有争议性地创造出'为艺术而艺术'这一口号时,这绝不是偶然的,因为这也正是文学第一次变为一种大规模的商业活动的时候。"Theodor W. Adorno, *The Culture Industry: Selected Essays on Mass Culture*, pp. 136-137.

术在晚期资本主义阶段又遭到了沉重的打击,因为文化工业所要做的工作就是要"把分离了数千年,各自为政、互不干扰的高雅艺术与低俗艺术强行拼合在一块",从而造成一个和解的假象。实际上,从脑力劳动与体力劳动、高雅艺术与低俗艺术开始分离的那一天起,完整的自由、精神的和谐就已经不存在了,那么,进入晚期资本主义社会之后,两者的简单相加又意味着什么呢?在《启蒙辩证法》中,我们被告知:"轻松艺术(light art)已经成为自主艺术(autonomous art)的影子,它是严肃艺术对社会感到负疚的产物。严肃艺术缺少真理是因为其社会前提给了它其他合法性的假象。分化本身就是真理:这种分化至少表现出形成于不同领域中的文化具有否定性。把轻松艺术吸收到严肃艺术中或者反过来,尤其不能使两者的对立得到和解,然而文化工业却企图玉成此事。马戏表演、西洋镜与妓院的古怪跟勋伯格(Schönberg)和卡尔·克劳斯(Karl Kraus)的古怪一样,都会让文化工业困窘难堪。"①在阿多诺看来,当高雅艺术与低俗艺术的分化成为不可避免的时候,这种分化的状态应该是一种不得已而求其次的最佳选择,因为既然"完整的自由"已不可复得,那么,让处于分化中的高雅艺术保持一种超越性,低俗艺术存留一种叛逆性,它们就可以在不同的层面抵达否定精神的彼岸。然而,当马戏表演(低俗艺术的代表②)与勋伯格的音乐(高雅艺术的典范)被强行婚配到一块之后,不仅使双方都变成了商品化的文化怪胎,而且还使得原来那点本来就极其稀薄的否定性变得荡然无存了。于是,在文化工业这架巨大的物化生产机器面前,艺术家生产出来的作品与文化工业制造出来的产品已不可能有多少区别,或者即使有区别也不过在于"前者无疑常常**也是**商品,但是后者却**只不过是**彻头彻尾的商品"。③

这样,在关于艺术与文化工业的关系问题上,阿多诺就形成了两个非常重要的观点:第一,艺术因其意识形态的渗透和商品化的裹胁

---

① Theodor W. Adorno & Max Horkheimer, *Dialectic of Enlightenment*, pp. 135-136.
② 在《美学理论》中,阿多诺特别提到"马戏表演是低俗艺术的一种残余"。See Theodor W. Adorno, *Aesthetic Theory*, trans. C. Lenhardt, p. 120.
③ Michael Kausch, *Kulturindustrie und Porularkultur: Kritische Thitische der Massmedien*, Frankfurt am Main: Fischer Verlag, 1988, p. 84. Quoted in Deborah Cook, *The Culture Industry Revisited: Theodor W. Adorno on Mass Culture*, p. 27.

而不可能完全自主,因此批判文化工业的同时而不批判艺术是不可能的。第二,必须坚持高雅艺术与低俗艺术,也就是自主艺术与他律艺术的清晰边界,而在一个全面物化的时代,只有自主艺术才能成为抵制文化工业乃至抗议社会的有效武器。阿多诺说:"全能的文化工业越是为了自身目的抓住启迪原理(the principle of illumination)不放,并为了持久性的黑暗腐蚀它与人类的关系,艺术就越是起而反抗这种虚假的光明;它用那种受压制的黑暗外形,反对万能的霓虹灯风格(neon-light style),并且只有用其自身的黑暗证明这个光明的世界有罪,艺术才能有助于启迪。"① 显然,阿多诺通过艺术而向文化工业宣战的意图已跃然纸上。

然而,这实际上是一个悖论。也就是说,艺术既处在社会一体化的整合之中,也处在文化工业的蚕食鲸吞之中,而当代艺术的发展趋势业已表明,艺术主动迎合文化工业并与之调情以求借腹怀胎从而开拓自己生存空间的现象已屡见不鲜,这意味着艺术在逐步丧失其自主性的同时,也逐渐阉割了自己的反抗冲动,同时还在一定程度上与它的对手形成了一种共谋关系。然而,为了反抗社会和文化工业的整合,艺术又必须承担起否定、批判的重任,因为在阿多诺的心目中,除了艺术就再也找不到能够担此重任的力量了。于是,艺术因此而走进了一个无法逃避的二律背反的困境之中。

实际上,这既是当今艺术的困境,同时也是阿多诺本人的困境。意识到这种困境意味着他的深刻,而走出这种困境的强烈愿望又使他具有了一种乌托邦冲动,因为解决这一困境的办法其实并不是很多,他只是在他所谓的"反艺术"(anti-art)的艺术作品中看到了一种反抗的希望。② 所谓反艺术,实际上也就是反抗的艺术,它既反抗原有的古典艺术的理念及其表现形式,也反抗它将要表现的社会现实。从相关的论述语境中我们可以发现,他所说的反艺术的代表应该指的是勋伯格、贝克特、卡夫卡等现代主义作家和艺术家,然而也正如他所指出的,正是因为在"二战"之前这些国家的文化相对落后,才使得勋伯格

---

① Theodor W. Adorno, *Philosophy of Modern Music*, trans. Anne G. Mitchell and Wesley V. Blomster, London: Sheed & Ward, 1987. p. 15.
② Theodor W. Adorno, *Aesthetic Theory*, trans. C. Lenhardt, p. 120.

们没有屈从于市场,从而保持了思想与创造方面的相对独立。① 如果说文化落后是反艺术得以生成的现实土壤,那么在今天这样一个文化全球化、同质化的时代,文化落后相对来说已成为一种奢侈。而一旦这种现实土壤不复存在,反艺术的理念也就成了一个无法实现的寓言,成了一个永远的乌托邦。

如此说来,艺术在阿多诺那里固然是一种"救赎的工具",但是这种救赎最终却只能以乌托邦的形式出现。而更让人感到绝望的是,他所谓的"完整的自由"其实也是一种乌托邦。以乌托邦的形式去拯救乌托邦,使阿多诺走向了西西弗斯的悲壮之中,也使他走向了永远无法实现的虚幻之中。正是由于这一原因,他的那种乌托邦才被沃林(Richard Wolin)指认为"强式乌托邦主义"(strong version of utopianism)并遭到了他强有力的质疑:"在阿多诺的著作中,乌托邦假扮成'否定的神学'而出现:乌托邦成为事物的目前状态的对立面。这种强式乌托邦主义,其终极目标(telos)是要超越主体与客体之间的分裂,进入人类与自然、实在与本质、思维与存在的和谐状态。洛文塔尔已经公正地把这种强式乌托邦主义看作一种陈腐的理论范式。"②

然而,我们也必须看到,正是这种"陈腐的理论范式"使他与后现代主义划出了一条清晰的界线。在西方,新近的一种研究趋势是把阿多诺拉到后现代理论的阵营中,或者是以后现代理论观照阿多诺的理论从而确认他在后现代理论中的位置。比如凯尔纳等学者就把阿多诺的理论看作"原始形态的后现代理论"③,杰姆逊则认为我们至少应该承认阿多诺具有后现代主义的某些特点④。由于阿多诺思想本身的丰富、驳杂与矛盾,所以戴上后现代主义的有色眼镜去对他的理论加以观照,自然不难发现他的理论中的一些后现代特征。然而,这样的思路起码在阿多诺的文化工业批判理论这一块是行不通的。因为当

---

① Theodor W. Adorno & Max Horkheimer, *Dialectic of Enlightenment*, p. 132.
② 〔美〕理查德·沃林:《文化批评的观念——法兰克福学派、存在主义和后结构主义》,张国清译,北京:商务印书馆2000年版,第129页。根据原文有改动。See Richard Wolin, *The Terms of Cultural Criticism: The Frankfurt School, Existentialism, Poststructuralism*, New York: Columbia University Press, 1992, p. 76.
③ 〔美〕斯蒂文·贝斯特、〔美〕道格拉斯·凯尔纳:《后现代理论——批判性的质疑》,张志斌译,北京:中央编译出版社2001年版,第291页。
④ Fredric Jameson, *Late Marxism: Adorno, or the Persistence of the Dialectic*, p. 246.

他坚持高、低艺术的分野时,当他顽强地坚守着自己的救赎冲动并极力寻找着某种救赎的可能时,他无疑已跟后现代主义所鼓吹的"怎么都行"和"雅俗互渗"划清了界限。而如果转换一个角度看问题,他所批判的文化工业实际上就是原始形态的、以全面抹平、取消深度模式为表征的后现代主义文化。在这里,概念的转换显得尤其重要。因此,更接近于事实真相的说法或许应该是这样的:阿多诺是一个对后现代主义时代已然来临的先知先觉者,同时也是一个始终站在审美现代主义立场上对后现代主义文化的欺骗性予以揭示、进行批判的斗士。所以,他不可能与后现代主义握手言和,他本来就是而且现在依然还是后现代主义强有力的对手或敌人。

二 从文化工业的视角看流行音乐

在阿多诺的所有论著(文)中,有将近一半的篇幅是关于音乐的论述。对于一个在音乐领域造诣极高的音乐社会学家①来说,与音乐发生如此深的纠葛是毫不奇怪的。然而,阿多诺又不是一个普通的音乐社会学家,因为他往往是从哲学、美学的高度来看待音乐作品的。于是,对音乐的评论就既是他哲学、美学命题向音乐领域的合理延伸,也是他的文化工业批判理论在音乐领域(主要是流行音乐)的一种实践和尝试。需要指出的是,当他所批判的流行音乐与文化工业挂起钩来时,二者之间的关系应该是互动的,即他一方面以在文化工业批判理论中形成的理念与思路来打量流行音乐,一方面又用自己对流行音乐的分析来充实已经成型的文化工业批判理论。前者的打量是由抽象到具体,仿佛是按图索骥;后者的分析则是从具体到抽象,好像是要为他的文化工业批判理论提供更充分的论据。然而,从总体上看,他的分析方法依然是演绎大于归纳。

在对流行音乐的批判中,如下几篇文章构成了他批判的基石。它们是《论爵士乐》(1936)、《论音乐中的拜物特征与听的退化》(1938)、

---

① 马丁·杰伊说,把阿多诺简单地称作音乐研究专家是不充分的,把他归类为一个音乐社会学家可能更合适些。参阅〔美〕马丁·杰:《法兰克福学派的宗师——阿道尔诺》,第164—165页。

《论流行音乐》(1941)、《永恒的时尚——爵士乐》(1953),事实上,这也是我们对其流行音乐批判理论进行分析的主要依据。

1. 标准化与伪个性化:流行音乐的基本特征

要想使人们认清文化工业的本质,概括出它的基本特征是必要的。在《启蒙辩证法》中,阿多诺与霍克海默也曾谈到过文化工业的特征,但是显得比较笼统。当阿多诺面对流行音乐发言时,文化工业的特征才进一步明晰起来。阿多诺说:"只要仔细注意一下流行音乐的基本特征——标准化(standardization),就可以对严肃音乐与流行音乐的关系做出清晰的判断。流行音乐的全部结构都是标准化的,甚至连防止标准化的尝试本身也标准化了。从最普遍的特征到最特殊的品性,标准化无处不在。"①另一方面,阿多诺又认为标准化与伪个性化是密切相关的:"音乐标准化的必然关联物是伪个性化(pseudo-individualization)。"②这样,标准化与伪个性化就既成了流行音乐的主要特点,又成了文化工业的基本特征。

正如阿多诺在谈论总体的文化工业或其他的文化工业产品一样,阿多诺思考流行音乐标准化的逻辑起点依然是商品的逻辑与资本的运作。他认为爵士乐之所以会成为标准化的音乐,"其根源在于经济。文化市场上的竞争业已证明了许多技巧的有效性,包括切分音、半声乐半器乐的乐音、滑音、印象主义的和声与暗示着'对我们来说没什么不是好得离谱'的华丽配器。然后再把这些技巧分门别类,并以万花筒般的方式混合成常新的组合……所有留存下来的技巧都是竞争的结果,它们本身并不是很'自由',而且整个行业都被打磨,特别是被无线电广播打磨润色"③。也就是说,当爵士乐中的演奏技巧被市场接受之后,技巧本身也就成了一种商品,商业系统中的投资则开始向这里倾斜,以便培养"知名乐队",从而使这种技巧留存、固定并发扬光大。而当这样的音乐走进无线电广播中成了畅销节目之后,这种畅销本身也是被资本的力量制造出来的,因为"这些节目已被一些公司购

---

① Theodor W. Adorno, "On Popular Music," in John Storey ed., *Cultural Theory and Popular Culture: A Reader*, London: Prentice Hall, 1998, p. 197.

② Ibid., p. 203.

③ Theodor W. Adorno, *Prisms*, trans. Samuel and Shierry Weber, Cambridge, Ma.: The MIT Press, 1981, p. 124.

买了在无线电广播中播出广告的时间"。① 于是,音乐技巧一方面被经济之手培育起来,一方面又为资本的再生产服务,长此以往,流行音乐的标准化风格就开始形成,并被后来者争相仿效。而所有这一切都是"借助于经济的集中来完成的"。②

然而,作为一个音乐社会学家,阿多诺显然并不满足于仅仅从经济层面来审视流行音乐的标准化,于是,剖析流行音乐的内部结构并使它与严肃音乐形成截然分明的对照就成了阿多诺揭示其真相的惯常思路。阿多诺认为,流行音乐首先从整体的结构上看是标准化的,因为所有的流行音乐一般都"包括 32 小节,其范围限制在一个八度和一个音调之内"。③ 其次,细节本身的标准化也并不亚于整体结构的标准化。比如像乐器独奏段(break)、蓝调和弦(blue chords)、下流音符(dirty notes)等等就是专门为细节设计出来的。不过,阿多诺同时指出:"细节的标准化与结构的标准化有点不同,它并非像后者那样明显,而是隐藏在个性化的'效果'后面,效果的配方则是掌握在专家手中的秘密。"④当结构与细节全部标准化之后,它们会对听众产生一种怎样的效果呢? 阿多诺认为如此这般操作之后只会使听众对音乐语言的部分反应远远大于对整体的反应。因为听众对于整体不存在一种活生生的体验和把握,整体在被体验之前,已经先入为主地占据了听众的脑袋。因此,在流行音乐的制作中,细节虽然依赖于整体,但整体并没有对细节形成一种制约性的作用。于是,听众对流行音乐的反应与接受也就仅仅成了对部分的反应、对细节的接受。

与此相反,严肃音乐却不会出现这种情况。严肃音乐虽然也可能是标准化的,但它的标准化却是以这样一种方式表现出来的:"每一个细节的音乐感觉来自一曲音乐的具体的整体;反过来看,整体又由细节的生命关系组成,而绝不仅仅是一种音乐模式的强化。"阿多诺特别以贝多芬的第七交响乐为例加以说明,认为在第七交响乐第一乐章的

---

① Theodor W. Adorno, *Prisms*, trans. Samuel and Shierry Weber, Cambridge, Ma.: The MIT Press, 1981, p.124.
② Ibid.
③ Theodor W. Adorno, "On Popular Music," in John Storey ed., *Cultural Theory and Popular Culture: A Reader*, p.198.
④ Ibid.

序曲中,第二主题(C 大调)只能从具体的音乐语境中获得其真实意义,即只有通过整体,它才能获得特殊的适合于演奏和表现的全部特性。如果把第二主题从整体中孤立出来,那么它的意义及表现力也就荡然无存了。正是因为严肃音乐中细节与整体关系的牢靠与不可变更无法与流行音乐同日而语,阿多诺才如此总结了严肃音乐与流行音乐的区分:

> 在贝多芬的作品和通常优秀的严肃音乐作品中(这里我们不涉及那些糟糕的严肃音乐,它们有可能像流行音乐一样呆板和机械),细节实际上包含着整体且导致了整体的呈现,与此同时,细节也是从整体的概念中生发出来的。在流行音乐中,关系却是偶然的。细节与整体无关,它显示为一种外在的结构。①

正因为流行音乐中细节与整体的关系是偶然的,所以,"一首歌曲的开头可以被无数首其他歌曲的开头所取代"。也就是说,只要建立起了制作流行音乐的标准化模式,就可以把不同的细节代入这个模式之中。而由于细节本身也是标准化的,细节与整体关系的偶然性以及细节在整体中的可置换性就使得流行音乐可以依靠不同的配方生产出各种各样表面不同而又似曾相识的作品。于是,流行音乐的所有类型都被标准化了,"不仅是舞曲(其模式的刻板可以理解)被标准化了,就是'特色'类的曲子如关于母亲和家庭的歌曲、胡言乱语或曰'新潮'歌曲、伪童谣和为失去的女孩而唱的挽歌也被标准化了。其中最重要的是,每一首流行歌曲的和声基础——每一部分的开头与结尾——必须敲击出标准的组合。这种组合强化了最基本的和声而不论其中会发生什么样的和声偏离。复杂的结构是没有什么结果的。这一铁面无私的设计确保不论发生什么脱离常规的事情,流行歌曲都会把人带回同样熟悉的经验中,而不会引进任何真正新颖的东西"②。流行音乐的标准化如此严重,以至于阿多诺认为流行音乐与严肃音乐的区分已不能用"低俗与高雅"(lowbrow and highbrow)、"简单与复杂""朴素与精致"等术语来加以表示,标准化与非标准化才是两个关

---

① Theodor W. Adorno, "On Popular Music," in John Storey ed., *Cultural Theory and Popular Culture: A Reader*, p. 200.
② Ibid., p. 198.

键的可资对照的概念。

现在看来,标准化无疑是阿多诺通过考察流行音乐而对文化工业产品本质特征的一个重大发现。即使用今天的眼光来看待包括流行音乐在内的大众文化产品与标准化之间的联系,我们依然会觉得这一判断是有效的。因此,就连阿多诺的批判者也不得不承认《论流行音乐》"所作的卓越分析"很有道理:"众所周知,在该论文出版之前的二十年时间里,流行音乐(Tin Pan Alley)的歌曲结构和音乐内容几乎没有变化。这些歌曲绝大多数都是按32音节 AABA 格式创作的。几乎所有的曲作者都没有偏离简化的和弦范式或'六月—月光—柔情(June-moon-spoon)'的韵律格式。""所以,阿多诺对流行音乐的分析并非完全不合理,这种分析适用于盖·隆巴多和安德鲁(Andrews)姐妹,也适用于'凯迪拉克'和'性手枪'(Sex Pistols)。"①

把流行音乐定位成标准化的文化工业产品后,阿多诺想进一步找出音乐结构标准化的成因,即这种标准化与汽车或早餐食品的标准化究竟有什么不同。在他看来,模仿(imitation)是造成音乐结构标准化的根本原因:"流行音乐的音乐标准最初是在竞争的过程中发展起来的,当一首独特的歌曲获得巨大的成功之后,数百首其他歌曲便争相效仿。最成功的技巧、类型、音乐元素之间的'比例搭配'(ratios)都成了模仿的对象,直到具体化为某种标准为止。"而一旦某种标准成型,它们就被卡特尔化的机构(cartelized agencies)接管过来了。竞争的最终结果是强使这种标准发扬光大,不顺从这种游戏规则就会受到排斥。"大规模的经济集中造成了标准的制度化,并使它成了强制性的东西,结果粗犷而朴实的个人主义者的创新变得非法。标准的模式享有极大的豁免权——'国王不会犯错'(the King can do no wrong),这也可以解释流行音乐的复兴。"②

用模仿来解释流行音乐标准化的成因应该是不成什么问题的,因为直到现在我们依然可以看到一首歌曲走红之后它的所有的方面(从内容到形式)都被竞相模仿的情景。在文化产品标准化的过程中,模

---

① 〔美〕伯尔纳·吉安德隆:《阿多诺遭遇凯迪拉克》,陈祥勤译,见陆扬、王毅编选:《大众文化研究》,第216—217、219页。

② Theodor W. Adorno, "On Popular Music," in John Storey ed., *Cultural Theory and Popular Culture: A Reader*, p. 202.

仿的作用显然不可小视。问题在于单靠模仿并不能解释清楚流行音乐的标准化与汽车和早餐食品标准化之间的真正区别,因为我们同样可以用模仿来说明汽车和早餐食品标准化的成因。在这一意义上,模仿是共性,而不是流行音乐标准化的特殊性。也正是由于阿多诺的解释乏力,才给后人留下了批判的口实。比如,吉安德隆(Bernard Gendron)就在他那篇著名的文章中指出:"在寻找流行音乐标准化的一般工业模式的努力中,阿多诺毫无所获。他的分析忽视了文本性产品和功能性产品的内在差别。文本(不论是书面还是口头)具有普遍性,而功能性产品具有特殊性。尽管如此,各种普遍性的文本要销售或拥有,就必须体现在功能性的产品上(纸张、磁带)。"他特别以雷伯尔公司1955年发行的凯迪拉克音乐《在路上》为例加以说明,认为《在路上》实际上有两种产品,第一种是普遍性文本,即凯迪拉克乐队在录音室里的表演及后期合成的录音;第二种是大批量制作录有这种声音的磁带,即特殊性产品。后者的生产服从的是装配线的原理,但前者的生产过程却与后者大不相同,因为雷伯尔公司为录制这首歌曲至多制作了四五盘录音,其中只有一个正式制成唱片。于是"用大规模生产技术或市场化经济来解释文化产业的工业标准化,永远是一个错误。无论如何,音乐文本生产标准化的原因必须与那些功能性产品的标准化原因有显著区别"。①

吉安德隆的这种区分显然是有道理的。阿多诺在对流行音乐进行分析时尽管已深入其内部结构之中,但当他思考标准化的成因时,无疑依然是从大处着眼,即从他惯常的经济运作的思维定式出发,这样,忽略一些更细微的区别就显得在所难免。不过,我们也应该看到,尽管阿多诺的分析显得粗疏,但他的总体判断应该是没问题的,即流行音乐作为文化工业产品,无论它是文本性的还是功能性的,都打上了标准化的烙印。如果说它们有什么区别的话,那么也只是在于文本性的产品是生产过程时的标准化,而功能性产品则是销售过程中的标准化。指出这两者之间的区别肯定有助于我们对文化工业产品更精微的理解,但是夸大这两者的区分或由此否认文本性产品中的标准化

---

① 〔美〕伯尔纳·吉安德隆:《阿多诺遭遇凯迪拉克》,陈祥勤译,见陆扬、王毅编选:《大众文化研究》,第221—222页。

构成,则同样缺乏足够的说服力。

如果流行音乐总是标准化的,那就意味着听众看上一次演出或听上一张唱片就足以解决自己的情感饥荒,因为看多了听多了无非也是重复。然而实际情况却并非如此。那么,又该如何解释听众对流行音乐乐此不疲、趋之若鹜的原因呢?阿多诺的结论是伪个性化:

> 音乐标准化的必然关联物是伪个性化。我们的意思是借助伪个性化,文化的大量生产(cultural mass production)在标准化本身的基础上具有了自由选择或开放市场的光环。流行歌曲的标准化,其控制消费者的办法是让他们觉得好像在为自己听歌;就伪个性化而言,它保住听众的手法是让他们忘记自己所听的歌曲早已被听过或已被"事先消化"(pre-digested)过了。①

由此看来,伪个性化与标准化是相辅相成的。因为流行音乐标准化的痕迹太浓,所以就必须加进一些个性化的佐料,以显得自己是与众不同的标新立异之作,从而既冲淡标准化的味道,又给听众造成一种从来都没有听过的幻觉;而这种个性化之所以虚假,是因为这种制造出来的个性化依然是标准化的,真正的个性化其实并不存在。阿多诺认为个性化特征标准化的最极端例子是爵士乐的即兴作品(improvisations)。表面上看,爵士乐手的即兴演奏是非常个性化的,他似乎正在自由发挥,正在给观众听众塑造着一种酷毙帅呆的演奏形象,呈现着一种潇洒自如的音乐意象,但实际上,这种即兴演奏却是模式化的,因为"任何早熟的美国青少年都明白今天的常规几乎不会给即兴演奏留出空间,也知道以自发的形式出现的即兴作品实际上是机器般精确地被事先设计的"。因此,"所谓的即兴作品差不多已缩减为基本模式的改头换面"。② 另一方面,即兴演奏并不能作为音乐事件被掌握,而只能作为一种装饰被接受:"一个众所周知的事实是,那些焦虑的音符、下流的音符,换句话说也就是虚假的音符,往往在大胆的爵士乐安排中起着显著的作用。它们被统觉(apperceived)为令人振奋的刺激

---

① Theodor W. Adorno, "On Popular Music," in John Storey ed., *Cultural Theory and Popular Culture: A Reader*, p. 203.
② Theodor W. Adorno, *Prisms*, p. 123.

物,只是因为被耳朵修正才成了正确的音符。"①也就是说,作为"细节"的即兴演奏并不属于爵士乐"整体"结构的必然组成部分,它们游离于作品之外,但恰恰是这样的"细节"给听众造成了勾魂摄魄的印象,并以"个性化"的方式逼迫听众进入了一种接受状态。然而这种个性化却只不过是"一种赤裸裸的模式"。

事实上,当伪个性化协助标准化使得流行音乐的运作如鱼得水时,真正的受害者还是听众。因为在阿多诺看来:"听众被限制得越严格,他们被允许注意到的就越少。他们被告知,爵士乐是专门为他量身定做的'消费艺术'。爵士乐以其独特的效果丰富了自己的图式,尤其是切分音,努力制造出自由自在的主观性已经爆发或被漫画化的假象——实际上,是听众的主观性——或者也许是最微妙的细微差别已被奉献给享有更大荣耀的受众。"然而,采用这样的方法却只能使它自食其果。"因为它必须不断地许诺给听众一些不相同的东西,激发他们的兴趣,并使它自身与平庸之物拉开距离,但是它又不允许离开常规;它必须是常新的,同时又必须是常常相同的。"②

必须常新又必须常常相同——这就是伪个性化与标准化联姻之后为流行音乐制造出来的效果。当然,这也是流行音乐所面临的一个巨大的困境,于是,包括流行音乐在内的文化工业产品也就走进了一个永恒的悖论之中。而依据阿多诺的概括,我们也就能够解释为什么那么多的大众文化产品总是处于躁动不安的"创新"之中,却又为什么总是那样速朽。实在说来,是大众文化背后的那种机制逼着它们无法不去创新,也无法不赶快速朽。

2. 从心神涣散到听之退化:流行音乐的接受状态

面对文化工业产品,消费者所能采取的姿态只能是消极被动地接受,他们失去了任何抵抗的能力。——这是阿多诺考察文化工业时所得出的一个著名的结论。长期以来,人们对于阿多诺的这一命题要不半信半疑,要不予以否认,究其原因,关键在于当我们面对阿多诺与霍克海默《启蒙辩证法》中那篇关于文化工业的纲领性文章时,我们很难

---

① Theodor W. Adorno, "On Popular Music," in John Storey ed., *Cultural Theory and Popular Culture: A Reader*, p. 204.

② Theodor W. Adorno, *Prisms*, p. 126.

找到消费者为什么会变得消极被动的理论依据。而实际上,在文化工业的主动整合与消费者的被动接受之间应该存在一种中介性的转换机制。或者换句话说,文化工业如何摧毁了文化大众的抵抗能力从而使他们变成了任人宰割的羔羊,必须加以必要的说明。在对流行音乐的考察中,阿多诺为我们提供了关于这一问题的部分答案,虽然这种答案本身也是一种假定,但是起码使他的"被动接受说"变得不那么生硬了。

对于听众接受方面的思考,阿多诺是从这样两个假定开始的:第一,流行音乐建构了一种"阉割符号体系";第二,音乐人(以及所有的大众文化生产者)与听众(以及所有的大众文化的接受者)的关系是一种施虐与受虐的关系。阿多诺说:"爵士乐的目的是机械地再现一个退化的时刻,一种阉割的符号体系。'交出你的男子汉气,把你自己阉了吧,'爵士乐队那种太监般的声音既是嘲弄也是宣告,'这样你将会得到奖赏,被接纳到一个与你分享阳痿之谜的兄弟会,谜底在入会仪式那一刻将被公之于众。'"① 另一方面他又认为:"在新型的商品拜物教徒中,在施虐—受虐狂性格中,在那些乐于接受当今大众艺术的人那里,同样的事物以不同的方式呈现着自己。受虐的大众文化(the masochistic mass culture)是全能的生产本身的必然表现。当情感抓住了交换价值,它就不是神秘的圣餐变体(transubstantiation),而是相当于爱上自己牢房的囚犯之行为,因为他别无其他东西可以去爱。"②

无论是阉割符号体系还是施虐—受虐狂性格,阿多诺的这两种假定或判断都是来自弗洛伊德(Sigmund Freud)的精神分析学说,自然,其中的性意味或性变态的成分是不言而喻的。不过,把这种性变态理论的描述性术语移植到流行音乐的演出与接受当中,并把它作为一种常识性的判断,也依然存在一个是否合适的问题。因为从"爵士"这个词本身的含义和爵士乐的起源上看,虽然它们与性行为存在着密切关系③,但是

---

① Theodor W. Adorno, *Prisms*, p. 129.
② Theodor W. Adorno, "On the Fetish-Character in Music and the Regression of Listening," in Andrew Arato and Eike Gebhardt eds., *The Essential Frankfurt School Reader*, p. 280.
③ 西方学者认为,"爵士"一词是派生于两性活动的一种委婉语,如果我们接受新奥尔良作为爵士乐诞生地的说法,我们也就可以把卖淫看作爵士乐之母。参阅〔美〕托马斯·英奇编:《美国通俗文化简史》,董乐山等译,桂林:漓江出版社 1988 年版,第 259 页。〔美〕格雷厄姆·瓦里美:《爵士乐》,王秋海译,北京:生活·读书·新知三联书店 1987 年版,第 18—22 页。

并不能由此推论出爵士乐与听众之间的施虐—受虐关系。为了给自己的观点提供论据,阿多诺举的例子是《美国爵士乐》这本书中对早期爵士乐领袖迈克·莱利(Mike Riley)的描述:这位音乐怪人在演出时必须把那些乐器大卸八块方才过瘾:"乐队在喷水或撕衣服,而莱利则提供了可能是最伟大的长号喜剧表演,在疯狂演奏《黛娜》的过程中,他不断地肢解着喇叭,又毫无规律地对它重新组装,直到乐管像古董店里被抛光的铜器一样垂下来,一个或多个松散的乐管末端还在发出模糊而和谐的喇叭声。"同时,他还引汤姆森(Virgil Thomson)的说法:爵士乐著名小号手阿姆斯特朗(Louis Armstrong)早就被比作18世纪伟大的阉人歌手(castrati)。①

这样的例子固然能为阿多诺所谓的施虐行为提供解释,但似乎并不能因此就认为受众有受虐的倾向。虽然我们还可以从性心理学的角度找出施虐与受虐之间存在着某种互动关系②,从而为阿多诺的这一论断提供一些证据,但最好还是把他的这种说法看作一种隐喻和验证起来难度极大的假定。因为在对于接受行为的论述中,他的这一判断只是一个基本的前提,更重要的是他指出了音乐接受过程中两个更接近于事实的假定:心神涣散与听之退化。在谈到心神涣散时阿多诺指出:

> 注意力分散(deconcentration)是一种知觉活动,这种活动为遗忘和突然认出大众音乐铺平了道路。假如标准化的产品(除了显著的部分如流行曲段,它们不可救药地彼此相似)不允许聚精会神地听而听众也并非不可忍受,那么听众在任何情况下也不再能够全神贯注地听了。他们无法处于注意倾听的紧张当中,并且顺从地向降临在他们身上的东西投降。只要听得心不在焉,他们就能与所听的曲子平安相处。③

---

① Theodor W. Adorno, *Prisms*, p. 130.
② 比如,霭理士就认为,从心理学的立场看,施虐与受虐是相互依存且相互转移的:"据福洛依特的见解,受虐恋就是转向自身的施虐恋,而我们也可以依样的说,施虐恋就是转向别人的受虐恋。……从医学的观点看,这两种倾向固有其分别存在的理由,不过两者之间事实上并没有很清楚的界限。"见〔英〕霭理士:《性心理学》,潘光旦译注,北京:生活·读书·新知三联书店1987年版,第239页。
③ Theodor W. Adorno, "On the Fetish-Character in Music and the Regression of Listening," in Andrew Arato and Eike Gebhardt eds., *The Essential Frankfurt School Reader*, p. 288.

被流行音乐最初呼唤、然后喂养并不断强化的心灵结构,同时也是心神涣散(distraction)与漫不经心(inattention)之所,通过不需要凝神专注的娱乐活动,听众的注意力从现实的需求中转移出来了。①

显然,心神涣散与漫不经心是与标准化的流行音乐配套的欣赏方式。由于音乐结构上的标准化旨在产生标准化的反应,所以听流行音乐不但要受到推销商的操纵,而且还要受到这种音乐本身固有性质的控制。② 另一方面,随着无线电广播、唱片、音响等等电子媒介的出现,越来越多的音乐通过这种电子媒介成了一种背景音乐(background music),听赏失去了凝神专注的理由与条件。③ 正是在这一意义上,阿多诺才说:"一般的商业性爵士乐只能执行它的功能,因为除了边聊天边倾听或者尤其是成为伴奏舞曲,它就不会被人注意。"④

流行音乐本身固有的性质与电子媒介对音乐的重复性播放固然是造成听赏时心神涣散的原因,但是阿多诺在考察其成因时并没有局限于这两个方面,而是把它放到了更大的社会背景当中。他认为不能把心神涣散看作个人心理学中的概念,只有把它放到社会环境的范围内才能对它做出恰如其分的理解。因为心神涣散与目前的生产模式、

---

① Theodor W. Adorno, "On Popular Music," in John Storey ed., *Cultural Theory and Popular Culture: A Reader*, p. 205.

② Ibid., pp. 200-201.

③ 阿多诺在《美学理论》中说:"每当从外部立场观赏或听赏艺术且不考虑它是否会被接受时,艺术的双重本质就会出现。……音乐可以在咖啡馆里现场演奏,或者同样的音乐可以在美国通过一套音响设备在餐馆里播放。一旦发生这种情况,音乐的本质就会发生全部变化。因为在这种情况下,杯盘的碰撞声、人们的交谈声以及其他声响,都就变成了这首乐曲不可分割的组成部分。这种音乐是以漫不经心的听众为先决条件的,正如自主性的音乐是以凝神专注的听众为先决条件一样。" See Theodor W. Adorno, *Aesthetic Theory*, trans. C. Lenhardt, p. 358. 事实上,西方的许多美学家都关注过这一现象。比如,苏珊·朗格就认为:"收音机提供了学习听的各种机会,但是它同样也蕴育着一种危害——学会不听的危害,这种危害甚至比它的积极作用来得还大。人们学会了一边听音乐——有时是优美的,有时是强烈的——一边阅读或思考,由于培养了他们漫不经心和注意力不集中的习惯,从而使音乐越来越成为一种纯粹的心理刺激或者镇静剂(在可能的情况下,二者兼而有之),人们甚至在谈话过程中也要听音乐。由于这种方法,他们培养了消极的听,它是听的真正对立面。" 见〔美〕苏珊·朗格:《情感与形式》,刘大基、傅志强、周发祥译,北京:中国社会科学出版社1986年版,第169页。

④ Theodor W. Adorno, "On the Fetish-Character in Music and the Regression of Listening," in Andrew Arato and Eike Gebhardt eds., *The Essential Frankfurt School Reader*, p. 288.

与大众直接或间接所属劳动的合理化、与机械化过程密切相关。这种造成人们对失业、失去收入和对战争恐惧与焦虑的生产模式，与娱乐构成的是一种"非生产性关联"(nonproductive correlate)，也就是说，"娱乐并不需要全神贯注，人们只是想玩得开心。只有那些生活中没有太大压力，以至于他们在闲暇之余想从无聊和成就中同时获得解脱的人，才有可能充分全神贯注并获得有意识的艺术体验"①。

　　阿多诺的这一解释无疑显得更加公允平和。对战争的恐惧，来自生活的压力使人们走向了娱乐，而娱乐所应该采取的合理姿态就是心神涣散地看，漫不经心地听，因为这是缓解乃至逃避压力、恐惧、焦虑的一种心理手段。阿多诺虽然否认把心神涣散看作心理学的概念，但是当他如此解释听众趋近娱乐的动因时，这种解释显然是心理学意义上的解释，他的公允平和很大程度上也是因为他屈尊于心理学的层面而没有居高临下。当然，他也决不会在这一层面的解释中停留得太久，因为如此走下去，既是对他那种"自上而下整合说"的消解，也是对他那种"听众被动接受说"的反拨。而一旦从心理学的层面跃入社会学的领域，他那短暂的平和温和也就烟消云散了，取而代之的是我们所熟悉的那种冷峻："他们(听众)的空闲时间仅仅再生产出了他们的工作能力，这是手段而不是目的。生产过程的威力延续到看上去'自由'的时间段里。大众之所以想获得标准化的商品和伪个性化，是因为他们的闲暇既是对劳作的一种逃避，同时又是由他们习惯了工作世界的那种心理态度铸造而成的。对于大众来说，流行音乐就是一种永恒的照常工作的假日(busman's holiday)……人们强烈要求他们无论如何都要得到的东西。"②

　　把接受流行音乐看作日常劳作的延续，阿多诺也就走进了他那个早已设计好了的阐释模式中，不过如此解释，又和他前面的思考矛盾起来。因为日常生活的情绪内容是恐惧、焦虑、紧张和压抑，收听流行音乐则是把这种情绪内容从工作领域移植到了闲暇领域，白天干活很累，晚上听音乐受罪，大众无论怎样努力都是在劫难逃，闲暇又如何构

---

① Theodor W. Adorno, "On Popular Music," in John Storey ed., *Cultural Theory and Popular Culture: A Reader*, p. 205.
② Ibid., pp. 205-206.

成对劳动的逃避、娱乐又如何构成对压力的缓解呢?显然,在常识面前,阿多诺的哲学思辨显得有些生硬,似乎无法自圆其说。不过,这样一来,他所谓的心神涣散则可以在这一层面获得比较满意的解释。阿多诺说,人们由于在装配线上、办公室里和机器旁边无法创新,于是就渴望在闲暇时得到某种刺激,流行音乐正好填补了这种空缺。但是,无须努力就能获得这种刺激又使人们再次无聊起来。"这是一个无法逃避的怪圈。而无法逃避又使得人们对流行音乐普遍采取了一种漫不经心的态度。认出流行音乐的时刻往往不费吹灰之力。与这一时刻相关的突然注意很快就会灰飞烟灭,而听众则被移交到漫不经心与心神涣散的领地。一方面,生产与传媒宣传(plugging)领域预料到了心神涣散,另一方面它们又生产出了心神涣散。"①斯道雷(John Storey)认为,阿多诺的这种解释使得流行音乐处于一种模糊的辩证逻辑的运作之中:"消费流行音乐需要人们漫不经心和思想分散,而流行音乐消费又在消费者中产生漫不经心和思想分散的效果。"②而在我们看来,心神涣散虽然是一个客观的事实,但是对心神涣散的解释却是套用模式的产物,所以在阿多诺自圆其说的背后依然存在着某种漏洞。如果说听众不得已而接近流行音乐时后者造就了前者的心神涣散,那么当听众主动选择流行音乐时他们又是为了什么呢?难道就是单单为了培养自己的心神涣散?从流行音乐的发展趋势和听众的接受情况看,热衷于流行音乐的往往是青少年,经过了人生的这一阶段之后人们则一般很难与流行音乐形成一种同构关系。之所以如此,是因为人们的情感结构与流行音乐的物理结构(音调、音高、旋律、节奏等等)已经存在着某种错位。而根据英国流行音乐专家弗利斯(Simon Frith)的观点,介入流行音乐是青少年长大成人的重要过程。通过音乐,他们得以认识和进入社会,涉足文化,给自己在世界中定位,从而找到他们与主流媒体和教育话语的关系,发现他们自己的审美价值和

---

① Theodor W. Adorno,"On Popular Music," in John Storey ed., *Cultural Theory and Popular Culture: A Reader*, p.206.
② 〔英〕约翰·斯道雷:《文化理论与通俗文化导论》,杨竹山、郭发勇、周辉译,南京:南京大学出版社2001年版,第153页。

意识形态。① 而在阿多诺的流行音乐理论中,"青少年"这一概念和分析角度却基本上处于缺席状态②,究其原因,关键在于他所谓的听众只是一个抽象的能指,于是,他所指的听众到底是谁就成了一个悬而未决的问题。而一旦听众的身份与属性(年龄、性别、职业、受教育程度等)无法明确,理论的分析就很难走向精微细致。

阿多诺的另一个命题是听之退化,在《论音乐中的拜物特征与听的退化》一文中,阿多诺对这一现象进行了如此的阐释:

> 与商品拜物教相对应的是听的退化。这并不意味着个体的听众退化到了他本人发展的早期阶段,也不意味着集体普遍水平的下滑,因为那些借助于今天的大众传播第一次听音乐的千百万听众,是无法与过去的听众相提并论的。确切地说,是当代的听觉已经退化,被抑制在了婴幼儿时期(infantile stage)。不单单是听的主体丧失了选择的自由、责任与有意识地感受音乐的能力——这种能力是远古以来一小群人身上天然具有的;而且他们还顽固地抵制获得这种感知的可能性。他们摇摆于全面的遗忘与突然的认出之间,他们原子般的听又割裂了他们所听到的东西,但也正是在这种割裂中他们形成了某种能力。与传统的美学概念相比,这种能力更与足球运动、汽车驾驶的概念相吻合。之前不熟悉音乐而被引入音乐生活的群体,这样的新型听众不像某种理解所以为的那样是天真的(childlike),但他们是幼稚的

---

① Simon Frith, "The Cultural Study of Popular Music," in Lawrence Grossberg, Cary Nelson, Paula Treichler, eds., *Cultural Studies*, New York and London: Routledge, 1992, pp. 174-82. 参阅鲁晓鹏的介绍,见鲁晓鹏:《文化·镜像·诗学》,天津:天津人民出版社 2002 年版,第2—3页。

② 在《永恒的时尚——爵士乐》一文中,阿多诺虽然也提到了"青少年",但这里的"青少年"却只是他为整合说所举的例证,他依然是从生产层面而不是从听众的消费或接受层面来涉及这一问题的。原文如下:"如果一个孩子喜欢听严肃音乐或练钢琴而不是看棒球比赛或电视,那么他在班上或他所属的其他群体中就会被视为'女里女气胆小鬼'(sissy),这些群体所体现的权威远远超过父母或老师。表达冲动暴露于同样的阉割威胁面前,这种威胁在爵士乐中被象征性地、机械地和仪式化地压制。然而,表达的需要——它与艺术的客观品质没有必要的关系——不能完全消除,尤其是在成熟的年代。青少年并没有完全被经济生活及其心理关联的'现实原则'(Realitätsprinzip)所扼杀。他们的审美冲动不是在简单的压制中被吹灯拔蜡,而是被转移了。爵士乐是这种消遣的首选媒介。对于年复一年追逐着永恒时尚而过上若干年就会忘掉它的年轻人来说,时尚在审美升华与社会适应(gesellschaftlicher Anpassung)之间提供了一种妥协。" See Theodor W. Adorno, *Prisms*, p. 131.

(childish);他们所具有的那种原始风格(primitivism)不是一种未成熟,而是一种强力使其停滞的风格。①

事实上,可以把听之退化看作阿多诺论述整个流行音乐的一个逻辑归宿。在晚期资本主义时代,流行音乐已变成一种商品,对它的生产与消费都是其拜物教特征的最好说明。而在收听标准化与伪个性化的流行音乐中,人们一方面只认同熟悉的曲段而拒绝陌生的东西,另一方面又养成了一种心神涣散与漫不经心的听赏习惯,如此这般地长期与流行音乐耳鬓厮磨,人们感受音乐的能力势必下降。就像经常看通俗读物的读者在真正的艺术作品面前已经无动于衷那样,感受音乐的耳朵,"亦即在提供给他们的东西中只能听到他们需求之物的耳朵,记录了抽象的魅力而不是综合性魅力时刻的耳朵,就是拙劣的耳朵",听之退化又反过来对流行音乐的生产提出了要求:"退化的听众,其行为就像孩子,他们满怀积怨,一次又一次地要求着他们曾经享用过的那道菜。"②这样,生产与消费就处在一个恶性循环之中:流行音乐生产了听众的听之退化,听之退化的消费要求又反过来刺激了流行音乐的生产。

在这里,特别值得我们注意的是如下两点。第一,当阿多诺认为听觉存在着一种退化现象时,退化的逻辑起点究竟在哪里?如果说退化到"婴幼儿状态"是对现状的一种描述,"停滞的风格"是外力扭曲的结果,那么听觉又是从一种怎样的感受高度退化下来的?从阿多诺的相关论述中我们发现,当他得出听之退化这一结论时,他心目中潜在的比照对象是严肃音乐和对严肃音乐的欣赏。由于严肃音乐是非标准化的,所以它的结构的严谨一方面可以与普遍的商业化分庭抗礼③,另一方面又可以造成听众对音乐的一种整体感觉,进而培养他们对音乐更加精细的感知结构。然而,流行音乐为听众准备的却是"一种音乐的儿童语言(musical children's language),这种语言与真正的音乐语言并不相同,因为它的词汇全部是由音乐的艺术语言中未完成的

---

① Theodor W. Adorno, "On the Fetish-Character in Music and the Regression of Listening," in Andrew Arato and Eike Gebhardt eds., *The Essential Frankfurt School Reader*, p. 286.
② Ibid., p. 290.
③ Theodor W. Adorno, *Philosophy of Modern Music*, p. 19.

部分与歪曲的部分组成的"①。于是,这样的音乐已经无法使人们感受到严肃音乐中的那种整体性,"人们所能意识到的一切是在聚光灯的照耀之下所出现的惊人的旋律间隔、不稳定的转调、有意无意的错误,以及无论如何都要借助于旋律与曲谱的亲密融合而把乐曲浓缩成某种公式的尝试。……假如原子化的听(atomized listening)对于高雅音乐来说意味着进步的解体,那么在低俗的音乐中就再也没有什么可解体的东西了"②。正是在与严肃音乐及其欣赏的比照中,阿多诺形成了他对听之退化的判断。显然,这一比照和判断是他关于艺术与文化工业理论的总体思路向音乐领域的必然延伸。

第二,如果说与欣赏严肃音乐的感官相比,感受流行音乐的耳朵确实已经退化,那么阿多诺形成如此判断的理论支点又在哪里？在《电影音乐作曲法》中,阿多诺从文化人类学的角度提出了一个更大的假定,他认为人的耳朵不像眼睛那样容易适应资产阶级的理性化的、高度工业化的秩序,"与视觉相比,普通的听觉是'古老的'(archaic),它没有跟上技术发展的步伐",因此,"听觉比视觉较多地保持着久远的、个人主义之前的集体特性"。"眼睛始终是努力劳动和专心工作的器官,它捕捉着确定的对象。而外行人的耳朵与音乐专家的耳朵相比是不准确的和消极的。人们不必像张开眼睛那样张开耳朵,与眼睛相比,耳朵显得懒惰而迟钝,但是这种懒惰是由于社会把种种懒惰的形式强加为一种禁忌而造成的。作为艺术的音乐一直抵制着这种禁忌,它把耳朵的懒惰、恍惚与呆滞转变为专注、努力和认真工作的状态。今天,与其说懒惰被克服,不如说它得到了科学的管理与提高。合理地安排不合理的事,这是娱乐工业在其所有分支中的本质。音乐完全适合这种模式。"③

尽管这是一个验证起来难度很大的假定,但是,当阿多诺如此思考着耳朵与眼睛的功能时,他对流行音乐的批判,他对听之退化的忧虑便一下子变得明朗起来了。从这个意义上看,所谓的听之退化已显

---

① Theodor W. Adorno, "On the Fetish-Character in Music and the Regression of Listening," in Andrew Arato and Eike Gebhardt eds., *The Essential Frankfurt School Reader*, p. 290.
② Ibid., pp. 288-289.
③ Theodor W. Adorno & Hanns Eisler, *Composing for the Films*, London: The Athlone Press, 1994, pp. 20, 21, 22-23.

得不再神秘,它不过是流行音乐助长了耳朵的古老性,使听觉重新回到了懒惰、恍惚、呆滞的状态而已。在这一点上,阿多诺或许显得比马克思更马克思主义。马克思注意到了人的眼睛和耳朵与野性的、非人的眼睛和耳朵的不同,注意到了"**眼睛**对对象的感觉不同于**耳朵**,眼睛的对象不同于**耳朵**的对象",并得出了"五官感觉的**形成**是迄今为止全部世界历史的产物"的著名结论,① 但是,马克思没有预料到人的感官在晚期资本主义社会会以一种新的异化形式出现,即资本主义对人的整合首先从最富有审美气质的感官(眼睛和耳朵)开始,然后对它们各个击破——让眼睛处于流动不息的画面观赏之中,让耳朵处于仿佛陌生其实熟悉的音乐听赏之中,从而使它们同时粗鄙化、表层化,然后丧失凝神专注、反思判断的能力。阿多诺以一个音乐社会学家的敏感注意到了这一点,并指出了耳朵的退化趋势(而马克思谈论的恰恰是感官的进化现象),应该说他的这一论断更符合辩证法的原理。

　　流行音乐从生产的方面看是标准化与伪个性化的产品,从接受的层面看又造成了听众的心神涣散与听之退化,经过这样的层层铺垫之后,阿多诺就推出了他那个著名的论断:"音乐现在已主要成为一种社会水泥(social cement)。"② 因为无论是感伤电影还是感伤音乐,它们仅仅调和了大众对社会的不满和怨愤,并使他们与自己的社会依赖性握手言和了。他们的愿望虽然得到了满足,但是却仅仅意味着"贫乏的解放";他们的痛苦与不幸虽然得到了宣泄,但是其反抗的动力却化为乌有。"抒情音乐已变成了这样一种母亲的形象:她说'过来哭吧,我的孩子'。对于大众来说这是一种净化(catharsis),但却是更加牢固地控制住他们的净化"。③ 于是,流行音乐像其他文化工业产品一样,成了维护资本主义统治的御用工具;大众既是被整合的对象,也是与统治意识形态合作的对象。在轻歌曼舞中,一幅其乐融融的太平盛世图已绘制而成:人民安居乐业,国家兴旺发达。然而,阿多诺却不断提醒人们,所有的这一切都是谎言与假象。从这个意义上说,阿多诺对

---

① 马克思:《1844 年经济学哲学手稿》,北京:人民出版社 2000 年版,第 87 页。
② social cement 亦可译为"社会黏合剂"。See Theodor W. Adorno, "On Popular Music," in John Storey ed., *Cultural Theory and Popular Culture: A Reader*, p. 206.
③ See Theodor W. Adorno, "On Popular Music," in John Storey ed., *Cultural Theory and Popular Culture: A Reader*, p. 208.

流行音乐的分析是对他那种抽象甚至坚硬的文化工业批判理论提供的一个具体而又经典的例证,其理论的穿透力和事实的丰富性甚至超过了总体的文化工业批判理论本身。

3. 追求沉思还是体验快感:流行音乐再思考

尽管流行音乐的分析是阿多诺文化工业批判理论中最精彩、最有魅力也最接近于事实真相的部分,他的这部分内容还是遭到了强烈的质疑和激烈的抨击。斯道雷质问道:"流行音乐真的像他想让我们相信的那样是铁板一块吗? 比如,伪个性化真的能解释 1956 年摇滚乐的出现、1962 年甲壳虫乐队的走红,以及 1965 年反文化音乐的喧嚣吗? 它又怎么解释 1976 年的'朋克'摇滚、20 世纪 70 年代后期的反种族主义摇滚、1986 年吸服迷幻药演出、80 年代独立制作的流行音乐和 90 年代的迷幻(rave)音乐呢? 其次,流行音乐消费真的像阿多诺论述的那样被动吗? 菲里斯所提供的销售数据告诉我们……流行音乐的消费比阿多诺所认为的要主动得多。很明显,音乐的亚文化用途正是处在这样主动鉴别的锋利的刀口上,但它也绝对不是唯一的用途。最后,流行音乐真的能起到社会胶结剂的作用吗? 比如亚文化或音乐品味文化在消费流行音乐的方式方面与阿多诺所提出的严肃音乐消费的理想模式并不是完全不同的。"① 吉安德隆除了指出阿多诺忽视了文本性产品和功能性产品的内在差别外还同时认为:阿多诺的"精英主义思想引导他走向音乐的本质主义,他的现代主义倾向引导他走向对背叛和反抗标准化美学意识形态的毫无批判的立场"②。而格拉西克(Theodore Gracyk)则认为,阿多诺把爵士乐与流行音乐混为一谈是不对的,"他并不知道,爵士乐从来就不是流行音乐的同义词。他似乎根本不清楚,随着比博普(bebop)及后来的摇滚的出现,爵士乐绝对不那么流行了"。阿多诺对爵士乐分析的主要缺陷一方面在于他没有把美学标准历史化,一方面也是他那种欧洲中心主义的思想在作祟:"按照阿多诺对听众的分类,只有极少数人看得出巴赫赋格曲的建构特征,更别提要理解勋伯格了。同样,对于那些只根据欧洲音乐理论和

---

① 〔英〕约翰·斯道雷:《文化理论与通俗文化导论》,第 154 页。
② 〔美〕伯尔纳·吉安德隆:《阿多诺遭遇凯迪拉克》,陈祥勤译,见陆扬、王毅编选:《大众文化研究》,第 230 页。

音乐史的标准来欣赏音乐的人来说,爵士乐只是将过去的渣滓呈现到他们面前——构建于通俗的结构元素,并以随意的序列呈现,没有集成原则"。而实际上,爵士乐的"商品属性不会使其失去魅力。爵士乐和摇滚乐使音乐的初始性复活为某种聆听得见的东西,对曲作家意图和作为聆听中心的独立音乐作品所表现出的专制敢于说'不'。通过强调个性和个人演奏,爵士乐否定了从巴赫到勋伯格的传统发展起来的程式"。①

面对火药味如此之浓的攻击,尤其是当一系列的市场调查数据呈现在人们面前时,任何为阿多诺进行辩护的念头可能都会变得困难起来。事实上,我们必须承认,无论是怎样的理论,它都是时代与历史的产物。它不但要打上时代与历史的烙印,而且还会把理论家本人的情感好恶有意无意地带入理论的建构之中。明白了这一点,阿多诺的理论就不可能完美无缺,放之四海而皆准。如前所述,阿多诺对流行音乐的分析基本上是文化工业批判理论这个大前提之下的一个例证,由于文化工业本身就是十恶不赦之物,所以流行音乐无论如何不可能在他的心目中变得可爱起来。这种按图索骥、为药找病的逻辑思路已先在地决定了他必须以一种冷峻、严酷、仇视的目光去打量那些垃圾或狗屎一类的大众文化。但是,除了这样一种逻辑思路之外,他对流行音乐的仇恨还有没有其他方面(尤其是个人方面)的原因呢?

回答应该是肯定的。不过,在回答这个问题之前,我们首先需要搞清楚阿多诺所谓的流行音乐与爵士乐是不是一回事。阿多诺虽然从来都没有界定过流行音乐的含义,但是从他对爵士乐所做的专门批判和谈到流行音乐就必然联想到爵士乐(他在论流行音乐时所举的例子基本上都是爵士乐)的思维方式上看,他所说的流行音乐基本上就是爵士乐。从20世纪西方流行音乐的发展史来看,流行音乐当然不能与爵士乐画上等号,但是在阿多诺的青年时代(1920年代)和他主要批判爵士乐的年代(1930—1940年代),爵士乐确实是这一时期风

---

① 西奥多·格拉西克:《阿多诺、爵士乐、流行音乐的接受》,姚君伟译,见王逢振主编:《摇滚与文化》,天津:天津社会科学出版社2000年版,第14、29、31、44页。

靡美国、波及欧洲各国的流行音乐。① 因此,把爵士乐等同于流行音乐并不与常识相悖,实际上,问题的关键并不在这里,而在于阿多诺从一开始不但不喜欢爵士乐,而且对爵士乐还有一种恐惧心理。他后来承认:"我清楚地记得,当我第一次读到'爵士乐'这个词时感觉是毛骨悚然。我的否定性联想似乎有些道理,因为德文中的'Hatz'一词表示'一群猎狗',这就让人联想到张着血盆大口的猎狗在追逐行动缓慢的动物的情景。"②正如鲁迅先生看到梅兰芳男扮女的照片引起了否定性的联想之后就再也没有喜欢过京剧艺术一样,③阿多诺对"爵士乐"这个词有了如此恐惧的感觉之后终其一生也没有改变过他对爵士乐的仇恨态度。虽然我们不宜夸大感性的东西在理性建构中的作用,但是当理性的思维定式与所感之物不谋而合时,感性的好恶无疑会强化理性的选择。

如果说感性的好恶强化了理性选择还情有可原的话,那么,阿多诺从批判文化工业的总体思路出发,不愿、不想或不能看到爵士乐的民间立场就显得有些不可思议了。爵士乐的前身是非洲的布鲁斯音乐,这种音乐是为了抒发演唱者个人的情绪而产生的。而当爵士乐糅合布鲁斯的神韵在美国的新奥尔良诞生之后,演唱/奏爵士乐的依然是一些穷困潦倒的黑人歌/乐手,哀民生之多艰则依然是它通常的主题。这些歌手大多不识谱,但有着惊人的音乐天赋,他们用切分音、吉他滑弦、萨克斯管营造出鲜活的音乐意象,靠即兴演奏(一边演奏一边现编音乐)保持着即刻性、现场性和随意性的音乐效果,从而与照着乐谱演奏不敢越雷池半步的古典音乐家形成了鲜明的对照。当爵士乐

---

① 一般认为,1920年代是爵士乐的黄金时代,这一时期不但黑人乐队火爆,白人乐师开始加盟爵士乐演奏,就连一流作曲家斯特拉文斯基等人也试图在自己的作品中使用一些爵士乐的技巧。"因此,在十年左右的时间内,爵士乐不只风靡整个美国,而且在世界许多地方传播开来(其中包括英国)。'爵士乐'一词变得家喻户晓,爵士风格亦从此盛行不衰。"而到了1930年代末期,随着摇摆舞曲时代的来临,"小型爵士乐队让位于大型的、商业性的伴舞乐队和爵士乐团。大型白人乐队所演奏的爵士乐虽已失去浓郁的风韵,却重新在全国轰动一时——成为当时的流行音乐"。参阅〔美〕格雷厄姆·瓦里美:《爵士乐》,第29、60页。

② See Martin Jay, *The Dialectical Imagination: A History of the Frankfurt School and the Institute of Social Research 1923-1950*, London: University of California Press, 1996, p.186.

③ 鲁迅看到梅兰芳的照片所产生的联想是"我们中国的最伟大最永久的艺术是男人扮女人",并由此得出了他那个著名结论:"男人看见'扮女人',女人看见'男人扮'。"这与阿多诺从爵士乐中看出施虐—受虐狂的性变态心理颇有异曲同工之妙。见《鲁迅选集》第2卷,北京:人民文学出版社1983年版,第52页。

从新奥尔良发展到芝加哥,从黑人乐手过渡为白人乐手,从小乐队壮大成大乐团,从下里巴人的夜总会步入阳春白雪的音乐厅之后,民间意味才趋于淡化、商业化的味道才逐渐强烈。阿多诺指责爵士乐如何商品化当然不错,但是他却不愿意承认早期爵士乐的民间性与反叛性,不愿意看到爵士乐一步步地被资本主义整合收编的过程。在他的心目中,爵士乐仿佛天生就是为资本主义服务的:"虽然爵士乐无疑与非洲音乐的成分相关,但可以肯定的是,那里面所有桀骜不驯的东西从一开始就被整合到一个严格的方案(scheme)之中。它的反叛姿态伴随着盲目的卑躬屈膝,与分析心理学所描绘的施虐—受虐狂现象非常相像。"①阿多诺的口气如此坚决,结论如此肯定,简直让人怀疑他的"否定的辩证法"似乎已只剩下了否定,而辩证法则被扔到九霄云外了。

　　从更深层的原因看,阿多诺仇恨爵士乐其实也并不像阿多诺的批判者所概括的那样轻巧。从阿多诺对流行音乐批判的只言片语中,我们自然也可以得出他之所以对爵士乐大动干戈,是因为欧洲中心主义在作祟或音乐本质主义在作怪的结论,但是如此解释并没有触及问题的实质。在我们看来,阿多诺与流行音乐的交战实际上是两种美学观念的冲突,即以阿多诺所捍卫的、以追求心灵沉思为旨归的现代美学观念(其代表是严肃音乐)和阿多诺所批判的、以追求身体快感为核心的后现代美学观念(其代表是流行音乐)的冲突。阿多诺非常钟情于以勋伯格为代表的现代音乐,但是在他看来,现代音乐只是在"一战"前后的十年时间才显得风风火火、敢作敢为,"此后的现代音乐史不过是一部衰落的历史,是倒退回传统的历史"②。由于没有哪位作曲家能走出启蒙辩证法的文化困境,所以就连勋伯格也在劫难逃,而斯特拉文斯基(Igor Stravinsky)则成了现代音乐的一个极端反动的例子。随着电子媒介对古典音乐的重复性播放,随着流行音乐对退化听觉的不断喂养,人们不但已听不懂勋伯格的现代音乐,就连贝多芬这位古典主义集大成者的音乐也不能理解了:"事实上,虽然贝多芬的主旋律可以出现在一个市井之徒的口哨中,但是听懂一首贝多芬的乐曲要比听懂一首最现代派的乐曲所做出的努力更大。……由于文化工业养

---

① Theodor W. Adorno, *Prisms*, p. 122.
② Theodor W. Adorno, *Philosophy of Modern Music*, p. 5.

育出来的人们在他们可供自己精神消费的闲暇中已不愿意用脑,所以他们也就更加顽固地抱住了隐藏着其本质内容的艺术作品的外部结构。"① 马丁·杰伊在综合了他人的研究成果之后指出:在阿多诺的心目中,贝多芬既是取得最伟大成就的典型人物,同时也是他对以后的人物所做的一切判断的标准。② 显然,在对爵士乐的仇恨、斯特拉文斯基的愤怒以及勋伯格的失望中,阿多诺的审美支点已无所依托,他只好一步步地后撤,退回到贝多芬那里去寻找自己的精神家园了。

因此,在阿多诺的现代美学观念中实际上已融入了更多的古典美学元素。黑格尔说:"音乐就是精神,就是灵魂,直接为自己而发出声响,在听到自己的声响中感到满足。但是作为美的艺术,音乐须满足精神方面的要求,要节制情感本身以及它们的表现,以免流于直接发泄情欲的酒神式的狂哮和喧嚷,或是停留于绝望中的分裂,而是无论在狂欢还是在极端痛苦中都保持住自由,在这些情感的流露中感到幸福。这才是真正的理想的音乐。"③这不也正是阿多诺所追求所向往的音乐境界吗?④ 他强调用没有异化的耳朵去感受,用大脑去思考,用全部身心的器官去与音乐发生共鸣,实际上是想在心灵对于审美对象(音乐)的沉思中走向和谐、走向理性秩序,甚至走向高贵的单纯和静穆的伟大,从而去寻找他那个能够弥合"分成两半之自由"的乌托邦之梦。他没有意识到那种高贵典雅的资产阶级音乐会既是使听众静观冥想之所,也是使听众屈从于某种象征性的权力秩序之地。⑤ 在对审美沉思之听赏的痴迷与维护中,阿多诺既走向了听觉崇拜,也走向了

---

① Theodor W. Adorno, *Philosophy of Modern Music*, p. 10.
② 〔美〕马丁·杰:《法兰克福学派的宗师——阿道尔诺》,第 178 页。
③ 〔德〕黑格尔:《美学》,朱光潜译,北京:商务印书馆 1979 年版,第 3 卷上册,第 389 页。
④ 事实上,黑格尔的音乐美学思想也深深地影响了阿多诺,虽然他并不完全同意黑格尔的观点,但是对其观点却不时流露出欣赏的态度。See Theodor W. Adorno, *Philosophy of Modern Music*, pp. 16-28.
⑤ 阿达利则恰恰注意到了这一点,他认为:"让大众遗忘,让大众相信,让大众沉寂。在这三种情形中,音乐都是权力的工具;当用来使大众忘却暴力的恐惧时,它是仪式权力的工具;当用来使大众相信秩序与和谐时,它是再现权力的工具;当用来消灭反对的声音时,它是官僚权力的工具。"因此,"在资产阶级的音乐会上,完美的寂静席卷一切,他们(音乐家与听众)藉此肯定他们对人为的和谐景观的臣服——主人和奴隶,这规则支配着象征他们得势的游戏。套索收紧了:迎接音乐家的寂静创造了音乐,赋予音乐独立自主的存在,一个真实。它不再是一种关系,而是专家们的独白,在消费者之前竞争"。〔法〕贾克·阿达利:《噪音——音乐的政治经济学》,宋素凤、翁桂堂译,上海:上海人民出版社 2000 年版,第 24、64 页。

一个无法解脱的怪圈之中。

于是，阿多诺对爵士乐的批判也就变得可以理解了。实际上，与其说是那种文化工业批判理论的思维定式使他拒绝了爵士乐，不如说是陶醉于现代美学观念、浸淫于古典音乐的耳朵已使他无法听懂爵士乐。因为从爵士乐到摇滚乐，它们已经不是诉诸人们的心灵沉思，而是诉诸人们的身体狂欢。从下面这段精彩的文字中，我们约略可以体会到欣赏流行音乐究竟需要怎样的感官转换：

> 摇滚乐就是典型的通过伴随音乐的移动、舞蹈和歌唱而获得享受的艺术。……我们在舞蹈时专注于这种富于活力的努力，突然发出一身热汗并最终耗尽自己。很明显，在肉体上，在对摇滚乐的欣赏中比在对所谓高级趣味的音乐——这样的音乐会强迫我们沉默静止地坐着，这不仅常导致麻木消极还使人酣然入睡——的欣赏中存在着更充分的积极性。常用来描绘和评论摇滚乐的"恶臭艺术"一词，来源于非洲语，意为"努力以至于发出一身臭汗"，它是非洲人一种生机勃勃的美学的表现，它是公共的充满热情的贴近，而非冷漠无情、批评式的疏远。摇滚乐所唤起的反响更是精神饱满和动觉的美学，从而暴露了我们所设定的纯艺术欣赏中潜在的根本的被动性。一种由传统的无功利、远距离观照的审美态度所表达出来的被动性，它植根于寻求哲学和神学知识而非愉悦，寻求个性启蒙而非公共交流和社会变革的态度之中。而象(像)摇滚乐这样的通俗艺术则启发一种回归肉体的快乐和美感，它是人类价值领域中被哲学长期压制了的权力。这类艺术的美学合法性曾被强烈否定，其肉体化的努力也被忽视和否认。事实是，由于这种艺术及对它的欣赏源于非西方文明，使其更不易被接受。①

如此说来，需要靠身体去体验其快感的流行音乐，耳朵又如何能够感受到它的奥妙与魅力？从这个意义上说，阿多诺以听之退化的理论来给流行音乐定罪，从一开始就存在着一种错位。而更让人感到悲

---

① 〔美〕R.舒斯特曼：《通俗艺术对美学的挑战》，罗筠筠译，《国外社会科学》1992年第9期。

哀的是,由于诉诸心灵沉思的欣赏,形成于审美距离的体验一直拥有一种审美的霸权和美学合法性,由于静思默想、可远观而不可亵玩的审美观照已经成为知识分子的日常功课,所以,他们的身体功能已经退化,他们的动物性本能、肠胃、性方面的快感体验已日渐稀薄①,面对生机勃勃的爵士乐与摇滚乐,他们已不能做出相应的身体反应,于是厌恶、不满、愤怒以致仇恨也就成了他们所能动用的情感态度。在现代美学观念的观照下,大众或许已遭到阉割,然而用后现代美学的眼光来打量一下"听"不懂爵士乐、摇滚乐的知识分子,他们也许已先期去势,而阿多诺则是这一精英知识分子阵营中的典型代表。

维特金(Robert Witkin)在反驳格拉西克等人的观点并为阿多诺辩护时指出:"重要的是应把阿多诺对爵士乐的批判置于他对现代音乐批判和对整个文化工业批判的语境中。"②这一提醒当然是必要的,因为抛开这一语境,我们将无法对阿多诺的思考做出理解。但是我们也必须同时承认,阿多诺的流行音乐理论只存在一种批判的魅力;而在对流行音乐的阐释中,它将因其观念与思维范式转换的困难而日益显得力不从心,并将遭遇越来越大的挑战。

三 法西斯主义与大众文化

从宽泛的意义上看,对法西斯主义的分析和对大众文化的批判既是法兰克福学派社会研究所两个不同的总体研究课题,也是阿多诺研究过程中两个不同的领域。但是在西方学者的心目中却存在着一种同构假说,即阿多诺对法西斯主义与大众文化的批判是相互渗透密不可分的。如果我们承认这一假定是合理的,我们就必须回答阿多诺的这一思路是如何形成的,即为什么在批判法西斯主义的时候他心里想的是大众文化,为什么在批判大众文化的时候法西斯主义又成了他挥之不去的一个心理阴影,这两者之间的连接点究竟在哪里?然而令人遗憾的是,西方学者虽然都不同程度地触及了这一问题,却并没有提

---

① 参阅〔英〕迈克·费瑟斯通:《消费文化与后现代主义》,刘精明译,南京:译林出版社2000年版,第196页。

② Robert W. Witkin, *Adorno on Music*, London: Routledge, 1998, p. 173.

供出一个满意的答案。之所以如此,关键在于这一论题论证起来的难度较大。阿多诺虽然有专门论述法西斯主义的文章,批判文化工业与大众文化的论文论著也很多,但是他却没有在任何地方把文化工业与法西斯主义的政治胜利等同起来。① 于是,所有对阿多诺这一思路的判断要么成了一种不需要论证的公设,要么成了一种猜想。但如此一来,也把这一问题弄得更加扑朔迷离了。事实上,如果仔细分析一下阿多诺的相关论述,我们就会发现,他其实已经为我们提供了一套把法西斯主义批判与大众文化批判联系起来的思维模式。在以下的梳理中,我们将试图说明,正是这种思维模式使阿多诺把法西斯主义批判与大众文化批判联系到了一起,他的深刻与片面,细腻与粗疏都与这种思维模式有关。

1. 从弗洛伊德理论看法西斯主义宣传模式

在阿多诺的所有理论来源中,弗洛伊德的精神分析学说是他进行分析、批判的一个重要支点。虽然他并不完全同意弗洛伊德的那套理论,但是当弗氏的某些观点同时也正是他长期思考的兴奋点时,他则能与之形成强烈的共鸣。马丁·杰伊指出:"阿多诺对弗洛伊德最感兴趣的是他的《群体心理学与自我的分析》(*Group Psychology and the Analysis of the Ego*)一书。结果,这个研究集中体现了研究所以其权威分析对大众文化的批判。"②这里所说的"这个研究"指的是阿多诺的《弗洛伊德理论与法西斯主义宣传模式》("Freudian Theory and the Pattern of Fascist Propaganda",1951)一文。不过在这篇文章中,阿多诺主要是在利用弗洛伊德的理论对法西斯主义进行分析与批判,而与大众文化只有非常微弱的联系,③但是为什么马丁·杰伊又说这篇文章成了研究所对大众文化批判的集中体现呢? 在回答这个问题之前,我们首先需要看看阿多诺在这篇文章中思考了哪些问题。

对于法西斯主义,阿多诺思考的逻辑起点是法西斯主义煽动家

---

① 参阅《文化工业》一书的编者伯恩斯坦(J. M. Bernstein)为该书撰写的导言。See Theodor W. Adorno, *The Culture Industry: Selected Essays on Mass Culture*, pp. 3-4.

② Martin Jay, *The Dialectical Imagination: A History of the Frankfurt School and the Institute of Social Research 1923-1950*, p. 197.

③ 在此文中,阿多诺只在两处地方涉及了大众文化,但是这并非他论述的主旨所在,似乎也不足以说明法西斯主义与大众文化存在着必然的联系。See Theodor W. Adorno, *The Culture Industry: Selected Essays on Mass Culture*, pp. 128, 129.

(以希特勒等人为代表)及其对群众的操纵技术,而勒庞(Gustave Le Bon)对群众心理的研究和弗洛伊德对群体心理的深层揭示则是他深入分析法西斯主义操纵技术的主要理论依据。勒庞认为:"有意识人格的消失,无意识人格的得势,思想和感情因暗示和相互传染作用而转向一个共同的方向,以及立刻把暗示的观念转化为行动的倾向,是组成群体的个人所表现出来的主要特点。他不再是他自己,他变成了一个不再受自己意志支配的玩偶。"① 在阿多诺看来,当弗洛伊德对勒庞群众心理学进行批判性的考察时,他并没有否认勒庞对群众特点描述的准确性,但是,他又与勒庞有着关键的区别:他不但没有像老一代的心理学家那样轻视群众,而且还想进一步追问:"是什么使群众变成群众的?" 因为当代群众的成员至少看上去都是个体的人,是自由主义、竞争与个人主义社会的产物;作为个体,他们都是独立且自给自足的,但是为什么现代人会走到一个与自己的理性水平和现阶段文明水平极不相称的地步呢? 弗洛伊德所要做的工作就是要"找出造成个体转变为群体的心理学力量"。正是在这里,阿多诺发现了弗洛伊德的研究暗合了自己的思考:"无论如何,这种探索等于说明了法西斯主义操纵的基本由来。因为法西斯主义煽动者只有人为地制造出弗洛伊德所寻找的**结合物**(bond),才有可能赢得千百万人民的支持,而他们的目的与人民自己合理的切身利益却是大相径庭的。"②

既然"结合物"扮演着非常重要的角色,那么,所谓的"结合物"究竟又是指什么呢? 说来倒也非常简单,这个"结合物"实际上就是力比多。弗洛伊德说:"由于里(力)比多纽带的作用,每个人一方面和他们的领袖(基督、司令官)紧密联系在一起,另一方面则同该群体中的其他成员捆绑在一起。"③ 也就是说,正是由于力比多,个体才成为群体中的一员,才与他们的领袖建立起了一种亲密关系。而在阿多诺看来,弗洛伊德把力比多引入群体心理学中之所以重要,关键在于他把群众的那些特点解释得更清楚了:"那些湮没在群众中的人不是原始

---

① 〔法〕古斯塔夫·勒庞:《乌合之众——大众心理研究》,冯克利译,北京:中央编译出版社 2000 年版,第 22 页。
② Theodor W. Adorno, *The Culture Industry: Selected Essays on Mass Culture*, pp. 116-17.
③ 〔奥〕西格蒙德·弗洛伊德:《群体心理学与自我的分析》,张敦福译,见《论文明》,徐洋、何桂全、张敦福译,北京:国际文化出版公司 2000 年版,第 178 页。

的人,而是表现出与他们**正常**的理性行为相矛盾的原始态度的人。"他们的破坏行为、种种狂热的举动实际上与古代野蛮人的特征有许多相似之处。从这个意义上说,个体走向群体成员的过程,其实也就是一个心理与行为退化的过程。另一方面,力比多又以一种升华了的爱的方式,以某个宗教偶像为中介,把群体中的成员团结到了一起。这样,弗洛伊德的理论就为法西斯主义对群众的成功操纵提供了一种有力的解释:

> 法西斯主义领导人的基本宗旨之一是把原始的力比多能量保持在一个无意识的水平上,以便使它以适合政治目的的方式表现出来。像宗教救世那样的客观观念在群众的形成中所起的作用越少,对群众的操纵就越是变成唯一的目的,无拘无束的爱也就越是彻底地受到压抑,并且被铸造成为顺从。①

把法西斯主义的煽动技术看作对群众的力比多能量的唤醒与保持只是一个初步性的工作,更重要的问题是要说明煽动者使用了怎样的技术才达到了他们想要达到的目的,支撑这种技术的心理依据又是什么。而在这些问题上,弗洛伊德的理论同样给了阿多诺非常重要的启迪。弗洛伊德认为,通过催眠术,催眠师可以在被催眠者身上"唤醒一些古老的遗传特征,这种特征过去使被催眠者顺从父母,并曾在他与他父亲的关系中经验到一种个体的复活:因此所唤醒的是一个至高无上且危险的人物观念,对这个人物只能采取一种被动受虐的态度,人们的意志不得不屈服于这个人物"②。而在阿多诺看来,弗洛伊德的这一观点完全可以说明法西斯主义宣传的性质和内容。因为法西斯主义煽动者实际上就是催眠师,他们对群众的煽动其实就是对他们的一种成功催眠。在煽动/催眠中,那种古老的遗传特征被唤醒了,领袖的形象与弗洛伊德所谓的"原始族长"(primal father)的观念画上了等号。"法西斯主义宣传**人格化**(personalization)的终极根源就在这里,否则一切将变得无法理解"。③

---

① Theodor W. Adorno, *The Culture Industry: Selected Essays on Mass Culture*, pp. 118-119.
② Ibid., p. 119. 参阅张敦福译文,见《论文明》,第 218 页,译文有修改。
③ Theodor W. Adorno, *The Culture Industry: Selected Essays on Mass Culture*, p. 119.

如果说催眠术是法西斯主义煽动者所使用的一种心理方法,那么,"自居作用"(identification)则可以解释群众与领袖以及群众中成员之间那种牢不可破的关系。根据弗洛伊德的解释,所谓"自居作用"是指"一个人与另一个人之间情感关系的最早的表现形式。在俄狄浦斯情结(Oedipus Complex)的早期历史中,它发挥了一定的作用"①。而阿多诺则认为自居作用完全可以解释法西斯主义操纵之下的群众心理。因为把自居作用延伸到群体心理学中,则意味着若干的个人以同一个对象代替了他们的自我理想,并因而在他们的自我中互相融为一体。而领袖形象则反过来又从集体势力中借用了原始族长那样的无上权威。于是,借助于自居的力量,个体的个性消失了,他们退化成了群众、群体中的成员和"非个体化的社会原子",而从中渔利的则是法西斯主义煽动者,他们在这一过程中变成了权威的化身。阿多诺指出:"正是这种原子形成了法西斯主义的集体性。"②

个体变成群众并由此成为法西斯主义产生的温床是阿多诺的一个重要思路,但是他所谓的群众又是一种怎样的构成呢?正是在这里阿多诺又旧病复发了。正如他不屑于指出流行音乐的听众是谁一样,阿多诺似乎也觉得没有必要指出群众是谁。但实际上这同样是一个不容忽略的问题。正是在这一意义上,我们才觉得赖希(Wilhelm Reich)的分析可以作为对阿多诺思考之不足的一个有力补充。赖希认为,对希特勒所造成的群众心理效果的考察,应该从这样一个前提出发:"一个元首或一种观念的提倡者,只有**当他个人的观点、他的意识或他的纲领与广大个人的普通结构相类似时**,才能取得成功。"那么,群众的普通结构又是在怎样的社会历史背景中形成的呢?在他看来,法西斯主义的群众基础从本质上看是中产阶级而不是无产阶级。这一阶级特殊的社会位置(拥有部分生产资料但并不掌握主要生产资料)与性格特征(在主人面前是奴才却又极力模仿主人的行为)使得自居作用极易在他们身上发生。"这种自居作用构成了一种心理现实,是一个对已成为物质力量的意识形态的最好说明。佣人或职员的

---

① 〔奥〕西格蒙德·弗洛伊德:《群体心理学与自我的分析》,张敦福译,见《论文明》,第190页。

② Theodor W. Adorno, *The Culture Industry: Selected Essays on Mass Culture*, p.131.

头脑里最初只是想要像上级一样,但逐渐地由于压抑性的物质依附的作用,他们的整个人格都按统治阶级的样式被重新塑造了。下中层阶级的人总是准备去迎合权威,他们扩大了**自己的经济地位和意识形态之间的裂隙**。"①如果赖希的分析是有道理的,那么我们就会发现阿多诺在把政治意义上的"群众"转换为商业意义上的"大众"时,将会遇到意想不到的麻烦。不过,在接触这一问题之前,我们仍需要暂时把它"悬搁"起来,以便能够集中看看阿多诺的其他论述。

由于自居作用,群众已经把领袖(煽动者/催眠师)作为自我理想或自我典范内投(introject)到了自己的人格结构中,所以,群众与领袖的心理结构就具有了基本的同一性。而由于这种心理上的相似,领袖就能猜想出那些容易受其宣传影响的人有着怎样的心理需求,这样在进行煽动时就能够对症下药了。阿多诺指出:"一般说来,领袖都是卖嘴皮子的人物典型,具有口若悬河和蛊惑人心的动人力量。他们施加于追随者的著名魔力主要是依靠他们的口才;语言本身——虽然缺乏其理性意义,却能以一种神奇的方式发挥作用,并且推动古老的退化,使个体降格(reduce)为群体的成员。"②既然领袖依靠自己的口才和语言制造的非理性魔力与群众建立起了一种联系,那么,他们使用的言说技巧与言说内容又是什么呢,他们如何才能使自己的非理性话语理性化呢?在以下的分析中,阿多诺为我们解开了这个谜:

> 因此,当法西斯主义言说到自己的种种非理性权力时,并不是完全靠说谎,而是捏造一种神话,从意识形态上把非理性的东西理性化。由于法西斯主义不可能通过理性的论据赢得群众,其宣传当然也就必须偏离推理的思考;它必须倚重于心理学且不得不启动非理性的、无意识的和退化的程序。所有遭受无意义挫折并因而形成的那种发育不全、非理性心理状态的居民阶层的心灵结构,推动了这一工作的顺利进行。③

这样,借助于弗洛伊德的理论,阿多诺对法西斯主义操纵群众的

---

① 参阅〔奥〕威尔海姆·赖希:《法西斯主义群众心理学》,张峰译,重庆:重庆出版社1990年版,第30—41页。
② Theodor W. Adorno, *The Culture Industry: Selected Essays on Mass Culture*, p.127.
③ Ibid., p.129.

分析就走出了一条清晰的思路:法西斯主义操纵群众技术的起点是对力比多的追寻与制造,因为这种原始性本能是把群众与领袖、群众中的成员联系起来的可靠纽带。然而要想使这种力比多能量升华起来并使其获得合法的呈现,煽动者就须像催眠师那样唤醒群众身上某种古老的遗传特征,并使他们把现代领袖幻化为古代的原始族长,这是煽动者所使用的人格化技巧。与此同时,借助于自居作用,群众又把领袖作为典范的对象内投到自己的人格框架中从而使自己与领袖有了相同的心理结构,这就为法西斯主义宣传大开了方便之门。由于经过了这样的铺垫,煽动者依靠如簧之舌言说的种种非理性话语(谎言或神话)就既有了肥沃的接受土壤,也有了理性化的可能。因为实际上并不是煽动者的言说技巧征服了群众,而是非理性话语与群众无意识层面非理性的心理状态所存在的那种同构关系使得群众如春风化雨般变得心悦诚服了。于是个体退化为群众的过程实际上也就是本我膨胀出场、超我匮乏缺席的过程,个人被简化为社会原子的过程。而正是这一过程确保了煽动者政治目的的顺利实现。因此,法西斯主义操纵技术的终点无疑是群众的被欺骗,或者说是通过欺骗的方式,法西斯主义把群众变成了自己的同谋。

即便以今天的眼光看,阿多诺对法西斯主义操纵技术、宣传策略以及群众心理学的分析无疑依然十分精彩。然而,或许是囿于弗洛伊德群体心理学的分析视角,他在这篇文章中实际上忽略或遗漏了一个非常重要的环节,即法西斯主义领袖是**通过什么渠道**把自己的那些非理性话语传播到群众中去的。催眠、自居等是一种心理学的技巧,演讲之类的话语则是一种宣传策略,要想使这种宣传策略和心理学技巧变成现实,还必须借助于某种强有力的东西,否则,所有的一切都是纸上谈兵、形同虚设。那么,这种强有力的东西又是什么呢?

答案其实很简单:无线电广播。从有关资料中我们得知,无线电广播是纳粹政府上台后控制群众、进行法西斯主义宣传的主要电子媒介(除此之外还有电影)。"戈培尔一直认为广播(电视当时还没有问世)是现代社会的主要宣传工具"[1],在他的统筹安排下,"纳粹党以强

---

[1] 〔美〕威廉·夏伊勒:《第三帝国的兴亡——德国纳粹史》,董乐山、李耐西、陈廷祐译,北京:世界知识出版社 1979 年版,第 350 页。

迫作为手段,把公众组织起来,集体收听。当时,接收机是放在街道上的"①。通过这番强制性的措施,"广播变成了这个政权的远远超出其他一切的最有效的宣传工具,在改造德国人民,使他们适合希特勒目标这一点上,比任何别的宣传工具都起着更大的作用"②。广播的威力如此之大,以至于希特勒在1938年的《德国广播手册》中也这样写道:"如果没有扩音器,我们是不可能征服德国的。"③

　　实际上,阿多诺并非没有意识到这一点,因为在《启蒙辩证法》中,他与霍克海默就这样写道:"无线电广播变成了元首(Führer)的普遍喉舌,他的声音从大街上的扩音器中传出,就像女妖塞壬的号叫一样让人惊惶失措——简直无法把现代宣传与这种嚎叫区别开来。国家社会主义分子心里很清楚,就像印刷机使得基督教改革运动(the Reformation)成为可能一样,无线电广播也缔造了他们的事业。"④既然阿多诺早已体会到无线电广播在法西斯主义宣传中的重要作用,为什么在这篇专门分析法西斯主义宣传的文章中没有让它有力地浮现出来呢？看来,关键还是心理学的视角遮蔽了他在传播学意义上的思考,或者是他压根就没有从严格的传播学角度思考过这一问题。而缺少了传播学意义上对无线电广播的界定与分析,他的思考无论如何都显得无法周全。正是由于这一缘故,我们才觉得有必要拿来传播学家麦克卢汉(Herbert McLuhan)的观点,以便和阿多诺的思考构成一个有趣的呼应。

　　麦克卢汉从他的总体思维模式出发,把电视定位成了低清晰度、接受者参与程度高的冷媒介,而把无线电广播看作高清晰度、接受者参与程度低的热媒介。⑤ 他认为"如果电视在希特勒统治时期已经大规模问世,他一定会很快销声匿迹。倘若电视在希特勒之前问世,希特勒这样的人物根本就不可能产生了"。而"希特勒之所以能出现在

---

① 〔英〕雷蒙·威廉斯:《电视:科技与文化形式》,冯健三译,台北:远流出版事业股份有限公司,1992年,第37页。
② 〔美〕威廉·夏伊勒:《第三帝国的兴亡——德国纳粹史》,第351页。
③ 转引自〔法〕贾克·阿达利:《噪音——音乐的政治经济学》,第119页。
④ Theodor W. Adorno & Max Horkheimer, *Dialectic of Enlightenment*, p. 159.
⑤ 麦克卢汉对热媒介与冷媒介的定义和划分其实是值得商榷的,但他的这一观点不是我们所要讨论的重点,故对其概念姑且用之。参阅〔加拿大〕马歇尔·麦克卢汉:《人的延伸——媒介通论》,何道宽译,成都:四川人民出版社1992年版,第21—22页。

政治舞台上,这和他利用电台及其系统对公众发表谈话,有直接的关系"。因为"收音机直接地、面对面地影响着多数人,给人提供一种作者或讲演者与听众不通过言语交流的世界"。"收音机的阈下深处饱和着部落号角和悠远鼓声那种响亮的回声",它"有力量将心灵和社会变成合二为一的共鸣箱"。① 根据我们的理解,无线电广播对于希特勒来说之所以重要,关键在于它以声音出场形象缺席的方式给群众带来了电子内爆的震惊体验,并以一种巫术般的力量直逼人的无意识深处,与人们残留的某种古老的经验形成了共鸣。而所谓的神圣、庄严等情绪的制造,也与无线电广播这种特殊的传播方式相关。而电视的画面则是对神圣的领导人所制造出来的神话的一种消解与破除,是让人时时清醒而不是梦游到无意识状态、时时面对现实而不是返回古老经验的一种力量。正是在这一意义上,麦克卢汉才会认为,电视只能毁灭法西斯,唯有无线电才能成全希特勒。

于是,当我们把麦克卢汉传播学层面的思考嵌入阿多诺的心理学分析之中后,后者的思路才会变得更加清晰:法西斯主义宣传唤醒了群众某种古老的、退化的经验,而正是无线电广播这种"部落鼓"的击打才使得非理性话语抵达了群众的无意识深处,并与之形成了强烈的共鸣。无论从哪方面看,能够"唤醒古老的记忆、力量和仇恨的"无线电广播②都应该是阿多诺思考法西斯主义操纵技术中不可或缺的一环。

2. 从法西斯主义宣传模式看大众文化生产

阿多诺分析法西斯主义宣传模式时虽然没有专门从大众媒介的思路考虑,但是在对大众文化——文化工业的产品批判时,现代大众传播媒介,或者更准确地说是电子媒介却成了他的一个基本出发点。打开《启蒙辩证法》中那篇经典性的文章一路读下去,除了他一以贯之所批判的爵士乐之外,扑入眼帘就是电台、电影、电话、收音机、无线电广播、商业性广告等电子媒介或与电子媒介相关的产品。在他后来的文章中,电视又进入了他批判的视野。阿多诺对电子媒介的涉及之全面、分析之细致、批判之猛烈甚至会让人产生这样的错觉:他不是在批

---

① 〔加拿大〕马歇尔·麦克卢汉:《人的延伸——媒介通论》,第353、355、354页。
② 同上书,第363页。

判文化工业或大众文化,而是在批判电子媒介。实际上,产生这样的错觉并不奇怪,由于现代大众文化是与电子媒介相伴相生的,由于在电子媒介那里集中凝结着阿多诺所批判的技术理性,所以批判大众文化而不批判电子媒介是不可能的,或者说只有对电子媒介有了一个清醒的认识,对大众文化的批判才会准确到位。

那么,除了电子媒介对大众文化的孕育、催生成了阿多诺批判电子媒介的一个重要理由外,他对电子媒介的反感、厌恶甚至仇恨还有没有其他的原因呢?答案自然是肯定的。他在专论法西斯主义煽动技术的文章中虽然没有涉及电子媒介,但是包括无线电广播在内的电子媒介无疑是他思考法西斯主义煽动、操纵技术的"前理解"。一个人在建构自己的理论时不可能删除自己的情绪记忆,也不可能抹去自己的生命体验。那么,当阿多诺1938年前往美国正式开始了他自己的流亡生涯之后,他既成的情绪记忆与生命体验又是什么呢?显然是对纳粹德国的恐怖与仇恨,对法西斯主义操纵技术之下的群众的哀其不幸与怒其不争。"文化批评发现自己面临着文化与野蛮之辩证法的最后阶段。奥斯维辛之后写诗是野蛮的。"①这句广为人知的名言实际上是阿多诺对法西斯主义统治之下恐怖而阴暗的情绪记忆、痛苦而愤怒的生命体验的最凝练的表达。而由于阿多诺在"精通马克思之前就研究过弗洛伊德"②,所以催眠、自居、施虐—受虐狂、极权主义与同性恋彼此包容等精神分析学的概念与方法就既成了阿多诺批判法西斯主义的有力武器,也成了他分析其他文化现象时基本固定的思维模式。带着这样一种精神伤痛和思维模式去了美国,阿多诺在打量这个高度发达的资本主义国度的大众文化时,就不可能不带上一种冷峻、阴郁甚至仇恨的目光,也不可能不用他那种既成的思维模式去整合那些在美国人看来是引以为豪的东西。于是,从对纳粹德国的批判延伸到对大众文化美国的批判也就成了顺理成章之事;而在对大众文化的批判中,他又看到了法西斯主义的幽灵,大众文化甚至成了政治极权主义,也就是法西斯主义的温床。在谈到阿多诺与法兰克福学派其他成员来到美国对大众文化予以批判的成因以及法西斯主义与大众

---

① Theodor W. Adorno, *Prisms*, p. 34.
② 〔美〕马丁·杰:《法兰克福学派的宗师——阿道尔诺》,第106页。

文化之间的互动关系时,希尔斯指出:

> 在这块土地上,他们首次体验了现代社会的"大众"。他们的价值观,原本就是反对资本主义的,推而广之,这又成了反对美国的态度。而他们在美国体验到的流行文化,又使他们留下了刻骨铭心的伤痛。凡此种种,在在强化了他们来到美国之前的价值观,使他们加倍认为,这些见解实乃正确无误……国家社会主义崛起于德国的原因,在他们看来,源出于现代人饥渴地耽溺于琐碎、低下与浮华无实的文化;他们眼中的这些低俗文化,包括了经由收音机、电影、连环图画、电视而传达的东西,以及所有大量生产的物品。顺此逻辑推论,他们声称,虽然创造大众文化的用意,原本就是要满足那些已然失根者及已然异化的需求,但时至今日,大众文化更加地变本加厉,形形色色的需求为之而更加恶质化,最后的结局,注定是法西斯主义的出现。①

如此说来,在阿多诺思考法西斯主义与大众文化的互动关系时显然存在着两个视角,即一方面他以饱受心灵创伤的目光打量着美国的大众文化,这种文化也就不可能不反动;另一方面当美国的大众文化成了他流亡生涯中的一个生活内容之后,他又不得不时时带着打量大众文化的目光来反观法西斯主义,于是心中的隐痛也就时时升起,心灵的创伤也就始终无法愈合。如果说从法西斯主义到大众文化是一种生命体验与思维模式的顺延,那么从大众文化到法西斯主义则更多是一种假想或臆测。而两种视角的相互切换,两种经验的彼此渗透,现实中的美国与记忆中的德国的相互沟通,又使得法西斯主义与大众文化不断地重叠在一起,到最后,这两者已你中有我、我中有你,它们不再是一分为二,而是合二为一了。因此,在阿多诺的辞典中,法西斯主义与大众文化的同义关系主要不应该是现实层面的连接,而是阿多诺的思维模式、体验方式与特殊视角的综合运用使它们走到了一起。

不过,当我们以如此方式把阿多诺心目中的法西斯主义与大众文化联系起来时,这只能算是心理层面一种合乎常理的推想,更重要

---

① Edward Shils, *The Intellectuals and the Powers*, p. 263. 转引自〔英〕斯威伍德:《大众文化的迷思》,第50页。

是需要在结构的层面找出法西斯主义煽动技术与大众文化制作之间的逻辑纽带。如果从这一角度去进行思考,我们就会发现大众传播媒介所扮演的重要角色了。在谈到电视节目的制作时,阿多诺对电子媒介的信息处理方式曾做过如此分析:

> 大众媒介不光是描述情节和传递情节信息的总和,它也包含了相互叠加在不同层面的含义。所有的这些都对效果形成作用。……那些真正的艺术作品绝不会被压缩成某种明白无误的"信息"。但是为了吸引不同心理水平的观众,这种多义性的遗产已被文化工业接管过来,因为它所传达的东西能变得条理化。事实上,隐藏的信息可能比公开的信息更重要,因为这种隐藏的信息将会逃离意识的控制,将无法被"识破",将不会被心理抵制(sales resistance)所阻挡,但是它却可能深入观众的心灵。①

在这里,弗洛伊德的精神分析学依然是阿多诺的一个主要的分析工具。在他看来,电子媒介实际上一直在生产着多义的信息。公开的信息大家都能看到也容易理解,它诉诸的是人的意识层面;隐藏的信息虽往往被人忽略,但它实际上却在暗中与人的无意识对话。一个电视剧的公开信息也许是反极权主义的,但是其隐藏信息却很可能会与极权主义的信条不谋而合。阿多诺曾举了这样一个轻喜剧的例子加以说明:一个年轻的女教师因嘲笑自负且专权的校长而被罚款,为了避免挨饿,她只好靠自己的"机智勇敢"去熟人那里抢夺食物,于是,种种滑稽幽默的效果也就出现了。此剧的公开信息是她在与她的对手(校长)巧妙周旋、顽强斗争,但是阿多诺认为,其隐藏信息却是对知识分子屡遭轻蔑的虚假安慰。它实际上在告诉人们,如果你像她一样幽默、聪明、漂亮,你就可以无温饱之虞,就可以用幽默的方式来对待自己的挫折,以此摆脱物质上的匮乏,获得精神上的满足。② 隐藏的信息

---

① Theodor W. Adorno, "Television and the Patterns of Mass Culture," in B. Rosenberg and D. Manning White eds., *Mass Culture: The Popular Arts in America*, New York: Free Press, 1957, pp. 478-479.

② Theodor W. Adorno, "Television and the Patterns of Mass Culture," in B. Rosenberg and D. Manning White eds., *Mass Culture: The Popular Arts in America*, New York: Free Press, 1957, pp. 480-481. 事实上,中国的许多电视剧也存在着阿多诺所谓的多层信息。比如,以《编辑部的故事》为代表的王朔风格的电视剧,里面往往都有对知识分子的调侃与嘲讽。

之所以更重要,是因为它不知不觉地控制并强化了听众的无意识机制。在这个意义上,电子媒介所制造出来的信息也就成了"真实的谎言":之所以真实,是因为情节的展开遵循着故事本身的发展逻辑,表层的含义并不与社会通行的价值标准相悖;之所以是谎言,是因为它实际上是在借真实之名,行操纵之实。在那条看不见的战线上,统治阶级已经把自己的意识形态偷运到了大众的无意识层面,长期在那里安营扎寨了。"社会总是赢家,而个人只不过是社会规则操纵的一个傀儡"①,当阿多诺说出这句至理名言时,他其实已道出了电子媒介以更加隐秘的方式控制大众的全部秘密。

把电子媒介所制造的大众文化与法西斯主义通过电子媒介所进行的宣传作一比照,我们马上会发现这两者在结构上的相似之处:后者是通过催眠、自居等心理学方法让非理性话语与群众的无意识心灵形成共鸣,前者则是借助于隐藏的信息让统治意识形态在大众的无意识层面落地生根。两者表面上差之千里,其实却极为神似。于是,在阿多诺的理论建构中,法西斯主义宣传与大众文化生产就在这里"胜利"会师了。

除了这一层面的相似之外,法西斯主义与大众文化的另一个连接点应该是广告和广告的效果。在《弗洛伊德理论与法西斯主义宣传模式》一文中,阿多诺曾谈到法西斯主义煽动现在已逐渐变成一种职业与生计,其煽动技术如今已"冻结"在现代大众文化的全部技巧之中。通过这一冻结的过程,"幸存的要求已经标准化,这与商业推销中被证明是最有价值的广告口号相类似。这种标准化反过来又与(大众)模式化的思维相一致,也就是说与那些容易受这种宣传影响的'模式化的感情'(stereopathy),以及他们那种永无止境、不断重复的婴儿期愿望(infantile wish)相一致"②。对于阿多诺来说,把法西斯主义宣传与商业性广告等同起来并非偶然,由于戈培尔曾经老谋深算地把广告看作为艺术而艺术的产品,所以这种让广告艺术化、美学化的企图实际上是让政治宣传合法化的含蓄信号。因为当法西斯主义宣传借助于

---

① Theodor W. Adorno, "Television and the Patterns of Mass Culture," in B. Rosenberg and D. Manning White eds., *Mass Culture: The Popular Arts in America*, New York: Free Press, 1957, p. 478.

② Theodor W. Adorno, *The Culture Industry: Selected Essays on Mass Culture*, p. 128.

无线电广播一遍遍地播放时,它实际上已经和不断重复的商业广告没有多少区别了。与此同时,当德国的闪电战取得胜利之后,由于其宣传的淫威,被占领国家的人民又不得不以同样的方式接受纳粹的行话暗语,就像在自由市场上人们把商标的名称经常挂在自己的嘴边一样。于是,"这种以特殊名称盲目、迅速且不断传播的词语,就把广告与极权主义的标语口号联系到了一起"①。

可以看出,把政治宣传与商业广告联系到一起,既是因为两者运作方式上的相同(不断地重复),也是因为两者所要达到的效果或目的极为相似。如前所述,法西斯主义宣传的目的是欺骗群众,而包括广告在内的大众传播媒介又是"根据效果来考虑,并按照所预计的效果,以及决策者的意识形态目标来制做的"②。所以在阿多诺的心目中,无论是普通的广告,还是那种特殊形式的高压广告(plugging),它们一方面破坏或瓦解了真正的自主艺术的表达(比如贝多芬的音乐成了某个广告的伴奏曲),另一方面又在干着欺骗的勾当。弗洛姆(Erich Fromm)认为,现代的那种广告宣传不是诉诸人们的理性,而是征服人们的情感。"这与麻醉剂与催眠术没有什么两样。它们象(像)电影一样,能使人处于一种白日梦的幻觉之中,从而也就产生一种满足感,与此同时也使人自惭形秽、自感渺小。"③这种观点与阿多诺的思考简直如出一辙。而对于阿多诺来说,他的深刻之处在于"文化工业中广告宣传的胜利意味着消费者即使能识破它们,也不得不去购买和使用它们的产品"④。为什么看穿了这种欺骗的伎俩还要甘愿受骗上当?因为包括广告在内的大众文化已经造就了大众的一种退化心理,而当标准化的广告以催眠般的不断重复向人们的阈下组织发出邀请时,人们那种模式化的情感与模式化的思维不但已不会反抗,反而有了一种他乡遇故知般的亲切。于是,拜倒在广告的石榴裙下也就成了大众唯一能够采取的姿态。就像法西斯宣传使得个体变成了群众一

---

① Theodor W. Adorno & Max Horkheimer, *Dialectic of Enlightenment*, p.165.
② 〔联邦德国〕泰·阿多尔诺:《论艺术社会学》,袁志英译,见陆梅林选编:《西方马克思主义美学文选》,桂林:漓江出版社1988年版,第378页。
③ 〔德〕埃里希·弗洛姆:《逃避自由》,陈学明译,北京:工人出版社1987年版,第172页。"弗罗姆"通译为"弗洛姆"。
④ Theodor W. Adorno & Max Horkheimer, *Dialectic of Enlightenment*, p.167.

样,不断重复的广告、不断以标准化与伪个性化面目出现的大众文化产品也使个体变成了大众。而原子化的大众又正是阿多诺最感恐惧也最为担心的,因为既然原子化的群众曾经是孕育法西斯主义的土壤,那么一个原子化的大众社会又何尝不会成为新型的极权主义产生的温床呢?于是,在阿多诺冷峻的目光中,从大众文化身上看到法西斯主义的幢幢鬼影也就成了顺理成章之事。

如果进一步借用美国政治学家拉斯韦尔(Harold D. Lasswell)那个著名的传播学命题,再把法西斯主义宣传与大众文化生产分别代入"拉斯韦尔公式"之中,我们又会发现这两者的传播行为有着惊人的相似。拉斯韦尔认为,描述传播行为的一个方便的方法是回答下列五个问题:谁(传播者)→说了什么(讯息)→通过什么渠道(媒介)→对谁(接受者)→取得了什么效果(效果)。① 把法西斯主义宣传与操纵、大众文化的生产与消费的传播行为分别代入其中,我们可看到如下结果:

传播者:希特勒等法西斯领袖→讯息:谎言、神话与非理性话语→媒介:无线电广播等电子媒介→接受者:群众→效果:欺骗与个体群体化

传播者:大众文化生产商→讯息:公开的信息与隐藏的信息或真实的谎言→媒介:所有的电子媒介→接受者:大众→效果:欺骗与个体原子化

从这两种传播行为中可以看出,除了传播者一项完全不同之外,其他四项内容几乎是可以互换的。而对于阿多诺来说,究竟是他思考法西斯主义宣传的思维模式规定了大众文化的生产模式,还是他研究大众文化生产的思维模式推衍出了法西斯主义的宣传模式,现在看来已经成了一个无法破译的谜。或许,这并不是最重要的,重要的是阿多诺在分析批判法西斯主义与大众文化时不光存在着一种相同的思维模式,而且还不断地进行着一种把它们整合到一起的努力。可以说,这既成全了他的深刻,也造成了他理论的粗疏。比如,在阿多诺那

---

① 〔英〕丹尼斯·麦奎尔、〔瑞典〕斯文·温德尔:《大众传播模式论》,祝建华、武伟译,上海:上海译文出版社1987年版,第16—18页。参阅〔美〕E. M. 罗杰斯:《传播学史——一种传记式的方法》第6章,殷晓蓉译,上海:上海译文出版社2002年版,

里,政治宣传催生的群众与商业文化培育的大众实际上是二而一的一群人,在他们之间画上等号似乎是不需要进行事实论证的。然而,实际的情况却并非如此。如前所述,赖希曾把中产阶级看作法西斯主义群众的主体,如果这种判断是合理的,我们就需要进一步追问,在一个商业社会中,或者更具体地说,在大众社会的美国,大众的主体究竟是谁。一般而言,大众社会的基本假定是在这样一个社会中,已经不存在阿多诺所谓的那种自律的个体,他们已经变成了大众中无名的、丧失了批判能力的、顺从或盲从的一员(这正是个体原子化的本来含义)。如此说来,在大众社会中,除了抗原子化能力极强的少数精英,所有人的臀部上无疑都打上了"大众"的戳记。中产阶级就像丹尼尔·贝尔(Daniel Bell)所说的那样白天"正派规矩",晚上却"放浪形骸",①他们作为大众已然堕落,同时却又是大众文化的忠诚消费者。——我们姑且可以把这样的中产阶级大众看作纳粹德国的中产阶级群众的翻版,他们具有与后者相同的退化心理结构,但是那些同样以大众身份出现、喜欢爵士乐与摇滚乐、充满了叛逆意识的青年亚文化群体,他们与大众文化的关系又该如何解释呢?他们究竟是大众文化的受骗者还是借助于大众文化力量的反叛者?他们由于大众社会的缘故天生就是大众还是也需要一个个体变为大众的过程?或者用丹尼尔·贝尔更加怀疑的问法是:"难道说几百个晚上独自待在家里的个体只要读着同一本书,他们就构成了'大众'吗?"②

所有的这些疑问实际上都意味着由"群众"转换成"大众"时并非那么轻而易举一帆风顺。而在我们看来,即使存在着一个所谓的大众社会,这个社会里的大众也是分层的,其身份也是不断流动的。假如"接受者"这个环节出了问题,那么将会对大众文化的整个传播行为构成巨大的质疑。同时,如果说法西斯主义产生了群众文化已是一个不争的事实,那么阿多诺的假定——大众文化将会导致法西斯主义的诞生——到目前为止却依然没有在大众文化最发达的美国出现,在这个对于假定来说多少有些扫兴但实际上却是可喜可贺的事实面前,法西

---

① 〔美〕丹尼尔·贝尔:《资本主义文化矛盾》,赵一凡、蒲隆、任晓晋译,北京:生活·读书·新知三联书店1989年版,第119页。

② 〔美〕丹尼尔·贝尔:《意识形态的终结——五十年代政治观念衰微之考察》,张国清译,南京:江苏人民出版社2001年版,第10页。

斯主义与大众文化的同构假说受到怀疑也就成了情理之中的事了。无论怎么说,与逻辑的推衍相比,我们还是更应该相信事实。

伊格尔顿说:"阿多诺和德曼共同具有一个重要的特征:对于法西斯主义作出了过度的反应。作为一种过度的反应,他们的策略看起来有些古怪,但的确是可以理解的。"①——有些古怪但可以理解,这同样应该是我们对待阿多诺法西斯主义与大众文化同构假说的一个基本态度。

四 印刷文化语境中的现代性话语

根据西方学者的研究,阿多诺对文化工业的批判始于1932年发表的论文《论音乐的社会情境》("On the Social Situation of Music"),终于1969年的论文《闲暇》("Free time")。② 就像鲁迅先生一生都没有停止过对国民的劣根性批判一样,阿多诺在他将近40年的时间里一刻也没有放松过对文化工业的批判。一个人能在如此漫长的岁月里坚定不移地做一件事情,肯定有一种非常坚强的信念支撑着他。如果说鲁迅先生因其"立人"理想与彼岸关怀铸造了他的执着,那么,究竟是什么东西成就了阿多诺一如既往的批判激情与始终不渝的救赎冲动;又是什么原因造成了阿多诺与文化工业如此紧张的关系,进而使他对文化工业怀有如此的深仇大恨呢? 在前面的梳理与分析中,应该说我们多少已触及了这一问题,但是,我们依然有必要找出那种最根本的原因,以便使阿多诺与文化工业,或者更进一步说也就是现代型的知识分子与大众文化之间的矛盾冲突显得更加清晰可见。

1. 印刷文化:批判主体的生成背景

法兰克福学派研究专家马丁·杰伊认为,有五种基本元素构成了阿多诺整个学术生涯或思想的张力场,它们是非正统的西方马克思主义思想、审美现代主义、上流文化保守主义、微弱却很明显的犹太情感以及比法国后结构主义思想家先行一步的解构主义精神。虽然在某

---

① 〔英〕特里·伊格尔顿:《审美意识形态》,王杰、傅德根、麦永雄译,桂林:广西师范大学出版社2001年版,第363页。

② Deborah Cook, *The Culture Industry Revisited*: Theodor W. Adorno on Mass Culture, p. 3.

些阶段、某种心绪之下阿多诺会更多地倾向于某种力量,但是最好还是把他的著作或思想看作五股力量的张力场。① 马丁·杰伊的这番概括对于我们理解阿多诺的思想构成很有帮助,但是当我们把这番概括延伸到阿多诺与文化工业的对垒交锋中时却仍感迷惑。比如,审美现代主义作为一种思想立场,上流文化保守主义作为一种美学姿态,它们是阿多诺的思想修炼而成的一种结果,自然也可以把它们看作阿多诺与文化工业交手的原因,但是这样一种立场与姿态又是如何形成的,为什么这样一种姿态和立场会与大众文化天然地势不两立水火不容?或者更进一步地说,对大众文化的无情批判究竟是阿多诺携带着这样一种立场与姿态的个人选择,还是具有了这样一种立场与姿态就必然地会与大众文化交恶,而阿多诺只不过是这种知识分子阵营中的典型代表?所有的这些疑惑使得我们有必要去追寻潜藏于这个张力场背后的更深层的原因。

让我们从阿多诺返回德国的原因说起。1949年,当法兰克福城着手召回那些魏玛文化的幸存者时,只有阿多诺是要急于离开美国的。他没有像他的同道马尔库塞和洛文塔尔等人那样在美国留下来安家落户,而是匆忙地结束了自己的流亡生涯。那么又是什么原因促使他如此急迫地返回自己的祖国呢?按照常理推断,应该是这个盛产大众文化的国度、"全面被监管的世界"让他窒息,但是阿多诺却把自己急于离开的原因归结为"语言":"返回德国的决定不是因为简单的主观需要和思乡病,这些因素可以说是微不足道的。也有客观原因,这就是语言。不仅是因为一个人用一种新的语言不能像用他自己的语言那样以思想链条中的细微差别与韵律去精确地表达他自己的意思,而且德语对哲学,当然也对其沉思的契机有一种特别的、有选择的亲和性。"②对于一个哲学家来说,不能用自己的母语(德语)去顺畅地思考与表达,无论如何都是一件非常痛苦的事情,于是,阿多诺的离美返德也就具有了一种庄严而隆重的动机。但是,如此一来,也容易让人想起德国作家艾米尔·路德维希(Emil Ludwig)对德国人文知识分子偏

---

① 〔美〕马丁·杰:《法兰克福学派的宗师——阿道尔诺》,第 1—17 页。
② Theodor W. Adorno, "*Auf die Frage*: Was ist deutsch," *Stichworte*: *Kritische Modelle 2* (Frankfurt, 1969), p. 110. Quoted in Martin Jay, *The Dialectical Imagination*: *A History of the Frankfurt School and the Institute of Social Research 1923-1950*, p. 283.

爱甚至崇拜德语的那段分析:他们认为,"德语是世界上最古老的语言,德国人也因而是被上帝派来统治世界的民族。甚至认为在伊甸园中的亚当就是讲德语的。他们坚信,在语言大混乱前离开巴比伦的雅佛,后来移居到德国去了"①。如果以这样一种分析去思考阿多诺,说不定他真像拉扎斯菲尔德(Paul F. Lazarsfeld)所说的那样有一种语言拜物教的嫌疑。② 对于阿多诺来说,这样的结论当然显得有些残忍,不过,对于我们来说,从思考阿多诺对德语的钟爱入手,显然不失为理解他那种冷峻之思想、批判之力量的一个特殊视角。

语言是一个民族的指纹,同时,按照结构主义或海德格尔(Martin Heidegger)语言哲学的观点,语言也是构筑与整合一个人思想的巨大底座。卡西尔(Ernst Cassirer)认为,不同的语言"以各自不同的方式组合和关联我们的经验材料,因而造成完全不同的理解模式。两种语言的词汇绝不可能相互贴切,锱铢不差,也就是说,它们包含着各不相同的思想领域"③。从这样一个角度来思考阿多诺在语言上的斤斤计较,我们就可以发现他之所以偏爱德语,不光是为了维护思想上的纯净,而且也是为了传承那种批判的传统。因为根据斯宾格勒(Oswald Spengler)的说法,德语是一种"学者语言"④,这意味着它不单单在通常的意义上造就了一批哲学思辨者,以至于德国成了一个盛产哲学家的国度,而且意味着经过康德、黑格尔、席勒、马克思以来许多哲学家批判活动的打磨之后,批判的思维与定式已经内化到了德语的语法结构之中,德语因此成了最适合学者生产思想、从事批判活动的语言之一。

于是,阿多诺对于德语的偏爱也就变得容易理解了。对于普通的德国人来说,德语也许只不过是他与这个世界联系的纽带,但是对于阿多诺来说,德语不光是他思辨与批判的武器,而且甚至可以说就是

---

① 〔德〕艾米尔·路德维希:《德国人——一个具有双重历史的国家》,杨成绪、潘琪译,北京:生活·读书·新知三联书店1991年版,第73—74页。

② See Martin Jay, *The Dialectical Imagination: A History of the Frankfurt School and the Institute of Social Research 1923-1950*, p. 223.

③ 〔德〕恩斯特·卡西尔:《语言与神话》,于晓等译,北京:生活·读书·新知三联书店1988年版,第162—163页。

④ 〔德〕奥斯瓦尔德·斯宾格勒:《西方的没落》,齐世荣、田农、林传鼎等译,北京:商务印书馆1963年版,第287页。

他赖以存在的家园。当然,我们也必须同时意识到,语言在构建阿多诺的思想与批判时只是其中的一个因素,而绝不是唯一的因素,这就意味着如果要进一步思考阿多诺思想与批判的生成之根源,我们还需要从其他地方去寻找原因。

尽管在福柯(Michel Foucault)看来"知识分子"是一个非常古怪的概念①,但是不把阿多诺放到整个欧洲的知识分子传统之中,他的那种批判的执着将变得无法解释。根据刘易斯·科塞(Lewis Coser)的界定,作为一个有自我意识的群体,现代型知识分子只是到17世纪才产生出来的。而作为理念的守护者,现代型知识分子从他诞生的那一天起,就"表现出对社会核心价值的强烈关切"。他们从不满足于事物的现状,从不满足于求诸陈规陋习,他们是"在旷野中传道、谴责权势者罪恶行径的狂人的后代","他们以更高层次的普遍真理,对当前的真理提出质问,针对注重实际的要求,他们以'不实际的应然'相抗衡。他们自命为理性、正义和真理这些抽象观念的专门卫士,是往往不被生意场和权力庙堂放在眼里的道德标准的忠实捍卫者"。而且,与中世纪的教士与近代的政治宣传家和狂热分子不同,现代知识分子"还倾向于培养一种批判态度,对于他们的时代和环境所公认的观念和假设,他们经常详加审查,他们是'另有想法'的人,是精神太平生活中的捣乱分子"。②

如此看来,知识分子的日常工作就是守护理念,天然使命就是从事批判——这是已经成型的现代知识分子的传统。把阿多诺的批判放到这样一个知识分子的传统之中,他的所思所想所作所为将变得不再费解。也就是说,当他表面上是批判文化工业,实际上却是指向晚期资本主义时代的拜物教倾向时,当他竭力捍卫着"个体"的尊严而愤怒地谴责着沦落为"大众"的"社会原子"时,当他小心呵护着静观冥想、聚精会神的审美状态而不顾一切地清算着心神涣散、漫不经心的种种问题时,当他终其一生拒绝赞美现实、粉饰太平时("奥斯维辛之后写诗是野蛮的"之深层含义正在于此),阿多诺实际上已走进了现代

---

① 参阅《权力的眼睛——福柯访谈录》,严锋译,上海:上海人民出版社1997年版,第102页。

② 〔美〕刘易斯·科塞:《理念人》"前言",第3—5页。

欧洲的知识分子传统之中,同时,他又以自己激烈的、毫不妥协的、在一般人看来甚至是匪夷所思的批判为这个传统添上了凝重的一笔。自然,他的思想也就成了对这个传统的发扬光大与捍卫保护。

那么,这样一种传统又是如何形成的呢? 如果进一步追根溯源,我们就会发现印刷媒介在这一传统的形成中,进而也在对批判而自律的知识分子主体的构建中扮演着非常重要的角色。马克·波斯特(Mark Poster)在谈到马克思与韦伯这样的理论大家的批判情结时指出:

> 他们是18世纪启蒙运动的继承人,而启蒙运动这一思想传统具有根深蒂固的印刷文化渊源。启蒙主义的自律理性个体理论从阅读印刷文章这种实践中汲取了许多营养并得到强劲的巩固。黑格尔把看报纸说成是"现代人的早祷"时,他说的也是同一层意思。句子的线性排列、页面上的文字的稳定性、白纸黑字系统有序的间隔,出版物的这种空间物质性使读者能够远离作者。出版物的这些特征促进了具有批判意识的个体的意识形态,这种个体站在政治、宗教相关因素的网络之外独立阅读独立思考。以页面文字所具有的物质性与口传文化中言辞的稍纵即逝相比,印刷文化以一种相反但又互补的方式提升了作者、知识分子和理论家的权威。①

把自律、理性、批判的主体与印刷文化联系起来,表面上看似乎有些异想天开,但实际上却道出了一个为人所忽略的事实。正如麦克卢汉认为"书面文化培植了极端的个人本位主义"②一样,波斯特在这里想要论证的是书面文本如何促进了批判性的思考,从而使得自律主体的构建成为可能。由于印刷媒介生产的出版物是以阅读为基础的,而阅读又是以作者不在场为前提所进行的一种活动,所以这种活动也就剔除了口头传播中双方在场的交流和一方对另一方的劝导。同时,"因为书页的顺序和文字的线性排列大致对应于因果逻辑,因为书写能够使人对信息的接受不受干扰,从而能促进冷静的思考而非冲动的

---

① 〔美〕马克·波斯特:《第二媒介时代》,范静哗译,南京:南京大学出版社2000年版,第84页。

② 〔加拿大〕马歇尔·麦克卢汉:《人的延伸——媒介通论》,第357页。

热情,因为书面文字是物质的、稳定的,这就使得信息的重复接受成为可能,因而也就提供了一再反思的机会"①。而在我们看来,以阅读活动为中介,以阅读中的沉思默想为表征的接受行为,其功能实际上又是双向的,即它一方面让知识分子在对以前的思想者的阅读中磨砺了自己批判的锋芒(从这个意义上说他是读者),一方面又以自己的著述培养了批判型的公众。而这样的公众又把给他们提供着精神食粮的知识分子尊奉为权威。因此,当科塞与哈贝马斯(Jürgen Habermas)把印刷媒介时代知识分子与公众活动的主要场所看作是沙龙、咖啡馆,把阅读看作是"文化批判的公众"形成的主要依据时,②这绝不是偶然的,因为印刷文化与批判有着一种必然的、逻辑的关联。

如此说来,阿多诺那种丰盈的批判激情与救赎冲动无疑也应该是印刷文化的产物。也就是说,印刷文化首先把阿多诺本人构建为一个批判主体,然后使他成为一个批判话语的生产者。而他反复呼唤的那种自律个体实际上就是印刷媒介催生并养育出来的文化精英,换成哈贝马斯的说法,就是那种以阅读为其交往基础的"文化批判公众"。德语的先天优势张扬着批判,现代知识分子传统鼓励着批判,印刷文化的巨大底座又支撑着批判,再加上审美现代主义、上流文化保守主义等等个人因素,所有这一切都使得阿多诺行进在一条义无反顾的批判之途中。然而就像鲁迅的批判常常只能面对庸众,常常不得不面临如入"无物之阵"的尴尬那样,阿多诺的批判更多的时候也只能面对原子化的大众,且不得不时时面临"荷戟独彷徨"的痛苦。1969年4月22日,当阿多诺面对着学生演讲时,有人在黑板上写标语("If Adorno is left in peace, capitalism will never cease"),有人在教室里散传单("Adorno as an institution is dead"),更有三名女子走上讲台,围着阿多诺投掷玫瑰花瓣,表演情色哑剧,并最终袒胸露乳,以示羞辱。阿多

---

① 〔美〕马克·波斯特:《信息方式——后结构主义与社会语境》,范静哗译,北京:商务印书馆2000年版,第115页。

② 哈贝马斯认为:"文化批判公众之间的交往一直都是以阅读为基础,人们是在家庭私人领域与外界隔绝的空间进行阅读的。"而随着大众传媒的文化消费公共领域侵入小家庭内部,文化消费的公众也诞生了。参阅〔德〕哈贝马斯:《公共领域的结构转型》,曹卫东、王晓珏、刘北成译,上海:学林出版社1999年版,第190页。

诺很狼狈,只好挥着公文包抵挡一阵,然后抓起帽子和外衣落荒而走。① 这一事件虽然是因阿多诺在文化革命中的"不革命"表现所引发的,却也可以被看作他与大众紧张关系的一种象征。"当我建构自己的理论模型时,万没想到人们会用燃烧瓶去实现它"②,阿多诺的这句无限悲凉之言似乎同时又是对那种千呼万唤不出来的自律个体的哀叹。毕竟,印刷文化独领风骚的时代已经一去不复返了。

2. 大众文化批判:现代型知识分子对电子文化的宣战

丹尼尔·贝尔说:"当代文化正在变成一种视觉文化,而不是一种印刷文化,这是千真万确的事实。这一变革的根源与其说是作为大众传播媒介的电影和电视,不如说是人们在十九世纪中叶开始经历的那种地理和社会的流动以及应运而生的一种新美学。"在他看来,20世纪最初20年的主要美学问题是时间问题,到了20世纪中叶,空间问题则取而代之。③ 时间问题(比如小说)是印刷文化时代的产物,而空间问题(比如现代绘画、建筑、电影、电视)的出现则与视觉文化或视觉美学紧密相关。同时,对于文化消费者来说,以前需要通过阅读(read)获得的东西,如今却可以通过观看(watch)全部解决。于是,眼睛已经不需要跟文字叫板,越来越多的迹象表明,它已经光剩下与影像调情的功能了。从这个意义上说,视觉文化实际上就是电子影像文化,这种文化已经成为大众社会的典型文化,成了代表着后现代主义美学特征的文化形式。

不用说,阿多诺所生活且致力于批判大众文化的时代正是一个印刷文化逐渐淡出、视觉文化开始走向兴旺发达的时代。正像我们今天刚刚面对赛博空间网上漫游感到一种不可思议的神奇一样,阿多诺面对当时正在出现的无线电广播、电影、电视等电子媒介也一定感到非常震惊。由于根深蒂固的印刷文化背景,由于在这种背景之下生成的价值观念与美学观念存在着一种强大的思维定式,或许他不会承认这

---

① See Stefan Müller-Doohm, *Adorno: A Biography*, trans. Rodney Livingstone, Cambridge: Polity Press, 2005, p. 475. See also Lorenz Jäger, *Adorno: A Political Biography*, trans. Stewart Spencer, New Haven and London: Yale University Press, 2004, pp. 207-208.

② See Martin Jay, *The Dialectical Imagination: A History of the Frankfurt School and the Institute of Social Research 1923-1950*, p. 279.

③ 〔美〕丹尼尔·贝尔:《资本主义文化矛盾》,第156页。

场感觉革命实际上意味着人类历史已进入一轮新的文化范式的转换时期,但是,他又没法否认电子媒介、视觉文化已经对传统的写作方式和艺术样式构成了强大的威胁:"对小说的叙述者来说更为困难的情况是,正如摄影使绘画丧失了许多在传统上属于它们的表现对象一样,新闻报道以及文化工业的媒介(特别是电影)也使小说丧失了许多在传统上属于它们的表现对象。"①小说是印刷媒介时代作者表达对世界的看法、读者对世界进行认识的主要工具,随着视觉文化的勃兴,小说的叙述者越来越面临着一个写什么和怎么写的问题。而当阿多诺认为小说的存在已经面临着危机时,或许他已意识到这不光是小说的危机,而且也是印刷文化本身和与印刷文化相关联的思维方式、感觉方式以至于人的整个存在方式都面临着危机。即使以今天的眼光看,解决这种危机的出路大概也只有两条,其一是顺乎历史发展的潮流,调整自己的姿态;其二是逆历史潮流而动,以决绝的姿态与这种所谓的历史进步主义划出清晰的界线。而对于阿多诺来说,无论如何他都不会做出第一种选择,因为在他看来,"并非所有的历史都是从奴隶制走向人道主义,也有一种从弹弓时代走向百万吨级炸弹时代的历史"②,当阿多诺形成了这样一种否定的历史哲学观时,他心头那种挥之不去的法西斯主义阴影显然又起了很大的作用;而以这样一种历史哲学的眼光观照历史,伴随着技术革命的历史进步论就全部露出了可疑的面目。于是,阿多诺除了必须逆历史潮流而动之外,他实际上已经别无选择,因为这样的历史并不是他心目中企盼的历史。

于是,阿多诺也就开始了他的批判之旅。如果换一种眼光来打量他对文化工业的批判,那么与其说他是把批判矛头对准了那些制造着文化工业的电子媒介,不如说是对准了那种正在出现的视觉文化。而对于电影和电视这种代表着视觉文化的主要媒介,他的批判首先集中在它们对生活与艺术之界线的模糊上:"现实生活正在变得无法与电影相区分。有声电影远远超过了戏剧所制造的幻觉,而没有给观众留下任何想象与反思的余地,他们无法在电影结构的范围内做出反应,

---

① Theodor W. Adorno, *Notes to Literature*, Volume One, pp. 30-31.
② Theodor W. Adorno, *Negative Dialectics*, trans. E. B. Ashton, New York: Continuum, 1973, p. 320.

却可以偏离其精确的细节而又不会抓不住故事的线索;因此电影迫使它的受害者把它与现实直接等同起来。"①然后,他又分析了影视图像对人的思维的破坏:

> 当电影或电视中的图像极力召唤出那些在观众心目中已被埋葬的人物且又确实与之相像时,它们也以其(画面)闪烁的方式滑向过去,从而接近了书写的效果:他们被(画面)抓住了却没有注目沉思,眼睛被一组镜头拉着走,好像被书写、印刷的字行与书页翻破的轻微震惊拽着走一样。作为图像,这种象形文字的语言(pictographic language)是退化的媒介,在那里生产者与消费者形成了共谋;作为书写,它展示的是现代性的古老画像。②

请注意阿多诺的思路与用词。当他以比喻的手法把影视画面的闪动看作象形文字的书写时,他的思路与德里达(Jacque Derrida)的解构主义策略是大不相同的。如果说在德里达那里书写是从解构"语音中心主义"的话语霸权中获得拯救的话,那么阿多诺则是从印刷文化的背景出发对真正的书写提出了保护,从而对电子时代的伪书写发出了斩钉截铁的质疑。而"想象""反思""注目沉思"等用语也明白无误地是印刷文化背景中培育出来的、用于描绘阅读而不是观看的一种接受心理状态。"书籍能够作为一种个人思想的贮存所,在沉思默想中被理解"③;借助于书面文字的语言,文学作品可以激活想象而不是限制甚至封闭想象。——以印刷文化中形成的思维方式来观照电影或电视,那里面所表现的东西将变得一无是处。因为影视画面是直观的,那里面的形象已被先期固定,这意味着观众脑海里灌满了形象而想象却只能处于休克状态;因为电影是一种个人融入集体之中的观赏,个人经验也必然为集体经验所修改;而电视机则始终不过是居室中的一件家具,对电视节目的观看又常常是在喝茶、聊天、有一眼没一

---

① Theodor W. Adorno & Max Horkheimer, *Dialectic of Enlightenment*, p. 126.

② Theodor W. Adorno, "Prolog zum Fernsehen," Quoted in Miriam Bratu Hansen, "Mass Culture as Hieroglyphic Writing: Adorno, Derrida, Kracauer," in Max Pensky ed., *The Actuality of Adorno: Critical Essays on Adorno and the Postmodern*, Albany: State University of New York Press, 1997, p. 86.

③ 〔英〕戴维·莱恩:《马克思主义的艺术理论》,艾晓明、尹鸿、康林译,长沙:湖南人民出版社1987年版,第138页。

耳的状态中进行的,所以,在这种观赏中,个人的思考只能被束之高阁。于是,当阿多诺把这种电子媒介指认为"退化的媒介"时,他实际上是站在印刷文化的背景上捍卫着思考的尊严、思想的纯洁与想象的自由。在他的眼中,并不存在一种新型的、具有民主潜力的视觉文化,而存在的只是一种催生和培育着精神侏儒的大众文化。

当阿多诺对影视媒介如此定位时,他的思考无疑已具有了很大程度的先锋性与超前性。而且,他的这种建立在个人感受之上的主观臆想也已经得到了实验的证实。德国媒介理论家史特姆(Hertha Sturm)通过长期观察,得出的一项重要的研究结果是:"当收看电视的人面对着快速变化的图像和速度被加快的姿势与动作时,他简直是被逼着从一幅图像换到另一幅图像。这不断地需要新的、意外的适应可察觉到的刺激。结果,看电视的人不再能够保持良好的状态,在内心里也停止标识。当这种情况出现时,我们发现个人是用更兴奋的、被唤起的生理状态来行动并作出反应,这反过来又会导致理解力的下降。所以说,看电视的人成为一种外部力量的牺牲品,成为快速的视听节目编排的受害者。"[①]如果史特姆的结论是科学的,阿多诺的退化假说也就有了一个坚实的立足点。因为所谓电子媒介让观/听众心神涣散、退化到了婴幼儿状态,实际上也就是电子媒介本身的性质决定了受众只能以一种生理的接受状态做出应对,而以阅读为基础所建立起来的那种感悟力、理解力、审美判断力、心游万仞力和沉思默想力将被闲置一旁,无法启动。在心灵的干涸与荒芜中,退化无论如何都将变得不可避免。

通过以上的分析,阿多诺与文化工业的紧张关系应该说已经变得比较明朗了。当我们强调阿多诺的批判激情更多地来自印刷文化的背景,而文化工业实际上就是电子媒介所生成的一种视觉文化时,我们想要说明的是阿多诺所进行的批判的必然性。在一个文化的转型期,两种文化的冲突与交战是无法避免的。任何社会/文化的转型都伴随着痛苦、怨言、谴责与批判,这几乎已成了古今中外一个不需要验证的事实。而由于自古登堡技术革命以来,印刷文化已深入人心,且

---

① 转引自〔加〕德里克·德克霍夫:《文化肌肤——真实社会的电子克隆》,汪冰译,保定:河北大学出版社1998年版,第13页。

在构建知识分子自律主体的过程中起着举足轻重的作用,所以面对那些图像世界,习惯于在文字的瀚海中遨游且已修炼得刀枪不入的知识分子所能动用的合理姿态不可能是心花怒放、引吭高歌,而只能是谴责与批判。阿多诺只不过是这一知识分子批判阵营中的先知先觉者,也是批判得非常持久、比较到位且拒绝妥协的斗士。从这个意义上说,阿多诺对文化工业的批判其实并不神秘,他实际上是以被印刷文化培育起来的自律主体的身份在对整个电子文化宣战。或许,在纷繁复杂的表象背后,潜藏着的就是这样一个简单的事实。

然而,作为一种在印刷文化系统中生成的现代性话语,阿多诺的批判却越来越面临着合法性危机。为什么合理却不合法?在我们看来,关键在于文化语境发生了从现代到后现代的位移之后,知识分子的角色与功能也随之发生了齐格蒙·鲍曼所谓的从"立法者"到"阐释者"的转换。① 于是,合法与否的问题也就变成了一个从何种立场出发、把它置放于何种语境下来加以审视、形成判断的问题。也就是说,把阿多诺的批判性话语放在现代性的语境中衡量,它不但是合理合法,而且简直就是光芒四射;然而用后现代主义的眼光去观照阿多诺的理论,它不仅显得空洞和大而无当,而且还暴露出了与生俱来的诸多问题。于是,在批判性话语面临危机的背后,实际上是知识分子"立法者"的角色已经面临着合法性危机。这样,现代型知识分子的悲剧性命运也就成了一个让人不得不承认的事实。在谈到这一问题时,齐格蒙·鲍曼指出:

> 现在,"知识分子"成了这样的一个概念,作为文化之担纲者,它不仅与未受教育的、无知的、原始的或其他没有教养的人相区分,而且与科学家、技术人员和艺术家相区分。无怪乎齐美尔在玩味知识分子概念时,把它看作是一个异乡人,一个处在充斥着科学、技术和艺术的世界中的异乡人。在这样的一个世界中,扮演着传统的文化立法者角色的知识分子,必然是一个悲剧式的、无家可归的漂泊者。在相互隔绝而孤立的理智世界的诸专业领域中,没有一个有可能欢迎他的回归,没有一个有可能把他当作

---

① 〔英〕齐格蒙·鲍曼:《立法者与阐释者——论现代性、后现代性与知识分子》,洪涛译,上海:上海人民出版社2000年版,第5—7页。

被错误地忽视了的引路人;大多数人将这种知识分子抛在了脑后,如同他们古老的、过时了的祖先,这一事实加剧了知识分子的悲剧性。不再有人需要他的引导,除了极少数像他自己一样的另一些异乡人。①

可以想见,知识分子由原来那种历史的把犁人、理念的守护者、权威话语的发布者变成一个无家可归的漂泊者、不能被社会见容的异乡人之后,他们的批判性话语也就只能落入"无物之阵"的尴尬与悲凉,甚至成了一种没有听众、没有回应、没有反驳与诘难的自言自语。一种话语如果只剩下孤芳自赏,一种理论如果只能在屈指可数的人中间旅行,那么它存在的价值与理由将势必变得可疑起来。从这个意义上说,阿多诺的批判性话语所遭遇的问题主要不应该是阿多诺本人的问题,而是西方与中国的现代型知识分子已经或正在面临且不容易解决的世界性难题。因此,对阿多诺批判性话语的批判实际上也就转换成了对现代型知识分子存在理由的质疑。

然而,如此一来,问题也就变得进一步复杂起来,因为我们不得不应对如下的问题:当"立法者"的功能衰退之后,知识分子是不是都必须变成鲍曼所谓的"阐释者"?阐释者的角色扮演是历史的必然选择还是知识分子卸下启蒙重负主动后撤时为自己寻找的一种冠冕堂皇的托词?在一个"他人引导",实际上也就是大众传媒引导的时代里,知识分子与大众究竟应该形成一种怎样的关系?如果说知识分子以往那种高高在上的姿态显得孤傲高标以至于有些不得人心,那么知识分子游走于大众之中与大众调情甚至情愿成为大众的一员是不是就意味着一种平民主义姿态的诞生?在后现代的文化语境中,固然可以把阿多诺式的拒绝赞美现实看作一种冬烘,但是当知识分子与现实握手言和甚至对现实引吭高歌之后,这是不是就意味着一种进步?这究竟是成熟还是世故?或者,这些问题归结到最后,也许只会留下这样一个问题:在一个歌舞升平的时代,我们还需不需要阿多诺的批判——他的坚硬、冷酷与决绝?

这些问题不是轻而易举就可以解决的。文化语境的转换只是提

---

① 〔英〕齐格蒙·鲍曼:《立法者与阐释者——论现代性、后现代性与知识分子》,第210页。

供了解决的某种方案,并不意味着对一些不合时宜的问题的擦抹与删除。在这个意义上,阅读并且理解阿多诺那种尽管粗疏且不乏漏洞但又往往深刻得让人触目惊心的批判就成了一件意义重大的事情。因为阿多诺的言行已经为知识分子建立起了一个价值坐标,后来者无论是爱他还是恨他,都无法绕道而行。杰姆逊说:如今,"奥斯维辛之后关于诗歌的问题已经被你能否在游泳池边忍受阅读阿多诺与霍克海默的问题所取代"①。"奥斯维辛之后写诗是野蛮的",这是阿多诺的心痛之言;不读阿多诺是成问题的,这应该是杰姆逊的潜台词,同时也应该成为知识分子的座右铭。

---

① Fredric Jameson, *Late Marxism: Adorno, or the Persistence of the Dialectic*, p. 248.

第三章 本雅明:另类之音

把本雅明的大众文化思想看作一种"另类"(alternative)的声音,主要基于如下几方面的考虑。第一,与阿多诺、洛文塔尔和马尔库塞不同,本雅明并没有明确使用过"文化工业"或"大众文化"之类的概念,也没有专门论述大众文化的著作或文章,这样,面对本雅明的遗产,我们可能会产生如下疑问:在本雅明那里,存在着一种所谓的大众文化理论吗?以正统的学院派知识标准来进行判断,本雅明很可能会被打入另册。然而,需要说明的是,本雅明的思想本来就与学院派的知识谱系存在着距离,因此,学院派的价值标准与衡量尺度在本雅明这里已基本失效。于是,若想对本雅明的大众文化理论做出思考,首先需要的是一种思维方式的转换。只有经过某种语义换算之后,才有可能抵达本雅明大众文化思想的彼岸。第二,西方学者认为,实际上存在着两个本雅明,一个是波德莱尔式的本雅明,一个是布莱希特式的本雅明[1],这种区分显然有助于我们对本雅明大众文化理论的思考。但是,在实际的生活与思想交往中,本雅明还受到了来自阿多诺与朔勒姆(Gerhard Scholem)两股拉力的强有力影响。这样,革命型文人或知识分子的角色扮演(来自布莱希特),对批判理论的特殊理解、把握与运用(这一点与阿多诺有关,但阿多诺对本雅明的批评主要起着一种制衡作用),浓郁的弥赛亚救世情怀(来自朔勒姆),等等,就构成了本雅明思想大合唱中的不同声部,所有这些都可看作本雅明大众文化理论的"另类"之源。第三,本雅明思想的复杂性在西方学界已

---

[1] See Michael Löwy, *On Changing the World: Essays in Political Philosophy, from Karl Marx to Walter Benjamin*, London: Humanities Press, 1993, pp. 133-141.

成共识，①这种复杂性自然也延伸到了他对大众文化的思考中，这又意味着任何把其思想过滤得比较清晰的做法都显得比较危险。因此，虽然我们把本雅明看作法兰克福学派中大众文化理论"肯定性话语"的首倡者，但是我们依然需要呈现出这位肯定者态度的暧昧、立场的犹疑、思路的奇特和研究方法的与众不同。以对象本身特有的方式去把握对象，或许是我们对待"另类之音"的一种比较好的解决办法。

全面考察本雅明的大众文化观，我们就会发现这样一个现象：在对待大众文化的问题上，本雅明实际上存在着两个维度、两种视点甚至两套话语，即一方面是19世纪的巴黎，在这个特殊的时空结构中，城市、商品、商品拜物教、梦像以及文人与大众的交往构成了大众文化的核心内容；另一方面则是20世纪新型的大众文化，这时候，技术或技巧（如布莱希特的叙述体戏剧、间离效果、电影的蒙太奇、技术复制等）、政治、大众媒介（主要是电影）则成了本雅明大众文化的理论元素。一般而言，这两套话语各自有其特殊的语境，不能相互置换，但在其深层又遥相呼应，并共同构成了本雅明大众文化理论复杂迷离的不同声部。在以下的梳理与分析中，我们将分别从这两个不同的层面加以展开。

---

① 关于本雅明的复杂性，所罗门的说法是"他简直不能'归类'"，而更著名的说法则来自阿伦特，她说："正如在1924年把卡夫卡说成是小说家是一种误导，把本雅明说成是文学批评家和随笔作家也是一种误导。如果把他完全说成是我们通常的框架里的作家，就得做出许多否定的陈述，例如，他是极其博学的，但他不是一个学者；他的研究对象包括文本及其解释，但他不是语言学家；他不是对宗教而是对神学以及把文本神圣化的神学式解释所吸引，但他不是神学家，他对圣经不那么感兴趣；他是一个天生的作家，但他的最大雄心是创作一部完全由引文构成的著作；他是第一个翻译普鲁斯特（与弗朗兹·赫塞尔合作翻译）和圣琼·佩斯的作品的人，此前他还翻译了波德莱尔的《巴黎风情》，但他不是翻译家；他撰写书评，写了一系列关于活着和已故作家的论文，但他不是文学批评家；他写了一部论述德国巴罗克戏剧的著作，还留下了一个关于19世纪法国的未完成的宏大研究，但他不是历史学家，等等。我想把他说成是诗意地思考的人，但他既不是诗人，也不是哲学家。"见〔美〕梅·所罗门编：《马克思主义与艺术》，王以铸、杜章智、林凡等译，北京：文化艺术出版社1989年版，第580页。See Hannah Arendt, "Introduction to *Illuminations*," in Walter Benjamin, *Illuminations*, London: Fontana Press, 1992, pp. 9-10. 此处采用刘北成译文，见刘北成：《本雅明思想肖像》，上海：上海人民出版社1998年版，第219—220页。

一　巴黎：城与人，或大众文化的梦像

谈到本雅明的大众文化理论，19世纪的巴黎是一个无法绕开的话题，然而也正是这一话题会给我们的梳理带来诸多困难。因为当本雅明面对19世纪的大众文化进行思考时，实际上存在着许多个逻辑起点，而每一个起点似乎同时又是终点。这就意味着一旦把本雅明那种"散点透视"的思维转换成一条相对清晰的逻辑线索，都可能是某种程度的冒险。在这种冒险的尝试中，"城市"将成为我们的首选对象。因为它既是起点之一，也是本雅明精心建构的一种意象，还是他的思考得以展开的一个巨大平台。同时，我们也将试图对如下几个问题做出回答：一、作为文人的本雅明与巴黎建立起了一种怎样的联系；二、在19世纪的巴黎，文人与大众进行着一种怎样的交往；三、本雅明以何种方式进入这座商品堆积起来的梦幻之城，当他以自己的特殊方式思考着商品的秘密时，这种思考又与大众文化形成了一种怎样的关系。

1. 本雅明的城市

本雅明是一个喜欢旅行的漫游者，"他的生活似乎被永恒的旅行癖好所主宰"[1]。然而，在他一生所到过的许多欧洲城市中，他唯独对巴黎情有独钟。1913年，当他第一次到巴黎旅游观光时，这座城市就以独特的魅力征服了他。在给朋友（Carla Seligson）的信中，他以激动甚至狂喜的笔调描述了他在林荫大道、卢浮宫、教堂、咖啡馆里的感受："那些建起来的房子似乎不是为了居住，而是要为人们的漫游提供一个石砌的舞台"。与恺撒·弗里德里希博物馆或柏林的街道相比，"置身于卢浮宫里或林荫大道（the Grand Boulevard）上，我几乎觉得更有家园感"[2]。1926年，他又一次去了巴黎，在他逗留的几个月里，他与这座城市已经完全建立起一种特殊的、亲密的、身心感应的关系，他

---

[1] Richard Wolin, *Walter Benjamin*, *An Aesthetic of Redemption*, New York: Columbia University Press, 1982, p. ix.

[2] Gershom Scholem and Theodor W. Adorno, eds., *The Correspondence of Walter Benjamin*, *1910-1940*, trans. Manfred R. Jacobson and Evelyn M. Jacobson, Chicago and london: The University of Chicago Press, 1994, p. 27.

甚至觉得"巴黎是翻译普鲁斯特的理想地点"①。1933年,纳粹上台后,本雅明开始了自己的流亡生涯。到1940年自杀为止,他的大部分时间都在巴黎度过,巴黎也成了他生命的最后停泊地。

为什么巴黎能够成为本雅明心仪的城市呢?阿伦特(Hannah Arendt)的解释可以为我们提供许多启迪。在她看来,本雅明从柏林到巴黎几乎就是一次从20世纪返回19世纪的"时间旅行"。由于法兰西文化在19世纪的欧洲扮演着极为重要的角色,所以巴黎在很大程度上已成为欧洲19世纪的首都。从19世纪中期起,"它极其自然地成为无家可归者的第二家园"。而"一个异乡人在巴黎之所以会有家园感,是因为他居住在这个城市,就像生活在自己四面环墙的家里一样。正如一个居住在公寓里的人为了在里面生活(而不仅仅是为了睡觉、吃饭和工作)会把它弄得很舒适,一个居住在城市里的人也会漫无目的在城市里游逛,街道两旁林立的咖啡馆可以让他驻足小憩,城市里的生灵——漫步者的人流——又与他擦肩而过。巴黎至今依然是能让步行者舒适地漫游全城的唯一一个大城市,与别的城市相比,它的生机更多地依赖于街道上的行人。……那些在其他所有城市不愿让社会渣滓(the dregs of society)出现的行为——溜达、游荡、闲逛,在巴黎的街道上却成了受欢迎的举动。因此,甚至从第二帝国以来,这个城市就成了所有不必忙于生计、不想追逐功名以及没有实际目标的人的天堂——波希米亚人的天堂。它不仅是艺术家和作家的天堂,也是聚集在他们周围的人的天堂,因为他们或者不能在政治上被整合(无家可归或没有国籍),或者不能见容于社会"②。

由此看来,实际上完全可以把巴黎看作本雅明的精神故乡。然而,这一故乡对于本雅明来说又有着多重的意义。自卢梭以来,城市一直是西方作家、艺术家(尤其是法国思想者)批判的对象,它们常常被看作欲望的化身、罪恶的渊薮或异化的同义语而被反复书写,这种思考一直延续到存在主义者(如萨特、加缪)的思想体系中。但是这一批判传统在本雅明这里却变得模糊起来了。在《柏林纪事》中,本雅明

---

① Momme Brodersen, *Walter Benjamin, A Biography*, trans. Malcolm R. Green and Ingrida Ligers, London: Verso, 1996, p. 167.

② Hannah Arendt, "Introduction to *Illuminations*," in Walter Benjamin, *Illuminations*, pp. 26-27. 参考刘北成译文,见刘北成:《本雅明思想肖像》,第239页,译文有修订,下同。

对巴黎的感受曾有过如下描述:"在一个城市里找不着路很让人感到乏味无趣。……不过,迷失在城市里——就像迷失在森林一样——只需要交一点另外的学费就成。然后,广告牌与街名、路人、屋顶、亭子或酒吧肯定会与游逛者说话,就像森林里脚下踩上了吱吱作响的树枝,像远处麻雀的惊叫,像一块空地突然而至的宁静,唯有一朵百合花立于中央。巴黎教会了我迷路的艺术;它圆了我一个梦,这个梦在学校作业本污渍斑斑的页面的迷宫里已初见端倪。"①这段梦幻般的文字除了说明本雅明在城市面前有一种无能为力感之外,还隐含着作者的一个模糊冲动:他渴望迷失在城市里,并在这种迷失中享受一种偷尝禁果般的隐秘的欢乐。这种欢乐就像走进妓院或吸毒的感觉一样,伴随着轻微的罪恶感,但给人带来的更多是身体的狂欢与心灵的迷醉。

于是,城市在本雅明那里更多是欣赏、玩味、缅怀、梦游、畅神与陶醉的对象,而不是批判与谴责的对象;或者说,他对城市的批判与谴责常常湮没在他对城市温情脉脉的追忆与遐想中,融化在他那种柔情似水的迷恋与沉醉里。在这样一种含混情绪的笼罩下,在这样一种暧昧目光的凝视下,本雅明对城市以及由商品拜物教构成的城市意象的批判无论如何都不可能痛快淋漓起来。或者更准确地说,他实际上不是在批判,而是在为那个"光晕"消逝的年代唱出了一曲不绝如缕的挽歌。

因此,当杰姆逊把本雅明的思想基调定位成"怀旧"时,他实际上道出了本雅明思想观念中的一个重要维度。杰姆逊指出:"从本雅明文章的字里行间流露出来的那种忧郁——个人的消沉、职业的挫折、局外人的沮丧、面临政治和历史梦魇的苦恼等等——便在过去之中搜索,他想找到一个适当的客体,某种象征或意象,如同在宗教冥想里一样,心灵能让自己向外凝视着它,在里面寻觅到短暂的、哪怕是审美的宽慰。他发现了它:在 17 世纪 30 年代战争的德国,在'19 世纪首府'的巴黎。因为两者一个是巴罗克的,一个是现代的,但在本质上却又

---

① Walter Benjamin, *One-Way Street and Other Writings*, trans. Edmund Jephcott and Kingsley, London: Verso, 1992, p. 298. 参考潘小松译文,见〔德〕瓦尔特·本雅明:《莫斯科日记·柏林纪事》,潘小松译,北京:东方出版社 2001 年版,第 205 页,译文有修改。

都是讽喻的,都同这个讽喻理论家的思维过程相匹配。"①通俗地说,怀旧就是向后看,然后与某种对象建立起一种肯定性的情感关系。普通人的怀旧是容易理解的,因为他看到的往往是一个自己经验过的过去,然而,对于本雅明来说,似乎只有那种先验的客体才更能引起他缅怀的冲动。于是巴黎这座20世纪的城市只不过是给他提供了一条记忆通道,通过这个"在场"的空间,他走进了波德莱尔(Charles Baudelaire)诗篇中描绘的19世纪中期的巴黎。虽然这个巴黎是以"不在场"的形式出现在本雅明的思绪中,但是也唯其如此,它才显得更加重要。因为像许多作家那样,本雅明也相信"缺席即意味着最高程度的在场"②。

  那么,为什么本雅明偏偏选择巴黎(而且还是19世纪的巴黎)作为他怀旧的对象呢? 显然,仅仅停留在这座城市还不足以揭开真正的谜底,我们还需要在本雅明那里寻找原因。西方一些学者在谈到本雅明时,都注意到他在个人情感方面与卡夫卡(Franz Kafka)的亲和关系。在那个几乎没人能够理解卡夫卡的年代,本雅明之所以对他情有独钟,关键在于他与卡夫卡惺惺相惜,他们都是生活中的失败者。本雅明指出:"卡夫卡生活在布拉格,生活在一个由新闻记者和自命不凡的文人墨客组成的不健康的环境里;在这个世界中,文学即便不是唯一的现实,至少也是主要的现实。卡夫卡的种种力量和弱点必然与这种观察世界的方式紧密相连。……他是一个犹太孩子……一个忧郁的、可怜的家伙。他只不过是布拉格文化生活那闪闪发光的沼泽里泛起的一个小小水泡,仅此而已。"③1938年6月12日,在给朔勒姆的信中,本雅明又进一步谈道:"以纯粹和特殊之美的方式来公正对待卡夫卡这个人物,我们一定不能忘记一件事情:这是一个失败者的形象。"④的确,像卡夫卡那样,本雅明的一生也充满了挫折感和失败感:

---

① 〔美〕弗雷德里克·詹姆逊:《语言的牢笼 马克思主义与形式》,钱佼汝、李自修译,南昌:百花洲文艺出版社1995年版,第48页。译文有改动。
② Peter Szondi, "Water Benjamin's City Portraits," in Gary Smith ed., *On Walter Benjamin, Critical Essays and Recollections*, Cambridge, MA: The MIT Press, 1988, p. 20.
③ Walter Benjamin, "Conversations with Brecht," in Ronald Taylor ed., *Aesthetics and Politics*, London: Verso, 1986, p. 89.
④ Gershom Scholem and Theodor W. Adorno, eds., *The Correspondence of Walter Benjamin, 1910-1940*, p. 566.

他想在大学里找到一份工作,但却被那些学者和教授们拒之门外;他结了婚,但却感到婚姻是一种负担;他痴迷地追求着拉脱维亚女导演拉西斯(Asja Lacis),但最终却一无所获;他对布莱希特推崇备至,但却总是遭到这位天才戏剧家的批评甚至训斥。他的一生经历了"一战""二战"、通货膨胀、驱逐出境、流放与拘留,他的大部分著作在生前都无法出版,他在真正自杀之前早就考虑过自杀。为生活所迫,他不得不成为社会研究所的一名编外成员,然而他的文章却总是不入霍克海默与阿多诺的法眼,他低声下气地为自己的观点辩解,却又不得不反复调整、不断修改……洛文塔尔以无限沉痛的心情写道:当本雅明走投无路的时候,他唯一可选的避难地就是远在美国的社会研究所。然而,"他没有活到见着它。这种失败是多么残酷的寓言!如果说这就是本雅明的命运,那么它同样也是魏玛共和国与其追随者中种族知识分子(racial intellectuals)的命运"。①

不过需要指出的是,洛文塔尔的回忆文字虽然非常珍贵,但是他对本雅明的定位却值得商榷。② 因为更准确地说,本雅明不是一个严格意义上的"知识分子"(intellectual),而只是一个"文人"(the man of letters/homme de lettres),因此,他的失败不是一个知识分子的失败,而是一个文人的失败。根据法国学者勒戈夫(Jacques Le Goff)的研究:"'知识分子'一词出现在中世纪盛期,在 12 世纪的城市学校里传开来,从 13 世纪起在大学中流行。它指的是以思想和传授其思想为职业的人。把个人的思想天地同在教学中传播这种思想结合起来,这勾勒出了知识分子的特点。"③也就是说,知识分子除了思想、批判等特征之外,以学校为阵地传播思想是其重要的职业特征,于是,学者、教师也就成了知识分子的主体。而文人则是没有职业的,或者说卖文为

---

① Leo Lowenthal, "The Integrity of the Intellectual: In Memory of Walter Benjamin," in Gary Smith ed., *Walter Benjamin: Philosophy, History, Aesthetics*, Chicago: The University of Chicago Press, 1989, p. 252.

② 如此为本雅明定位的还有桑塔格,她把本雅明描绘成"最后的知识分子",这几乎已成为不刊之论。虽然她是在"自由知识分子"的语境中来使用这一概念的,但依然容易让人产生误解。See Susan Sontag, "Introduction to *One-Way Street and Other Writings*," in Walter Benjamin, *One-Way Street and Other Writings*, p. 28.

③ 〔法〕雅克·勒戈夫:《中世纪的知识分子》,张弘译,北京:商务印书馆1996年版,第1页。

生权且可以看作他的职业,这决定了他不可能像知识分子那样从容洒脱。而在本雅明的心目中,文人与学者(知识分子)也不是一个概念:"在我看来,人们应该特别注意一点,即文人与学者这两个原先统一的类型——至少被统一为学者这一身份——的分道扬镳与资产阶级获得真正的胜利而文人的地位日益下降的事实同时发生。可以确定的是:在革命的准备时期,在那些最有影响力的文人身上,学者与诗人的身份至少是各占一半。"①实际上,在本雅明所生活的那个年代,他已经意识到了这样一个事实:当文人与学者已无法统一到一个人身上时,这种分离的趋势意味着前者越来越边缘化了,而后者则逐渐走到了体制的中心位置。在谈到这一现象时,阿伦特指出:

> 今天,"文人"(homme de lettres)给我们的印象是一个无害的、边缘的形象,他似乎相当于一种总是具有那么点喜剧色彩的独立学者(privatgelehrter)的形象。本雅明觉得自己很亲近法语,以至于这种语言成了他为自己的存在进行辩护的"一种托词"(《书信集》第二卷第505页)。因此他可能知道"文人"起源于法国革命前,也知道"文人"在"法国大革命"中的非凡经历。与后来的"作家与文人"(écrivains et littérateurs)不同……这些"文人"尽管生活在一个书面语和铅字的世界里,尤其是被书籍包围着,但是他们既没有被迫、也不愿为了生计而从事专业的写作与阅读。"文人"也与知识分子阶层不同,知识分子要么作为专家、官员为国家服务,要么为社会的娱乐和教育服务,而"文人"总是极力与国家和社会保持距离。他们物质生活的基础是无须工作的收入,他们思想态度的基础是坚决拒绝被政治或社会整合。正是由于这种双重的独立基础,他们才能够表现出居高临下、傲视权贵的态度,从而产生了拉罗什富科(La Rochefoucauld)对人类行为的洞察与轻蔑,蒙田(Montaigne)的世俗智慧,帕斯卡尔(Pascal)格言的思想力度,孟德斯鸠(Montesquieu)政治思考的勇气和开放。②

---

① 〔德〕瓦尔特·本雅明:《莫斯科日记》,郑霞译,北京:北京师范大学出版社2014年版,第212页。
② Hannah Arendt, "Introduction to *Illuminations*," in Walter Benjamin, *Illuminations*, pp. 32-33. 参考刘北成译文,见刘北成:《本雅明思想肖像》,第246页。

阿伦特的分析虽稍嫌绝对，却也为我们提供了一个十分重要的信息。长期以来，我们总是把知识分子理解为思想的冒险者、社会的批判者和真理的守护者，但是现代知识分子实际上已越来越走进一个矛盾的困境之中：一方面他们可能进行着一种批判的工作，另一方面他们的批判又是在体制之内，即作为体制的一员（比如作为大学里的教授、研究所的学者等）进行的。当他们不存在或较少存在双重独立的基础时，他们批判的纯度、力度甚至可信度有时就不可避免地会被打上一个问号。而作为文人，其特殊的经历与旨趣可以让他们从一个既定的体制和社会中抽身而出，以一种局外人的眼光，以一种特立独行的姿态来打量社会。他们也许不一定非得从事批判活动，但是他们无疑保持了身心的自由，这种自由使得他们成了一种纯粹的人。

从这个意义上说，本雅明并非桑塔格（Susan Sontag）所说的"最后的知识分子"，不管从哪方面看，他都应该算作一个最后的、不折不扣的文人。因为他从来都没有拥有过知识分子的职业特征，他在艰难困顿中所要赢得的正是作为文人所必须具备的双重独立的基础。而当他明确地说出"文人的生活是纯粹精神庇护下的存在，正如妓女是纯粹性欲庇护下的存在"①这一惊世骇俗的名言时，他想要表明的依然是纯粹精神在文人生活中的重要位置。事实上，本雅明一生都在寻找、追求着这样一种文人生活，而他在世俗生活中的失败恰恰是对他的这种文人生活的成全。

那么，作为一个失败者，本雅明与他所钟情的巴黎究竟存在着一种怎样的关系呢？简单地说，就是同构关系。如果仔细思考一下本雅明所研究的对象，我们就会发现一个有趣的事实：终其一生他都对颓败、衰亡和已成废墟的历史怀有浓厚的兴趣。《德国悲苦剧的起源》是对充斥于巴罗克式寓言的作品中那些建筑的废墟与人的尸体的发掘与拯救，在《拱廊计划》（The Arcades Project）中，本雅明则以同样的思路把视线投向了19世纪的巴黎。因为在本雅明的眼中，巴黎这座资本主义鼎盛时代（19世纪）的都城已经衰败，于是，"面对废墟而不是

---

① Walter Benjamin, *One-Way Street and Other Writings*, p. 276.

面对完好的建筑材料"①就成了他另一件意义重大的工作。因为他相信:"比之保存完好的较小建筑来,伟大建筑的废墟都更能深刻地说明计划的理念。"②不像中国的文人在失魂落魄时常常想到要寄情于山水或女人,失意和困厄中的本雅明只会向废墟移情。因此,如果说卡夫卡是他惺惺相惜的人,那么19世纪的巴黎则是可以与他异质同构的物。他甚至想通过拯救那些已成碎片的物而同时"挽救自己的生活"③。于是,本雅明就以这样一种特殊的方式与巴黎建立起了一种意味深长的关系。

2. 城市中的人群与人群中的人

对于本雅明来说,锁定巴黎城作为自己的研究对象是他反思"现代性前史"(prehistory of modernity)④的一个巨大工程,然而当他如此展开自己的规划时,他也在不经意间触及了大众文化的根本。因为大众文化是与现代大都市相伴相生的一种文化现象,因此,无论从哪方面看,城市都是打量、思考与研究大众文化的一个必不可少的入口。

那么,当本雅明走进19世纪的巴黎时,他在这座城市中发现了什么呢? 可以说是一大堆的人像与物像:波德莱尔、闲逛者、收藏家、妓女、人群、拱廊街、时装商店、广告、古老的巴黎、地下墓穴、钢铁建筑、居室、展览馆、卖淫、赌博、股票交易所……所有这些,既是那部由大量引文摘录和片断思考所构成的《拱廊计划》的内容,也是本雅明所痴迷的对象。在所有这些意象中,我们首选本雅明关于波德莱尔的论述文字作为其思考对象,这不仅是因为关于波德莱尔的文字已单独成文,而且因为在本雅明的心目中波德莱尔"镶嵌于19世纪的历史中",是"《拱廊街》的一幅缩图",⑤同时,在这些文字中,本雅明考察大众文化的独特思路已基本成型。

---

① Rolf Tiedemann, "Dialectics at a Standstill: Approaches to the *Passagen-Werk*," in Walter Benjamin, *The Arcades Project*, trans. Howard Eiland and Devin McLaughlin, Cambridge: Belknap Press, 1999, p. 945.

② 〔德〕瓦尔特·本雅明:《德国悲剧的起源》,陈永国译,北京:文化艺术出版社2001年版,第196页。书名中的"悲剧",现在一般已从德语原文"Trauerspiel"译作"悲苦剧",特此说明。

③ 〔美〕弗雷德里克·詹姆逊:《语言的牢笼 马克思主义与形式》,第50页。

④ See David Frisby, *Fragments of Modernity: Theories of Modernity in the Work of Simmel, Kracauer and Benjamin*, Cambridge: Polity Press, 1985, p. 190.

⑤ Gershom Scholem and Theodor W. Adorno, eds., *The Correspondence of Walter Benjamin, 1910-1940*, pp. 567, 566.

后来成书的《夏尔·波德莱尔:资本主义鼎盛时代的抒情诗人》由两篇论文和一篇提纲组成。需要说明的是,两篇论文中的一篇(《波德莱尔笔下的第二帝国的巴黎》)是被阿多诺"枪毙"掉的,这篇文章经过修改之后几乎成了一篇新的文章,并以《论波德莱尔的几个主题》为题发表在社会研究所主办的《社会研究杂志》(1939年第8卷)上。这两篇论文有许多个命题,但是在我们看来,文人与大众的关系是其中的一个核心命题。

首先需要指出的是一个人们容易忽略的现象。相对于第一篇论文来说,本雅明的第二篇文章虽然几乎就是重写,但是有两段引文却原封不动地保留了下来。一段是恩格斯关于城市的论述,一段是齐美尔(Georg Simmel)关于城市的思考。恩格斯指出:

> 像伦敦这样的城市,就是逛上几个钟头也看不到它的尽头,而且也遇不到表明快接近开阔的田野的些许征象,——这样的城市是一个非常特别的东西。这种大规模的集中,250万人这样聚集在一个地方,使这250万人的力量增加了100倍……但是,为这一切付出了多大的代价,这只有在以后才看得清楚。只有在大街上挤了几天,费力地穿过人群,穿过没有尽头的络绎不绝的车辆,只有到过这个世界城市的"贫民窟",才会开始觉察到,伦敦人为了创造充满他们的城市的一切文明奇迹,不得不牺牲他们的人类本性的优良品质……在这种街头的拥挤中已经包含着某种丑恶的违反人性的东西。难道这些群集在街头的、代表着各个阶级和各个等级的成千上万的人,不都是具有同样的属性和能力、同样渴求幸福的人吗? ……可是他们彼此从身旁匆匆地走过,好像他们之间没有任何共同的地方。好像他们彼此毫不相干,只在一点上建立了一种默契,就是行人必须在人行道上靠右边走,以免阻碍迎面走过来的人;同时,谁也没有想到要看谁一眼。所有这些人愈是聚集在一个小小的空间里,每一个人在追逐私人利益时的这种可怕的冷淡、这种不近人情的孤僻就愈是使人难堪,愈是可恨。①

---

① Walter Benjamin, *Charles Baudelaire: A Lyric Poet in the Era of High Capitalism*, trans. Harry Zohn, London: Verso, 1992, pp. 57-58, 121. 此处采用的中译文见《马克思恩格斯全集》第2卷,北京:人民出版社1957年版,第303—304页。

而齐美尔则从一个特殊的角度触及了大城市的特征:

> 那些能看见却听不见的人要比那些能听见却看不见的人有更多的烦恼。这就是大城市的特征。大城市里人际关系的特点在于突出地强调眼睛的用处大于耳朵,这主要归因于公共交通工具。在公共汽车、火车和有轨电车还未完全发展起来的19世纪,人们从来没有置身于这样的场景:人与人相互盯着对方几分钟甚至几小时之久却彼此一言不发。①

在本雅明论述的语境中,虽然恩格斯的话是作为一则反例被使用的,但是从本雅明的引文观②和他对这两条引文的钟爱程度看,他显然是想通过它们表达他对大城市的一个基本看法:大城市的特征之一是流动的人群,或者说人群,也就是所谓的大众是构成大城市特征的一个基本元素。然而,这样的人群彼此之间又是冷漠的,他们不存在任何沟通的可能。"城市就是一个陌生人(stranger)可能在此相遇的居民聚居地"③,当塞纳特(Richard Sennett)以如此理性的口吻给城市下了这样一个经典性的定义时,它在很大程度上也可以说明本雅明遭遇大城市人群时的那种震惊体验;而当本雅明如此审视城市造就的人群和人群充斥的城市时,尽管他没有确切地表达出来,却显然与阿多诺的判断不谋而合:那是一群原子化的大众。

不过,需要指出的是,原子化的大众在本雅明那里只是一个非常微弱的判断,因为对于大众,本雅明基本上是在文人与大众的关系中来对后者进行描述,而并没有像阿多诺那样做出严格的价值判断。在本雅明写作有关波德莱尔的论文之前,他就向霍克海默谈过自己的写作构想(1938年4月16日),其中涉及了他对大众的认识:首先,"人群极大地影响了巴黎的这种变迁。人群就像放在闲逛者(flâneur)面

---

① Quoted in Walter Benjamin, *Charles Baudelaire: A Lyric Poet in the Era of High Capitalism*, pp. 151, 37.

② 本雅明的引文观有着丰富的内容,依笔者之见,让引文自身言说应是其内容之一。在《单行道》中,有一句格言让人觉得意味深长:"我著作中的引文就像路边跳出来的强盗,他们全副武装,夺走了闲逛者的信念。"See Walter Benjamin, *One-Way Street and Other Writings*, p. 95.

③ Richard Sennett, *The Fall of Public Man: On the Social Psychology of Capitalism*, New York: Vintage Books, 1978, pp. 39ff. 转引自〔英〕齐格蒙特·鲍曼:《流动的现代性》,欧阳景根译,上海:上海三联书店2002年版,第147页。

前的一层面纱:它是孤独的个人的最新麻醉剂。——其次,人群抹掉了个人的所有痕迹:它是流浪者的最新避难所。——最后,人群是城市迷宫中最新也最深不可测的迷宫,通过它,先前那种未知而神秘的特征被雕刻在城市风景上。"①显然,在本雅明的设计方案里,大众首先不是批判的对象,也不是一种孤零零的存在,而是城市的认知对象和确证文人存在与变化的一种手段,或者说是文人在一个新的现实处境下必须与之交往的对象。这样一种思路贯穿了他写作有关波德莱尔的论文的整个过程。

于是,若要理解大众,首先应该理解本雅明笔下的文人。在关于波德莱尔的文章中,本雅明通过波德莱尔以及他所生活的那个时代,发现了文人的多重身份:波希米亚人、职业密谋家、闲逛者、拾垃圾者、人群中的人;他以欣赏、惋惜、同情、忧虑、震惊、批判的复杂目光注视着自己的同类。在本雅明看来,资本主义化的过程也就是文人不断被抛向市场的过程,也是文人不得不向商品移情的过程。在这一过程中,文人那种既有钱又有闲的生活遭到了灭顶之灾:他们可能依然有闲,但是却不再有钱了。为了维持一种在空洞的美学意义上依然体面的生活,他们必须走进市场赚钱,成为一个靠出卖自己的劳动力换取报酬的人。文人可以出卖的劳动是写作,可以制作的商品是文章。于是,通过自己手中的笔,成为日益发达的报刊业的专栏作家或文章供货商就成了文人的必然选择,这是他们能够在资本主义市场里占据一席之地、获取市场份额的唯一手段。对于文人的真实处境,波德莱尔早已心知肚明。"他经常把这种人,首先是他自己,比作娼妓。他的十四行诗《为钱而干的缪斯》('La Muse vénale')说出了这一点。""他像一个闲逛者一样走进市场,似乎只是要四处看看,但实际上却是想找一个买主。"②正像妓女走进市场是为了出卖自己的肉体,文人走进市场是准备出卖自己的灵魂。本雅明把文人的这种行为恰如其分地称

---

① "人群"(the crowd)这个词亦有"大众"之意,也有人把它翻译成 the masses (大众/群众)。可见,在本雅明那里,"人群"与"大众"似可等量齐观。See Gershom Scholem and Theodor W. Adorno, eds. , *The Correspondence of Walter Benjamin*, 1910-1940, p. 557. 这段文字的另一种译文参见 David Frisby, *Fragments of Modernity: Theories of Modernity in the Work of Simmel, Kracauer and Benjamin*, pp. 202-203。

② Walter Benjamin, *Charles Baudelaire: A Lyric Poet in the Era of High Capitalism*, p. 34.

为"灵魂的卖淫"。

然而,当本雅明如此勾勒文人的形象时,他只是呈现了文人境遇的一个方面。他想说明的更重要一面是,当文人在资本主义时代不可避免地面临堕落的命运时,他们如何以一种残留的姿态反抗着这种堕落。这时候,文人作为闲逛者的形象便出现在波德莱尔的作品中。从功利的角度考虑,闲逛者漫步于街道,徜徉于五光十色的商品世界,当然是为了获取写作的灵感,但是这种漫步与游荡同时也是文人那种"纯粹精神"支撑之下的最后的美学姿态。① 这种姿态带有一种贵族化的气息,又多了一层平民化的味道,同时还保留着自己的个性,具有某种局外人、边缘人的色彩。本雅明在界定闲逛者的特征时使用了这样一条引文,以把他们和看热闹的人相区别:"绝不能把闲逛者与马路上看热闹的人(badaud)混为一谈,应该注意它们的细微差别。……纯粹的闲逛者身上总是保留着充分的个性,而这种个性在看热闹的人那里已经荡然无存。他完全沉浸于外部世界之中……外部世界让他陶醉,以至他忘了自己。在观望给他带来的乐趣中,看热闹的人成了一种没有人情味的生物;他已不再是人,而是公众或人群的一部分了。"②

当本雅明赋予闲逛者一种"充分的个性"时,他强调的显然是文人的自主意识;文人不应该也不可能成为大众的一员,进而堕落为无聊的看客。于是,文人作为群体中的个体和"人群中的人"(the man of the crowd)所闪现出来的无疑是一种理性的光辉。这种理性之光,这种外化为行动中的矜持,很可能就是他最后坚守的一条精神底线(在这里,本雅明对个体的强调与阿多诺对个体的保护有着同样的用意)。从这个意义上说,由漫步、闲逛所构成的美学姿态,其核心是精神姿态;同时,这一姿态支配下的活动也必然是一种精神活动——捡拾垃圾:"此地有这么个人,他在都城搜集每日的垃圾。被这个大城市扔掉、遗失、鄙视和在脚下踩碎的东西,他都分门别类地收集起来。他整

---

① 墨菲指出:"flânerie 的概念在日常法语中只是传达了'散步'的意思,而对于本雅明来说,它却包含了康德的创造性的美学格言——'无目的的目的性'的含意。"从这种解释可以看出,"漫步与游荡"实际上是一种美学姿态。参阅〔荷〕约翰·W. 墨菲:《艺术与社会:法兰克福学派》,见王鲁湘等编译:《西方学者眼中的西方现代美学》,北京:北京大学出版社1987年版,第215页。

② Walter Benjamin, *Charles Baudelaire: A Lyric Poet in the Era of High Capitalism*, p. 69.

理着纵欲的编年史,挥霍的日积月累,并把这些东西挑出来进行精明的取舍;他搜集着,就像守财奴看护着自己的财宝。"在引用波德莱尔的这段文字之后,本雅明对这一隐喻作了如此解释:"拾垃圾者(ragpicker)和诗人——二者都与垃圾有关,他们都是在城市居民酣睡时孤寂地操持着自己的行当,就连他们的姿势都是一样的。纳达尔(Nadar)曾谈到波德莱尔'跟跄的步态'(pas saccadé / jerky gait),这是诗人为寻觅诗韵的猎物而漫游城市的步态;这也必然是拾垃圾者的步态——他在小路上不时停下来,捡起他所碰到的垃圾。"① 在这里,垃圾作为一种隐喻,应该指的是与现代都市文明不相吻合、与商品拜物教逻辑难以契合的精神碎片。它们被当作垃圾无情地抛弃了,并且被掩埋在真正的垃圾之中。而诗人(文人)的使命则是以一种悲悯的情怀和审美的眼光把它们从肮脏与污秽中拯救出来,带它们回家,为这些已成孤魂野鬼的幽灵找到一个安身立命之所,然后细心地修复、小心地呵护,把它们打扮得焕然一新之后送它们上路,让它们成为这个人欲横流的世界中的一缕清新和一抹亮色。

作为拾垃圾者,文人所从事的工作是庄严、神圣甚至愉快的,然而这只是他们生活中的一部分内容,更多的时候,他们则是以一个边缘人的面目出现的:边缘人的心态、边缘人的静观、边缘人的凝视,所有这些又构成了闲逛者身份特征的重要内容。在《拱廊计划》的写作提纲中,本雅明以一种深情的笔调把波德莱尔与闲逛者联系到了一起,然后指出了他的那种困顿处境:

> 在波德莱尔那里,巴黎第一次成为抒情诗的题材。这种诗不是地方民谣;这位寓言诗人以异化者的目光凝视着这座城市,这是闲逛者的凝视。他的生活方式依然给大城市人们与日俱增的贫穷洒上了一抹抚慰的微光。闲逛者依然站在城市的边缘,犹如站在资产阶级的边缘,这两者都还没有压倒他,也没有让他感到舒服自在。他在人群中寻找自己的避难所。早期对人群的面貌描绘可以在恩格斯与爱伦·坡的作品中找到。人群是一层面纱,

---

① Walter Benjamin, *Charles Baudelaire: A Lyric Poet in the Era of High Capitalism*, pp. 79, 80. 参考张旭东等译文,见〔德〕本雅明:《发达资本主义时代的抒情诗人》,张旭东、魏文生译,北京:生活·读书·新知三联书店1989年版,第99页,译文有修订,下同。

透过这层面纱,熟悉的城市如同幽灵在向闲逛者招手。①

"异化者的目光"实际上就是与客体疏远、保持距离的目光。当巴黎这座城市在商品拜物教的世界(如拱廊街)和技术革命的改造(摄影、电话、工厂里的机器)中变得日新月异之后,它给波德莱尔带来了"震惊",也给他带来了迷惘。这座城市在他的眼中变得陌生起来了。城市与资产阶级把他放逐到了边缘的位置,或者也可以把这种放逐理解为波德莱尔的自我流放,因为他无法把自己变成主流意识形态(商业主义、技术主义、商品拜物教)的合作者。因此,对于这座城市,他只能冷眼旁观。从这个意义上说,他的凝视是和那个城市与社会的对峙,是一种沉默的反抗。不过,需要指出的是,在这种对峙中,文人并没有走向自闭。为了缓解对峙的压力,或者是为了测量自己失败的深度②,闲逛者走向了人群。

在本雅明的描述中,闲逛者走向人群有着多重的意蕴。首先,可以把这种行为理解为对孤独的确证。波德莱尔指出:"并不是每一个人都可以在人群的海洋里漫游。要知道,享受人群的美味是一门艺术。而只有这样的人才能做到:与所有同类人不同,他生机勃勃、食欲旺盛,神仙在他的头脑中注入了乔装改扮、戴纱掩面的癖好,又为他造就了厌烦家室、喜欢出游的毛病。人群与孤独,对于一个活跃而多产的诗人来说,这是两个同义语,它们可以互相代替。谁不会使孤独充满人群,谁就不会在繁忙的人群中独立存在。"③对于波德莱尔的这一癖好,本雅明则发表了如此评论:"波德莱尔喜欢孤独,但他需要的是人群中的孤独。"④在这里,孤独依然是文人那种精神姿态支撑下的美学症候。当文人希望通过人群来确证自己的孤独时,无疑也隐含了个体与群体、文人与大众之间的某种对立与紧张关系。

然而,由于人群的特殊功能,这种美学动因的追求又逐渐被稀释掉了,取而代之的是道德感的松弛,这时候,人群成了闲逛者的避难

---

① Walter Benjamin, *Charles Baudelaire*: *A Lyric Poet in the Era of High Capitalism*, p. 170. 参考张旭东等译文,见〔德〕本雅明:《发达资本主义时代的抒情诗人》,第189页。
② Ibid., p. 66.
③ 〔法〕沙尔·波德莱尔:《巴黎的忧郁》,亚丁译,桂林:漓江出版社1982年版,第34页。
④ Walter Benjamin, *Charles Baudelaire*: *A Lyric Poet in the Era of High Capitalism*, p. 50.

所。本雅明借助于一份秘密警察的报告指出:"'要想在人口稠密之地保持良好的行为几乎是不可能的,因为人与人互不相识,一个人在他人面前无须羞愧。'在这里,大众仿佛就是避难所,使得那些脱离社会的人免除了惩罚。"①本雅明论及"避难所"时,大量涉及爱伦·坡等人的侦探小说和罪犯的意象。闲逛者当然不是罪犯,但是,当他们把大众当作避难所从而走向人群的时候,无疑也隐喻了这样一个事实:他们想逃避文人身份的那种矜持,获得身心的放松,甚至体验到某种犯禁的快感。如果说文人的这一动因在"避难所"的层面还体现得不太明显的话,那么把大众当作麻醉剂则无疑体现出了他们的这一隐秘要求。

作为麻醉剂的大众无疑是本雅明最精彩的发现,其中也隐含着文人与大众的一种新型关系。在本雅明看来,当闲逛者漫游到很晚的时候,就会来到百货商店里驻足逗留,然后用茫然、野性的目光凝视着那里面的所有东西。因此,"百货商店(bazaar)是闲逛者最后的光顾之地。如果说一开始街道是他的室内(intérieur),那么现在这个室内则变成了街道。他开始在商品的迷宫里漫游穿行,就像他从前在城市的迷宫里漫游穿行一样。"②那么,为什么闲逛者会选择百货商店作为他漫游的最后一站呢?

> 人群不仅是那些逍遥法外者的最新避难所,也是那些被遗弃者的最新麻醉剂。闲逛者就是一些被遗弃在人群中的人。在这一方面,他与商品的处境有相同之处,他没有意识到他的特殊处境,但这并不能减轻这种处境在他身上的效用。这种处境如同能补偿他许多羞辱的麻醉剂,极乐地弥漫在了他的全身。闲逛者所屈就的这种陶醉,就是顾客潮水般涌向商品的陶醉。③

从本雅明的解释中可以看出,对商品的迷恋,或者说是与商品的某种同构关系,构成了闲逛者走向人群的重要心理动因,而向商品移情(empathy)则成了"闲逛者把自己抛向人群从而追求陶醉的本质"。

---

① Walter Benjamin, *Charles Baudelaire: A Lyric Poet in the Era of High Capitalism*, p. 40. 参看张旭东等译文,见〔德〕本雅明:《发达资本主义时代的抒情诗人》,第58页。
② Ibid., p. 54. 参看张旭东等译文,同上书,第72页。
③ Ibid., p. 55. 参看张旭东等译文,同上书,第73页。

在这种解释中,本雅明一方面借用了马克思商品拜物教的观念加以隐喻,一方面又暗含了这样一种逻辑:在资本主义世界中,商品作为一种"不知名的主体"已经占据了人们生活的中心位置,这一主体首先引导作为客体的大众完成了向商品移情的过程,然后又向作为闲逛者的文人发出了邀请。而文人走向商品世界实际上又是首先通过走向人群完成的。因此,在巴黎这座19世纪的都市所出现的崭新的现代性体验面前,大众无疑成了文人的导师,成了文人通往商品世界、向商品移情的中介。在与大众的暧昧合作中,"大众阶级对瞬间的、感官的、'奇形怪状'的身体快感的喜好"[1]无疑也成了文人观赏、欣赏进而分享的对象。于是,由于大众和商品,文人完成了一种走出古典时代的现代转型。

因此,通过对有着多重身份的文人的叙述,本雅明其实隐含了一个埋藏得很深的信息:文人与大众既是游离的又是亲和的,既是敌人又是同谋,二者构成了一种极为错综复杂的矛盾关系。明白了这一点,我们才能明白这段文字的微言大义:"恰恰是这个大城市大众的形象对于波德莱尔具有决定意义。如果他屈从于大众展现的力量而被拉到他们中间,甚至像一个闲逛者那样成为其中的一员,那么他就再也不能使自己摆脱掉那种根本上非人性构成的感觉了。即使他同他们分手,他还是变成了他们的同谋。他如此之深地卷入他们中间,却只是为了在轻蔑的一瞥里把他们湮没在忘却之中。"[2]考虑到这段文字出现在"论波德莱尔"的第二个文本中,其中的论述或许由于迎合的需要已经部分程度地扭曲,以至于加大了把波德莱尔塑造成一个孤独的时代英雄的力度,但是文人与大众的那种暧昧的矛盾关系无疑也得到了一次清晰的呈现,其中的症候应该说不言而喻。

这种暧昧的矛盾关系自然也是本雅明矛盾心理的一种反映。如果说阿多诺在论述大众文化之前就已经虚构了一种知识分子与大众的二元对立的关系,那么在本雅明这里,文人与大众的关系则始终处在一种不清不楚的状态。大众既是文人批判或遗忘的对象,也是他们

---

[1] 〔英〕迈克·费瑟斯通:《消费文化与后现代主义》,刘精明译,南京:译林出版社2000年版,第105页。

[2] Walter Benjamin, *Charles Baudelaire: A Lyric Poet in the Era of High Capitalism*, p.128. 参考张旭东等译文,〔德〕本雅明:《发达资本主义时代的抒情诗人》,第143页。

模仿、调情、与之共舞、获取灵感、调整心态、确认身份、拓宽审美经验的对象。而当本雅明对《恶之花》这样一部第一次使用了日常生活词汇和城市词汇的诗集赞赏有加时，可以说日常生活经验的审美呈现已在他的思想中落地生根了。他对大众文化的肯定性姿态完全可以从这里寻找到一些初始的原因。

3. 梦像的解密与祛魅

必须指出，从大众文化的视角来考察本雅明在《拱廊计划》中所涉及的一切，常常是"物"而不是"人"在其中占据了一个显赫的位置。他所关心的问题之一是，"现在如何残留着过去的痕迹；'物'本身如何记录了历史性变化，而民众的感情又如何寄托在这些'物'中"①。因此，在本雅明的大众文化理论中，虽然他不断地提到"人群"，但"大众"却仿佛一直处于黑暗之中，处在一种匿名状态，而"物"则蜂拥到了本雅明视野的前台，"物"成了本雅明所论的大众文化的核心。

这个"物"当然不是空穴来风，而是他借用马克思"商品拜物教"的概念并以此观之的结果。在给朔勒姆的信(1935年5月20日)中，本雅明曾谈到《拱廊计划》的重心是要展开论述一个原有的概念："前者(指《德国悲苦剧的起源》)是悲苦剧(Trauerspiel)概念，而这里则很可能是商品的拜物教特性。"②表面上看，本雅明的出发点似乎与阿多诺的思路大体相同，但是实际上，两人在使用这一概念时依然存在着明显的区别：如果说商品拜物教在阿多诺那里只是他思考文化工业问题时的一个理论范畴和思维元素，那么本雅明却是把这一概念首先还原成一种现象(现实世界中客观存在的"物")，然后又把它们看成是一种"物像"(即物的形象)，同时还要挖掘出潜藏于商品拜物教中的幻觉效应(phantasmagoria，也就是物的"梦像")。阿多诺指出："黑格尔的'第二自然'概念(作为自我疏离人类关系的物化)、马克思的'商品拜物教'范畴，占据了本雅明著作的核心位置。他被驱使着不仅要唤醒石化物体中被冻结的生命(就像在寓言中那样)，而且要细察活的东西，以便它们能像古代的、原历史的(ur-historical)那样自我呈现，从

---

① 〔英〕安吉拉·默克罗比：《后现代主义与大众文化》，田晓菲译，北京：中央编译出版社2001年版，第147页。

② Gershom Scholem and Theodor W. Adorno, eds., *The Correspondence of Walter Benjamin, 1910-1940*, p. 482.

而突然释放出自身的意义。哲学为了自身而挪用了商品拜物教:所有的东西都必须蜕变成一种物,以便冲破诸物的灾难性符咒。"① 现在看来,阿多诺对本雅明的这一理解依然是非常精湛的。把物唤醒并让物自身言说应该是本雅明的一个主要用意。因此,可以把物—物像—梦像看作贯穿在本雅明论述中的一条隐秘线索,通过这条线索,本雅明揭示出了商品的秘密。

为了能够清晰地呈现出这一线索,让我们以"妓女"为例略加说明。本雅明与妓女(作为实在的人和作为致幻的物像)的关系复杂而微妙,远不是三言两语就可以解释清楚的,但其中明白无误的一点是,自从这个富裕家庭的孩子在妓女的引领下第一次跨过了"阶级的门槛",整个街道网络都向他豁然洞开之后②,妓女就作为一个核心的意象时隐时现地镶嵌在本雅明的书写里,出现在他不同时间的文本中。妓女是人吗? 从一般的意义上说估计无人会做出否定的回答,但是在资本主义世界中,她们实际上已经变成了物,即物化成了商品。于是与妓女的交往也就呈现出了新的含义。本雅明指出:"卖淫开启了与大众神话式交往(mythical communication)的可能性。不过,大众的出现是与大量生产(mass production)的出现同时发生的。与此同时,卖淫似乎也蕴含了存活于生活空间中的可能,在这个空间里,我们经常使用的物品日益成为大众商品(mass articles)。而在大城市的卖淫活动中,妇女自身则变成了一种大众商品。正是这种大城市生活的总体新特征给波德莱尔提供了接受(古代)原罪教义的真实意义。"③

妓女成为商品只是她们商品化的最初阶段,在这一阶段,大众与她们的交往是在实在界完成的。就像对其他物品的购买和使用一样,大众通过相同的程序完成了对性对象的消费。然而,在本雅明看来,作为妓女的商品马上会跨越第一阶段而进入第二阶段,也就是进入大众的想象界。因为他已经"意识到对于大众来说,商品乃是一种形象。

---

① Theodor W. Adorno, *Prisms*, trans. Samuel and Shierry Weber, Cambridge, Ma.: The MIT Press, 1981, p. 233.

② See Susan Sontag, "Introduction to *One-Way Street and Other Writings*," in Walter Benjamin, *One-Way Street and Other Writings*, p. 11.

③ Walter Benjamin, "Zentralpark," Ⅰ, p. 668. Quoted in Susan Buck-Morss, *The Dialectics of Seeing: Walter Benjamin and the Arcades Project*, Cambridge, MA: MIT Press, 1989. p. 190.

他们可以只看不买,至少看的机会远远大于买的机会。而他们观看的不管是橱窗里的样品还是杂志里的广告,都是只有在他们观看时才开始呈现意义的图像"①。从这个意义上说,游荡在巴黎街道上的妓女成了一种流动的商品,或者说成了一种形象的风景,她们是人们的眼睛与想象消费的对象。而当大众开始与商品形象(物像)的交往之后,这种形象也就产生了一种致幻功能,它们让大众迷离恍惚,并让大众陶醉于性欲对象所产生出的种种刺激之中,②究其原因,是因为"商品登基之后,其四周闪烁着迷人的光辉"③。于是,作为商品的妓女最终成为人们的梦像。这就是大众与妓女进行"神话式交往"的全部秘密。杰姆逊借用一位法国理论家的话说:"商品物化的最后阶段是形象,商品拜物教的最后形态是将物转化为物的形象。"④宽泛而言,这样的判断是毫无问题的,但若是根据本雅明的思路推衍下来,商品物化的最后阶段应该是梦像。正是商品营造的这个梦像世界泄露了商品拜物教的最高机密。

那么,究竟什么是梦像(dream image)呢?看来有必要对本雅明使用的这一概念详加考察。根据本雅明的回忆,把巴黎看作梦像之城是他在某一天下午所突然获得的启示:"我告诉自己也只有巴黎,那里的墙壁和码头、驻足之所、收藏和垃圾、栏杆和广场、拱廊和货亭能传授出一种独一无二的语言,在缠绕着我们的孤独中,在我们对世间万物的沉浸中,这种语言让我们同周围人的关系达到了一种睡眠状态的深度。在睡眠中,梦像等着向人们呈现它的真实面目。"⑤而在《拱廊计划》的写作提纲中,本雅明又把"梦像"与他使用的另外两个主要概念——辩证意象(dialectical image)和静止状态的辩证法(dialectics at a standstill)——联系到了一起,进一步明确了梦像的所指:

"现代"(the modern)是他(指波德莱尔)诗歌的主要重音。作为忧郁者,他粉碎了理想(《忧郁与理想》)。但构想出史前史

---

① 〔英〕安吉拉·默克罗比:《后现代主义与大众文化》,第148页。
② Walter Benjamin, *Charles Baudelaire: A Lyric Poet in the Era of High Capitalism*, p. 57.
③ Ibid., p. 165.
④ 〔美〕杰姆逊:《后现代主义与文化理论》,唐小兵译,北京:北京大学出版社1997年版,第224页。
⑤ Walter Benjamin, *One-Way Street and Other Writings*, p. 318.

的却恰恰总是现代人。通过社会关系和这一时期的事件所特有的含混,这里出现了这种状况。含混是辩证法的形象体现,是静止状态的辩证法的法则。这种静止状态是乌托邦,而辩证意象因此成为梦像。商品清楚地将这种意象展示为恋物崇拜(fetish)。既是房屋又是星星的拱廊街也提供了这样的意象。这样的意象还由集卖主与商品于一身的妓女所提供。①

通俗地说,梦像就是梦的意象,当涌动在巴黎街头的商品呈现出一种光怪陆离的景象时,现实的世界已经不复存在了,取而代之的是一个非现实或超现实的世界——梦的世界。而这样一个世界显然不可能让人耳聪目明、神清气爽,却只会使人雾里看花、昏昏欲睡,于是,主体(人)与客体(物)所形成的不是一种真实的关系,而是一种虚幻的关系。在这里,马克思论述商品拜物教时所使用的关键词"幻象"(phantasmagoria / blendwerk)实际上已成为本雅明叙述的一个基本成分。而这种幻象之所以能够发生,关键在于资本主义社会的商品生产者所追求的效果是要为商品的交换价值涂脂抹粉,他们制造了一种使商品的使用价值退居台后的局面。本雅明指出,当这个梦幻世界向人们敞开之后,"人们到这里是为了消遣。娱乐工业(entertainment industry)通过把他们提高到商品的水平而使他们较容易获得这种满足。在享受来自自身和来自他人的异化时,他们屈从于娱乐工业的控制之下"②。因此,所谓梦像实际上也就是一种欺骗性的意象,大众因此也成了这种意象所构成的梦幻世界的牺牲品。

显然,当本雅明如此思考着这个梦幻世界的性质时,他的思路无疑已靠拢在批判的层面上。而为了把这一世界的秘密揭示得更加充分,他又指出了时尚的本质,指出了拜物教在时尚中所扮演的角色:"时尚确定了一种被人迷恋的商品希望受到崇拜的仪式……时尚与有生命的东西相反,它将活生生的躯体出卖给无机界。与鲜活的生命相比,它代表着尸体的权利。屈服于无机体之性诱惑的拜物教,是时尚

---

① Walter Benjamin, *Charles Baudelaire: A Lyric Poet in the Era of High Capitalism*, p. 171.
② Ibid., p. 165.

的命脉之所在。"① 把时尚与尸体(死亡)联系到一起是本雅明的一个惊人的发现,它一方面接通了本雅明一直思考着的"废墟"主题,一方面也揭示了消费文化的秘密。在谈及本雅明的这一思考时,默克罗比(Angela McRobbie)举了时装短寿的例子,使得本雅明的理论变得更容易理解了:"正因为时装那么迫切地追求青春常驻,结果反而反映了死亡和衰朽。在打扮时髦的时装模特儿和妓女的微笑下面,散发着荒凉的气息。资本从内部开始颓败腐烂,因此,它越发要盛装打扮。"②

事实上,完全可以把本雅明对时尚的分析视为他对资本主义世界的一种隐喻。资本主义世界实际上是靠流光溢彩的商品堆积起来的,为了维持这个世界的繁荣,新的时尚不断地被制造出来,其目的是商品的畅销,为了让人们更深入更持久地沉浸在这个梦幻世界中。于是,就像寓言成了 17 世纪辩证意象的法则一样,追新逐异则成了 19 世纪辩证意象的法则。③ 然而,追新逐异的目的却又是掩盖商品常常相同的特征。弗莱斯比(David Frisby)指出:"商品常新的面孔是被新的时尚和广告创造出来的,它掩盖了交换价值常常相同的再生产",因此,常新而又常常相同便成了本雅明所谓的现代性的重要特征。④ 而由于商品的本质是雷同,时尚的背后是尸体,所以资本主义的这座大厦充满了荒凉、颓败和死亡的气息。不像正统的马克思主义者把资本主义看作一个从新生一步步走向腐朽没落的过程,在本雅明的心目中,资本主义存在的只有废墟和死亡的意象。"随着市场经济的兴隆,我们开始意识到资产阶级的丰碑在坍塌之前就已经是一片废墟了"⑤,当本雅明写出了这一警句时,他实际上已窥破了资本主义世界的全部秘密。

这就是本雅明眼中的大众文化。不是像阿多诺那样旗帜鲜明地

---

① Walter Benjamin, *Charles Baudelaire: A Lyric Poet in the Era of High Capitalism*, p. 166.
② 〔英〕安吉拉·默克罗比:《后现代主义与大众文化》,第 145 页。
③ Walter Benjamin, *Charles Baudelaire: A Lyric Poet in the Era of High Capitalism*, p. 172.
④ David Frisby, *Fragments of Modernity: Theories of Modernity in the Work of Simmel, Kracauer and Benjamin*, p. 254.
⑤ Walter Benjamin, *Charles Baudelaire: A Lyric Poet in the Era of High Capitalism*, p. 176.

亮出批判大众文化的观点,本雅明的大众文化理论隐含在他对城市、商品、意象等等的看法之中,必须经过一层语义换算我们才能抵达他所谓的大众文化的彼岸。从这个意义上说,他对城市、商品、人群等等的论述实际上就是对大众文化的论述:商品的秘密也就是大众文化的秘密,商品拜物教的幻象也就是大众文化的梦像。而由于本雅明所做的所有工作就是要把"那个世界从梦中唤醒",所以,为大众文化祛魅(disenchant)也就成了这一巨大工程的一个部分。布克-穆斯(Susan Buck-Morss)指出:"本雅明的目标不是要表现这个梦,而是要驱散它:辩证意象是要使梦像进入一个被唤醒的状态。"①

那么,唤醒的目的又是什么呢?为了弥赛亚式的救赎,为了杰姆逊所说的"怀旧",为了伊格尔顿所想到的身体的狂欢,为了阿多诺式的批判?这些因素似乎都有,但似乎又都不是本雅明祛魅之后的唯一目的。于是,本雅明的思考在这一层面的终结点上再一次显出了它的暧昧。这种暧昧又进一步扩散到他对技术问题的看法上,从而使他论述的大众文化的另一层面同样呈现出迷离朦胧的特征。

二 形左实右:摇摆于激进与保守之间

在分析本雅明关于20世纪大众文化理论的论述时,一般都把《机械复制时代的艺术作品》("The Work of Art in the Age of Mechanical Reproduction",1935 / 1936,以下简称《艺术作品》)②看作承载其主要观点的代表作,这固然没错,但是却并不全面。因为若想谈清楚这一问题,起码还应该涉及他这一时期的其他文章:《摄影小史》("A Small History of Photography",1931)、《作为生产者的作家》("The Author as

---

① Susan Buck-Morss, *The Dialectics of Seeing*: *Walter Benjamin and the Arcades Project*, p. 261.
② 该文原名为"Das Kunstwerk im Zeitalter seiner technischen Reproduzierbarkeit",其中的"technischen Reproduzierbarkeit"译作"Mechanical Reproduction"不甚准确。在汉语学界,根据英文翻译时习惯译作"机械复制",根据德语原文翻译时又有"可技术复制""技术可复制""技术复制"等译法。在笔者与张正平教授主持的"本雅明与中国:纪念瓦尔特·本雅明逝世八十周年线上研讨会"(2020年11月22日)上,曹卫东教授特别指出,把"technischen Reproduzierbarkeit"译作"技术复制"也是误译,正确的译法是"技术再生产"。为行文方便,本书暂不采用"技术再生产"之译,而是以"技术复制"(一般性行文)和"机械复制"(明确来自英译的书名)对译。

Producer", 1934)、《讲故事的人》("The Storyteller", 1936)、《论波德莱尔的几个主题》("On Some Motifs in Baudelaire", 1939)。这几篇文章与《艺术作品》构成了一种支持、补充、纠偏、逆反、矛盾或二律背反、对话与潜对话的关系。为了能够准确地呈现这种关系,进而把本雅明肯定大众文化背后的那种矛盾性与暧昧性阐释清楚,我们将对如下几个问题做出思考:一、本雅明对于技术复制(实际上也就是制造大众文化的技术)的肯定具有怎样的价值与意义;二、本雅明肯定技术复制的真正动因是什么;三、当复制艺术(大众文化)破坏乃至消灭了富有光晕的艺术(传统艺术)时,本雅明呈现出了一种怎样的情感态度,这种态度对于他本人的"肯定性话语",乃至对于法兰克福学派的大众文化批判理论来说究竟意味着什么。这样,本节将既是对本雅明另一层面的大众文化理论的梳理,也是对他本人左翼激进与右倾保守思想此消彼长、紧张对峙局面的反思。

让我们从《艺术作品》谈起。

1. 技术复制的意义

《艺术作品》的核心命题是要论述随着大众媒介的兴起,以技术复制为表征的艺术作品对于传统艺术来说究竟意味着什么,它们的出现具有怎样隆重的现实意义和深远的历史意义。在本雅明看来,所有的艺术作品其实都是可以复制的,但是1900年前后出现的现代复制技术(以照相、电影为代表)却与传统的复制技术(铸造与制模、木刻、镂刻与蚀刻,乃至石印术)判然有别。之所以如此,是因为第一,技术复制比手工复制更独立于原作;第二,技术复制能把原作的摹本带到原作无法达到的地步。这两个原因最终导致了传统艺术的解体。那么,为什么复制的艺术一经出现,传统的艺术就充满了危机呢?因为构成传统艺术的主要成分是它被生产时的即时即地性、独一无二性,作为一种独一无二的存在,这样的艺术作品充满了本雅明所谓的"光晕"(Aura)。然而,技术复制的出现却消灭了艺术作品中的光晕,抹掉了它的"本真性"(authenticity)。比如,维纳斯雕像、达·芬奇的蒙娜丽莎是独一无二的作品,有光晕的作品,这种作品决定了它们与后来所有对它们进行模仿制作出来的作品之间的关系:真品与赝品、原作与仿作。然而,在技术复制时代,这样的关系已不复存在,因为技术复制已经抽空了真品、原作的意义。你能指出从一张底片加洗出来的照片中哪张是"真品"吗？你能鉴别出一部电影的许多个拷贝中哪个是"原作"吗？肯定不能。因此，本雅明指出："当代艺术越是投入可复制性，即越不把原作放在中心地位，就越是可以期待较大的作用。"①"被复制的艺术作品越来越成了为可复制性而设计的艺术作品。例如，人们可以用一张底片复制出许多张照片，而要鉴别出哪张是'真品'则是毫无意义的。"②

显然，技术复制时代的来临意味着传统艺术的没落，也意味着光晕的消逝。那么，对于这样一种历史景观，本雅明又是持一种怎样的态度呢？简单地说，就是平静地面对，冷静地审视。罗森(Charles Rosen)指出："对艺术之死的展望，他大概是唯一既不欣喜也不为其消逝感到悲伤(尽管在其文章中表达出了深深的怀旧之情)的批评家。他那种平心静气的语调是贵族式的。"③应该说，这种感觉是非常准确的。的确，在《艺术作品》中，本雅明似乎只是在平心静气地陈述着这样一个客观的事实：传统艺术侧重于作品的膜拜价值(cult value)，复制艺术侧重于作品的展示价值(exhibition value)。前者笼罩在一片光晕之中，而后者所追求的则是一种震惊效果(shock effect)。然而随着摄影、电影的出现，"展示价值第一次向膜拜价值显示了自身的优势"，④这意味着膜拜价值一统天下的局面已不复存在，展示价值则开始在人们的生活中扮演起了重要的角色。因为与传统艺术成龙配套的接受方式是聚精会神(concentration)，这种自从亚里士多德以来便形成的欣赏方式与接受传统已经成了一种话语霸权，它逐渐演变成了一种贵族化的欣赏活动，从而在无形中对大众进行着某种排斥和拒绝；而复制艺术吁请的接受方式则是心神涣散(distraction)，这种消遣式的接受状态使得大众拥有了广泛参与、欣赏艺术作品的机会和权利。在本雅明的心目中，这两种接受状态或欣赏方式其实无所谓对错好坏，因为公正地说，这种接受方式的转换是不以人们的意志为转移

---

① 〔德〕W. 本雅明：《机械复制时代的艺术作品》，王才勇译，杭州：浙江摄影出版社1993年版，第24页。

② Walter Benjamin, *Illuminations*, p. 218.

③ Charles Rosen, "The Ruins of Water Benjamin," in Gary Smith ed., *On Walter Benjamin, Critical Essays and Recollections*, pp. 167-68.

④ Walter Benjamin, *Illuminations*, p. 219.

的。历史的变迁常常带来的是人们感知方式的变化,这种变化很大程度上也影响到了艺术作品的存在与毁灭。悲剧艺术随着希腊人的消亡而灰飞烟灭,史诗随着文艺复兴时代的终结而土崩瓦解,木版画随着中世纪的结束而销声匿迹。在它们消亡的背后,无疑都与人们感知方式的变化密切相关。正是在这个意义上本雅明才指出:"在历史的转折关头,以视觉方式(也就是单靠沉思冥想)无法完成人类感知机制所面临的任务。在触觉接受的引导下,这些任务可通过习惯逐渐完成。"①

不难看出,为了呈现出两种艺术对垒、交锋以及一种艺术正在取代另一种艺术的事实,本雅明在《艺术作品》中已经走出了这么两条比较清晰的线索:

传统艺术 存在方式:光晕→构成方式:膜拜价值→接受方式:聚精会神

复制艺术 存在方式:震惊→构成方式:展示价值→接受方式:心神涣散

经过麦克卢汉、波德里亚等人的理论洗礼之后,这篇文章在今天看来似已不太新鲜,但它的开创性却是不言而喻的。苏珊·威利斯在谈到这篇文章时认为:"这很可能是马克思主义通俗文化批评发展进程中最重要的一篇文章。"②然而,让人不可思议的是,这篇文章的重要性在当时不但没有引起足够的重视,反而遭到了种种误解与严厉批评。虽然经过反复修改之后,社会研究所的杂志发表了这篇论文,但霍克海默等人认为它完全没有新意而没有认真对待;阿多诺则是举起批判之剑,把它批了个体无完肤;本雅明写信向朔勒姆求援,朔勒姆言辞含糊,反应冷淡③;而布莱希特读了此文后,在他的工作日记中写道:"尽管采取了一种反神秘主义的姿态,但所有的东西都是神秘的。他

---

① Walter Benjamin, *Illuminations*, p. 233.
② 苏珊·威利斯:《日常生活入门》,London: Routledge, 1991, p. 10. 转引自〔英〕约翰·斯道雷:《文化理论与通俗文化导论》,杨竹山、郭发勇、周辉译,南京:南京大学出版社 2001 年版,第 156 页。
③ See Momme Brodersen, *Walter Benjamin*, *A Biography*, p. 223.

居然使唯物主义的历史理论采取了这样一种形式!这实在是太可怕了。"①拨开历史的迷雾之后重新思考这一文本,不能说这些批评都是无稽之谈,但也意味着一种另类的声音很难在那个年代里获得共鸣。必须经过时间长河的冲刷之后,它的价值与意义才能充分呈现出来。

那么,以今天的眼光看,《艺术作品》在大众文化理论的建设中具有怎样的价值和意义呢?

第一,为大众文化的合法化寻找理论依据。在西方近代以来的文化传统中,大众文化虽然受到过蒙田的理论保护,但是更多的时候却是遭到了帕斯卡尔式的谴责。② 之所以如此,关键原因很可能在于,一旦思考精神与肉体的关系,人们一般会把关注的视线投向前者,进而形成重心灵净化与精神愉悦的传统美学观念。沃特斯(Lindsay Waters)指出:"西方传统对于有关肉体的一切,诸如情感和感受,最多只抱有一种爱恨交加的态度。精神控制住肉体,从而形成所谓的和谐整体,这被认为是美学愉悦的最高形式。……许多世纪以来,西方人都在进行一种精神锻炼,一种脑力增氧健身法,以使自己为了通往天堂的阶梯而牺牲和逃避尘世。"③而由于大众文化的着眼点往往在肉体而不在精神,所以无论如何它不可能受到被传统美学观念武装起来的专家学者的青睐。于是,种种迹象表明,在本雅明写作《艺术作品》的年代,大众文化的身份依然是暧昧不明的。虽然单凭这篇文章很难看出本雅明为大众文化正名的原因,但是当他层层展开自己的推论时,他实际上已经在做着一件意义重大的工作:让大众文化合法化。然而,这实际上又是一件难度很大的工作,因为西方传统中的所有艺术理论或者是精英文化的产物,或者是在不断论证中为精英文化的存在

---

① Bertolt Brecht, *Arbeitsjournal*, vol. 1 (Frankfurt, 1973), 16. Quoted in Bernd Witte, *Walter Benjamin: An Intellectual Biography*, trans. James Rolleston, Detroit: Wayne State University, 1991, p. 163.

② 洛文塔尔通过对歌德、席勒、莱辛、阿诺德(Matthew Arnold)、白哲特(Walter Bagehot)、华兹华斯、雪莱、丹纳等人的观点进行梳理,发现了一个让人吃惊的事实:通俗文化这一领域长期以来一直被帕斯卡尔式地谴责统治着。"因为我们所涉及的大部分作者一致把通俗文化等同于娱乐(entertainment),一般而言,他们对通俗文化的态度都是否定的。"See Leo Lowenthal, *Literature, Popular Culture, and Society*, Englewood Cliffs, NJ: Prentice-Hall, 1961, p. 45.

③ 〔美〕林赛·沃特斯:《美学权威主义批判:保尔·德曼、瓦尔特·本雅明、萨义德新论》,昂智慧译,北京:北京大学出版社2000年版,第164—165页。

寻找更加充分合理的依据。这就意味着借助于传统文化,本雅明很难找到自己的理论武器。他必须另起炉灶,发明一套全新的话语符号为自己的思想铺平道路。于是,在技术复制、震惊、展示价值、心神涣散等等术语的武装之下,他开始了小心翼翼的论证过程。他没有事先假定大众文化如何的好,而只是试图让人明白这样一个道理:技术复制已经破坏了艺术原有的存在方式,进而改变了大众与艺术的关系,这是一股谁也无法阻挡的潮流。既然历史的发展趋势不可逆转,为什么不能以平常心看待这种新型的文化现象呢?从某种意义上说,本雅明对待大众文化的这种平和姿态甚至比他那种独特的论证更有价值,其示范意义不容低估,因为这意味着从此之后,在文人与大众、知识分子与大众文化那种剑拔弩张的二元对立关系中必然会发展出一种新型的关系——对话关系。里德莱斯(Robin Ridless)在谈到《艺术作品》时指出:"本雅明创造了一套标准并用这套标准中的术语来判断通俗文化。在此之前,论及美学的作者会把大众文化看成古典艺术中有缺陷的样式;在此之后,甚至那些不赞同这一方案的人也不得不严肃地对待通俗文化——至少在思想论争的层面是如此。"①应该说,这正是本雅明论述大众文化的意义所在。

第二,从大众的角度出发,确立了大众与艺术作品的新型关系。如果说面对19世纪的巴黎时,本雅明所谓的大众基本上处于匿名状态,那么在他思考20世纪的大众文化现象时,大众却成了他思考问题的基本出发点。他没有像阿多诺那样把大众看成是统治意识形态整合的对象,而是把他们当成了商业意义上的消费者和美学意义上的欣赏者。"大众从艺术作品(对于他们来说,这些艺术作品在消费品中占有一席之地)中积极地寻求着某种温暖人心的东西"②——尽管这不是本雅明大众文化观的全部,但是这一思考角度的位移使他的大众文化理论少了许多精英主义的味道,多了一些平民主义的色彩。而且也唯其如此,他才能从大众的立场出发,看到许多被精英意识遮蔽或使其被迫沉默的问题,并设想出一种用复制艺术解决这些问题的可能

---

① Robin Ridless, *Ideology and Art: Theories of Mass Culture from Walter Benjamin to Umberto Eco*, New York: Peter Lang Publishing, Inc., 1984, p. 2.
② Walter Benjamin, *The Arcades Project*, p. 395.

性。本雅明指出:"如果人们知道了技术化及其后果在大众中造成了何种严重的焦虑——这种紧张处在危急状态中就染上了精神变态的性质——那么,人们就将看到,构成大众精神错乱的这种技术化通过这样一些电影就获得了心理接种的可能,这些电影能够遏止强行的施虐狂幻想或受虐狂妄想在大众中自然的并且是危险的发展。集体的放声大笑就是对这种大众精神错乱有益的提前宣泄。"[1]解铃还是系铃人——让技术复制的艺术作品治疗技术化时代大众染上的种种心理疾病,这种解决方案虽然有其天真浪漫的一面,但是能够看到电影的致幻功能和效果,确实也显示出本雅明的另类意识与超前意识。同时,在大众与复制艺术的交往之中,一种新型的关系也就应运而生了。而一旦这种关系确立之后,则意味着一种新的美学原则的诞生,也意味着传统的审美标准在新型的复制艺术面前或者失效或者错位,人们必须重新调整对待大众文化的立场、姿态、思路与看法。

第三,肯定了技术的作用,从某种程度上颠覆了知识分子的话语传统。技术和由其形成的技术理性一直是阿多诺与霍克海默重点批判的对象,然而到了本雅明这里却发生了微妙的变化。从总体上看,本雅明对"技术理性"也是持一种否定态度的,否则我们就无法解释为什么他对富有光晕的艺术会那样依依不舍,但是这并不妨碍他对技术本身持一种相对肯定的态度。从这一方面看,他比阿多诺要显得更加理智。因为他意识到技术革命的来临其实是不可避免的,而一味地以既成的传统美学观念对技术革命的成果进行批判,显然无助于问题的真正解决,重要的是转换一种眼光和心态对这些新生事物进行客观的分析。《艺术作品》通篇谈论技术复制、电影与摄影,实际上就是本雅明以"平常心"对待技术革命成果的一次示范。而这种示范恰恰对知识分子的传统话语构成了一种颠覆或消解。长期以来,人文知识分子对于技术往往采取一种充满悖论的立场:他们一方面享受着技术革命的成果,一方面又对技术革命给人带来的心灵戕害展开了无情的批判。这种批判发展到最后也就形成了一种知识分子传统,甚至成了鉴定知识分子身份的一种标志性话语。即作为知识分子,你只能谈技术

---

[1] 〔德〕W.本雅明:《机械复制时代的艺术作品》,第36页。

的孬而不能念技术的好,否则你就会面临身份危机。然而,客观地说,技术从来就是一把双刃剑,它是人类灾难的策源地,也是人类幸福的发祥地。因此,单纯地批判显然不足以说明全部问题。本雅明对技术的肯定虽然有政治因素的参与(后文详述),他的这种立场也大可商榷,但其思路却是富有启发意义的。它打开了反思技术的另一扇窗户。

从以上的归纳中可以看出,技术复制在本雅明手中已经成了一件为大众文化正名,进而走向大众、介入政治并与批判型知识分子拉开距离的革命性武器,而当他如此为技术复制定位的时候,他的左翼激进的立场也就暴露无遗了。那么,为什么他要采取这样的立场呢?他为大众文化正名的深层动机是什么?肯定技术作用背后的理念又是什么?所有这些问题在《艺术作品》中并没有给出明确的答案。就像一个高明的小说大师那样,本雅明在《艺术作品》中实际上设计了一明一暗两条线索。相对而言,这条明线容易把握,而暗线却时隐时现,往往让人如堕五里雾中。因此,若要使这条暗线浮出水面,还需要从别处去寻找使其曝光的理论资源。

2. 在技术决定论的背后

杰姆逊在谈到《艺术作品》时指出:"从本雅明的思想中我们显然可以看出一种技术决定论的影响,即机器和技术创新最终起决定作用的解释,但它比起麦克卢翰的理论无疑有更大的现象学上的丰富性。"[①]实际上,"技术决定论"是西方一些学者面对本雅明这个文本时所形成的一种共识,这意味着在肯定这个文本的同时也指出了它的浮浅与片面。然而,这其实并非问题的关键,关键在于,如果我们承认技术至上是贯穿《艺术作品》始终的一条主线,那么为什么本雅明要肯定技术,肯定技术背后的深层动因又是什么呢?

现代心理美学认为,童年经验在人的一生中扮演了重要角色,"童年经验生成并建构了艺术家一生体验的意向结构"[②]。这样的结论自然也适用于本雅明。在本雅明的童年时代,他已经以一种迷惘的方式

[①] 〔美〕詹明信:《晚期资本主义的文化逻辑》,陈清侨、严锋等译,北京:生活·读书·新知三联书店、香港:牛津大学出版社 1997 年版,第 315 页。"詹明信"通译"杰姆逊"。
[②] 童庆炳主编:《现代心理美学》,北京:中国社会科学出版社 1999 年版,第 96 页。

"享受"起了技术文明的成果。作为上流社会的孩子,他不时会被带到照相馆里,与各种各样的小道具"组合"成一张照片,形成一种他后来所说的"对物体的同化"的效果。① 而对于电话,本雅明也有一种奇怪的感觉:"在我童年的时候,电话已经开始使用,于是我知道它被钉在过道的一角。每当它在黑暗中尖叫时,柏林那所公寓就弥漫在恐怖之中,从半明半暗的餐厅经无尽的过道再到里间卧室都被它惊醒。当我的校友在两点到四点这段违禁时间给我打来电话时,这部电话就成了恶魔一样的机器。"② 显然,可以把本雅明的童年记忆看作由某种"震惊体验"构成的情绪记忆,这种记忆在他以后的岁月里并没有消失,而是变成了他感觉、消化、反思更多的"震惊体验"的意向结构。而当"震惊体验"终于被他提炼成一个理论术语并在他的文本中四处游走时,其实这并非空穴来风,而是接通了童年记忆的结果。明乎此,《论波德莱尔的几个主题》中突然冒出的这段文字才不至于让我们不知所措:

> 19世纪中叶,火柴的发明所带来的一系列革新有一点是相同的:人们只要突然动一动手,就能引起一系列其他的运动。这种发展出现在许多领域中。其中的一个例子是电话,拿起话筒已经取代了老式电话机需摇曲柄的笨拙之举。在不计其数的拨、插、按以及诸如此类的动作中,摄影师按照相机快门的动作成效最大。如今,用手指触一下快门就足以永久地把一个事件固定下来。照相机赋予瞬间一种事后的震惊。这种触觉经验与视觉经验结合在一起,就像报纸的广告版或大城市交通给人的感觉一样。穿行于这样的交通之中,个人也就卷进了一系列的震惊与碰撞之中。在危险的穿越中,神经紧张的刺激就像电流冲击一样迅速通过体内。……因此,技术使人的感觉中枢屈从于一种复杂的训练。不知从什么时候开始,一种对新刺激的急迫需求从电影那里得到了满足。在一部电影里,震惊式的感觉已被确立为一种形

---

① 〔日〕三岛宪一:《本雅明——破坏·收集·记忆》,贾倞译,石家庄:河北教育出版社2001年版,第31页。
② Walter Benjamin, *One-Way Street and Other Writings*, p. 326.

式原则。那种在传送带上决定生产节奏的东西构成了接受电影节奏的基础。①

毫无疑问,这种震惊体验是与传统艺术所呈现出来的光晕截然不同的现代性体验,而这种体验之所以能够产生,完全是人们的感知觉与林林总总的技术发明物相遇的结果。面对这样一种崭新的审美经验,本雅明的情感态度应该说是非常矛盾的,他像波德莱尔那样满怀着困惑甚至惊恐,同时却也充满了深深的迷恋。对于这种迷恋,杰姆逊的解释是"它满足了心理的要求,这在某些方面来说,也许甚至比正式的智力要求更深刻、更重要"②,但是在我们看来,技术革命及其成果点燃了本雅明无意识深层的破坏欲望应该是他痴迷技术的主要原因。

在本雅明的一生中,隐秘的破坏欲既构成了他生活中的重要内容,也构成了他思考、写作的基本动力。他欣赏尼采的说法,"当什么东西正在衰落时,应该给它最后的一击";同时他也信奉布莱希特的名言,"不要从好的旧东西开始,而要从坏的新东西出发"(Don't start from the good old things but the bad new ones)③。这样的格言之所以能在本雅明那里引起共鸣,关键在于它们能够与本雅明心中的破坏欲一拍即合。而在《破坏性人物》一文中,本雅明则干脆宣布:"破坏性人物只知道一个口号:制造空间;只知道一种活动,清除障碍。他对新鲜空气与开放空间的需求比任何仇恨都强烈。破坏性人物年轻快乐,因为在清除我们自己时代的痕迹中,破坏会让人返老还童;而之所以快乐,是因为清除了一切,就意味着破坏者自己的状况会完全改变甚至斩草除根。"④从某种意义上看,本雅明本人其实就是他所描绘的这种

---

① Walter Benjamin, *Charles Baudelaire: A Lyric Poet in the Era of High Capitalism*, pp. 131-132. 参考张旭东等译文,见〔德〕本雅明:《发达资本主义时代的抒情诗人》,第146页。
② 〔美〕弗雷德里克·詹姆逊:《语言的牢笼 马克思主义与形式》,第62页。
③ Walter Benjamin, "Conversations with Brecht," in Ronald Taylor ed., *Aesthetics and Politics*, p. 99.
④ Walter Benjamin, *One-Way Street and Other Writings*, p. 157.

破坏性人物①,像出现在波德莱尔作品中的职业密谋家一样,本雅明似乎在他的文本中一直偷埋着炸药,他想爆破那座资产阶级的文明大厦,并在这种爆破中享受一种隐秘的欢乐。

然而,要想从事这样一种大规模的破坏活动,光有欲望、冲动与激情是远远不够的,必须能够寻找到一种强有力的理论资源作为后盾才不至于使这种破坏流于纸上谈兵,也必须能够寻找到志同道合的战友并肩作战才不至于使自己变得形单影只孤掌难鸣。正是在这样一种心理背景的驱使下,本雅明开始痴迷于超现实主义与达达主义等先锋派运动;同时,他也结识了女共产党人拉西斯;通过拉西斯的介绍,他又认识了布莱希特;通过布莱希特,他又开始接受了马克思主义。从此之后,本雅明认真考虑开了入党问题,而本来不谙世事的他居然也频繁地讲开了政治。于是,政治、革命等等一批带着浓郁左翼色彩的词汇开始在他的文本中闪亮登场了。

对于本雅明与布莱希特的交往,西方学者颇多微词,同时这种交往也成了阿多诺批评本雅明的一个主要理由。然而,在阿多诺、朔勒姆与布莱希特争夺本雅明的过程中,却只有布莱希特成了一个绝对的赢家。本雅明在给朋友(Kitty Marx-Steinschneider)的一封信中(1933年10月20日)谈道:"赞同布莱希特的作品是我全部立场中最重要和最富有防御性的观点之一。"②这种表白除了说明布莱希特已经对他构成了决定性的影响外,还说明这位小他六岁的戏剧家一定有某种非凡的魅力,甚至都让本雅明油然生出许多崇拜之心。那么,这种非凡的魅力是来自哪里呢?阿伦特的解释是这样的:"在布莱希特那里,他发现了一个具有罕见思想能力的诗人形象,而对他来说更为重要的是,站在左翼立场的布莱希特尽管高谈辩证法,却同他一样不是一个

---

① 德国学者沃尔法特(Irving Wohlfarth)曾对《破坏性人物》一文做过精细解读,如下这段文字意味深长:"本雅明自己是一个破坏性人物吗?一个玄学家、忧郁症患者和收藏家,他居住在一个远非真空的环境里。用他自己的话说,他并非一张'空白的页面'(unwritten page),因此他不能下决心'逃离'欧洲。但是在布莱希特、波德莱尔、克劳斯(Karl Kraus)、卢斯(Adolf Loos)、布朗基(Louis-Auguste Blanqui)等人那里,他被吸引到相当于他或与他自己一致的破坏性人物上来。" Irving Wohlfarth, "No-man's-land: On Walter Benjamin's 'Destructive Character'," in Andrew Benjamin and Peter Osborne eds., *Walter Benjamin's philosophy*: *Destruction and Experience*, London and New York: Routledge, 1994, pp. 178-179.

② Gershom Scholem and Theodor W. Adorno, eds., *The Correspondence of Walter Benjamin, 1910-1940*, p. 430.

辩证思想家,布莱希特的智慧非同寻常地接近现实。和布莱希特在一起,他能够实践布莱希特所谓的'天然地思考'(crude thinking/das plumpe Denken)。布莱希特说:'重要的是学会如何天然地思考。天然地思考也就是伟人的思考。'本雅明对此阐释道:'在许多人看来,辩证法家就是喜欢钻牛角尖的人。……相反,天然的思想是辩证思想的一部分。因为它们不是别的,而是使理论联系实践。……一种思想付诸行动必须是天然的。'"①阿伦特的解释为我们提供了一条理解本雅明亲近布莱希特的重要线索,但是相比之下,所罗门(Maynard Solomon)的解释似乎更有说服力。他认为,布莱希特坚持把革命力量看作马克思主义思想的一条原则,而正是他们对马克思关于费尔巴哈第11条提纲的共同兴趣使得本雅明不愿意放弃布莱希特,或使两人最终走到了一起。②

"哲学家们只是用不同的方式**解释**世界,问题在于**改变**世界。"③这就是马克思的第11条提纲。对于当年的本雅明来说,它所产生的冲击力与震撼力肯定是巨大的。若要改变世界,不破坏行吗?不解构行吗?只有破坏一个旧世界,才能建设一个新世界。④ 苏联已经把马克思的这种设想变成了现实。理论的魅力加上实践的运作,再加上布莱希特这个浑身上下充满了革命细胞的人在那里现身说法,所有这一切对于本来就充满了破坏欲望的本雅明不啻是久旱逢甘雨,他乡遇故知。毫无疑问,起码在这样一个特定的时期,他不会选择与政治拉开距离的阿多诺,也不会选择犹太神秘主义的代言人朔勒姆,而必然会选择现实感强、实践性大、天然地思考着的布莱希特,因为只有布莱希特才是他的同志和战友。

正是基于这样一种心理背景,本雅明成了布莱希特思想与作品的合作者、阐释者、辩护者与捍卫者。众所周知,布莱希特创造了叙述体

---

① Hannah Arendt, "Introduction to *Illuminations*," in Walter Benjamin, *Illuminations*, p. 21. 参考刘北成译文,见《本雅明思想肖像》,第232—233页。
② 〔美〕梅·所罗门编:《马克思主义与艺术》,第579页。
③ 《马克思恩格斯选集》第1卷,北京:人民出版社1995年版,第57页。
④ 用本雅明的表述是"'建设'以'破坏'为前提"。See Walter Benjamin, "N [Re the Theory of Knowledge, Theory of Progress]," in Gary Smith ed., *Benjamin: Philosophy, History, Aesthetics*, p. 60.

戏剧(epic theatre)①,以和亚里士多德以来称霸两千多年的传统戏剧彻底决裂;使用了间离效果(alienation-effect)、中断(interruption)等等技术策略,从而促使观众进入一种特殊的欣赏过程。而所有的这些石破天惊之举在布莱希特那里都不仅仅是一种戏剧观念的革新和戏剧美学的革命,而是与现实密切相连并进而试图改变现实的革命的美学,隐藏在它背后的不是别的东西,而是彻头彻尾的政治。"用一句最完全彻底的话来概括,布莱希特间离效果的目的就是一个政治目的。正如布莱希特一再坚持的那样,它要让你意识到你所认为是自然而然的事物与制度其实是历史的:它们是变化的结果,它们本身因此也是可以变化的。"②杰姆逊的这番概括可以说道破了布莱希特戏剧的最高机密。而对于本雅明来说,他最感兴趣的也正是布莱希特的戏剧技巧。在他看来,间离效果与中断的技巧所要废除的是西方传统的审美移情或共鸣理论,它给观众带来的效果是震惊(astonishment)而不是移情(empathy)。就像电影里的画面一样,叙述体戏剧的上演是分段展开的,"它的基本形式是震惊的形式,利用这种形式,戏剧中一个个相互分别得很清楚的场景相继出现。歌曲、字幕和那些单调的惯用手段使得一种场景区别于另一种场景。这就出现了间断。这种间断削弱了观众的幻觉,并使他们的移情准备处于瘫痪状态"③。而更富有创意的是,本雅明把布莱希特的中断技巧纳入了自己对引文的思考中,指出了叙述体戏剧与引用之间的关系:"我们在这里还可以进一步推想,中断是所有造型的基本手法之一。它远远超出了艺术的领域。仅举一例即可说明,中断是引文的基础。引用一个文本涉及对其语境的中断。因此,称建立在中断基础上的叙述体戏剧为一种特殊意义的可引用的戏剧也就变得不难理解了。"④在这里,我们可以看到,布莱希特的戏剧中断术与本雅明的引文中断术已经相偎相依,携手共行。而

---

① Episches Theater / Epic Theater 曾被译为"史诗剧"或"叙事剧",有学者经过研究,认为此二译法均不准确,应该译为"叙述体戏剧"。参阅余匡复:《布莱希特论》,上海:上海外语教育出版社 2002 年版,第 67—71 页。

② 〔美〕弗雷德里克·詹姆逊:《语言的牢笼 马克思主义与形式》,第 48 页。根据原文有改动。See Frederic Jameson, *The Prison-House of Language: A Critical Account of Structuralism and Russian Formalism*, Princeton: Princeton University Press, 1972, p. 58.

③ Walter Benjamin, *Illuminations*, p. 149.

④ Ibid., pp. 147-148.

它们之所以能够情同手足,相互支援,关键在于两者的革命目标是完全一致的:都是为了破坏。前者摧毁了观众的共鸣装置,后者打破了原有的语境平衡;观众因此在惊愕中陷入沉思,引文则在新的语境中释放出了巨大的能量(引文在原来的语境中已经僵硬或枯死,因此中断即意味着激活,移位即意味着新生)。

那么,当本雅明如此阐释着布莱希特的戏剧理论时,他究竟想要干什么呢?答案其实已经大体清楚了。无论是间离效果还是中断,小而言之是一种戏剧技巧,大而言之则是一次技术革命。在本雅明与革命、政治共度蜜月的这段时间里,他必须寻找到某种革命的武器,爆破的手段,如此才能把自己武装起来而不至于使自己显得志大才疏。而间离效果与中断正是这样一种革命的武器。加上他早已成型的引文术,和他后来在《艺术作品》中青睐的技术复制与电影蒙太奇以及他亲自实践的文学蒙太奇,本雅明不断地扩大着自己的爆破队伍。而与此同时,他对技术/技巧迷恋的动机也就变得越来越清晰了:与其说他是迷恋技术,不如说他是迷恋技术释放出来的革命能量。因此,隐藏在本雅明技术决定论背后的东西毫无疑问应该是政治。

那么,又该如何理解本雅明与先锋派运动的关系呢?种种事实表明,迷恋包括超现实主义与达达主义在内的先锋派运动,是本雅明一生中一件非常重要的事情。在给霍夫曼斯塔尔(Hugo von Hofmannsthal)的信中(1927年6月5日),本雅明写道:"至于我的活动和兴趣,我觉得在德国,我完全脱离开了我的同时代人。此外,还有其他原因。在法国,个别现象也吸引我参与其中——在那些作家中,有季洛杜(Giraudoux)特别是阿拉贡(Aragon);在那些运动中,有超现实主义。"[①]而朔勒姆则对本雅明迷恋超现实主义做出了如下评点:"漫无节制的超现实主义比做作的文学表现主义更深地吸引着他。在他看来,超现实主义就像是通往对心理分析做出更实证的评价的第一座桥梁。但是,他对这两个流派的弱点都很清楚。本雅明给我读了一些杂志,在那上面,阿拉贡和布勒东宣扬的某些东西与他本人的深刻体验

---

① Gershom Scholem and Theodor W. Adorno, eds., *The Correspondence of Walter Benjamin, 1910-1940*, p. 315.

吻合。"①既然本雅明如此热衷于超现实主义等先锋派运动,这就难怪他为什么会专门写下一篇《超现实主义》(1929)的文章,为什么《艺术作品》中又徘徊着达达主义的幽灵。实在说来,是本雅明内心深处那种特殊的冲动和体验使他跟超现实主义与达达主义的行动策略、艺术手段走到了一起。

那么,超现实主义与达达主义的行动策略和艺术手段又是什么呢?是自动写作、梦幻体验、精神革命、洗劫一空、清除一切。而这些策略和手段所要达到的最终目的又是破坏和否定。② 阿拉贡曾把达达说成是"永无休止地打倒一切"的事业:"人们弄出法律、道德、美学这些名堂来,目的是要你们去尊重一些脆弱的东西。什么东西脆弱,就迟早要被打碎。你们就体验一回自己的力量吧,从此以后,我敢万无一失地担保你们就不会继续尊重那些东西了。你们不能打碎的东西将会打碎你们,成为你们的主子。打碎各种神圣的观念,所有那些促使你们热泪盈眶的东西,都要打碎!打碎!我无偿地奉送给你们的这剂比所有的麻醉药都更强有力的鸦片就是——打碎!"③这就是本雅明所心仪的达达主义者/超现实主义者的主张。④ 这种斩钉截铁的呐喊很容易让我们想起《破坏性人物》中那种非同寻常的语气、句式和姿态,或者说,在本雅明的《破坏性人物》中,我们更应该嗅出的是达达主义和超现实主义的气息。

由此看来,达达主义和超现实主义的否定与破坏不仅暗合了本雅明本人的某些经验,而且更重要的是,它们的主张、方案、策略和技巧在一段时间之内成了本雅明的理论资源,并在很大程度上参与了他所谓的"艺术政治化"的构想。而由于在达达主义那里本来就存在着一

---

① Gerhard Scholem, *Walter Benjamin: The Story of a Friendship*, trans. Harry Zohn, The Jewish Publication Society of America Philadelphia, pp. 134-135. 转引自刘北成:《本雅明思想肖像》,第 139 页。

② 一般认为,达达主义只有破坏和否定,因而走向了虚无主义;超现实主义在破坏的同时也注意到了建设。这是两者的主要区别之一。

③ 〔法〕路易·阿拉贡:《达达的体系》,Littérature, N. 15, juillet-août 1920, 8-9. 转引自〔法〕亨利·贝阿尔、〔法〕米歇尔·卡拉苏:《达达——一部反叛的历史》,陈圣生译,桂林:广西师范大学出版社 2003 年版,第 17 页。

④ 阿拉贡、布勒东等人早期都是达达运动的支持者和参与者,1922 年,他们与达达主义的合作破裂,于是有了后来的"超现实主义革命"。参阅老高放:《超现实主义导论》,北京:社会科学文献出版社 1997 年版,第 21—22 页。

种艺术政治化的意图①,由于超现实主义的"精神革命"本来就与当时的"政治革命"和"社会革命"存在着某种联系,所以,达达主义和超现实主义的政治在换算成本雅明那种马克思主义和共产主义的政治时并不复杂。可以说,在本雅明建构自己的政治学或政治哲学的过程中,首先是达达主义和超现实主义等先锋派的思想进入了他的视野,然后这种思想又汇入布莱希特式的马克思主义的洪流中。对于本雅明来说,如果说布莱希特式的马克思主义是一种革命的武器,那么达达主义和超现实主义则是把这种武器打造得更精良的技术手段。两者的婚合,仿佛就是如虎添翼,它们共同帮助本雅明完成了他自己的设计方案。

明乎此,《艺术作品》表面平和实际激进的姿态才变得不再难以理解。在此文的结尾部分,本雅明涉及这样一个观点:法西斯主义试图组织起新生的无产阶级大众,并使政治生活审美化。而这样一种努力在战争中达到了登峰造极的地步:"帝国主义战争是技术所发动的一次起义,技术以'人力材料'的形式重新表达它的诉求,因为社会夺走了它所要求的自然材料。技术不是去疏浚河流,而是把人流引向战壕;技术不是用飞机播种,而是把燃烧弹投向城市;毒气战是摧毁光晕的一种新方式。"为了与这种战争美学针锋相对,本雅明以一句铿锵有力的话结束了全文:"这就是法西斯主义谋求的政治审美化。共产主义则以艺术政治化作为回应。"②用不着多想就会明白,本雅明在这里采用的战略战术思想是以牙还牙、以毒攻毒。那么,艺术政治化的含义又是什么呢? 这种战略战术思想是不是一种天真的乌托邦冲动呢?

事实上,在《作为生产者的作家》一文中,本雅明已经对艺术政治化的含义作了明确的回答。在他看来,革命的艺术家不应当毫无批判地接受艺术生产现成的力量,而应该加以发展,使其革命化。这样,他就在艺术家与大众之间创建了新的社会关系;艺术的力量包括电影、无线电、照相、音乐唱片等,这些东西本应人人都能享用,现在却成了

---

① 比如,戏剧家埃尔文·皮斯卡托就认为,通过达达,他学会了怎样让艺术服务于政治:"艺术也是一种政治的手段,一种宣传的工具和教育的工具。"〔德〕埃尔文·皮斯卡托《政治的戏剧》(1930), trad. A. Adamov et C. Sebisch, L'Arche, 1972, 26-27. 转引自〔法〕亨利·贝阿尔、〔法〕米歇尔·卡拉苏:《达达——一部反叛的历史》,第28页。

② Walter Benjamin, *Illuminations*, pp. 234-35.

少数人的家私,这个矛盾应由革命的艺术家来加以解决;他们的任务不但在于发展这些新的宣传工具,而且也在于改造那些旧的艺术生产方式。这不光是利用现在的工具传播革命的"启示"问题,同时也是一个使这些工具本身革命化的问题。例如,本雅明认为报纸可以逐渐融合各种文学体裁之间、作家与诗人之间、学者与通俗读物作者之间,甚至作家与读者之间(因为报纸的读者自己常常很想当作家)的传统的划分。同样,唱片也已经取代了音乐会那种生产形式,使它成了过时的东西。电影与照相正在深刻地改变着传统的感知形式、传统的技术和生产的关系。因此,真正的革命艺术家不能只关心艺术目的,也要关心艺术生产的工具。文学的"倾向性"不光是在艺术中表现正确的政治观点,而且也意味着艺术家如何得心应手地去重建艺术形式,从而使得作者、读者与观众成为合作者。①

当本雅明如此为艺术政治化定位的时候,实际上在许多方面都可以把这个文本看作毛泽东《在延安文艺座谈会上的讲话》(下文简称为《讲话》)的德国版本。② 它们都是"讲话"(本雅明的这篇文章是1934 年 4 月 27 日在巴黎法西斯主义研究学院的演讲),都是战争年代的产物,都强调了一个作家、艺术家走向大众的问题(本雅明对布莱希特心中装着大众的做法大加赞赏③),都强化了一个知识分子的思想改造和立场转换问题(阿拉贡说:"革命的知识分子首先是作为他原来那个阶级的叛逆者出现的。"本雅明认为这种说法完全正确④),都意识到作家艺术家投身于革命斗争洪流中的重要性(本雅明借苏联作家

---

① Walter Benjamin, *Reflections*: *Essays*, *Aphorisms*, *Autobiographical Writings*, trans. Edmund Jephcott, New York & London: Harcourt Brace Jovanovich, 1978, pp. 220-38. 此处主要依据伊格尔顿的归纳,见〔英〕特里·伊格尔顿:《马克思主义与文学批评》,文宝译,北京:人民文学出版社 1980 年版,第 67—68 页。

② 把本雅明的《作为生产者的作家》与毛泽东的《讲话》进行对比,既是出于内容上的考虑,也是建立在某种历史的假定之上。晚年的(1950 年代)布莱希特在对斯大林主义失望之后,转而对毛泽东与中国产生了浓厚的兴趣。他认为在社会主义国家的领导人当中,毛泽东是继列宁之后唯一的辩证唯物论者,《矛盾论》成了他晚年最经常阅读的书籍之一(参阅〔西德〕克劳斯·弗劳克尔:《布莱希特传》,李健鸣译,北京:中国戏剧出版社 1986 年版,第512 页)。如果本雅明能活到 1950 年代,他是不是也会像布莱希特那样对毛泽东与中国发生兴趣? 历史当然不能假定,但布莱希特晚年的举动确实让人深思,也就不免让人对紧紧追随布莱希特的本雅明产生类似的联想。

③ Walter Benjamin, *Illuminations*, p. 144.

④ Walter Benjamin, *Reflections*: *Essays*, *Aphorisms*, *Autobiographical Writings*, p. 237.

特列契雅科夫的口指出:"作家的使命不是去报道而是去斗争,不是扮演观众的角色而是积极投身到斗争中去"①)。区别只在于毛泽东更多地在知识分子"道"的再生产(也就是意识形态再生产/知识分子大众化)上做文章,而本雅明则更多地在知识分子"器"的再生产(也就是革命武器、生产工具的再生产。本雅明指出:"对于作为生产者的作家来说,技术的进步就是他政治进步的基础"②)上下功夫;毛泽东眼中的大众非常明确,他们是现实生活中实实在在的工农兵大众,而本雅明心目中的大众则比较模糊,他们更多是想象中的大众。阿拉托(Andrew Arato)指出:"在1930年代,布莱希特与本雅明都假定存在着一个大众革命主体(如果不是一个共同体,至少也是一个政治集体)。在新的公开的著作中,对这一主体的自我认知似乎是合理的。这个自我认知的经验主义困境在于,它最终(也总是)满足的是一条预先设定和已被执行的政治路线。"③而更耐人寻味的是,毛泽东的领袖权威与国家意识形态代言人的角色最终使得《讲话》落到了实处,并因此而生产出了代表性的作家(比如赵树理),而一介书生的本雅明虽然也是高屋建瓴、豪情万丈,但他的角色扮演无论如何都不可能让他振臂一呼,应者云集;而缺少了作家这一中介环节,他的理论无论如何都不可能旅行到那个假定的大众革命主体中去。因此,他的理论或者只能作为理论而散发出某种特殊的魅力,或者有可能被统治阶级集团所利用,并因此而产生一种灾难性的后果。如果本雅明播下的是龙种,最终却只能收获跳蚤,那么这只能说明这颗龙种本身存在着某些问题。也许从他播种的第一天起,已经同时埋下了畸变的隐患。

必须指出,本雅明的左翼战略战术思想也是一个特殊历史语境下的产物,带着与生俱来的缺陷。而作为一个典型的文人,本雅明在试图完成旧式文人向革命的知识分子的转换时也暴露出了某种文人的

---

① Walter Benjamin, *Reflections: Essays, Aphorisms, Autobiographical Writings*, p. 223.
② Ibid., p. 230.
③ Andrew Arato, "Introduction to Esthetic Theory and Cultural Criticism," in Andrew Arato and Eike Gebhardt eds., *The Essential Frankfurt School Reader*, New York: Urizen Books, 1978, p. 215.

天真与幼稚。① 因为革命的技术与革命的政治的婚合可以成为以毒攻毒的武器,也可以变成为另一种极权主义鸣锣开道、借坡下驴的工具。② 果真如此,也就真的应了阿多诺的这一判断:极权主义与大众文化狼狈为奸。而更让人感慨的是,文人只能以文人的思维方式与运作方式投入战斗,与武装到牙齿的敌人相比,文人可资利用的武器不仅品种单一,而且少得可怜。伊格尔顿指出:"本雅明的计划是炸断致命的历史连续性,但他手头能用的武器却少得可怜:震惊、寓言、间离、弥赛亚时代的异质'碎片'、小型化、机械复制、希伯来神秘哲学的阐释暴力、超现实主义蒙太奇、革命的怀旧、被复活的记忆踪迹、擦掉格格不入的东西的阅读。就像巴罗克寓言一样,实现这种惊人而大胆的事业,其可能的条件是历史在人们的身后崩溃为碎片——人们可以在废墟中挖掘和凑集一些东西,以对抗'进步'的无情的步伐。"③ 而对于本雅明来说,虽然破坏是他收藏的基础,废墟是他拯救的前提,但是所有这一切革命活动都是在一个想象的战场上展开的。他虽然渴望像布莱希特那样理论联系实际,但是更多的时候他只能在文本中享受一种破坏的快感或在破坏中享受一种文本的欢乐。西方一些学者认为,本雅明是解构主义与后现代主义的先驱,如果此说成立,那么这个先驱也是被逼而成的。

然而,也必须指出,本雅明并不是一个坚定不移的左翼战士,就在他率领着自己的革命队伍——革命的技术、革命的政治与想象的革命

---

① 实际上,也完全可以把本雅明所钟情的中断看作他对自身境遇的一种隐喻。作为一个中产阶级的富家子弟,他一直都在反叛着自己出身的那个阶级。而革命知识分子的角色扮演,又分明使他看到了与他所属的那个阶级和他所扮演的文人角色中断的可能性。在这个意义上,中断既意味着抽身而出,也意味着在这次美学哗变中脱胎换骨,获得新生。因此,不应该仅仅把中断看作一种修辞技巧或叙述策略,它还应当是本雅明自己的一次行为艺术。

② 哈贝马斯指出:"对于作为从属于自主领域的艺术,纳粹的宣传艺术完成了它的解体,但是在其政治化面纱的背后,它确实是在为赤裸裸的政治暴力美学化提供服务。它用操纵性手段制造出膜拜价值,从而取代了资产阶级艺术那种没落的膜拜价值。膜拜符咒的打破是为了让它全面更新;大众的接受变成了对大众的暗示。" Jurgen Habermas, "Water Benjamin: Consciousness-Raising or Rescuing Critique," in Gary Smith ed., *On Walter Benjamin, Critical Essays and Recollections*, pp. 95-96.

③ 〔英〕特里·伊格尔顿:《审美意识形态》,王杰、傅德根、麦永雄译,桂林:广西师范大学出版社2001年版,第338—339页。根据原文略有改动。Terry Eagleton, *The Ideology of the Aesthetic*, Oxford: Blackwell Publishing Ltd., 1990, p. 333.

大众——不无悲壮地向前挺进的时候,他开始犹疑了。他变得瞻前顾后,谨小慎微,狐疑满腹,怅然若失。文人的情怀、弥赛亚的思想决定了他无论如何不可能完成从文人向革命的知识分子的蜕变,于是他开始向他运用技术力量破坏的东西、解构的东西频频回首致意了。

3. 光晕消逝时的挽歌轻唱

事实上,本雅明一直就是以一种非常矛盾的心情来面对技术革命所带来的成果的。这种矛盾有历时的因素,但也是他共时思考的结果。当重大的历史事件发生之后(比如1939年《苏德互不侵犯条约》的签订),我们看到了本雅明心理天平的明显倾斜,然而就在他为革命的技术引吭高歌的同时,我们却也听到了他的挽歌轻唱。没有必要回避本雅明的这种矛盾,因为伟大人物从来都是矛盾人物和问题人物,矛盾性也意味着问题的丰富性和复杂性。而对于本雅明来说,他的许多矛盾都在他所独创性使用的"光晕"①上聚焦了。

作为一个理论术语,光晕最早出现在本雅明的《摄影小史》中。在此文中,他第一次给光晕下了一个这样的定义:

> 究竟什么是光晕呢?一种空间与时间的奇妙编织:无论如何接近物体,都会因距离而形成的独一无二的现象或假象。静歇在夏日正午,观者追随天边的群山,或一根在他身上投下树荫的细枝,直到这一瞬间或时刻变成其显象的一部分——这就意味着在呼吸那座群山、那根树枝的光晕了。②

---

① Aura 一词很难翻译,就笔者所见,此概念的汉语译法有韵味、光晕、灵气、灵氛、灵韵、灵光、辉光、霞气、气息、气韵、神韵、神晕、氛围、魔法等。因这一概念所蕴含的既有宗教神学意味,又有美学意味,也因国内学者就如何翻译 Aura 曾专门撰文辨析(参见张玉能:《关于本雅明的"Aura"一词中译的思索》,《外国文学研究》2007年第5期;方维规:《本雅明"光晕"概念考释》,《社会科学论坛》2008年第9期),故笔者以为以光晕、灵光对译较妥。不过,Aura 的翻译问题至今都未完全解决,例如,杨俊杰主张译作"霞气"(参见《也谈本雅明的AURA》,《美育学刊》2014年第1期),赵千帆主张译作"气息"(参见《Aura 与"气韵":兼及概念在翻译中的回响》,《广州大学学报》2021年第3期),他们的思考都可参考。同时需要指出的是,"光晕"这一概念也并非本雅明首创(中国一些学者认为它是本雅明发明的)。西方学者认为,"光晕"在当时的文学艺术讨论中不时出现,但它主要是属于格奥尔格(Stefan George)派的术语。格尔奥格的朋友斯凯尔(Wolf Skehl)把它叫作"生命的呼吸",并认为每一种物质形态都散发着光晕,它冲破了自己,又包围了自己(See Momme Brodersen, *Walter Benjamin, A Biography*, p. 222.)。本雅明首次使用"光晕"时有格奥尔格派的味道,但后来又不断赋予它以新的含义。故说本雅明的使用为"独创性使用"。

② Walter Benjamin, *One-Way Street and Other Writings*, p. 250.

显然，当本雅明把光晕看作一种在自然界所形成的现象时，这一概念的意蕴尽管显得神秘，但还是可以把握的。在这一层面上，我们可以把光晕理解为一种美的呈现：当审美主体与客体形成了某种深刻的遇合之后，光晕出现了。在这里，距离（distance）是一个关键词，因为这种光晕之所以独一无二，就是因为它可远观而不可亵玩。一定的距离（空间的、时间的，甚至心理的）保证了光晕呈现的可能性。毫无疑问，当本雅明如此界定着光晕的时候，他所动用的主要还是德国古典美学的理论资源，这也说明了支撑着光晕的核心理念不是一种现代性经验，而是一种前现代的、传统的审美经验。因此，自从光晕在本雅明的手中诞生的那一天起，它就与传统结下了不解之缘。

如果说在人与自然的交流中光晕的出现意味着美的呈现，那么在艺术的层面，光晕的出现却是与某种宗教神学分不开的。在本雅明看来，最早的艺术作品起源于某种仪式：起初是巫术仪式，后来是宗教仪式，这就决定了与艺术作品相关的光晕总是与它的仪式功能相依为命。也就是说，"'本真'的艺术作品所具有的独一无二的价值植根于神学，艺术作品在仪式中获得了最初的使用功能"。然而，随着文艺复兴运动的开始，随着由此开始并盛行达三个世纪之久的对世俗之美的崇拜，艺术作品的仪式基础第一次出现了深刻的危机；而随着第一种革命性的复制方法摄影术的出现，同时也随着社会主义的兴起，艺术开始面临真正的危机。于是，"艺术就用为艺术而艺术的原则，即一种艺术神学做出了反应"。显然，在本雅明的心目中，艺术虽几经沧桑变幻，艺术作品的光晕也发生了从宗教神学到艺术神学的位移，但实际上是新瓶装旧酒，换汤不换药。当又一轮复制技术（电影）登场亮相之后，本雅明看到了艺术作品的光晕已经完全失去了存在的基础。正是在这一背景下，本雅明提出了他的激进方案：当艺术的仪式根基土崩瓦解之后，新型艺术的根基，或艺术的新型根基不应该是别的，而应该是政治。①

得出光晕消逝的结论是本雅明对艺术的存在方式历时考察的结果，同时也是他综合一些思想家的观点所形成的看法。如黑格尔的"艺术终结论"，韦伯（Max Weber）与齐美尔关于当今世界理性化与知

---

① See Walter Benjamin, *Illuminations*, pp. 217-218.

识化的进程必然导致"世界的祛魅"(disenchantment of the world)的理论,都对本雅明的思考产生了很大的影响。关于这一点,西方学者所持的观点大体相同。① 但问题是,为什么一到艺术的层面,本雅明对光晕的消逝便毫不怜惜,甚至让《艺术作品》中的相关论述显出了某种不近人情的特征呢？除了前面所提到的艺术政治化的原因之外,自然还有别的原因。所罗门指出:"本亚(雅)明的'灵气'概念本身,是在他知道了马克思的'商品拜物教'概念之后产生的,是在他绝妙地运用这一概念之中产生的。……照此看来,'灵气'就是商品拜物教——这个用人与物的关系来代替人与人的关系的神秘的面纱,这个构成革命意识的原动力的异化的消除。"② 把光晕解释为商品拜物教确实显得大胆,但仔细想想,其实又并非无稽之谈。因为本雅明论述光晕在艺术中的存在方式时已经表明,无论在宗教神学时代还是艺术神学时代,艺术都披着那件马克思所谓的神学外衣。而传统艺术之所以能够形成一种膜拜价值,应该说也是商品拜物教功能的扩展与延伸。对于商品拜物教,本雅明的态度尽管不如阿多诺那么明朗,但总体上还是在进行着清算与批判。可以想见,当光晕与商品拜物教纠缠在一起、形成一种你中有我我中有你的格局时,本雅明在批判商品拜物教的时候也就不可能不批判光晕。

当然,本雅明反对光晕,更主要的原因还在于法西斯主义把政治审美化了。当纳粹利用种族神话和群众集会使正步行进、敬礼和崇拜标志等等美学化之后,神秘的权力崇拜也就取代了历史批判意识,邪恶则通过光晕散发着一种蛊惑人心的气息。而在本雅明看来,"法西斯主义代表了'灵韵'的巫术—宗教力量的一种恶性膨胀,后者超越了传统的领域——个别艺术品,而进入政治极权主义的舞台。简言之,法西斯主义是一种堕落艺术和一种堕落政治的拼凑"③。对于这种法西斯主义的光晕,对于这种美学与政治交配而生的现代杂种,要想把

---

① See Rainer Rochlitz, *The Disenchantment of Art: The Philosophy of Walter Benjamin*, trans. Jane Marie Todd, New York: The Guilford Press, 1996, pp. 149-50. See also Andrew Arato, "Introduction to Esthetic Theory and Cultural Criticism," in Andrew Arato and Eike Gebhardt eds., *The Essential Frankfurt School Reader*, p. 209.

② 〔美〕梅·所罗门编:《马克思主义与艺术》,第 582 页。

③ 〔爱尔兰〕理查德·卡尼:《论瓦尔特·本雅明》,刘北成译,见刘北成:《本雅明思想肖像》,第 322 页。

美和善的一面从丑与恶中分离出来已难乎其难,于是,最为简便也最为彻底的办法就是斩草除根——把洗澡水和孩子一起泼出去。这应该是本雅明一段时间内对光晕弃之如敝屣的深层原因。

可以把本雅明的远离光晕看作他的左翼激进思想的集中体现,而由于这种思想是特殊历史境遇下的产物,由于它从来也没有完全占领本雅明的身心世界,所以,他在《艺术作品》中对光晕的态度只能算作一次与光晕的暂时别离。一旦他那根绷得过紧的政治神经开始松弛,一旦他进入一个比较纯粹的审美世界,他就必然会重新审视他所抛弃的东西,而光晕则是这些东西中最让他割舍不下的。果然,在《艺术作品》成文的几个月后,他又写出了《讲故事的人》,开始了召光晕之魂的悲伤之旅。

《讲故事的人》是对19世纪俄国作家列斯科夫(Nikolai Leskov)讲故事能力的颂扬,同时也是本雅明从现代性的体验出发对已经消亡了的传统艺术不无黯然的缅怀与凭吊。在本雅明看来,讲故事是一门艺术,体现在列斯科夫身上那种杰出的讲故事能力只能反衬出这门艺术在我们这个时代已行将终结。因为本雅明发现,随着第一次世界大战结束,从战场上归来的人个个变得沉默寡言了,他们本来应该有许多可说的东西,但是他们却失去了交流经验的能力。十年之后,虽然描写战争的书籍铺天盖地,但其中所讲的已不再是人们口口相传的那种经验。讲故事的人不见了,讲故事的能力也消失得无影无踪。

那么,究竟是什么原因导致了讲故事能力的消失呢?本雅明认为,"口口相传的经验是所有讲故事者都要从中汲取灵感的泉源",然而这样一种经验在今天已不复存在。随着印刷术的发明,小说的广泛传播成为可能,但从小说诞生的第一天起,就决定了它与植根于史诗传统中的故事的区别。"讲故事的人取材于自己亲身经历或道听途说的经验,然后再把这种经验转化为听众的经验。小说家则闭门独处,小说诞生于离群索居的个人";讲故事的人要对听众提出忠告,小说家则既得不到别人的忠告,也无法向别人提出忠告,他只能在小说中展示他对生命的深刻困惑;编织到实际生活中的忠告就是智慧,然而甚至在《堂吉诃德》这样的杰作中,智慧之光也已黯淡。因此,可以把大众传媒看作讲故事这门艺术消亡的罪魁祸首。就像印刷术催生了小说一样,大众传媒也成全了消息(information)的传播。在充分发达的资本主义社会,每天早晨人们都会听到发生在全球的新闻,但是值得一听的故事却微乎其微。这种新的交流形式不但给讲故事的艺术带来了威胁,而且甚至给小说带来了危机。因为长期被新闻报道喂养,人们对来自远方的故事已不感兴趣,却对新近出现的消息情有独钟。因此,"消息传播与讲故事的精神背道而驰。如果说讲故事的艺术日趋式微,那么消息的传播在其中负有不可推卸的责任"。与此同时,对于听众来说,他们听故事的才能也消失了。而之所以消失,一方面是因为皮之不存,毛将焉附,另一方面也是"因为人们一边听故事一边纺线织布的情景不存在了。听者越是处于忘我的状态,他所听来的东西就越是能烙印在他记忆的深处。在融入劳动的节奏中听故事,复述故事的能力就会自动化为他自身的天赋。正是这样的氛围培育了讲故事的才能。这种氛围诞生于千百年前最古老的各式手工作坊里,现如今它却已逐渐消散,不复存在"。①

在《讲故事的人》中,本雅明虽然只有一处提及光晕,但是却可以感觉到光晕的无处不在。当讲故事这门充满光晕的传统艺术已经无可挽回地消失之时,本雅明的叙述语调里浸透了淡淡的哀伤、深情的眷恋和无法言表的惆怅。实际上,这也正是现代文人典型的情绪症候。文人毕竟不是革命者,或者说革命型的文人毕竟不能像真正的革命者那样抽空自己的情感而使自己变得心硬如铁。所以,当他革命的时候,他会对自己的革命目标心存顾忌;当他破坏的时候,他又会对自己的破坏对象难以下手。甚至当他革命了破坏了之后,他也依然会对那片充满废墟的战场反复凭吊,黯然神伤。而本雅明恰恰又是这样一个文人,对于把他培育出来的那种文化传统,他不像一些中国的文人一样总要经过一个少时逆反、老大皈依的过程,而是尼采式的破坏欲望与弥赛亚的救赎情怀同时并存他的心中,于是出走与回归、破坏与拯救就成了他心灵世界中不断交战、此消彼长、协商对话的两个声部。因此,几个月的时间,就从一个左翼激进分子摇身一变为一个文化保守主义者,表面上会让人一头雾水,但是对于本雅明来说,这偶然中却又蕴含着某种必然。他似乎一直都在为文人精神的呈现寻找着

---

① Walter Benjamin, *Illuminations*, pp. 83-107. 参考张耀平译文,见陈永国、马海良编:《本雅明文选》,北京:中国社会科学出版社 1999 年版,第 291—315 页。

出口,而充满光晕的传统艺术则让他找到了最佳的依托。

当然,更重要的还是他对讲故事这种传统艺术充满眷恋的深层动因。仔细分析《讲故事的人》中的逻辑线索,我们会发现有两个东西在这个文本中回环往复,川流不息,它们构成了讲故事艺术消亡的关键。这两件东西就是大众传媒与经验。大众传播的兴起带来了小说的繁荣和新闻的发达,而这却又带来了人们经验的匮乏。正是在这种经验的贫困中,讲故事的人不再会讲故事,听故事的人也不再会听故事,于是,讲故事的人与听故事的人双双失踪了。

既然大众传媒的出现导致了经验的贫困,那么,这两者的联结点又在哪里呢？实际上,对于大众传播这种科技革命的成果,本雅明的恐惧与担忧要比他在《艺术作品》中的乐观出现得早。因为在《单行道》(1928)中,我们就已经读到了这样的文字:

> 曾经在书籍里找到避难所并在那里过着一种自治生活的印刷文字,如今已被广告无情地拖到大街上,并且屈从于野蛮的经济混乱的他治之下。这是文字在新形式中所受到的严格教育。如果说几个世纪以前,文字开始了逐渐躺倒的过程——起初是直立的铭文,之后是搁在斜面书桌上的手稿,最后终于在印刷书籍中卧床不起,那么今天,文字则开始慢慢站了起来。报纸更多是竖着读而不是平放着看,而电影和广告则迫使文字完全处于专横的竖立状态。我们这个时代的孩子在打开一本书之前,千变万化、色彩斑斓、相互冲突的字母暴风雪已让他目迷五色,他要洞察书中古朴宁静之文字的机会就会变得微乎其微。蝗虫群般的印刷文字已经遮蔽了城市居民奉为精神之光的太阳,随着时间的推移,它们会变得更加密集。①

文字从书斋走向街头、从躺着到站起来的过程,实际上也就是现代性体验生成的过程。书籍里的文字是知识、思想、力量之源,而一旦走上街头,文字也就丧失了它原有的功能,而变成了刺激感官的工具。与静观冥想、心游万仞、情感增容或净化的接受状态相反,这样的文字

---

① Walter Benjamin, *One-Way Street and Other Writings*, p. 62. 参考王才勇译文,见〔德〕瓦尔特·本雅明:《单行道》,王才勇译,南京:江苏人民出版社2006年版,第43—44页,译文有修订。

以及由此延伸出来的图像式书写只会让人感到震惊。① 而长期与这样一种接受状态为伍,又会使人的感官封闭与麻木。麦克卢汉说:"广告不是用来供人们有意识地消费的。它们是作为无意识的药丸设计的,目的是造成催眠术的魔力。"② 由此可以想见大街上广告中的文字扮演着怎样的角色。而当本雅明担心经过如此这般的感觉轰炸人们有可能读不懂书籍中正儿八经的印刷文字时,他无疑已对以震惊为其主要内容的现代性体验产生了深刻的怀疑。

显然,当本雅明如此思考着文字的功能时,他依然像阿多诺一样是印刷文化培育出来的自律主体。与阿多诺不同的是,对于已经来临的电子文化,他除了怀着某种惊恐之外,还想越过印刷文化阶段,退回到人类口耳相传的口头文化时代。因为只有这个时代才是讲故事的人与听故事的人可以诞生的时代,也是人类经验的纯粹性与完整性可以得到保证的时代。随着大众传播时代的到来,随着震惊效果对人们感官的狂轰滥炸,人类的经验已处在无法修补的破碎之中。那么,为什么大众传媒与震惊效果的出场,即意味着人类经验的存在状态的改变呢?这牵涉到本雅明对经验本身的认识。在《论波德莱尔的几个主题》中,本雅明指出:

> 在特殊印象中,震惊因素所占的份额越大,意识也就越是经常地像一块屏障一样防范着外界的刺激;意识防范得越有效,那些印象进入经验(Erfahrung)的机会就越少,而只可能滞留在人生的某个特定时刻(Erlebnis)。大概这种防范震惊的特殊成果在于,它能够把某个事件与精确的时间点联系到一起,代价则是牺牲了内容的完整性。这应该是智力的最高成就,它把事件转换成

---

① 若干年后,当沃尔德(Beatrice Warde)看到电光渲染出来的文字广告时,她的第一感觉就是"震惊"。这种现代人的体验印证了本雅明的判断。她说:"那天晚上我进场看电影迟到了。我在路上看见两个腿脚畸形的埃及体的字母 A……它们像音乐厅里一对滑稽演员一样手挽手地以明确无误的、昂首阔步的姿势迎面走来。我告诉你我迟到的原因原来如此,你会感到奇怪吗?我看见字母底下的衬线仿佛被芭蕾舞鞋拉在一起,以至于使那些字母活生生地像是芭蕾舞星在用足尖跳舞……经过 4000 年必然是静态的字母表的岁月之后,我看到其中的字母能在时间这个第四维度里做些什么;这就是'流动'或运动。你完全有理由说,我像受到电击那样地感到震惊。"转引自〔加拿大〕马歇尔·麦克卢汉:《人的延伸——媒介通论》,何道宽译,成都:四川人民出版社 1992 年版,第 195—196 页。

② 〔加拿大〕马歇尔·麦克卢汉:《人的延伸——媒介通论》,第 264 页。

了一个已经经历过的瞬间（Erlebnis）。①

在这里，本雅明用了两个具有特殊含义的德语词来区分两种不同的经验。根据杰姆逊的解释，德语中这两个词大体上都相当于英文的"经验"（experience），"Erlebnis 指的是人们对于某些特定的重大的事件产生的即时的体验；而 Erfahrung 则指的是通过长期的'体验'所获得的智慧。在把乡村生活的外界刺激转化为口传故事的方式中起作用的是第二种经验，即'Erfahrung'；而在现代生活中人们普遍感受的是第一种经验，即'Erlebnis'"。② 如此说来，"经验"（Erfahrung）是本雅明描述传统社会时所使用的范畴，作为一种积淀而成的人生体验，"经验"诞生于传统/乡村社会那种纺线织布、充满田园牧歌情调的生活之中。显然，这是一种富有光晕的生活，这种生活也恰恰构成了讲故事/听故事的基础。相反，"经历"（Erlebnis）则是本雅明描述现代社会所使用的概念。由于构成现代性体验的主要内容是震惊而不是光晕，由于人们的意识对震惊总是处于一种防范状态，所以这种现代性体验就无法进入人们的"经验"结构中，而只能以"经历"的方式存在着。在这一过程中，大众传媒正是制造震惊效果的新式武器。当日益增生的消息或信息被大众传媒制造、传播、扩散之后，人们表面上每天在大量地吞噬着信息的盛宴，现代人仿佛变得越来越充实了，然而这只是一种"经历"的充实，他们更真实的处境则是"经验"的贫困。

正是意识到现代性经验的贫困，本雅明开始了对光晕的重新解释与定位。在《论波德莱尔的几个主题》中，本雅明借用柏格森（Henri Bergson）与弗洛伊德的理论，特别利用普鲁斯特（Marcel Proust）"意愿记忆"（mémoire volontaire）与"非意愿记忆"（mémoire involontaire）的概念，指出了经验与意象在诗人作品中的存在状态。在本雅明看来，意愿记忆并不包含过去的痕迹，它所呈现出来的是意象的贫乏。而非意愿记忆则打开了人类的回忆通道，指向了代代相传、层层积淀的经验深处，因而由它创造出来的意象气韵生动、卓尔不群，在它的周围流

---

① Walter Benjamin, *Charles Baudelaire: A Lyric Poet in the Era of High Capitalism*, p. 117.

② 〔美〕詹明信：《晚期资本主义的文化逻辑》，第 317 页。

动着光晕的气息。于是,光晕最终与非意愿记忆走到了一起:

> 因此,光晕的经验建立在一种从人类关系的普遍反应向无生命或自然的对象与人的关系的转换上。我们看着的人或感到被人看着的人,会反过来看我们。感觉我们所看的物体的光晕,即意味着赋予它反过来看我们的能力。这种经验与非意愿记忆的材料是一致的。①

可以看出,经过了一个否定之否定的过程之后,本雅明对光晕的解释显然又回到了他最初对光晕的定位上,只不过这里边又增加了新的内容:看与回看。于是,光晕能否出现,一方面基于客体的意象以怎样的记忆材料构成,一方面也基于人与客体能否形成那种神秘的交往关系。相片之所以看过即忘,关键在于它没有回看的能力;眼睛对于一幅绘画之所以会永不餍足,关键在它光晕闪烁的时候与人的感应。在这里,光晕已没有了商品拜物教的可疑之点,也没有了法西斯主义的可恨之色,我们看到的只有一片圣洁的光辉,一种美的气息的流动。显然,本雅明在经过了与现代性体验的反复比照权衡之后,终于还是把自己审美的基点(同时也是他生命的支点)放在了光晕上。而这里所谓的光晕无疑应该是立足于传统/乡村经验、带有浓郁古典色彩的审美体验。正是在那片光晕闪烁的地方,本雅明找到了自己的审美家园。

也就在这个时候,本雅明频繁地谈起了传统。他说:"经验确实是一种传统的东西,在集体存在和私人生活经验中都是如此。与其说它是牢固地扎根于记忆的事实的产物,不如说它是来自积淀在记忆中的那些往往未被意识到的材料。"②又说:"新闻报道与经验相脱离的另一个原因是,前者没有进入'传统'之中。"③在他最后的文字《历史哲学论纲》(1940)中,本雅明进一步强调:"历史地再现过去并不意味着'按它本来的样子'(兰克)去认识它,而是意味着记忆在危急关头闪现时将其抓住。历史唯物主义希望保持住那种过去的意象,而在危急

---

① Walter Benjamin, *Charles Baudelaire: A Lyric Poet in the Era of High Capitalism*, p. 148.
② Walter Benjamin, *Illuminations*, pp. 153-154.
③ Ibid., p. 155.

时刻,这种意象又会出人意料地呈现在那个被历史选中的人面前。这种危急既影响到传统的内容,也影响到传统的接受者。两者都面临同样的威胁,那就是变成统治阶级的工具。每个时代都必须努力更新传统,以便把传统从因循守旧的压制中夺回来。"① 显然,这一时期的本雅明已经淡忘了讲政治,而是痴迷上了谈传统。这种思维方式的转换传达出了一个重要信息:如果说讲政治时的本雅明侧重于对传统的破坏,那么谈传统时的本雅明则侧重于对传统的拯救。他想把传统从统治阶级手中抢回来,然后擦亮它,更新它,进而让它成为现代人被震惊体验搞得日益疲惫也日益干涸的心灵绿洲。于是,尽管本雅明在许多时候都是一个历史虚无主义者和传统的怀疑论者,但最终他还是停靠在文化保守主义的岸边,拴好了缆绳。

就这样,本雅明为他的拯救计划画上了一个悲凉的句号。他对光晕的重新阐释才刚刚开始,他的拯救方案也才刚刚出台,他却不得不向他深深眷恋的东西挥手告别了。西方学者认为,在他这一时期的著作中,虽然激进与保守、对传统消亡与光晕消逝的赞美和哀悼呈现出了一种紧张、矛盾的关系,但是却内在地遵循着一种互补的原则②,这固然没错,但是更准确地说,本雅明或许是以一种"形左实右"的方式完成自己的思想旅程的。当他靠在政治的层面进入问题时,他必须"左",不"左"则不足以使其思想形成一种锋芒乃至威力;当他立足于审美的层面来思考人类精神生活的困境时,他又必须"右",不"右",那种拯救计划将无所依傍形同虚设。而从整体上看,本雅明"左"的一面似乎还只是表象,"右"的一面才是他思想的本质。这样,无论如何,本雅明都不可能成为布莱希特,因为当他左翼激进的时候,右倾保守的一面往往会在暗中制衡,思想因此在丰富的矛盾性中保持着一种张力。弄清楚这一点,我们可能才会明白,本雅明虽然一度对大众文化持肯定态度,但他骨子里更钟情的应该还是传统艺术。因为大众文化只会让他震惊,只有传统艺术才能让他感受到那种神秘的美。于是,他对传统艺术消亡时的那种感伤、怀恋,一方面很大程度上对他那套

---

① Walter Benjamin, *Illuminations*, p. 247.
② See John McCole, *Walter Benjamin and the Antinomies of Tradition*, Ithaca and London: Cornell University Press, 1993, pp. 8-9.

肯定大众文化的理论话语构成了一种消解,一方面也为阿多诺等人的大众文化批判理论提供了一种旁证。正是在这一层面,他又暗合了法兰克福学派的主流观点,尽管这种暗合也依然需要拐弯抹角的语义换算。

三 阿—本之争:关公战秦琼

在本雅明的交往史上,他与阿多诺的友谊应该是其中最有趣也最动人的篇章之一。一方面,本雅明把小他11岁的阿多诺看作自己的思想伙伴,尤其是在流亡巴黎期间,阿多诺成了他以通信方式"汇报思想"的为数不多的几个人之一(他有生之年的最后一封信就是写给阿多诺的①);另一方面,阿多诺又把本雅明看作自己的思想导师,通过与他的近距离接触,阿多诺学到了不少东西。② 毫不夸张地说,阿多诺思想与灵感的主要源泉之一就是本雅明,这一点在西方学界已有公论。然而众所周知,在1930年代,围绕着本雅明寄给社会研究所的几篇论文,阿多诺又与本雅明展开了三次著名的学术论争:第一次由《拱廊计划》的写作提纲《巴黎:19世纪的都城》引起(1935),第二次因《机械复制时代的艺术作品》而发生(1936),第三次的导火索则是《波德莱尔笔下第二帝国的巴黎》(1938)。这就是所谓的"阿多诺—本雅明之争"(The Adorno-Benjamin Debate,以下简称"阿—本之争")。今天看来,两位高手过招,依然让人眼花缭乱,其思想的交锋可谓势均力敌。然而,就当时的情况而言,这场论争却不像是一场你来我往的交战,而更像是一次有组织的"大批判"。阿多诺以个人的名义,同时也代表霍克海默和社会研究所的立场说话③,显得底气十足:三封长信上

---

① 就现有的资料看,本雅明的最后一封信是写给阿多诺的。此信写于1940年8月2日;9月26日,本雅明自杀身亡。See Gershom Scholem and Theodor W. Adorno, eds., *The Correspondence of Walter Benjamin*, *1910-1940*, trans. Manfred R. Jacobson and Evelyn M. Jacobson, Chicago and london: The University of Chicago Press, 1994, pp. 637-638.

② 布克-穆斯认为,阿多诺之所以迟迟不去远在美国的社会研究所,其中的原因之一是他舍不得离开本雅明。See Susan Buck-Morss, *The Origin of Negative Dialectics*: *Theodor W. Adorno*, *Walter Benjamin*, *and the Frankfurt Institute*, New York: The Free Press, 1977, p. 152.

③ 在论争的第三封信(1938年10月10日)中,阿多诺写道:"当我告诉您这些时,并非只代表我自己,我没有这个资格。我也代表霍克海默和其他人向您讲话。"See Theodor Adorno, "Letters to Walter Benjamin," in Ronald Taylor ed., *Aesthetics and Politics*, p. 130.

纲上线、言辞激烈;一篇檄文(《论音乐中的拜物特征与听的退化》)高瞻远瞩、迂回进攻。在整个论战期间本雅明只是回了一封不太长的信来为自己辩护。他虽然据理力争,但似乎又避重就轻,把阿多诺的指责带入了一个语言学的问题之中;同时,他也不得不承认自己的论文存在缺陷。拨开历史的迷雾重新面对这场论争,我们能够发现论争的价值已越来越显得弥足珍贵,但我们也会看到,更多的时候他们并不是在一个思想、理论的平台上交手,所以也就常常双双扑空,于是,一出"关公战秦琼"的现代德国戏的上演也就变得在所难免了。为了集中呈现阿、本二人在大众文化问题上的不同态度与看法,以下的分析将主要以第二次论争为主,兼及第一、第三次论争。

1. 否定与斗争:哲学观的错位

第二次论争是围绕着本雅明的《艺术作品》展开的。《艺术作品》的第一稿①虽经作者反复修改,且被社会研究所刀砍斧削了许多过激之辞之后终于在《社会研究杂志》(1936年第1期,第5卷)上面世②,但随即便遭到了阿多诺的激烈批判。在那封著名的来信(1936年3月18日)中,阿多诺开门见山地指出,您的这篇文章"没有一句话我不想与您详细讨论"③。那么,究竟是什么原因让阿多诺如此动怒呢?从表面上看,似乎是本雅明对自主艺术的态度及其思考。

本雅明写作此文的动机虽然比较复杂,但是有一点是比较清楚的:他想通过对20世纪复制艺术的研究与他庞大的《拱廊计划》(19世纪)建立起一种意味深长的联系,从而形成一种从"现在"审视"过去"的特殊思路。1935年10月16日,在给霍克海默的信中本雅明谈道:"如果说那本书(《拱廊计划》)的主题是关于19世纪艺术的命运,

---

① 《艺术作品》共有两稿三个版本,第一稿(德文版本)写成于1935年,并由法国学者克罗索夫斯基(Pierre Klossowski)与作者翻译成法文之后在《社会研究杂志》上发表(法文版本),第二稿(德文版本)写成于1939年。其德文版本首次面世于阿多诺与其夫人编辑出版的《本雅明论文集》(1955)中。See Rainer Rochlitz *The Disenchantment of Art: The Philosophy of Walter Benjamin*, p. 280. See also Richard Wolin, *Walter Benjamin, An Aesthetic of Redemption*, New York: Columbia University Press, 1982, pp. 183-184.

② 为避免政治麻烦,也为了保持杂志的学术性,《艺术作品》在发表时删改不少。马丁·杰伊指出,此文出版时究竟改动了多少是不明确的。See Martin Jay, *The Dialectical Imagination: A History of the Frankfurt School and the Institute of Social Research 1923-1950*, p. 206.

③ Theodor Adorno, "Letters to Walter Benjamin," in Ronald Taylor ed., *Aesthetics and Politics*, p. 120.

那么这种命运实际上已经告诉了我们一些东西,因为它被包含在钟表的滴嗒声中,这种丧钟之音(knell)第一次刺穿了我们的耳膜。因此,我更愿意说,艺术之命运的时间已经为我们鸣响,在题为《机械复制时代的艺术作品》中,通过一系列初步的反思,我已经捕捉到了它的信号。"①艺术之命运的含义是什么,《艺术作品》与《拱廊计划》的联系点在哪里,这种丧钟声又意味着什么?本雅明在这封信中都没有明确交代,只是到了另外两封信中,这些暗示才进一步明晰起来。他跟朔勒姆(1935年10月24日)说:"这些反思植根于19世纪的艺术之中,当我们现在经历这一切时,才可以认识到它们的处境。我一直把这些反思悄悄藏在心底,因为它们比我大部分的想法不知要好多少倍。它们被暂时阐述在《机械复制时代的艺术作品》之中。"②两个月后(1935年12月27日),本雅明则以更为明确的口吻把这一想法告诉了克拉弗特(Werner Kraft):"最后,我得告诉您,我已经完成了一篇论艺术理论的纲领性文章,它被命名为《机械复制时代的艺术作品》。从内容上看,它与我所提到的那部正在计划写作的大书(指《拱廊计划》)没有任何关系,但是从方法论上看,两者又关系密切。因为所有的历史著作(假如它与历史唯物主义相关)就其历史将被书写而言,必须以对目前处境的精确判定为前提……19世纪艺术的命运亦然。"③

在向其朋友频频发布有关《艺术作品》的信息中我们已被告知,本雅明一方面把这篇文章看成了他的得意之作,一方面也因此有了一个重大的发现:过去的历史存活于现在的经验之中,通过理解我们现在已经遭遇的一切,可以对过去做出更准确的理解。沃林(Richard Wolin)指出,本雅明的这一发现让人想到了马克思的那句格言:人体解剖是猿体解剖的一把钥匙。如果说马克思的这一名言意味着只有根据现阶段的资本主义经济才能最终对所有前资本主义的经济构造(pre-capitalist economic formations)做出理解,那么本雅明也表达了相似的

---

① Gershom Scholem and Theodor W. Adorno, eds., *The Correspondence of Walter Benjamin, 1910-1940*, p. 509. 此处主要采用的是理查德·沃林的英译文。See Richard Wolin, *Walter Benjamin, An Aesthetic of Redemption*, pp. 185-186.

② Gershom Scholem and Theodor W. Adorno, eds., *The Correspondence of Walter Benjamin, 1910-1940*, p. 514.

③ Ibid., p. 517. 参考理查德·沃林英译文。See Richard Wolin, *Walter Benjamin, An Aesthetic of Redemption*, p. 186.

意思:去审美化(de-aestheticization)的进程——这一进程在19世纪的艺术中已初露端倪——只有立足于它的成熟形式,即现阶段的技术复制并以此回顾,才能对它做出更充分的理解。于是,"第一次刺穿我们耳膜的丧钟声"的隐喻也就变得不难理解了:它实际上表征着"富有光晕的艺术"(auratic art)寿终正寝的日子已为期不远了。①

由此看来,《艺术作品》应该是本雅明的项庄舞剑之作,其方法论的意义甚至远远超出了它的现实意义。当本雅明一步步推出光晕的消逝与传统艺术之死都将成为不可避免的结论时,他的目的虽然主要是立足于现在看过去,但显然也动用了一种历史的眼光。也就是说,当他不断沉潜于过去(19世纪的巴黎)进行一种知识考古学的工作时,他实际上也发现了现在正是历史积淀的产物。于是,尽管肯定技术复制时代的来临有技术决定论的味道,但是这种肯定却并不盲目,而是研究历史的结果。虽然作为一种价值判断,本雅明的观点值得商榷,但作为一种事实判断则无疑是正确的。

对于本雅明写作此文的深层动机,估计阿多诺在当时并不清楚,或者即使有所耳闻,大概也不会顺着本雅明的思路去做出思考,因为《艺术作品》中的主要观点触动了阿多诺最敏感的神经:应该以怎样的姿态对待自主艺术。从《艺术作品》中可以看出,本雅明对艺术(包括自主艺术)消亡的态度虽然并不明确(更多的时候他只是在冷静地陈述着一个客观事实),但是当其理智的天平倾斜在复制艺术一边时,他显然已放弃了为自主艺术的存在价值进行辩护的权利。而恰恰是这种做法让阿多诺感到无法容忍。因为在阿多诺看来,尽管他意识到自主艺术中有一种巫术的成分,尽管他非常清楚审美自主的概念与他所揭露的资产阶级唯心主义哲学紧密相连,尽管他已经指出伟大的艺术作品像电影一样,同样都打上了资本主义的烙印,但是他依然认为自主艺术有其存在的价值:"如果您要保护'媚俗'(kitsch)电影而反对'高雅'(quality)电影,那么没有谁比我更和您不谋而合,但是'为艺术而艺术'也同样需要为其辩护。"②之所以需要辩护,是因为艺术作品

---

① See Richard Wolin, *Walter Benjamin, An Aesthetic of Redemption*, pp. 186-187.
② Theodor Adorno, "Letters to Walter Benjamin," in Ronald Taylor ed., *Aesthetics and Politics*, p. 122.

的自主性与那种巫术因素并不一致。因此,他认为本雅明在这里依然是故技重演——犯了形而上学的错误:

> 您的文章也许是辩证的,但就自主艺术本身这一例子而言,却并非如此。它忽略了一种在我自己的音乐经验中变得日益分明的基本经验——恰恰是自主艺术对技巧法则极端一致性的追求改变了这种艺术,使其更接近于一种自由状态,一种能够自觉地生产和制作的状态,而不是要把它转变为某种禁忌或拜物性。①

以辩证法之名行非辩证之实,这是贯穿在三次论争中阿多诺批判本雅明的一条主线。在第一封信中,阿多诺说:辩证意象构成了我批评的基础,然而您的手稿却把它结晶化为一个非辩证的句子。② 在第三封信中,阿多诺又明确指出:"您的辩证法缺少一样东西:中介。"因此,论述波德莱尔的文章就有一种把波德莱尔著作中的实用内容与他那个时代的社会历史特征,尤其是经济特征直接联系起来的趋向。③ 客观地说,阿多诺的这一批评应该是比较公允的,但他本人也并非没有问题。由于本雅明的哲学兴趣主要集中在康德(包括新康德主义)而不是黑格尔那里,④由于他更多的是用文人(或诗人哲学家)的思维方式而不是哲学家的思维方式思考问题,由于他经常把马克思主义纳入自己的神学框架而加以回炉再造⑤,所以对于唯物辩证法,他在许多

---

① Theodor Adorno, "Letters to Walter Benjamin," in Ronald Taylor ed., *Aesthetics and Politics*, pp. 121-122.

② Ibid., p. 111.

③ Ibid., p. 128.

④ 1916 年,本雅明曾参与一个兴趣小组,讨论过康德的《判断力批判》,1918 年,他又写了《未来哲学纲要》("Programme of the Coming Philosophy"),对康德的哲学思想进行了细致的清理。而对于黑格尔,他则始终怀有很大的敌意。See Momme Brodersen, *Walter Benjamin, A Biography*, pp. 82, 93-94. 并参阅〔美〕马丁·杰:《法兰克福学派的宗师——阿道尔诺》,胡湘萎译,长沙:湖南人民出版社 1988 年版,第 32—33 页。

⑤ 在《历史哲学论纲》的第一篇中,本雅明以犹太神学思想整合马克思主义/历史唯物主义的意图体现得淋漓尽致。他说:"据说有一种能和人对弈的机械装置,你每走一步,它便回一手。表面上看,和你下棋的是个身着土耳其服装,叼水烟筒的木偶。它端坐在桌边,注视着棋盘,而一组镜子给人一种幻觉,好像你能把桌子的任何一侧都看得清清楚楚。其实,一个棋艺高超的驼背侏儒正藏在游戏机里,通过线绳操纵木偶。我们不难想象这种诡计在哲学上的对应物。这个木偶名叫'历史唯物主义',它总是会赢。要是还有神学助它一臂之力,它简直战无不胜。只是如今神学已经枯萎,难当此任了。"Walter Benjamin, *Illuminations*, p. 245. 此处采用张旭东译文,见《文艺理论研究》1997 年第 4 期。

时候都是一种创造性的使用。也就是说,是否辩证并非他考虑的首要问题,能否一针见血并让人产生丰富的联想才是他要把握的关键。因此,他的辩证法不是动态的,而是静止的;让凝固化的"单子"(monad)①、让结晶化的意象直接说话实际上构成了"静止状态的辩证法"的主要内容。在谈到本雅明的这种思维特点时,马丁·杰伊指出:"本雅明的思考总是比霍克海默与阿多诺的思考更富有类比性,更关心特殊中蕴含的普遍意义。"②杰姆逊也认为:"本雅明是一个与阿多诺不同的辩证批评家。阿多诺是从辩证关系的抽象结构开始,然后再在展开论述的每一个过程中赋予它以新的内容和不同的解释;本雅明与此相反,似乎是从大量孤立的、具体的人事或内容开始(例如,某种创新,某类政治人物,某种法律,某种城市的空间形式,某种语言等),然后将这些具体现象并列起来,使它们互相吸收,互相参证,最后从这些生动的、孤立的历史材料中获得辩证的抽象的理论。"③如此看来,本雅明的思维方式应该是从特殊中推出一般,而阿多诺的思维特点则是从一般走向特殊。前者为了强调特殊,常常会把特殊推向极端,于是辩证的问题、中介的问题也就常常省略、忽略或暂时被遮蔽;而后者虽高屋建瓴,一分为二,却又常常为了大前提的正确而牺牲了事物的丰富性与复杂性,其结论也就难免会显得武断和生硬。

因为对自主艺术的态度暧昧,本雅明也就丧失了辩证法的丰富性——如果说这是让阿多诺动怒的第一原因,那么本雅明一味强调技术复制的技巧,从而进一步滑入了形而上学的深渊,则是让阿多诺生气的第二原因。在本雅明看来,电影中的蒙太奇既是一种先进的技巧,也是一种革命性的武器。由于本雅明在思考技巧这一问题时已融入了他那种破坏动机和政治意图,所以,技巧的肯定性价值也就被他推崇到一个至高无上的位置。恰恰在这里,阿多诺认为他又犯了一个

---

① "单子"是本雅明从莱布尼茨那里借用过来的一个重要概念。莱布尼茨认为,世界上的一切事物都由客观精神实体——"单子"构成,"单子没有可供事物出入的窗子",但每一个单纯实体能够表现其他一切事物的关系。本雅明因此解释道:"理念是一个单子——要言之:每一个理念都包含着世界的形象。理念表征的目的不过是以缩略的形式概括这个世界的形象。"〔德〕瓦尔特·本雅明:《德国悲剧的起源》,第19页。根据英译文略有改动。

② Martin Jay, *The Dialectical Imagination: A History of the Frankfurt School and the Institute of Social Research 1923-1950*, p. 203.

③ 〔美〕詹明信:《晚期资本主义的文化逻辑》,第313—314页。

浪漫主义的错误。在本雅明看来,迪士尼动画片中的米老鼠与卓别林的电影,这些都是机器或技巧的产物,它们给观众带来了笑声,并让观众在现实世界中积蓄起来的紧张情绪得到了宣泄。然而在阿多诺的心目中,电影院里观众的笑声却绝不是什么好的或革命的东西,而是充满了最糟糕的资产阶级虐待狂精神。更让阿多诺感到震惊的是,"精通卓别林的电影就可以把一名反动分子(reactionary)变成一名先锋派成员",他认为这是不折不扣的浪漫化。① 因此,当本雅明把电影的技巧无限放大之后,阿多诺认为他又一次投入了非辩证法的怀抱:"您低估了自主艺术的技术性细节而高估了从属艺术(dependent art)的技术性细节,简言之,这就是我的主要反对意见。"②

如果从电影发展史的角度考察,本雅明对电影技巧及其功能之意义的拔高,其片面性应该是显而易见的。因为自从电影诞生的那一天起,它就扮演着双重的角色:一方面,电影打破了文化精英对艺术的垄断,使大众走向了艺术,另一方面它又加速了艺术粗鄙化、商业化的进程;一方面电影丰富了人们的感知方式,另一方面它又封闭甚至阉割了人们的想象;一方面电影院是宣泄情绪之所,另一方面它也是使人丧失革命斗志之地;一方面电影技巧被先锋派利用可以使其成为反抗甚至颠覆社会的武器,另一方面它被统治者挪用又可以使其成为向观众灌输极权主义思想的工具。本雅明看到的完全是电影的正面功能,而阿多诺更多地看到的了电影的负面价值,所以准确地说,他们两人的观点都存在缺陷。但是由于阿多诺更多地把自主艺术与从属艺术放到资本主义意识形态再生产的大背景中去思考两者共同存在的缺陷,由于他坚持有光晕的艺术与技术复制的艺术彼此渗透,二者的分野决不能等同于真正的艺术与全面监管之下的、堕落的文化工业的艺术之间的分界③,因此,与本雅明相比,阿多诺的观点要更具有辩证法意义上的丰富性。

显然,当阿多诺向本雅明如此猛烈地开火时,他是以辩证法守护

---

① Theodor Adorno, "Letters to Walter Benjamin," in Ronald Taylor ed., *Aesthetics and Politics*, p. 123.

② Ibid., p. 124.

③ Theodor Adorno, *Aesthetic Theory*, trans. C. Lenhardt, London: Routledge & Kegan Paul, 1984, p. 429.

者与执行者的身份出现的,于是,与辩证法相比,自主艺术的问题、技巧的问题或许都成了一个次要的问题。捍卫辩证法的尊严是无可指责的,批评本雅明不讲辩证法也并非无稽之谈,但这就是阿多诺批判本雅明的主要动机吗? 如果继续追问下去,我们便会发现问题远没有这么简单,因为在三封信中阿多诺多次提到了布莱希特;而每次提起他时,或者是对他本人的指责,或者是对其观点的批判。在第二封信的末尾,阿多诺更是向本雅明说了这样一句意味深长的话:"的确,我觉得理论上的分歧并非我们之间真正的不谐和音,相反,我的任务是紧紧挽住您的臂膀,直到布莱希特的太阳再一次沉入异国的水域之中。请您用这种精神来理解我的批评吧。"①如此说来,阿多诺对本雅明兴师问罪,布莱希特应该是主要原因。

布莱希特与本雅明的关系前文已经述及,布莱希特与阿多诺以及法兰克福学派的交恶也需要在这里略作交代。作为一名左翼激进分子,布莱希特在1920年代后期曾认真研究过马克思主义,并对辩证法产生了浓厚的兴趣。他认为辩证法的一个重要原则是列宁的假定:"真理永远是具体的。"在其晚年,他之所以又对毛泽东的《矛盾论》情有独钟,自然也是出于对辩证法的热情与进一步对其思考的需要。当然,所有的这些理论兴趣都与他的具体实践(戏剧创作与革命活动)紧密相连。因此,他的人生信条实际上是被这么几样东西武装起来的:马克思主义是教材,辩证法是其内容,阶级斗争则是其实践形式。作为一种新型的文化人(保罗·约翰逊评论说:"布莱希特自己就是这种新型文化人的典型:粗暴、冷酷无情、玩世不恭,一半是流氓,一半是精力充沛的运动员"),他根本就没有把传统的知识分子放在眼里,对那些学院型或浪漫型的知识分子更是鄙视。在他看来,法兰克福学派成员"是不懂政治的马克思主义者,是一群虚荣心十足的知识分子",是一帮操着理想主义话语、政治上无能的"Tuis"(Tui 是布莱希特发明的一个概念,意谓想入非非、"脑"踏实地的知识分子,他们是唯心主义空想家、政治阳痿者、社会民主党人),他们的思想仅仅局限于文艺批评。在他流亡美国与阿多诺等人的交往期间,他就已经断定他们将来要背

---

① Theodor Adorno, "Letters to Walter Benjamin," in Ronald Taylor ed., *Aesthetics and Politics*, p. 126.

叛马克思主义。①

与此同时,阿多诺也在有生之年对布莱希特展开了不遗余力的批判。在阿多诺的眼中,布莱希特是一个庸俗的马克思主义者,实证主义者。他认为布莱希特每天花几个小时把灰尘弄到指甲里,只不过是为了使自己看上去更像个工人。② 当然,最让阿多诺不能容忍的还是布莱希特的辩证法和这种辩证法生产出来的艺术,这种艺术因其直接介入现实,最终沦为了政治的传声筒和宣传品,从而丧失了艺术所必须具有的否定性。在阿多诺看来,"现在并非一个为了政治性艺术的时代,但是政治已经移植到自主艺术之中"③,这样,艺术也就担负起了比以往任何时代更伟大的使命,即艺术必须既消除自身的异化因素,又同时积蓄起批判社会的力量,因为艺术只有具备抵抗社会的力量时才能存活下去。④ 而一旦艺术与政治调情或与政治婚合,它的批判性与否定性也就不复存在了。正是在这一意义上,阿多诺在批判布莱希特与萨特(Jean-Paul Sartre)的"介入文学"(committed literature)时才指出:

> 艺术作品,至少是那些拒绝屈从于宣传的艺术作品,之所以缺乏社会影响,其中一个决定性原因在于它们不得不放弃使用那些迎合大多数公众的传播手段。假如不放弃的话,它们就会成为包罗一切的传播系统中的抵押物。如果说艺术真有什么社会影响,它并不是通过夸夸其谈的宣讲,而是以微妙曲折的方式改变意识。任何直接的宣传效果很快就会烟消云散,原因大概在于甚至这类作品也往往被看作完全的非理性之作,结果是介入的审美原则反而中断了原本可能会引发实践的机制。⑤

---

① 参阅〔西德〕克劳斯·弗尔克尔:《布莱希特传》第 203、228、394、512 页。〔英〕保罗·约翰逊:《知识分子》,杨正润、孟冰纯、赵育春等译,南京:江苏人民出版社 1999 年版,第 223 页。Phil Slater, *Origin and Significance of the Frankfurt School: A Marxist Perspective*, London: Routledge & Kegan Paul Ltd, 1977, p. 144. Susan Buck-Morss, *The Origin of Negative Dialectics: Theodor W. Adorno, Walter Benjamin, and the Frankfurt Institute*, p. 167.

② 〔英〕保罗·约翰逊:《知识分子》,第 223 页。

③ Theodor Adorno, "Commitment," in Ronald Taylor ed., *Aesthetics and Politics*, p. 194.

④ Theodor Adorno, *Aesthetic Theory*, trans. C. Lenhardt, p. 321.

⑤ Ibid., p. 344. 参考王柯平译本,见《美学理论》,成都:四川人民出版社 1998 版,第 415 页,译文有修改。

艺术不能为政治做出某种承诺，而应该与政治拉开必要的距离。如果艺术拜倒在政治的石榴裙下，那会使艺术沦落风尘，失去自己的清白之身。而当艺术成为吹鼓手时，艺术也就像文化工业制作出来的产品一样套上了他律性的枷锁。因此，就像艺术不能够献身于商业一样，艺术同样不能委身于政治，这就是阿多诺在艺术问题看法上的底线。

　　今天看来，阿多诺与布莱希特之争固然有一些非学术性的因素，但更为重要的是这场论争所透露出来的思想症候。可以把这场论争看作西方马克思主义内部两种不同的哲学观、世界观、美学观与学术观的交锋：布莱希特与阿多诺，前者强调的是斗争哲学，后者重视的是否定哲学[1]；前者强化了理论走向实践的功能，而后者则认为理论本身也是一种实践形式[2]；前者重在改造世界，在一定程度上已把马克思的第11条提纲发挥得淋漓尽致，后者则重在解释世界，而为了解释的圆满有效，甚至退回到马克思以前的思想家（比如黑格尔）那里去寻找灵感与理论资源；前者为了斗争的需要就必须介入政治，甚至必然会与政党发生关系，以便使自己如虎添翼，后者为了否定的决绝又必然要远离政治远离政党，这样才能保证自己的纯洁[3]；前者因此从美学走向政治，艺术政治化也就变得在所难免，后者则在拒绝与否定中退入美学，艺术因此也就成了放飞乌托邦之梦的最后的大本营。而当布莱希特与阿多诺各自朝着自己的目标一路狂奔时，前者所生产的艺术也就不可避免地会被政治利用或同化，甚至成为政党的喉舌，它所追求的批判性也就变得真气涣散、形销骨立，马克思主义在他的手中自然也

---

　　[1] 费尔·斯莱特指出："事实上，在法兰克福学派的美学中，'否定'已经取代了'斗争'。"See Phil Slater, *Origin and Significance of the Frankfurt School: A Marxist Perspective*, p. 133.

　　[2] 佩里·安德森指出："阿多尔诺甚至附和阿尔都塞的箴言，认为理论是一种特殊形式的实践（'理论性的实践'），并认为实践这个概念本身应由理论来加以阐明。阿多尔诺写道，'理论是实践的一种形式，而实践本身就是一个突出的理论概念。'这些挑战性的理论主义见解，一开头就宣称理论与实践在语汇上的同一性，这样就有效地压制了作为马克思主义与群众革命斗争之间有力联系的理论与实践的统一这个实质问题，这种理论主义可以看成是第二次世界大战以后的时代中西方马克思主义的总口号。"〔英〕佩里·安德森：《西方马克思主义探讨》，高铦、文贯中、魏章玲译，北京：人民出版社1981年版，第94页。

　　[3] 佩里·安德森说："既不参加党，也完全不谈政治，这就是阿多尔诺在战后的西德所采取的态度。"〔英〕佩里·安德森：《西方马克思主义探讨》，第60页。

就毫无疑问地"庸俗"起来了;而后者所追求的艺术则不过成了只能在有限的学者中间秘密旅行的密码话语,它是在象牙塔中生产出来的,因此它的批判性或否定性要么无法延伸于社会,只能成为孤芳自赏的对象,要么一旦走进现实或者碰壁或者失踪。从这个意义上说,阿多诺的否定哲学又成了一种自闭的哲学,马克思主义在他的手中则变成了典型的犬儒主义。安德森说:"谈方法是因为软弱无能,讲艺术是聊以自慰,悲观主义是因为沉寂无为;所有这一切都不难在西方马克思主义的著作中找到。"①阿多诺无疑应该是这方面的代表。

因此,更准确地说,阿—本之争的背后实际上是阿—布之争。阿多诺想把本雅明从布莱希特那里夺过来,进而消除布莱希特对本雅明的影响,这应该是问题的关键。甘斯(Raymond Geuss)在读了阿、本之间的全部通信之后指出:"阿多诺逐步地、但又坚持不懈地企图控制本雅明和他的计划,而本雅明对此的抵制则是微弱和消极的……观察本雅明是如何利用语言作为武器来逃离阿多诺不遗余力的收买,真是一件有趣的事。"②如果控制、收买之说可以成立的话,那么,只有让"布莱希特的太阳"沉入大海,才能扫清实现这一计划之路上的障碍。然而,是不是消除了布莱希特的影响就能让本雅明"改邪归正"呢? 实际上问题并没有这么简单。因为尽管一段时间里布莱希特在本雅明心目中的地位举足轻重,但是本雅明本人的思想中依然有一种观念层面的东西无法与阿多诺的思想握手言和。这种观念牢牢地植根于他的思想土壤中,从而构成了他与阿多诺思想分歧中更加隐秘的成分。

2. 静观冥想与心神涣散:美学观的分野

进一步思考阿、本之间的思想分歧,我们就会发现这样一个现象:尽管许多时候阿多诺批判的火力都异常猛烈,但是他击中的又常常是本雅明的影子。之所以如此,并不是因为本雅明躲闪有术,也并非由于阿多诺枪法不准,关键的原因在于他们俩虽然在其深度分析中都涉及了大众与大众文化的问题,但是他们各自所谓的大众与大众文化却大异其趣。对大众与大众文化定位的不同是他们不同的美学观与价

---

① 佩里·安德森说:"既不参加党,也完全不谈政治,这就是阿多尔诺在战后的西德所采取的态度。"〔英〕佩里·安德森:《西方马克思主义探讨》,第118页。

② 转引自〔美〕林赛·沃特斯:《美学权威主义批判:保尔·德曼、瓦尔特·本雅明、萨义德新论》,第329页。

值观曲折呈现的产物,而这种呈现又渗透到他们对大众文化看法问题上的方方面面,从而造成了争论的错位。

如何介入大众文化的相关思考之中,或许并非本雅明考虑的重点所在,但在他那里确实形成了两个维度:其一是美学意义上的"接受",其二是社会学意义上的"消费"。从《艺术作品》中可以看出,接受与消费既是本雅明隐藏在其中的一个逻辑起点,同时也是他论证的归宿所在。因为抽去了接受与消费的维度,他对复制文化的赞颂之辞便显得理由不足,魂不附体。既然本雅明考虑到了接受与消费,那么就牵涉到对接受与消费主体的认识问题与这个主体如何接受与消费的问题。对于这两个方面的问题,本雅明所采取的究竟是一种怎样的立场与看法呢?

大众文化的接受与消费主体当然也就是大众。本雅明之所以对电影这种新型的艺术形式情有独钟,除了看到"电媒"取代"纸媒"是大势所趋之外,很大程度上也是从大众这个角度考虑问题的结果。如果说在《艺术作品》中本雅明并没有明确表明自己的这一立场,那么《拱廊计划》中的这段文字则是点破了他的这一秘密。在谈到电影的政治意义时,本雅明指出:

> 无论怎样理想化,任何人都无法在某个时间点上以一种高雅艺术赢得大众;艺术只有接近他们才能把他们争取过来。而由于困难恰恰在于能寻找到这样一种艺术形式,所以人们可以问心无愧地认为这种艺术**就是**一种高雅艺术。在被资产阶级先锋派所宣传的大多数艺术中,这种情况将绝不会出现。……大众从艺术作品(对于他们来说,这些艺术作品在消费品中占有一席之地)中积极地寻求着某种温暖人心的东西。……今天,大概只有电影能胜此任——或者至少,电影比其他任何艺术形式更适合此任。[1]

在阿多诺那里,大众基本上可与乌合之众画上等号,于是大众成了文化工业的整合对象。但本雅明的思路却与他大不相同,他是要把大众争取过来,进而让其成为革命主体。既然是争取,那么传统艺术或先锋艺术便难当此任,这样,重担也就落在电影这种新型的大众文

---

[1] Walter Benjamin, *The Arcades Project*, p. 395.

化的肩上。于本雅明而言,虽然争取大众的意图并不一定就是想大众之所想,而更多是为了政治与革命斗争的需要,但客观上说,这样一种自下而上的思维方式却也呈现出一种平民主义的姿态,从而也与阿多诺那种精英主义的自上而下的立场形成了鲜明的对照。同时,这种思路也表明,与存在于纸媒上的文学作品相比,电影这种新型的艺术形式更适合大众的接受水平。于是,在这里,本雅明与阿多诺的思路形成了一个重要区别:如果说本雅明是把自己的所思所想扎根于大众之中,进而在大众与艺术之间思考问题,最终把目光聚焦于电影并把这种大众媒介抬举到具有革命潜力的高度,那么,阿多诺却是从宰制意识形态的角度进入问题,进而把商业电影看作宰制意识形态在其中兴风作浪的文化工业机器,大众在它面前不可能进行协商或对抗式解码,只能在这种施虐/受虐的二元关系中被整合收编。

由此看来,在对待大众这一基本问题的看法上,阿、本二人已经拉开了错位的序幕,由此带来的则是一系列的错位。当本雅明从大众的角度去思考电影的作用时,他首先意识到的是人们所面对的审美对象——艺术客体已经发生了巨大的变化。在印刷媒介时代,艺术家创作出自己的艺术作品之后即意味着纯粹的艺术客体的诞生。之所以纯粹,是因为艺术作品的形成过程只是对自己精神活动的记录与书写,而没有借助于任何外在的力量。而当接受者面对这个艺术作品时,他与这个客体之间的关系也是单纯的。小说吁请的是孤独的读者,绘画要求的是个体的观众,这种欣赏活动并不与其他人发生关系。因此,在创作主体—艺术客体—欣赏主体之间建立起来的是一种线性的、单边的联系。这种联系的哲学依据是主体/客体二分法的认知模式。

然而,在电子媒介时代,艺术作品是被人和机器共同创造出来的,面对这个人机合一的怪物,个体艺术家失去了拥有自己艺术作品的权利,孤独的读者也从自己的书斋走向了剧院,从而失去了在静观冥想中与自我共舞的机会。这样也就带来了创作、欣赏、认知等等诸多方面的变化。这种变化正如沃特斯在分析本雅明时所指出的那样:"由于本雅明十分关注机器在艺术创造中的力量,他因此而发现了人与机器交互作用中的两个关键的对称性现象:一方面,机器的出现显示出对于人类的视觉具有指挥作用,因此人类主体呈现出器具的表面特征,并曾面临着被看作纯粹的器械或被客体化的危险。另一方面,机器的力量能够把人类主体——男女演员——变成纯粹的客体以便加以整理和书写。这种令人震惊的意识揭示出电影如何开创了一种新的人类认识方式,它导致了旧的认识论(即旧的主客体二分法)的终止。"①

当本雅明意识到旧的认识论行将终结时,显然这并非心血来潮之举,而是立足于现在回溯历史得出的结论。在本雅明看来,人类的感知方式是随着人类群体整个生活方式的改变而改变的。到了19世纪的最后25年和20世纪的头10年,随着大量的技术发明物的诞生,人类感知方式变化的步伐不但加快了,而且简直就可以说发生了翻天覆地的变化,并因此引起了一系列连锁性的其他变化。这种"加速变化感"正如罗伯特·休斯(Robert Hughes)所指出的:"从此以后,在新的经验和要求以新形式容纳的压力下,规律将会动摇,固有的知识准则也会失灵。如果没有这种文化前景的神异感觉,阿尔蒂尔·兰波的真正成为现代的告诫诗篇就将毫无意义。而有了它,人们就可以感到正处于一个历史的终结和另一个历史的开端。其标志就是机器,多种装备、多才多艺、舞蹈起来有如湿婆,那个在最绵长的永远铭志于欧洲文明的太平盛世的创造之神。"②

本雅明所论述的电影带来了感知方式的革命正是罗伯特·休斯所谓的机器时代的产物。当本雅明意识到电影特写镜头延伸了空间,慢镜头动作延伸了运动之后,这个异样的世界不但带来了视觉的革命,同时也要求一种新的感觉要素加入进来,结果造成了一种新的欣赏方式的诞生:达达主义的绘画给人们造成了一种视觉冲击力,并同时获得了一种触觉特性。这种触觉特性在电影中也构成了观众心神涣散的基本元素。"让我们把放映电影的幕布与绘画使用的画布作一比较。绘画邀请观赏者静观冥想(contemplation),在画作面前观赏者能使自己沉浸于其中;而面对电影画面他却不能这样做。因为每当他

---

① 〔美〕林赛·沃特斯:《美学权威主义批判:保尔·德曼、瓦尔特·本雅明、萨义德新论》,第282页。
② 〔美〕罗伯特·休斯:《新艺术的震撼》,刘萍君、汪晴、张禾译,上海:上海人民美术出版社1989年版,第8—9页。

的眼睛捕捉住画面时,画面就已经变掉了。画面无法被固定住。"①这就意味着在电影面前观赏者静观冥想的机制无法启动,他只能以心神涣散(distraction)的接受方式参与到欣赏之中。

在本雅明论述的语境中,心神涣散既是一个重要的美学概念,同时也应该把它看作一个重要的政治学范畴。在传统美学的意义上,心神涣散的接受使得电影具有了一项重要功能——宣泄。在《艺术作品》的第一稿中,本雅明指出:"目前电影中出现的大量荒诞事件就是因文明所导致的压抑使人类面临着危险的一个明显迹象。美国的荒诞电影和迪士尼的影片就导致了对无意识的治疗性宣泄。"②里德莱斯在阐释本雅明的这一观点时指出:"当今世界的平民百姓在其生活中面临着大量的信息要被处理,心神涣散正是一种使他能够处理信息洪流的技巧。通过大众艺术,群体吸收了这种观念,而这种观念大概是单个的个体成员不能或缺少动力去加以掌握的。"③无论是本雅明的宣泄说还是它被阐释出来的信息分洪说,显然都并非本雅明的发明,因为在亚里士多德的卡塔西斯理论中已经包含了宣泄的内容。因此,可以把本雅明所谓的宣泄看作对亚里士多德理论的现代回应,而当他在这一层面上延伸着自己的思考时,传统的美学理论依然是他的强大后盾。

富有创意的是他在政治学层面上对心神涣散的思考。在本雅明看来,心神涣散的接受方式既是对聚精会神的欣赏模式的颠覆,同时又在新型的接受主体的构建中起着至关重要的作用。因为它最终催生了大众的批判态度,造就了大众的批判意识。本雅明认为,聚精会神与心神涣散是两种不同的接受方式,前者对应的是传统艺术,后者对应的是现代艺术。前者因其聚精会神而往往被作品征服,他们在沉浸于作品中的同时也忘掉了自己,从而导致了批判距离的丧失;后者因其心神涣散却常常能超然于作品之外,同时在与作品若即若离的关系中既同化作品又强化了自己的自我意识,结果批判的态度也就应运而生了。本雅明指出:"一种艺术形式的社会意义减少得越多,公众批

---

① Walter Benjamin, *Illuminations*, p. 231.
② 〔德〕W. 本雅明:《机械复制时代的艺术作品》,王才勇译,第 36 页,译文有修订。
③ Robin Ridless, *Ideology and Art: Theories of Mass Culture from Walter Benjamin to Umberto Eco*, p. 35.

判与欣赏的分离也就越是明显。对传统之作,人们不加批判地欣赏,而对真正的创新之作,却又反感地加以批评。在电影院中,观众的这两种态度已融为一体。之所以如此,关键的原因在于个人的反应是被观众即将形成的群体反应所决定的,这一点任何地方都没有在电影的观赏中体现得如此突出。个人的反应在被呈现的同时,它们也在相互牵制。"①

必须指出,当本雅明赋予心神涣散的接受方式以如此伟大的使命时,他一方面是把布莱希特叙述体戏剧的功能换算成了电影的功能,一方面又是通过先锋派艺术(主要是达达主义和超现实主义)所使用的手段来思考电影的结果。本雅明认为,通过间离效果和中断的技巧,叙述体戏剧削弱了观众的幻觉,封闭了观众的移情装置②,同理,电影在本雅明看来,其功能与布莱希特的戏剧也大同小异:通过震惊效果和蒙太奇技术等等手段,观众聚精会神的心理装置被迅速摧毁,取而代之的是心神涣散中的反思之心和批判之眼。而达达主义则借助绘画和文学制造着当今观众在电影中所追求的效果:"在中产阶级社会衰落的过程中,静观冥想已变成一所培育非社会行为的学校,与此相反的是心神涣散,它是社会行为的变体。达达主义的行动其实是让艺术作品成为丑闻的中心,从而确保更强烈的心神涣散。"③与达达主义的艺术作品相比,电影则走得更远,因为"电影通过技术结构手段,把那种似乎仍被达达主义包裹的道德震惊效果解放成了身体震惊效果"④。显然,当本雅明如此思考着心神涣散的功能时,我们已很难在传统美学中找到它的审美支点,必须把他的这一论断放到其政治学的思维背景和先锋派艺术的语境中去加以考察,才不至于不得要领。

然而,也正是在对心神涣散之功能的理解上,阿多诺与本雅明产生了重大的分歧。在《论音乐中的拜物特征与听的退化》这篇向本雅明迂回进攻的著名文章中,阿多诺把本雅明关于电影的论题置换到他所熟悉的音乐领域,并以爵士乐为例向本雅明展开了猛烈的批判。阿多诺指出:

---

① Walter Benjamin, *Illuminations*, pp. 227-228.
② Ibid., p. 149.
③ Ibid., p. 231.
④ Ibid., p. 232.

注意力分散(deconcentration)是一种知觉活动,这种活动为遗忘和突然认出大众音乐铺平了道路。假如标准化的产品(除了显著的部分如流行曲段,它们不可救药地彼此相似)不允许聚精会神地听而听众也并非不可忍受,那么听众在任何情况下也不再能够全神贯注地听了。他们无法处于注意倾听的紧张当中,并且顺从地向降临在他们身上的东西投降。只要听得心不在焉,他们就能与所听的曲子平安相处。本雅明提到看电影时那种心神涣散状态中的统觉(apperception),同样也适用于轻音乐。一般的商业性爵士乐是可以完成自己的功能的,因为除了边聊天边听或者尤其是成为伴舞曲,它就不会被人注意到。人们一再面临这样的判断:爵士乐很适合伴舞,但听起来却糟糕透顶。但是,如果说以心神涣散的方式还可以从整体上理解电影的话,那么心不在焉的听则不会对乐曲形成整体的感觉。①

在本雅明那里,心神涣散是一种积极能动且充满革命潜力的欣赏方式,而到了阿多诺这里,它却只是一种消极被动的接受行为,与标准化和伪个性化的流行音乐成龙配套,遥相呼应。如此接受,不但不能从整体上去感受音乐,而且更重要的是长此以往,还会造成听之退化,从而使大众成为商品拜物教的牺牲品。在阿多诺的心目中,如果听之退化仅仅是一种生理现象,其实还并不怎么可怕,可怕的是文化工业在征服大众的过程中,起初是在其五官感觉上下功夫,然后在其感性与理性层面做文章,于是感觉与心理齐飞,退化共去势一色。而当大众的思想与灵魂始而被文化工业掏空,终而被统治意识形态填充时,作为个体的他们也就降低了生命活力,丧失了革命斗志,变成了标准的酒囊饭袋,行尸走肉。因此,整合收编之后,大众应运而生,个体含冤而死,大众之生与个体之死因而形成了内在的逻辑关联。从这个意义上说,音乐领域中听之退化实际上就是个体之死的信号。

如果沿着阿多诺的思路思考下去,他的这一观点无疑是深刻而精湛的。然而,我们也必须看到,由于论述的语境不同,他与本雅明的观

---

① Theodor W. Adorno, "On the Fetish-Character in Music and the Regression of Listening," in Andrew Arato and Eike Gebhardt eds. , *The Essential Frankfurt School Reader*, New York: Urizen Books, 1978, p. 288.

点也就成了两股道上跑的车——两人的思维距离进一步拉大了。从传统美学的角度看,如果说本雅明的宣泄说是对亚里士多德、卡塔西斯理论的回应,那么阿多诺的自主说则是对柏拉图"理性节制情感说"流风遗韵的继承与捍卫。柏拉图认为,情感或情欲是人性中低劣的部分,它们本来理应枯萎,但是诗人却灌溉它们,滋养它们,并因此让听众在欣赏时尽量发泄。听众虽然获得了快感,但是却丧失了理性的控制能力。因此,理性的任务就是控制情感,以免让它泛滥成灾。① 而在阿多诺的构想中,下里巴人的观众坐在乱哄哄的影剧院对着银幕傻笑只是一种低级的情欲发泄,穿着晚礼服、打着蝴蝶结的自律个体,在音乐厅中一边聚精会神(concentration)听着勋伯格的乐曲,一边在那里静观冥想(contemplation),这才算是真正的审美欣赏。阿多诺指出:"在真正的艺术中,快感成分并不是放任自流的",虽然在禁欲主义结束之后的一些阶段快感成了一种解放力量,但是"无论历史上快感复兴的势头有多么强大,快感在直接而无中介的情况下表白自己的做法依然是幼稚的"②。因此,可以把阿多诺所推崇的聚精会神与静观冥想的欣赏看作对低级快感成分的删除,对人类理性精神的修复与维护。里德莱斯指出:"阿多诺所反对的在于,当电子音乐出现之后,人们就终止了用心智(minds)听赏,而代之以一种身体的反应。不像本雅明,阿多诺更喜欢一种被升华的、柏拉图式的艺术接受,而本雅明对电影和摄影的肯定性观点则建立在一种感官现实主义(sensuous realism)之上。"③这种论断可谓一语中的。

当然,如果进一步思考我们便会发现,阿、本二人对心神涣散之功能的不同理解固然有传统美学观上的差异,但更主要的原因还在于他们思考的起点大相径庭,以至于论争时形成了自说自话时多、相互交叉时少的局面。如前所述,当本雅明论述电影的功能时,他是从接受主体(大众)的角度出发,进而去关注他们的接受方式(心神涣散),然后再上升到对电影功能的理性把握。这种思维角度的位移正如沃特斯所总结的那样:"本雅明(一如亚里士多德)的策略就是把柏拉图、

---

① 参阅朱光潜:《西方美学史》上卷,北京:人民文学出版社 1979 年版,第 54—55 页。
② Theodor Adorno, *Aesthetic Theory*, trans. C. Lenhardt, pp. 21-22.
③ Robin Ridless, *Ideology and Art: Theories of Mass Culture from Walter Benjamin to Umberto Eco*, p. 101.

阿多诺、斯大林和戈贝尔等人论争的层面,从他们所展开的位置转移到另一个层面,一个低得多的、接近土地的位置,即鲜花生长发育的地方。"① 更重要的是,本雅明在这里所构想的大众既是美学意义上的大众,也更是政治学意义的大众。也就是说,当布莱希特和先锋派艺术家的幽灵在《艺术作品》中游荡徘徊时,审美、欣赏固然还是大众在影剧院中所采取的基本姿态,但革命、破坏、斗争、颠覆乃至感官的暴动,身体的苏醒与狂欢,却更应当构成理解本雅明所谓的大众的关键词汇。在本雅明的构想中,这样的大众已然是积极的、能动的革命主体,而心神涣散的功能只不过是对这样的大众进行了一次美学的武装。这就可以理解为什么本雅明在谈到欣赏时更重视群体之间的相互感染启发而不看重个体的静观冥想,因为本雅明所谓的欣赏已不再是传统美学意义上的接受,而是让作为群体的大众走进现实界,进而去从事革命斗争活动的彩排。在这个意义上,电影院里的接受行为已经变成了一项技能训练,这种训练为大众的实践活动提供了感官、心理等方面的准备。

阿多诺并非没有看到大众的政治学含义,但他更多是从负面的意义上看到的。于是,本雅明构想中那个革命群众也就转换成了时刻准备与极权主义同流合污的受虐庸众。由于这样的庸众已先期去势,所以在统治阶级强大的文化工业机器面前,他们既不敢反抗也不会反抗,而是只能缴械投降,乖乖地接受整合收编,然后在受虐中享受肤浅的快感,在变态体验中获得心理满足。这样,在本雅明那里被他看作革命技术的心神涣散,在阿多诺这里也就变成了一种统治的策略,整合的技巧。它表面上合情合理,仿佛披着一件"高大上"的美学外衣,但实际上却不过是让所有的暗箱操作变得更加隐蔽,让大众在更乐于接受欺骗之余还能获得一种自欺自媚的快感。这种"被卖了还帮人数钱"的大众不但不可能成为革命主体,而且简直就是革命的绊脚石,甚至是反革命的雇佣军。因此,真正的革命已不是通过大众实现于现实界的"斗争",而是通过具有自主意识的个体完成于想象界或意识形态领域的"否定"。

---

① 〔美〕林赛·沃特斯:《美学权威主义批判:保尔·德曼、瓦尔特·本雅明、萨义德新论》,第 268 页。

由此看来,对大众本身的不同理解应该是构成阿、本之争错位的关键,而由于这种理解并不能与现实世界的所谓大众完全画上等号,所以,他们各自的理解既有闪光的亮点也有无法弥补的遗憾和缺陷。威廉斯(Raymond Williams)指出:实际上没有大众,有的只是把人看成大众的那种看法。① 因此,我们可以说,本雅明与阿多诺心目中的大众实际上都是他们各自依据自己的理论模式对大众的一种构想。在这种构想中,前者因其需要而拔高了大众的革命冲动与批判潜力,后者则同样因其需要降低了大众的意识水平与心理水平。由于这一基本构想的错位,从而导致了他们在其他问题上的不断扑空。同时,也正是因为双方在争论中既存在着合理性也存在着片面性,西方学界的一些学者才觉得可以用康德的"二律背反"(antinomy)来调和这场争端,让阿、本二人握手言和。阿拉托认为:"用康德的话说,二律背反是指同样合理但又截然相反的理论观点的二元性。正是二律背反的概念最终重新统一了阿多诺与本雅明的方案。"② 沃林也指出:阿、本之争"具有一种二律背反的特点,且在短期内没有解决的可能。双方的立场都有缺陷。本雅明那种为了技术复制的、普及的艺术(这种艺术适合于政治宣传的目的)而牺牲审美自主性原则的意愿,存在着过早把艺术交给功利利益领域的危险。而正如我们所表明的,这些利益可以是进步的,同样也可以是反动的。另一方面,阿多诺对去光晕的自主艺术(de-auraticized autonomous art)的坚决捍卫,除了使其在最私人化的小圈子里具有交流的基础外,已放弃了其他交流的所有可能。这样的艺术只有到了'专家'(例如勋伯格)那里才可以被理解"③。

用"二律背反"来解决阿、本之间的争端是有道理的,这就意味着两人的观点表面上看似乎势如水火,但实际上却可以相互补充,相互矫正。因此,双方能够也应该扬弃其狭隘性与片面性,并在法兰克福学派"批判理论"的大旗之下化干戈为玉帛。然而,尽管如此,我们仍有必要进一步追溯其争论的深层原因——在这场争论中,双方融入了

---

① 〔英〕雷蒙德·威廉斯:《文化与社会》,吴松江、张文定译,北京:北京大学出版社1991年版,第379页。

② Andrew Arato, "Introduction to Esthetic Theory and Cultural Criticism," in Andrew Arato and Eike Gebhardt eds., *The Essential Frankfurt School Reader*, p. 219.

③ Richard Wolin, *Walter Benjamin, An Aesthetic of Redemption*, p. 197.

怎样的生命体验？除了传统美学观的错位之外，他们的现代美学观是不是也存在着某种差异？

如果我们承认任何一种理论都是立足于自己生命体验的产物，那么阿多诺与本雅明在建构自己的大众文化理论时所动用的生命体验却是不大相同的。虽然他们都是法西斯主义的受害者，都在纳粹上台后流亡他乡，但是对于阿多诺来说，"身体的信号首先不是愉快而是痛苦。在奥斯维辛的阴影中，身体处在绝对物质性的痛苦之中，处在人性的山穷水尽的状态之中，以至于身体被纳入到哲学家狭小的世界中去"①。可以说，正是法西斯主义给阿多诺带来的痛苦经验和记忆使他终生具有了批判大众文化的冷峻，而所有能够带来快感的东西——无论是爵士乐还是卓别林的电影——都会触动阿多诺的心灵伤口，让他联想到极权主义统治的恐怖。在强大的物化世界面前，他只好一步步后退，最后在那个也被蚕食鲸吞的自主艺术中，在心灵的沉思默想中寻找自己抵抗的资源、精神的家园。他的那种决绝的姿态、永不枯竭的批判激情与冲动，最终浓缩成了典型的现代型知识分子话语。

而本雅明却恰恰相反。他的身上存在着两股截然相反的拉力，在更多的情况下他则试图在这两种拉力之间获得某种平衡。一方面，作为一个浪漫型文人，怀旧、伤感、对光晕消逝的挽歌轻唱，构成了他在过去与传统中寻找某种情感寄托的基调；另一方面，作为一个左翼激进分子，或者作为一个他希望成为的革命知识分子，隐秘的破坏欲，改造世界的野心与冲动，对技术的迷恋、对政治的热情和对革命的向往，却又使他必须寻找到一种革命的主体和力量，于是，大众与大众文化逐渐在他的心目中变得可亲可爱起来。而为了实现自己的构想，光有革命的理论是远远不够的，还必须有革命的行动才能使思想转化为身体语言。于是，在寻寻觅觅之中，他终于发现了身体的特殊功能。在《超现实主义》一文中，本雅明说："集体也是一种身体（body）。在技术中为它组织起来的**身体**（*physis*），只能通过其全部政治的和实际的现实在那个形象的领域里产生出来，从而使我们获得世俗启迪（profane illumination）。只有身体与形象在技术中彼此渗透，所有的革命张力变成了集体的身体神经网，而集体的身体神经网又变成了革命的放

---

① 〔英〕特里·伊格尔顿：《审美意识形态》，第 348 页。

电器,现实才能使自己超越到《共产党宣言》所需求的那种程度。"①显然,依据本雅明的设计方案,身体并非碌碌无为的臭皮囊,而是大有可为的香饽饽,因为一旦经过技术的重新装备,它就能够成为革命的武器,爆发出革命的能量。如此一来,蒙太奇的电影技巧,震惊效果对人的感官刺激,电影院里观众的笑声,等等,就变得不再难以理解,而是全部有了着落。因为对于本雅明来说,所有这些都是中规中矩的身体开始苏醒的重要信号,是身体成为革命的放电器之前必不可少的热身活动。正是在这一意义上,伊格尔顿才特别指出:"对于本杰明来说,必须根据感性形象的力量来重新安排和塑造身体。审美再一次成为身体性的政治,但这一次伴随着彻底的物质性变化。……他把身体视为工具,是有待组织加工的原料,甚至把身体视为机器。关于这一点,看来不会有比巴赫金的狂欢化理论更为接近的理论了。"②

　　伊格尔顿的联想确实启人深思,因为巴赫金狂欢化理论归根结底,就是要使广场上的人民之笑成为颠覆官方意识形态的得力武器,而所有这一切,又都是通过对"物质—肉体下部形象"的变形、夸张甚至放纵来完成的。在分析中世纪以狂欢节为主体的民间节日活动时,巴赫金认为,狂欢节上的所有活动都是与人的身体的扩张联系在一起的,人们通过极度夸张、变形、戏仿的身体语言释放着一种生命的能量。这样一种身体以巴赫金所谓的"物质—肉体下部形象"为基础,并被他称之为"怪诞身体"(grotesque body)。怪诞身体首先关联着狂欢节的活动内容,那是人们放肆打开并且合理使用自己身体中的一种集体行为;其次,这是"第一自然"的身体(力比多身体)通过怪诞身体的伪装,向"第二自然"的身体(道德身体、政治身体等)所进行的合法谋反。借助于怪诞身体,同时也借助于与这种身体配套的"广场话语",狂欢节使人们走出了严肃身体的牢笼,并对那种常规的、十分严肃而紧蹙眉头的、服从于严格等级秩序的"第一种生活"和"官方话语"构成了巨大的挑战。③

　　由此看来,本雅明的身体政治学与巴赫金的狂欢化理论确实有异

---

① Walter Benjamin, *One-Way Street and Other Writings*, p. 239.
② 〔英〕特里·伊格尔顿:《审美意识形态》,第 342 页。
③ 参阅拙作:《民间话语的开掘与放大——论巴赫金的狂欢化理论》,《外国文学研究》2002 年第 4 期。

曲同工之妙。这就意味着本雅明的大众文化理论不是像阿多诺那样建立在对痛苦的记忆之上，而是形成于一种狂欢体验的期待之中。而更值得探讨的是，由于本雅明对身体震惊效果的强调和对大众文化肯定性意义的开掘，使得许多西方学者把本雅明看成了后现代主义的先驱。费瑟斯通(Mike Featherstone)认为，本雅明"从理论角度欢呼大众文化那肢(支)离破碎的影像，欢呼城市日常生活中的震惊与骇异的感受，这明显受超现实主义、达达主义与蒙太奇的影响，并在后现代主义中都引起了很强的共鸣"①。拉什(Scott Lash)也指出，在法兰克福学派中，只有本雅明让日常生活的文化现象与社会现象发生了相互交往。"我愿意为如下说法进行辩论：本雅明(他大概是批判理论方面最重要的文化社会学家)并非任何简单意义上的'现代主义者'，他的分析与**后现代主义**的美学、伦理学和政治学建立了重要联系"。阿多诺等人"对高雅文化艺术品的评价由批判理论'主流'中的**现代主义**美学所构成，这种评价只是在与社会相分离的美学领域看到了批判的潜力；而本雅明对大众文化产品的评价，可以从构成完整社会所必需的审美之维中来构想批判，却是与**后现代主义**美学相一致的"。②

把阿多诺的思考定位成现代主义美学应该是非常准确的，因为对于这一问题，胡伊森(Andreas Huyssen)有更精微的思考。他认为，阿多诺对包括波德莱尔、福楼拜、马拉美、霍夫曼斯塔尔、瓦莱里(Paul Valéry)、普鲁斯特、卡夫卡、乔伊斯、策兰(Paul celan)和贝克特等作家在内的现代主义文学给予了特别关照，而历史上的先锋派运动，如意大利未来主义、达达主义、俄国构成主义和生产主义(Russian constructivism and productivism)、超现实主义却在他所指认的经典之作中一再缺席。正是因为这一原因，"阿多诺不是一个先锋派理论家，而是一个现代主义理论家。不仅如此，他还是打造'现代主义'的理论家，这个'现代主义'已消化了历史上先锋派的失败"③。这一分析显然有助于我们对阿多诺的思想做出更加细腻的理解。

---

① 〔英〕迈克·费瑟斯通：《消费文化与后现代主义》，第148页。

② Scott Lash, *Sociology of Postmodernism*, London and New York: Routledge, 1990, pp. 153-154, 156.

③ Andreas Huyssen, *After the Great Divide: Modernism, Mass Culture, Postmodernism*, Bloomington: Indiana University Press, 1986, p. 31.

那么，把本雅明看作后现代主义的先驱进而在后现代主义美学中为其定位准确吗？由于本雅明思想的复杂性，把他与后现代主义联系起来可能有一定道理。但是我们不应该忘记，本雅明首先是先锋派文学与艺术的激赏者，也是先锋派美学意义的开掘者；而1920年代的欧洲先锋派也确实对本雅明的思想产生了重大影响。① 他在超现实主义的文学中发现了梦幻、身体、形象领域、世俗启迪和革命的能量，他在达达主义的艺术作品中又发现了心神涣散、震惊效果和对光晕的祛除。而由于达达主义更看重"清除一切"，由于超现实主义更欣赏"精神革命"，也由于这两种主义都倡导让艺术回到生活，都与当时的共产主义运动和政治革命存在着千丝万缕的联系，都在通过极端的技术手段制造着一种"反艺术"的艺术（用查拉[Tristan Tzara]的说法是"为反艺术而反艺术"）②，所以，先锋派的观念、理念、行为方式和艺术制作方式在很大程度上暗合了本雅明的破坏欲望、政治情结和革命诉求，或者说，本雅明正是从先锋派那里汲取了他所必需的思想灵感和美学资源，才最终完成了他的大众文化的理论设计。因此，本雅明的大众文化理论除了是"艺术政治化"的产物之外，还应该是借助于先锋派美学之手书写出来的一种特殊话语。罗歇里兹（Rainer Rochlitz）指出："从《单行道》到《艺术作品》，从超现实主义到革命电影，本雅明试图使一些先锋派运动概念化。"③而胡伊森则认为，正是通过本雅明1930年代的作品，我们后来才发现先锋派艺术和大众文化的乌托邦希望之间存在着一种隐蔽的辩证法。④ 这样的论断显然比"后现代主义美

---

① 学术讲座"经验的断裂：本雅明的美学"（2004年10月27日由北京师范大学文学院举办）结束之后，笔者曾就本雅明与先锋派的关系问题向报告人德国汉堡大学社会研究所克劳斯哈尔（Wolfgang kraushaar）先生请教（通过曹卫东翻译）。我问："先锋派的文学、艺术以及由此形成的理论在本雅明的美学思想中究竟占一个怎样的位置？"他回答说："欧洲的先锋派，特别是文学、艺术领域里的先锋派对本雅明的理论形成有重要作用。我个人认为，欧洲先锋派对本雅明的影响比他同时代哲学家对他的影响都要大。严格意义上说，本雅明根本就没有接受过同时代哲学家的观点，倒是接受了很多先锋派，特别是达达主义和超现实主义的观点。"

② 关于达达主义和超现实主义，笔者主要参考了以下两本书。〔法〕亨利·贝阿尔、〔法〕米歇尔·卡拉苏：《达达——一部反叛的历史》；老高放：《超现实主义导论》。

③ Rainer Rochlitz, *The Disenchantment of Art: The Philosophy of Walter Benjamin*, trans. Jane Marie Todd, p. 221.

④ Andreas Huyssen, *After the Great Divide: Modernism, Mass Culture, Postmodernism*, p. 14.

学"之类的说法更接近本雅明思想的本来面目。

正是基于这一判断,我们似可以得出如下结论:阿多诺、本雅明的大众文化之争实际上是两人在现代主义美学观念和先锋派美学思想支撑之下的一次交锋。而更让人深思的是,虽然现代主义美学与先锋派美学有诸多相似之处(比如,通过艺术反抗社会是它们共同的追求和目标),但是前者更侧重于从19世纪中叶以来的文学作品中汲取营养,因此,唯美主义的"为艺术而艺术"和"艺术自主"常常成为其美学思想的主要元素;而后者则更看好融于生活的艺术实践,于是"艺术生活化"以及由此带来的感觉革命又往往成为其美学思想的核心理念。同时,根据比格尔(Peter Bürger)的区分,现代主义是对一种传统写作技巧的攻击,先锋派则是对一种"艺术体制"及其自主性的清算。两者使用了不同的否定策略也形成了不同的社会作用。[1] 在这样一种美学分野中来思考阿—本之争,阿多诺那种"'为艺术而艺术'同样需要为其辩护"的主张[2]和"艺术自主"的诉求,以及由此形成的静观冥想的审美方式,就全部在现代主义美学中找到了它的位置,而本雅明的"艺术政治化""身体政治学"和由此诞生的心神涣散也全部在先锋派那里获得了一种美学合法性。从现代主义的美学观念出发,并在艺术体制的内部来思考大众文化问题,大众文化必然会遭到批判,因为以他律形式出现的大众文化必然是对艺术自主的亵渎和破坏;从先锋派的美学立场出发,也就是在艺术体制的外部来面对大众文化,大众文化应该是先锋派的盟友,因为和先锋派艺术一样,大众文化在特定的历史语境中也可以聚积起革命的能量。于是,尽管阿多诺、本雅明的大众文化之争中无疑存在着政治的维度,但是阿多诺对大众文化的批判和本雅明对大众文化的肯定,显然还可以在现代主义美学和先锋派美学那里找到他们价值立场和价值判断的支点。缺少了美学这一维度,两人的思想分歧可能依然会显得扑朔迷离;增加了这一维度,许多问题我们也就可以看得更加清楚了。

---

[1] Peter Bürger, *Theory of the Avant-Garde*, trans. Michael Shaw, University of Minnesota Press, 1984, pp. xv, 21-22.
[2] Theodor Adorno, "Letters to Walter Benjamin," in Ronald Taylor ed., *Aesthetics and Politics*, p. 122.

第四章　洛文塔尔:逡巡于雅俗之间

马尔库塞认为,洛文塔尔是法兰克福学派中"被人不公平地冷落或遗忘了的人物"①,这种看法应该说是比较客观公允的。长期以来,西方学界在谈到法兰克福学派的大众文化理论时,所涉及的大都是主流的(阿多诺、霍克海默与马尔库塞)与另类的(本雅明)观点,却很少提到洛文塔尔,这实在是一个非常奇怪又值得玩味的现象。在我们看来,之所以会出现这种状况,关键还不在于洛文塔尔1940年代之后基本上与社会研究所中断了联系,以至于一些学者在思考法兰克福学派时有可能会把他排除在外,而在于研究者一般把他看作法兰克福学派主流观点的追随者。②　于是,由于他的观点既不如阿多诺那样富有原创性,又不像马尔库塞那样在1960年代异常火爆,所以,谈到法兰克福学派时,他的观点或者被蜻蜓点水似的一笔带过,或者就干脆忽略不计了。——这实在是一个很大的误会。

于是,有必要注意一下法兰克福学派研究专家的说法。马丁·杰伊指出:"研究所成员中,对大众文化分析最广的是洛文塔尔。"③罗伯特·萨耶尔(Robert Sayre)认为:"在20世纪40年代,法兰克福学派把其注意力聚焦于大众文化,而在这种努力中,洛文塔尔则是最积极的

---

①　〔英〕布莱恩·麦基编:《思想家——当代哲学的创造者们》,周穗明、翁寒松译,北京:生活·读书·新知三联书店1987年版,第67页。

②　比如,西方一些学者往往把洛文塔尔看作阿多诺与霍克海默之观点的唱和者,国内学者在谈到洛文塔尔时,往往又把他的观点与阿多诺等人的观点烩在了一起。See Herbert J. Gans, *Popular Culture and High Culture: An Analysis and Evaluation of Taste*, New York: Basic Books, 1999, pp. 67-68. 参阅〔英〕斯威伍德:《大众文化的迷思》,冯建三译,台北:远流出版事业股份有限公司1993年版,第150页。杨小滨:《否定的美学——法兰克福学派的文艺理论和文化批评》,上海:上海三联书店1999年版,第48—56页。

③　Martin Jay, *The Dialectical Imagination: A History of the Frankfurt School and the Institute of Social Research 1923-1950*, London: University of California Press, 1996, p. 212.

成员。"①凯尔纳则进一步宣称:"洛文塔尔不仅是文学社会学发展中的先锋,而且也是一位犀利的大众文化批评家。"②所有的这些说法表明,在法兰克福学派的大众文化研究中,洛文塔尔绝不是一个可有可无的人物;而缺少了洛文塔尔的法兰克福学派大众文化理论无疑是一个不完整的理论,因此,认真对待洛文塔尔的思考应该是意义重大的。

在本章的分析中,我们将主要依据洛文塔尔的两个文本,一个是他在大众文化研究方面的代表性著作:《文学、通俗文化和社会》(*Literature, Popular Culture, and Society*),一个是由马丁·杰伊编辑而成的洛文塔尔的回忆性文字《无法掌控的过去》(*An Unmastered Past*)。前者成书于 1961 年,书里的五章内容实际上由五篇论文组成,它们分别发表于 1942—1943、1948、1950、1957、1960 年美国的专业性刊物中;后者成书于 1987 年,书里的访谈与回忆性文章主要形成于 1980 年之后,是法兰克福学派第一代成员全部过世之后洛文塔尔对社会研究所与他本人的历史、思想状况、学术活动等等的回顾与交代,其中多处涉及大众文化问题。由于在西方学界洛文塔尔的大众文化理论或者没有得到足够的重视,或者存在着种种误解,本章将侧重解决如下三个问题:一、洛文塔尔的大众文化观中存在着怎样的矛盾,这种矛盾是如何形成的。他在多大程度上追随了主流观点,又在多大程度上以何种方式发出了自己独特的声音。二、洛文塔尔对美国通俗传记的抽样分析是大众文化研究中的一个经典文本,在这次分析中他发现了什么,他那种富有创意的研究思路对于法兰克福学派的大众文化理论来说又意味着什么。三、洛文塔尔曾对英国 18 世纪的通俗文学和文学媒介做过专门研究,这种研究与他对大众文化的思考存在着怎样的联系。与阿多诺相比,洛文塔尔大众文化观的独特性究竟体现在哪里,他的大众文化观又是如何被通俗文学建构起来的。

---

① Robert Sayre, "Lowenthal, Goldmann and the Sociology of Literature," in Jay Bernstein ed., *The Frankfurt School: Critical Assessments*, Volume I, London and New York: Routledge, 1994, p. 277.

② Douglas Kellner, *Critical Theory, Marxism and modernity*, Cambridge: Polity Press, 1989, p. 122.

一 摇晃的立场与暧昧的历程

作为法兰克福学派的核心成员,同时也作为法兰克福学派"大众文化"研究计划最忠实的执行者,洛文塔尔实际上无法过多地偏离学派的主流立场及观点,但是基于自己的知识背景、研究方法及思维方式,他又不可能对主流的立场及观点完全苟同。于是,在洛文塔尔对大众文化的思考中就出现了两种声音:一种是靠在阿多诺与霍克海默的立场上显出了某种批判的冷峻,一种则是立足于自己的实际研究而又对这种批判露出了几分狐疑。这两种声音应该说都是真实的,然而这种矛盾感、分裂感却也构成了法兰克福学派大众文化研究中一个极为重要的症候。

1. 通俗文化还是大众文化:文本中的症候

若要弄清楚洛文塔尔的大众文化观,我们首先需要面对的是这样一个问题:洛文塔尔谈论的究竟是大众文化(mass culture)还是通俗文化(popular culture)。① 众所周知,mass 一词在英语中有"乌合之众"等贬义的意思及色彩,于是,与其组合到一起的词语如 mass culture 或 mass society 等也就有了较浓的负面或否定的意义。而 popular 一词的原义则是 of people(人民的、民众的),其引申义则有"通俗""流行"等意思,是一个中性词。② 如果洛文塔尔坚定不移地站在法兰克福学派的主流立场上,那么他应该选用 mass culture,因为这一概念正是主流立场的用语③;如果他是主流立场的反对者,他则应该完全使用 popu-

---

① popular culture 亦可译为"大众文化",为了与 mass culture 相区分,这里译为"通俗文化"。
② 英国文化批评家威廉斯曾把 masses(大众)和 popular(民众的/通俗的)作为关键词分别进行过梳理。他认为,就其突出的含义来说,masses 指的是众多的人。这个词还牵涉到粗俗者、乌合之众、下层民众(the mob)等含义,他们是 18 世纪尚未稳定的普通人。这个词可以用来识别城市工业中的下层群众与工人阶级、易受骗者、老百姓,他们都对文化构成了永久的威胁。而 popular 主要是从普通百姓而不是欲博取他人好感或追逐权力的人的角度所做的认定。See Raymond Williams, *Keywords: A Vocabulary of Culture and Society*, London: Fontana Paperbacks, 1983, pp. 192-97, 236-238.
③ 在《启蒙辩证法》之前,mass culture 是阿多诺指认"大众文化"的核心概念,从《启蒙辩证法》开始,阿多诺与霍克海默论述到大众文化时则用"文化工业"(culture industry)取而代之,但在具体的语境中,也仍有用到 mass culture 的地方(西方学者也注意到了这一现象,参阅 David Held, *Introduction to Critical Theory: Horkheimer to Habermas*, London: Hutchinson & Co. Ltd, 1980, p. 91),故把 mass culture 看作主流立场的用语。

lar culture,因为自从伯明翰"当代文化研究中心"发展出一种与法兰克福学派截然对立的大众文化理论之后,popular culture 已成为西方学界谈论"大众文化"的主要用语。然而也恰恰是在这里,洛文塔尔在他的文本中为我们提供了值得注意的症候。

症候之一。收在《文学、通俗文化和社会》一书中的文章是洛文塔尔在近 20 年的岁月中逐渐写成的,在这些文章的叙述与分析中,洛文塔尔大部分情况下使用的都是"通俗文化"(popular culture),而只是在很少的几处地方用到了"大众文化"(mass culture)。① 为什么要把"通俗文化"而不是"大众文化"作为文章的关键词呢?作者并没有做出任何说明,而从作者交替使用这两个关键词的具体语境中,我们也看不出这种置换有什么特别的用意。虽然罗伯特·萨耶尔对这两种用法做出了区分(他认为洛文塔尔谈到"通俗文化"时指的是被精英生产出来、供大量阅听人消费的文化产品;谈到"大众文化"时可能指的是被文化工业生产出来面向市场的文化产品),但是他紧接着又指出这种区分意义不大,因为洛文塔尔同样也会用"通俗文化"来指称被文化工业生产出来的文化产品。② 如此说来,通过这样一种叙述策略,洛文塔尔所要表达的应该是这样一种用意:他这里谈到的大众文化实际上就是通俗文化,而所谓的通俗文化无疑也就是大众文化。大众文化与通俗文化,其意一也。

既然在洛文塔尔的思考中大众文化与通俗文化是一回事,为什么他不主要选用"大众文化"这一主流立场的用语呢?另一方面,既然他已在文章中把"通俗文化"作为一个主要的关键词,为什么他又要让"大众文化"不时地出现一下呢(包括成书时所写的"导言"部分,作者在主要使用 popular culture 行文的情况下,也依然让 mass culture 出现了一次)?在我们看来,这种叙述的裂痕实际上已在一定程度上暴露出洛文塔尔对待大众文化的矛盾心理。对于洛文塔尔的这种矛盾,罗伯特·萨耶尔的解释是这样的:

---

① 根据笔者的统计,*Literature*, *Popular Culture*, *and Society* 一书中使用到 mass culture 的地方不到 10 处。

② Robert Sayre, "Lowenthal, Goldmann and the Sociology of Literature," in Jay Bernstein ed., *The Frankfurt School: Critical Assessments*, Volume I, 1994, p.277.

虽然洛文塔尔主要是把通俗文化作为一种堕落的文化形式进行严厉批判的,但是他的阐释却又不时流露出更多赞许。他晚近的写作表明,在美国的思想倾向影响下,他已部分地放弃了法兰克福学派的立场。从《文学、通俗文化和社会》的导言中可以看出,他对美国那些通俗文化的支持者表现得极为开放,他至少愿意容纳这样一种可能性:"处于全盛时期的大众媒介可能正在发展出一种介于民间艺术与'高雅'艺术之间的艺术形式。"这种转变大概可以做出如下解释:与大部分文章相比,这篇导言写得很晚。而在1960年代初期的美国,肯定通俗文化的观点又显得特别强劲。①

《文学、通俗文化和社会》的导言与正文部分确实存在着某种矛盾,因为与正文部分那些比较肯定的判断相比,导言部分的说法往往显得模棱两可。但问题是这种矛盾在正文部分实际上就已经存在了,"通俗文化"与"大众文化"的交替使用其实就是一个信号。在我们看来,当他主要使用"通俗文化"来展开他的叙述分析时,他大概是想淡化法兰克福学派主流观点对"大众文化"轻蔑、不屑、否定甚至批判的色彩,从而使他与主流立场稍稍地拉开一些距离;而不时地以"大众文化"插入其中则是企图表明,他并不想(实际上也不可能)完全脱离法兰克福学派对大众文化批判的语境。那些有意无意冒出来的 mass culture 犹如他在法兰克福学派考勤表中为数不多的几次签到,凭借这一标记,他维持着自己与法兰克福学派主流观点的正常联系。

如果我们的这一假定可以成立,那么接着需要追问的是,为什么洛文塔尔要有意淡化法兰克福学派的主流观点呢?罗伯特·萨耶尔认为早在1940年代初期,"洛文塔尔就对通俗文化做出过与众不同的、同时也是比较微妙的肯定性评价"②。他所谓的"肯定性评价"指的是1942年2月3日洛文塔尔与霍克海默的通信。当洛文塔尔即将完成那篇论述美国流行杂志的论文时,他就与霍克海默在信中谈到了他对大众文化的认识。他认为,大众通过对传记主人公及其"消费"方

---

① Robert Sayre, "Lowenthal, Goldmann and the Sociology of Literature," in Jay Bernstein ed. , *The Frankfurt School: Critical Assessments*, Volume I , 1994, p. 278.
② Ibid.

式的占有，表现出了对清白生活的渴望。虽然传记"代表了人的概念被扭曲的乌托邦"，但是"我们以肯定的方式维持着这个乌托邦，也就是说，两者对于真实、鲜活、存在着的个体来说是绝对重要的，那就是尊严和幸福"。而在回信中，霍克海默也承认："我们不能责怪人们更多地对私人与消费领域而不是生产领域感兴趣，这一特征包含着一个乌托邦成分。生产在乌托邦中并不起决定性作用，它是上帝许诺的福地(the land of milk and honey)。我认为正是在其深层意义中，艺术和诗歌常常与消费形成了一种亲和性。"①在这次通信中，他们两人似乎已在这一层面上达成共识：大众文化具有一种乌托邦的特征，大众走向大众文化的乌托邦中，实际上是以另一种方式对自我人生价值的肯定与召唤。

如此说来，就在阿多诺等人批判大众文化的鼎盛时期，洛文塔尔就已在心里悄悄播下了与法兰克福学派主流观点有分歧的种子，但是为什么他会与法兰克福学派的主流观点产生分歧呢？可以把洛文塔尔的上述思考看作其中的一个原因，但这并不是唯一的原因与最终的原因，而究竟还有哪些原因在起作用，这正是我们需要回答的。

症候之二。如果说在《文学、通俗文化和社会》中，洛文塔尔主要是以"通俗文化"(popular culture)行文，那么在《无法掌控的过去》一书中，洛文塔尔则主要是以"大众文化"(mass culture)叙述。他甚至在言谈话语之中流露出这样一种意思：所谓的"通俗文化"或"大众文化"实际上与阿多诺所发明的"文化工业"概念是一回事。② 与这种叙述策略相对应，他对大众文化的暧昧态度也烟消云散了，取而代之的是对大众文化非常明确的否定与批判。当采访人格鲁兹(Peter Glotz)指出在对待大众文化的问题上，他跟阿多诺和霍克海默存在着分歧时，洛文塔尔甚至显得非常激动，他说："在对大众文化的批判上，我的激进跟我的同事与朋友没有任何区别。"③而当格鲁兹认为平装书、莫

---

① Leo Lowenthal, *Critical Theory and Frankfurt Theorists*, New Brunswick and Oxford: Transaction Publishers, 1989, pp. 199-200. See also Martin Jay, *The Dialectical Imagination: A History of the Frankfurt School and the Institute of Social Research 1923-1950*, p. 213.

② Martin Jay, ed., *An Unmastered Past: The Autobiographical Reflections of Leo Lowenthal*, Berkeley: University of California Press, 1987, p. 185.

③ Ibid., p. 252.

扎特等人的音乐作品被制作成磁带有利于大众的接受与欣赏时,洛文塔尔则指出:"但问题是,(如此这般之后)真正发生了什么呢?如果莫扎特与贝多芬的作品只是一遍又一遍地为不能欣赏这种音乐的人播放,如果它们只能作为背景音乐在咖啡馆、百货商店、餐馆、理发店或牙医诊所里播放,那么我看不到那里面有什么特别有价值的东西。那只不过是渴望成为行动的一部分。"①

洛文塔尔的这种说法让我们想起了阿多诺在《美学理论》中对背景音乐的批判②,而洛文塔尔的这种姿态又让我们不得不与《文学、通俗文化和社会》中不时呈现出来的、对大众文化的否定性判断形成联系。比如,在此书中,洛文塔尔曾有过如下著名说法:

> 在现代文明的机械化生产进程中,个体的衰落导致了大众文化(mass culture)的出现,它取代了民间艺术与"高雅"艺术。通俗文化(popular culture)产品完全没有真正艺术的特征,但是通俗文化在所有的媒介中却证明它拥有自己的真正特性:标准化、模式化、守旧、虚伪,这是一种控制消费者的产品。③

在这段经常被人征引的文字中,洛文塔尔实际上以最为凝练的方式表达了法兰克福学派主流立场的观点。这意味着在《文学、通俗文化和社会》中,洛文塔尔虽然不断在淡化着主流立场的观点,但是又不时地站在主流的立场说话,这种暧昧的姿态使他的这一文本形成了某种张力。但问题是,为什么这种张力在1980年代突然消失了呢?洛文塔尔本人没有提供任何解释,而这又成了我们必须回答的另一个问题。

带着如上两个问题,让我们走进洛文塔尔的文本世界与心灵世界。

2. 批判理论与文学社会学:在理论与方法之间徘徊

面对洛文塔尔关于通俗文化的论述,我们马上会发现一个他与法

---

① Martin Jay, ed., *An Unmastered Past: The Autobiographical Reflections of Leo Lowenthal*, Berkeley: University of California Press, 1987, p.254.

② See Theodor W. Adorno, *Aesthetic Theory*, trans. C. Lenhardt, London: Routledge & Kegan Paul, 1984, p.358.

③ Leo Lowenthal, *Literature, Popular Culture, and Society*, Englewood Cliffs, NJ: Prentice-Hall, 1961, pp.10-11.

兰克福学派其他成员大不相同的地方:在研究的过程中他更关注和强调理论与方法问题。那么,什么又是他依凭的理论与方法呢?简单地说,就是批判理论与文学社会学的方法。在更多的情况下,这种理论与方法是统一在一起的,但是批判理论本身所具有的性质与社会学的操作方案又不时地处在一种紧张的对话之中,这种紧张关系应该是洛文塔尔在对待通俗文化问题上犹疑矛盾的原因之一。

关于批判理论,我们在"导言"部分已有所界定。不过,当洛文塔尔面对批判理论时,他实际上是在两个层面上对它做出理解的:其一是一种"意识形态批判",其二"是一种视角,一种面对所有文化现象所采取的普通的、批判的、基本的态度"。① 前者与霍克海默和马尔库塞的理解区别不大,但后者却分明是对批判理论的"降格"处理。于是,在对批判理论的具体实践与运用中,洛文塔尔实际上也就存在着两种趋向:当洛文塔尔面向现实层面发言时,批判理论作为一种意识形态批判,甚至政治实践的手段,便发挥着淋漓尽致的作用,比如,当他通过对挪威作家汉姆生(Knut Hamsun)的研究得出此人是一个潜在的法西斯主义者的结论时②,当他在《欺骗的先知》(*False Prophets*)一书中通过对美国煽动家(agitator)的研究体现出意识形态批判的锋芒时③,他实际上已把霍克海默意义上的批判理论运用到了极致;然而,当他沉入历史对通俗文化现象进行梳理时,批判理论则往往内化到了社会学的方法之中,成了一种典型的视角。明白了洛文塔尔的这一思维套路,我们也就理解了在《文学、通俗文化和社会》中为什么他会把质疑与批判的矛头对准了经验主义与实用主义:

> 经验主义的社会科学已经变成了一种实用的禁欲主义。这种科学避开了外力的纠缠,并在严守中立的氛围中获得了繁荣。

---

① Martin Jay, ed., *An Unmastered Past: The Autobiographical Reflections of Leo Lowenthal*, pp. 117, 60-62.

② See Leo Lowenthal, "Knut Hamsun," in Andrew Arato and Eike Gebhardt eds., *The Essential Frankfurt School Reader*, New York: Urizen Books, 1978, pp. 319-45.

③ 霍克海默在为该书写的"序"中指出:"如今,在高度工业化社会的状况下,甚至在意识形态领域里,消费也主要被生产决定着,态度与反应行为常常是被'制造'出来的。在权力、真实与想象的压力之下,人们无法自由地'选择'它们,而只能接受它们。"可以把他的这种概括看作该书的主题。See Leo Lowenthal, *False Prophets: Studies on Authoritarianism*, New Brunswick: Transaction, Inc., 1987, p. 1.

它拒绝进入意义领域。例如,研究电视,它会全力以赴去分析电视对家庭生活构成影响的数据,但是却把这种新机制对于人的实际价值问题留给了诗人与梦想家。社会研究过于关注现代生活(包括大众媒介)的表面价值,却拒绝将其置于历史和道德的语境之中。在现代时期的开端,社会理论将神学作为其模型,但如今自然科学已取代了神学。这种模型转换具有深远的影响。神学旨在救世,自然科学意在操纵;一者通向天堂与地狱,一者走向技术与机器。①

结合其他几处的分析,我们可以看出洛文塔尔在这里主要涉及三个方面的问题。第一,社会科学的研究不应该成为定量分析的研究。经验主义的研究之所以受到了洛文塔尔的质疑,关键在于它的理论起点是市场数据。因此若以市场调查或市场数据作为依据,而假定消费者的选择是决定性的社会力量,并以此来分析大众媒介或通俗文化,那么这种分析将是不完善、不全面甚至不真实的。而更需要进一步分析的是,"在一个社会的总体进程内,文化传播的功能是什么?……什么东西通过了社会权力机构的审查?依据正式与非正式审查的权威断言,这些东西又是如何被生产出来的?"②第二,与洛文塔尔所批判的定量分析的研究方法相对应,他所赞赏与倡导的是研究过程中的定性分析。因为定性分析可以挖掘出研究对象背后所潜藏的价值与意义,于是,把研究对象还原到历史与道德的具体语境中也就具有了特别重要的意义。第三,洛文塔尔对当时整个社会科学的研究现状并不满意。在他看来,社会科学在摆脱了神学的统治之后却又被自然科学接管了,自然科学成了新的时期的神学。而在自然科学的支配之下,社会科学研究自然只能形成机械、刻板与僵硬的模式,成为工具理性的载体。而更可怕的是,这种研究若继续下去,又必将成为大众文化的同谋。因为"社会研究只不过是一种市场研究,是一种便于控制的手段,是可以让不情愿的消费者狂热消费的工具"③。既然社会科学

---

① Leo Lowenthal, *Literature, Popular Culture, and Society*, Englewood Cliffs, NJ: Prentice-Hall, 1961, p. 7.
② Ibid., p. 11.
③ Ibid., p. 9

研究变成了这样一种研究,那么它的存在理由也就成了一个很大的问题。

从法兰克福学派的总体批判语境中看,可以把洛文塔尔对经验主义与实用主义的批判看作法兰克福学派对实证主义批判的延伸,但是如此理解其实并不全面,因为洛文塔尔的这种批判主要是面对现实中的美国,而不是面向记忆中的欧洲,所以具有更强的现实意义。20世纪初期的美国,以詹姆斯(William James)和杜威(John Dewey)为代表的实用主义哲学波及了社会生活的方方面面。实用主义哲学运动为美国人只关心实际行动而不关心崇高理想提供了一种哲学依据,并由此铸就了美国人的生活信条。在他们看来:"生活是根据下一步必须要解决的具体问题来考虑的,而不是根据人们会被要求为之献身的终极价值来考虑的。"①实用主义渗透到社会科学的研究中,也就形成了那种只重市场调查及数据材料而不注重研究对象背后的人文内涵与人文价值的研究方法。与此同时,实用主义也"成了一种极端经验主义的原理,一种比较无局限的经验主义的方法",因为"这种方法并不以研究各种科学事实为限,而且还要认真考虑任何人所具有的任何经验"。② 另一方面,在大众传播领域,以拉斯韦尔为代表的经验主义社会学在1920年代后期到1950年代初期的美国一度成为学界的主流。拉斯韦尔从关心政治宣传与传播的角度出发,提出了著名的"拉斯韦尔公式"③。这一公式显然是建立在刺激—反应的机械论基础之上的,"它或多或少想当然地认为传播者具有某种打算影响接收者的意图,因此应该把传播主要看作是一种劝服性过程"。考虑到拉斯韦尔主要想为当时的政治宣传张目,他把公众构想成没有抵抗力的被动接受者的观点也就变得不难理解了。④ 而与研究所成员关系密切的拉扎斯菲尔德到了美国之后,又把那种能够给他带来"快感"的定量分析法

---

① 〔美〕L. J. 宾克莱:《理想的冲突——西方社会中变化着的价值观念》,马元德、陈白澄、王太庆等译,北京:商务印书馆1983年版,第19页。
② 同上书,第22页。
③ "拉斯韦尔公式"就是在描述传播行为时回答5个W,即谁说的,说了什么,通过什么渠道,对谁说,取得了什么效果。
④ 参阅〔英〕丹尼斯·麦奎尔、〔瑞典〕斯文·温德尔:《大众传播模式论》,祝建华、武伟译,上海:上海译文出版社1987年版,第16—18页。〔法〕阿芒·马特拉:《世界传播与文化霸权》,陈卫星译,北京:中央编译出版社2001年版,第63—65页。

运用得非常富有效果。① 所有这些实用主义与经验主义的理论与方法，构成了洛文塔尔在美国时必须面对的思想环境。而要想在这里有所作为，也就意味着他必须在实用主义与经验主义的重重包围中杀出一条血路。

至此为止，洛文塔尔的思维路线应该说是比较清晰的：若要谈论通俗文化，首先必须拥有谈论通俗文化的方法。由于实用主义与经验主义的方法拒绝价值判断，否认了意义层面的思考，所以要想使自己那种具有德国文化传统的研究方法（洛文塔尔特意提到了狄尔泰〔Wilhelm Dilthey〕的历史学方法与齐美尔的社会学方法）在美国落地生根，他就必须首先对经验主义和实用主义的研究方法加以清算。在清算过程中，可以看出他明显地动用了"意识形态批判"意义上的批判理论。也就是说，从"破"的层面上看，他实际上完全靠在法兰克福学派的主流立场上，这种立场保证了他观点的"清晰"；然而一旦到了"立"的层面，这种"清晰"也就基本上终结了，取而代之的则是含混朦胧。

那么，洛文塔尔究竟想要确立一种怎样的研究方法呢？简单地说，就是确立一种以历史唯物主义原理为基础的社会学方法，因此，这种方法实际上拥有两个维度：其一是面向社会，其二是沉入历史。面向社会意味着只有把通俗文化放到既定的社会关系与经济结构中才能对它做出精微的理解，沉入历史则意味着只有把通俗文化还原到既定的历史事实中才能对它做出准确的判断。洛文塔尔说："如果我们把自己限制在看得见的事实与我们自己的社会中，我们就没有办法决定什么是重要的，什么是不重要的，什么是本质的，什么又是非本质的。这里，有关以往社会的中心问题的知识具有显而易见的价值。"② 所以，社会学的研究工作就是要借助于历史的连续性，如此才能在社

---

① 据拉扎斯菲尔德回忆："出于某种我根本不知道的理由，我将成组的问题制成表格。我能够花上几个小时制作它们。我在它们那里发现无穷无尽的快乐。所以，这不只是对于社会科学和对于数学的理智兴趣的聚合。它是一种在解释表格的过程中所获得的直接快感，而我从一开始就发现这些表格是非常非常的有趣。"见〔美〕E. M. 罗杰斯：《传播学史——一种传记式的方法》，殷晓蓉译，上海：上海译文出版社 2002 年版，第 262 页。有关拉扎斯菲尔德与研究所成员的交往情况以及他在大众传播研究中的重要位置，参阅该书第七章。

② Leo Lowenthal, *Literature, Popular Culture, and Society*, p. xiii.

会有用性和理论方向的意义整体中获得准确的定位。依照这样一种眼光来审视经验主义的研究,它"所构想的刺激物常常与心理实验室中的色刺激(color stimulus)一样缺少内容",因为"通俗文化中的刺激物本身是处在历史的进程之中的,刺激和反应之间的关系是由刺激物与反应者的历史和社会命运预先形成、预先建构的"。①

除了本雅明之外,洛文塔尔应该是研究所成员中最富有历史感的思想者,然而,也正是这种沉入历史的思路与方法,使他既与主流立场和观点拉开了距离,也使他陷入了理论与方法的内在冲突之中。在《启蒙辩证法》中,尽管阿多诺与霍克海默也把思考伸向了过去,但是当他们展开对"文化工业"的批判时,现实感则完全取代了历史感。而在阿多诺批判文化工业的辞典里,"大众文化"与"20世纪30—40年代的美国"仿佛是一个概念,这种取消了历史回溯性思考的批判方式很容易让人产生这样一种错觉:大众文化似乎就是从阿多诺批判大众文化的年代才开始出现的。因此,尽管他的批判常常气势如虹,但因其缺乏更深广的事实判断的支撑,价值判断也就难免显得生硬。另一方面,从方法论的角度看,阿多诺对大众文化的批判又更多的是通过一种逻辑推衍的力量完成的:他是在"演绎","批判理论"是他演绎的大前提,美国的大众文化则是他演绎过程中的具体例证,而结论则是现成的。为了演绎本身的正确,他甚至牺牲了事实层面的复杂性与丰富性。对美国爵士乐的批判就是一个典型的例证。

而洛文塔尔却恰恰相反,面对文学现象或大众文化现象时,文学社会学家的思维方式问题让他返回到具体的历史语境中。因此,主要进入"历史"沉思而不是面向"现实"发言就成了洛文塔尔恪守的基本信条。他曾如此解释过他与阿多诺之间的分歧:"阿多诺曾不断劝我去写当代文学的东西,我没有这样做。在通常意义上,我大概更是一位文学历史学家。无论如何,直到今天我依然拒绝把'社会学的'陈述与现代文学绑在一起。这样做有两个原因:第一是因为现代文学还没有经过历史之筛,所以很难做出区分……另一原因是在我看来,文学

---

① Leo Lowenthal, *Literature, Popular Culture, and Society*, p. 13.

社会学对于纯粹的审美沉思来说是辅助性的。"①洛文塔尔的这一解释实际上同样适用于他对大众文化的思考。因为当他进入大众文化领域中时,他也总是把思考的触角伸向了历史(《文学、通俗文化和社会》中唯一一篇关于美国流行杂志的文章还是应拉扎斯菲尔德之邀写就的②),这种选择似乎蕴含着这样的潜台词:一切没有经过"历史之筛"的东西还处于不稳定之中,匆忙做出的结论往往并不牢靠。

然而一旦沉入历史,也就意味着他不得不进入一种无法解决的矛盾之中。因为第一,沉入历史是一种研究姿态的确立,同时也是一种研究方法的选择。于是,从历史事实出发去"研究"大众文化的发生史而不是从既成的观念出发去"批判"大众文化的罪过,就成了他的惯常思路。而通过对历史事实的梳理然后形成某种结论,是从个别到一般,是一种典型的"归纳"方法,这与阿多诺的"演绎"思维大异其趣。第二,从"批判理论"的立场出发,他要与经验主义与实用主义的研究划清界限,但是沉入历史的研究方式又使他不得不更多地远离批判理论,而更多地靠近经验主义的研究。事实上,洛文塔尔在晚年也承认他更容易与经验主义的社会学研究形成某种亲和性,而这正是阿多诺所不容易做到的。③ 明乎此,我们也就明白了为什么洛文塔尔要把"批判理论"降格为一种"视角",为什么在对历史的叙述中他更注重事实的陈述与罗列,甚至因此常常忘了进行价值判断。因为批判理论要他上升到哲学的天空,社会学方法又把他拉回到历史的地面。这两者之间本来就存在矛盾,而洛文塔尔解决矛盾的方式又比较暧昧——他把批判理论"往下压",又把美国的经验主义"向上调",企图让它们在他的社会学研究中握手言和。从表面上看,这种矛盾似乎是解决了,但实际上这种矛盾又变成了种种症候,深藏在文本的叙述缝隙之中。洛文塔尔本人在对待大众文化问题上所表现出来的犹疑与暧昧,很大程度上就是由他所征用的理论与依凭的方法之间的紧张关系造成的。带着这种犹疑和暧昧,洛文塔尔走进了对历史的梳理之中。

---

① Martin Jay, ed., *An Unmastered Past: The Autobiographical Reflections of Leo Lowenthal*, pp. 128-129.

② Ibid., p. 132.

③ Ibid., p. 140.

3. 同情的理解还是道德的追问：在蒙田与帕斯卡尔之间摇摆

既然思考通俗文化不能把目光锁定在当代，那么在对历史的钩沉中洛文塔尔又发现了什么呢？作者在《文学、通俗文化和社会》一书的开头部分便语出惊人："通俗文化已经有了许多个世纪的历史，它大概与人类的文明一样古老。"而要想弄清楚通俗文化这一问题，就必须思考早期东西方文明中秘传宗教与世俗宗教之间的不同，必须考虑古希腊、罗马戏剧舞台上高雅与低俗之悲剧与喜剧的区分，必须意识到侍奉于罗马皇帝阶层的哲学精英与效力于竞技场的同一批精英存在着鸿沟，必须想到在中世纪有组织的节日里，大教堂中那种等级森严的演出与风行于集市中群众直接参与、具有民间风味的娱乐活动判然有别。①

显然，在洛文塔尔的心目中，通俗文化的历史要比人们一般所认为的长许多，因为西方的一些学者在谈到欧洲的通俗文化时，往往也只是从16世纪开始。② 如果说人类文明的开始即意味着通俗文化的诞生，那么那时的通俗文化与我们后来所谓的通俗文化是不是一回事，如此判断是不是会扩大通俗文化的内涵与外延？对于这些问题洛文塔尔都未作交代。他更关心的是欧洲文明进入现代时期之后通俗文化的成因以及由此所形成的有关论争。在谈到通俗文化的成因及其论争时，洛文塔尔指出：

> 通俗艺术本身并非一种特殊的现代现象。但是直到现代时期，它才引发了思想上与道德上的论争。论争出现在这两个领域（指高雅艺术与通俗艺术）开始接触之后。导致这种变化的进程是缓慢的，但几无怀疑的是，这一进程与中产阶级登上历史舞台并带来的广泛的社会与技术变迁密切相关。传统上那些依靠直接的消费者以维持生计的艺术家，不必再取悦于唯一有钱或有势的恩主（patron）；他现在必须忧虑的是广泛增加的、更"大众化的"（popular）受众的需要。虽然这一过程的推进速度各不相同，但是欧洲所有的主要国家都开始了这一进程。因为18世纪末，

---

① Leo Lowenthal, *Literature, Popular Culture, and Society*, p. xvii.
② 有关这一问题可参阅 Peter Burke 的著作：*Popular Culture in Early Modern Europe*, London: Maurice Temple Smith Ltd, 1978。

迎合更广泛受众需要的作家与剧作家阶层已经出现。而在这个世纪,关于通俗文化的论争也开始时兴和认真起来。①

通俗文化的形成原因不是洛文塔尔谈论的重点,但是不经意间,作者却也道出了一个重要事实:艺术恩主制的衰落导致了艺术的商品化,而艺术商品化的过程实际上也就是通俗文化勃兴的过程。在这一文化转型的过程中,我们必须意识到创造所谓的高雅文化和制造通俗文化的作家、艺术家实际上是同一群人。所不同者在于,当他们为宫廷与贵族创作时,他们的产品被称作高雅文化;当他们为出版商、书商、市场与大众创作时,他们的产品被定位为通俗文化。因此,尽管雅俗之争在西方延续了相当长的时间,但是从历史的本源看,雅、俗文化实际上都是一种依附性文化。很难说雅文化就比俗文化高明多少,也很难说"书商对恩主的取代"就是一次历史的倒退。②

正如中国在1980年代中后期有了书商、出版商和作家对消费型读者的迁就与迎合才有了纯文学与通俗文学的讨论一样,西方国家也是在通俗文化风风火火愈演愈烈的情况下才使有关通俗文化的论争浮出水面的。洛文塔尔认为,第一个系统地对满足整个人类需要的娱乐进行心理学分析并进而对通俗文化的合法性进行辩护的是法国作家蒙田(Michel de Montaigne)。蒙田之所以要为通俗文化进行辩护,是因为他在考察中世纪文化衰落过程中的个人生存状况时发现,当时的人们必须生活在一个没有信仰的世界里并由此产生了深深的孤独。"在封建社会向现代社会的转型中,强烈的道德与精神上的不确定性伴随着内心痛苦,形成了一种逃避到各种娱乐中的需要。"③而当人们普遍遭受着一种巨大的压力时,"为了逃避这种压力所带来的毁灭,为了避免迷失在孤独的恐惧之中,蒙田建议把消遣作为一条出路。因为'杂耍表演总是具有安慰、溶解与排遣的功能'"。蒙田发现即使他的同胞不会相信虚构性的故事,但是他们依然逃到了"虚构的哀歌、狄多娜与阿里阿德涅(Dido and Ariadne)"的眼泪中,并被它们弄得神魂颠

---

① Leo Lowenthal, *Literature, Popular Culture, and Society*, pp. xvii-xviii.
② 关于作家与恩主、作家与书商及大众等问题可参阅〔美〕伊恩·P.瓦特:《小说的兴起》第二章,北京:生活·读书·新知三联书店1992年版;国内学者张来民的文章:《国外艺术恩主制的衰落与艺术的商品化》,《国外社会科学》1994年第10期。
③ Leo Lowenthal, *Literature, Popular Culture, and Society*, p. 16.

倒。因此,洛文塔尔认为,像"逃避、消遣、借用的情感(borrowed emotions)"①这几个基本概念,人们习惯于认为它们非常现代,实际上早在16世纪就已经出现了"。②

蒙田从人文主义甚至人道主义的立场出发,指出了人的各种心理需求的合理性,从而也捍卫了娱乐消遣的健康作用。然而,他的这一观点在一个世纪之后(17世纪)却受到了强有力的挑战。17世纪是中世纪超民族的(supra-national)政治、经济与文化僧侣统治衰落的世纪,也是现代民族国家日趋巩固和商业文化日趋兴旺的世纪。在此期间,逐渐衰微的宗教经过宗教改革之后,又开始对人们的日常生活形成了巨大的影响,到处都充满着各种各样的社会问题。正是在这一时候,帕斯卡尔开始对蒙田的观点做出了真正有价值的回应,他竭力反对人们向自我毁灭的焦虑全面投降。帕斯卡尔认为,正是娱乐、游戏等消遣活动导致了人们心灵的空虚。"人们所有的不幸都源于这样一个简单事实,那就是他们不能静静地待在自己的房间里"。在帕斯卡尔看来,所有娱乐中最危险的是戏剧,因为它吸引了人们的所有感官,它只是骗人相信舞台上表演出来的那些高贵品质:"所有的大型娱乐都对基督徒的生活构成了一种威胁,但是在世界上发明出来的所有娱乐中,没有什么比戏剧更令人恐惧的了。"洛文塔尔在分析了帕斯卡尔的主要观点之后指出:"从某种程度上说,帕斯卡尔对娱乐的批判(就我们所知,他甚至把伟大的艺术放在了这一范畴之下)预见了通俗文化现代讨论中的一个最重要的主题:通俗文化对道德、沉思与完整的人格构成了危险。它以牺牲对更高目标的追求为代价,从而导致人们屈服于纯粹的工具之下。"③

结合与现代通俗文化讨论的相关问题,洛文塔尔认为蒙田与帕斯卡尔论争中的观念之战可做出如下概括:蒙田代表着人们的一种悲观

---

① 何谓"借用的情感",洛文塔尔举了蒙田著作中的两个例子加以说明。其一,一个律师在为当事人的辩护中首先被自己的声音和伪装的情感感动了。他在自己所扮演的角色中假装自己真的非常悲伤,然后把这种情绪传达给陪审团,以此来达到自己的目的。其二,在葬礼中被雇来哭丧的人,他们出卖的是自己的眼泪与悲伤。虽然他们是被这种借用的情感所激发的,但是通过使自己的面部表情适应这种场合的习惯,他们常常会失去自制力,受到真正悲伤的感染。See Leo Lowenthal, *Literature, Popular Culture, and Society*, p. 3.
② Ibid., pp. 2-3, 16.
③ Ibid., p. 17.

的观念——人类需求的天性是不能改变的,我们必须高度重视这种需求;否认它们能够带来虚幻或真实的满足毫无意义,我们所能做的是试着提高一些我们所提供给人们的文化产品的质量。帕斯卡尔的观念则具有深深的宗教感,他代表着精神的进步:对娱乐与逃避的需要并不是不能根除的,人们必须动员起较高尚的冲动去抵制它们,并且只有远离娱乐的干扰,达到孤独的境界,我们才能提高内心的自我意识,开辟出一条通往拯救之路。"帕斯卡尔的语言自然适合翻译成现代改革者或社会与文化变迁拥护者的语言;蒙田的语言表面上则与现代票房经理的语言相似——'公众想要或需要娱乐'。实际上,蒙田的态度更显得意味深长。他对作为参与者的观众有一种敏锐的感觉,他那种娱乐功能的观念并没有为可能的控制或被动性预留空间。而后来,这些却成了一个严重问题。"①

在这里,我们需要特别注意洛文塔尔对蒙田与帕斯卡尔观念之争的态度。格罗斯(David Gross)在谈到这一问题时指出:"还没有充分进入双方的阵营,洛文塔尔就试图在这两种观点之间架起一座桥梁。作为一个文化批评家,他既不想把通俗文化仅仅'理解'为对需要的满足,也不想简单地将它谴责一番了事。两边的观点都需要被承认,虽然洛文塔尔坚持认为如果要做出富有意义的承诺,文化研究就必须被置放在'道德语境'中,他似乎也因此更多地倾向了帕斯卡尔(尽管没有走极端)。"②——双方的观点都有其存在的价值与理由,这的确是洛文塔尔在对待蒙—帕之争时所采取的一个基本态度,但是当格罗斯认为洛文塔尔常常倾向于帕斯卡尔时,这种说法其实并不准确。因为在理性的选择中,洛文塔尔固然会向帕斯卡尔倾斜,但是在情感的态度上,他却时时常向蒙田偏移(洛文塔尔后来也承认他非常同情蒙田)。尤其是当他在蒙田的论述中挖掘出观众可以作为参与者而非任人宰割的羔羊这一观点之后,它实际上已经偏离了法兰克福学派的主流观点(因为在阿多诺批判大众文化的辞典中,像"控制""被动性"等等是他描述与分析大众文化及其受众的常用词汇)。而更重要的是,当他

---

① See Leo Lowenthal, *Literature, Popular Culture, and Society*, pp. 17-18.
② David Gross, "Lowenthal, Adorno, Barthes: Three Perspectives on Popular Culture," *Telos*, no. 45 (1980), p. 128.

进一步梳理了歌德、席勒、莱辛、阿诺德(Matthew Arnold)、白哲特(Walter Bagehot)、华兹华斯、雪莱、丹纳等人的观点后,他又发现了一个让人大吃一惊的现象:通俗文化这一领域长期以来一直被帕斯卡尔式地谴责统治着。"因为我们所涉及的大部分作者一致把通俗文学等同于娱乐,一般而言,他们对通俗文化的态度都是否定的"。而由于大部分批评家处在欧洲主流的思想传统中,所以在他们中间不可能出现"低俗"艺术的拥护者。如何改变这一局面?洛文塔尔提出了这样一种谨慎的建议:"只有以反驳的方式,或者质疑'真正'艺术(genuine art)保卫者的基本假定,对通俗艺术进行理论保护似乎才是可能的。比如,我们可以质疑高雅艺术的功能,这是一个普遍的假定;还可以质疑这样一个隐含的假定,这一假定源于蒙田与帕斯卡尔,即通俗产品只能满足低级需要;最后,由于对通俗产品的谴责总是与对大众传媒本身的谴责连在一起,我们因此还可以形成这样的疑问:是不是大众传媒不可避免地会注定成为低俗产品的传播工具。"[1]从同情蒙田到试图改变长期以来帕斯卡尔式的对通俗文化的谴责局面,洛文塔尔向蒙田一方偏移的意图确实已非常明显。

因此,在对待蒙—帕之争的问题上,更接近于事实真相的说法应该是,洛文塔尔一直摇摆于蒙田与帕斯卡尔之间。而形成这种摇摆不定的立场的原因虽然比较复杂,但是基本上依然可以看作"理论"与"方法"之间紧张关系的一种延续。从"批判理论"的立场出发,通俗文化需要被置放于"道德语境"中并进而进行一种道德的追问,于是帕斯卡尔式的谴责也就变得在所难免,因为通俗文化就是通俗文化,它不可能给人带来心灵的充实与人格的完整。但是从社会学的方法论出发,通俗文化又需要被置放于"历史语境"中并进而对它做出一种同情的理解,这样,蒙田那种对民众的关怀就显得弥足珍贵,因为通俗文化或者大众文化可能是有罪的,但大众却是无辜的。而任何一个时代的民众都应该拥有消遣和娱乐的权利,如果他们得不到或者被剥夺了这种权利,那么肯定是这个时代出了毛病。从这个意义上说,洛文塔尔通过对蒙田观点的呈现与理解,一方面委婉地表达了自己对通俗文化的肯定性看法,一方面也体现了一种知识分子的民间立场。而这种

---

[1] Leo Lowenthal, *Literature, Popular Culture, and Society*, p. 45.

立场的获得显然又与本雅明和马尔库塞一度拥有的这种立场有着不同的生成方式。如果说本雅明与马尔库塞是因为"政治"走向了民间，那么洛文塔尔则是在对"历史"的反思中意识到了民间的存在。

于是，正如有两个本雅明（波德莱尔式的本雅明与布莱希特式的本雅明）和两个马尔库塞（阿多诺式的马尔库塞与本雅明[布莱希特式的]式的马尔库塞）一样，实际上也存在着两个洛文塔尔：一个是帕斯卡尔式的洛文塔尔，一个是蒙田式的洛文塔尔。在《文学、通俗文化和社会》中，两个洛文塔尔经常处在一种对话之中，因而两种截然相反的观点还保持着一种内在的张力，文本也保持着某种平衡。然而，在《无法掌控的过去》中，这种平衡则被打破了。

4. 艺术与大众文化：从沟通到对立

如果仔细对《无法掌控的过去》一书加以审视，我们就会发现这样一个意味深长的现象。在这本"回忆录"中，洛文塔尔实际上是以双重身份出现的：一方面，他代表着自己说话；另一方面，他又代表着法兰克福学派发言。在交代自己一生中的学术活动与思想轨迹时，他显然是在澄清；在回顾法兰克福学派及其成员的历史时，他其实又在辩护。在澄清与辩护的"复调叙事"中，一些问题变得清晰明朗了，然而一些问题又因其过于清晰明朗而失去了现象学意义上的丰富性。在这些问题中，我们首先注意到了他对"蒙—帕之争"的总结性交代：

> 我非常同情蒙田，蒙田也非常同情那些需要消遣的民众，因为环境的压力、劳动的压力以及在这些关系中形成的压力是如此可怕。有时人们不得不——我该怎么说呢——掌握催眠法，以便继续面对日常生活的巨大压力。然而，蒙田（他故意从他的世界中撤离出来）这种人道的、现实主义的明智之举所体现出来的基本同情，并不能证明当代商品化的正当性——当然，无论是帕斯卡尔还是蒙田，他们都还不具有这方面的任何知识；也不能证明"休闲产业"（leisure industry）从印刷文字到电视对一个人的整个休闲时间进行完整和全面的规划是合理的。①

---

① Martin Jay, ed., *An Unmastered Past: The Autobiographical Reflections of Leo Lowenthal*, p. 252.

在这里，有必要指出洛文塔尔在不同时期思考大众文化的不同运行思路。如果说在写作《文学、通俗文化和社会》的漫长岁月里，洛文塔尔是携带着法兰克福学派主流观点的"前理解"向前看，那么，《无法掌控的过去》中的回忆性文字则是有了"蒙—帕之争"的观念之后再向后看。向前看时他是面向历史开掘，于是他发现了蒙田。发现蒙田本身就已经构成了对法兰克福学派主流观点的质疑，而委婉地为蒙田辩护又体现出洛文塔尔与法兰克福学派主流观点的距离；向后看时他是面向现实发言，而由于现实的状况是文化工业对人的控制，所以尽管可以同情蒙田并因此也对蒙田同情过的民众产生同情、对蒙田肯定过的通俗文化做出理解，但是却不能因此而对现代文化工业生产出来的产品进行宽恕，因为这是两个既有联系又有区别、在不同层面运作的问题。于是，也就可以把洛文塔尔从历史回到现实的过程看作他对法兰克福学派主流观点从质疑到完全认同的回归过程。

人到晚年，都会寻求某种归宿，何况本雅明与马尔库塞已率先垂范，所以洛文塔尔回归法兰克福学派主流观点并不奇怪，但问题是洛文塔尔踏上回归之路的逻辑起点又在哪里呢？从他的相关性论述中可以看出，这个起点显然应该是"艺术"。

对艺术的关注与思考是洛文塔尔思想生涯中的一项重要内容，而在"艺术与大众文化"的二分法(dichotomy)中为大众文化定位则又是他一开始就采用的思维套路。洛文塔尔指出："文学是由两种强大的文化合成物构成的：其一是艺术，其二是具有市场导向的商品。"[1]在洛文塔尔论述的语境中，"高雅"艺术、"精英"艺术、"真正的艺术"与"艺术"实际上是同一个概念，而"具有市场导向的商品"则无疑指的是通俗/大众文化。"与通俗文化相对应的概念是艺术"[2]，这是洛文塔尔"二分法"思维模式的最凝练的表达。作为一个在欧洲文化传统中浸淫多年的文学批评家，同时也作为法兰克福学派社会批判理论的积极实践者和研究者，洛文塔尔在他的分析与言说中应该说基本上还是持一种精英立场。在为作为艺术的文学所下的定义中，他认为"文学是个体经验的历史武库，包括最个人化的经验，比如爱、友谊以及对

---

[1] Leo Lowenthal, *Literature, Popular Culture, and Society*, pp. xi-xii.
[2] Ibid., p. 4.

自然的经验;但是这些经验都被社会制度所决定着。这就是艺术想象的秘密"①。从这一定义出发,他认为"好"的文学就是那些能够深入揭示已经存在的社会/历史经验的文学,而"作家的伟大则是建立在他对人类状况深刻洞察的基础之上"。② 由于洛文塔尔常常从作为艺术的文学出发去行使他的审美价值判断,由于他总是恪守着"正是艺术家描绘出了比现实本身更真实的东西"③的信条,所以他不可能去冒犯真正的艺术。而当他以艺术的眼光去打量通俗文化时,他甚至也不由自主地流露出了帕斯卡尔式的谴责。在引用过尼采的一段论述之后,洛文塔尔曾这样指出过艺术与通俗文化的区分:

> 随着这段引文,我们返回到通俗文化与艺术的不同之处,两者的区分在于,前者是虚假的满足,后者则是走向更大的个人满足的真实经验(此谓亚里士多德"净化"的意义)。艺术存活于行动的开始,人们通过向后退的方式,使自己真正脱离了与事物的神话关系,也就是说,从那些他们曾经崇拜而现在发现是美的事物中解放出来。体验美就是要从自然对人的强力统治之下获得自由。在通俗文化中,人们通过抛弃一切,甚至通过抛弃对美的崇敬把自己从神话力量中解脱出来。……人们从美的领域走进娱乐的领域,转而与社会的需要结合到了一起,却否认了个人满足的权利。人们已不再臣服于幻象。④

从艺术的角度来定位大众文化,是法兰克福学派主流观点的共同思路;而从艺术的角度去进行价值判断,又只能对大众文化形成否定性的看法。但问题是洛文塔尔的这一立场一度发生过动摇。在《文学、通俗文化和社会》的"导言"中,他曾经用一连串的疑问对自己同时也对整个学界那种"二分法"的思维模式进行过如下反思:

> 我们确实在跟二分法(dichotomy)打交道或者这两个概念

---

① Quoted in Robert Sayre, "Lowenthal, Goldmann and the Sociology of Literature," in Jay Bernstein ed., *The Frankfurt School: Critical Assessments*, Volume Ⅰ, p. 276.
② Leo Lowenthal, Introduction to *Literature and the Image of Man*, Boston: Beacon Press, 1957.
③ Leo Lowenthal, *Literature, Popular Culture, and Society*, p. xii.
④ Ibid., p. 6.

(指艺术与通俗文化)只是简单地形成于不同的逻辑语境中吗？当我们谈论艺术、思考这种特殊的产品及其内部结构、标准以及这种结构与标准与其他个别产品的结构与标准的关系意味着什么时，能不提到二分法吗？当我们想到通俗文化时，我们能不把我们的思考局限在消费、传播以及对大量受众产生的效果问题上吗？提到艺术或艺术批评，人们关心的主要标准难道不是"真理"(道德上与思想上的)或作品提供的洞见程度问题吗？那么关于通俗文化，能不涉及"效果"这一主要标准吗？许多作家都阐发过这种"二分法"的观点，但是为这两种观点的融合进行辩护的人却为数很少。①

可以看出，洛文塔尔在这里实际上委婉地表达了他对"二分法"的不满。由于"二分法"的思维局限，人们在对艺术与通俗文化进行分析判断时便分别使用了两种尺度，对于前者，人们常常会在揭示真理的深刻程度或表达真知灼见的多少上做文章；对于后者，人们却往往只关注它的效果。这种鸡犬之声相闻老死不相往来的局面延续时间长了，就会进一步加宽艺术与通俗文化之间的鸿沟，使雅者更雅俗者更俗，显然这是不利于人类的总体文化进步的。因为在现实生活中，文人雅士有对俗的渴求，下里巴人也有对雅的奢望。雅俗之间的距离太大的话，双方可能都会退避三舍。正是在这样一种思路中，洛文塔尔继续了他的发问："一方面是艺术—洞见—精英，另一方面是通俗文化—娱乐—大量受众，这种等式有效吗？精英从来不去寻求娱乐而普通阶层的人们本来就疏远高雅文化吗？另一方面，娱乐妨碍了洞见的产生吗？"这些问题发问到最后，也就集中成了这样一个问题："艺术能否变成通俗文化或在何种条件下能变成通俗文化。"②对于这个问题，洛文塔尔没有做正面回答，他只是举了几个例子说明了这种转化的可能性。比如，丢勒(Albrecht Dürer)的蚀刻版画，其艺术特征无可争议，但是为了宣传的缘故，在16世纪上半叶被用作了新教徒的招贴画。威尔第(Verdi)的歌剧曾被当作一种工具，为意大利复兴运动的信徒进行过大量演示。瓦格纳的(Richard Wagner)音乐剧在纳粹德国曾被宣传为德国灵魂中的英雄主义，从而成为大众认同的工具。这些事例

---

① Leo Lowenthal, *Literature*, *Popular Culture*, *and Society*, p. xix.
② Ibid.

表明,在特定的条件下,或者为了特殊的需要,艺术变为通俗文化的可能性是存在的。

尽管在1985年洛文塔尔明确提出过"反对后现代主义"的主张,①但是起码在1960年代初期,洛文塔尔曾一度有过后现代主义思想的萌芽,因为后现代主义的基本命题之一就是雅俗界线的取消。当洛文塔尔认真反思"二分法"存在的合理性时,虽然这一思考与后来的后现代主义学说还有不小的距离,但是他起码已经考虑过艺术与大众文化沟通的可能性。然而,在《无法掌控的过去》中,我们看到的却是这样一种斩钉截铁的说法:"首先,需要强调的最重要的事情是,艺术与消费商品必须严格地分开。无论是德国还是美国,任何取消这种区分的激进主张我都不能接受。"②消费商品是什么?实际上就是大众文化。为什么艺术与大众文化必须严加区分?因为大众文化是对艺术的拙劣模仿,"在一个全面被监管的社会中,大众文化产品只不过是个人自我顺从(self-resignation)过程中的现象与症候"③。种种迹象表明,在洛文塔尔晚年,他已经淡忘了他对"二分法"的质疑,也尽量淡化了他对蒙田的肯定,而开始偏爱并放大那个"帕斯卡尔式的洛文塔尔"的形象了。于是,在艺术与大众文化的关系上,二元对立的思路也就最终取代了对它们加以沟通的尝试。

虽然洛文塔尔最终完成了对法兰克福学派主流立场的回归,但是他对大众文化的认识与批判依然与阿多诺等人存在着细微的区别:一、洛文塔尔是从文学入手去接近那些大众文化产品的,与阿多诺对流行音乐的分析相比,他的思考似乎显得更细腻一些。二、洛文塔尔面对的是印刷媒介制造出来的大众文化,而阿多诺批判的是电子媒介生产出来的大众文化。在法兰克福学派对大众文化的批判中,洛文塔尔的分析是不可或缺的一个环节。三、洛文塔尔从现实走向历史,又从历史回到现实,因此他对大众文化的分析判断相对而言显得更加公允平和,不像阿多诺那样武断。在接下来的分析中,我们将从这些细微的区别出发,进一步呈现洛文塔尔对法兰克福学派大众文化理论的特殊贡献。

---

① See Martin Jay, ed., *An Unmastered Past: The Autobiographical Reflections of Leo Lowenthal*, pp. 261-267.
② Ibid., p. 167.
③ Ibid., p. 168.

二 大众文化是怎样生产的

在结集出版的《文学、通俗文化和社会》书中,第四章"大众偶像的胜利"("The Triumph of Mass Idols")是一个完全面对美国当代大众文化进行研究的文本。此文首发于 1942—1943 年的《无线电广播研究》(*Radio Research*)上,是洛文塔尔以"内容分析法"(content analysis)作为"诊断工具",对 1940 年 4 月—1941 年 3 月发表在美国两家流行杂志《星期六晚邮报》(*The Saturday Evening Post*)与《柯里尔周刊》(*Collier's*)的通俗传记(popular biography)所做的一个个案研究,实际上,这也是洛文塔尔把自己总结出来的那种大众媒介与大众文化的理论应用于实践的一次尝试。如果说作者的思考在理论阶段还比较模糊的话,那么通过这次实践的亮相,他却使自己的思考进一步清晰起来了。同时,这篇文章一方面以"定量分析"与"定性分析"相结合的方式对已然来临的消费时代进行了准确的预测与定位,一方面又以"文本分析"的形式揭示了大众文化如何制作、生产的秘密。因此,此文对于洛文塔尔的大众文化理论来说,其重要性是不言而喻的。

1. 文化诊断书:从生产偶像到消费偶像

选择流行杂志作为自己的研究对象,体现了洛文塔尔研究大众文化的一种独特眼光。因为在 1940 年代初期,当电子媒介还处于萌芽状态因而显得相对匮乏的时候,作为杂志的印刷媒介无疑是承载大众文化的一种典型形式。在谈到美国杂志的功能时,多萝西·施米特指出:"杂志比任何别的传播媒介都更能代表美国。……作为消费品,杂志能准确地预测和满足当前美国人的口味;作为商业和工业广告的主要手段,杂志有助于提供一个需要产品的市场;作为娱乐和启蒙的工具,杂志既能创造也能回答社会上流行的价值观以及美国文化的全貌。"[①]由此看来,杂志在美国人的生活中确实扮演着非常重要的角色。而选择《星期六晚邮报》与《柯里尔周刊》进行研究,对于作者来说也大有深意。因为这两家刊物在美国都是创刊较早(前者创刊于

---

① 〔美〕托马斯·英奇编:《美国通俗文化简史》,董乐山等译,桂林:漓江出版社 1988 年版,第 180 页。

1821年,后者创刊于1888年)、售价较低、发行量很大(比如,《柯里尔周刊》最高销售量曾达400万册),且装帧精美(两家均率先采用光面纸印刷)的刊物。作为综合性的杂志,它们的品位既不同于格调较高、价格昂贵的《纽约客》和《浮华世界》,也不同于内容大多粗制滥造的廉价杂志。① 应该说,这两家拥有大量读者的刊物,在对美国公众的世界观、人生观、生活方式等方面所产生的影响是不言而喻的。同时,这两家刊物内容上的一些变化与调整也反映出它们对美国公众生活方式、欣赏趣味的一种引导或迎合。因此,洛文塔尔的这种研究思路及策略在当时既显得新颖别致,又具有很大程度的示范意义。

在对《星期六晚邮报》与《柯里尔周刊》20世纪前40年(1901—1941)的抽样调查中,洛文塔尔首先发现了一个有趣的现象:这两家杂志作为综合性刊物,传记发表的数量在40年间出现了大幅度的增长。到1941年,传记发表的平均数差不多已是20世纪初的4倍。同时,若把传记的内容或主题以"政界、商业及其他专业界、娱乐界"加以分类,又会发现这样一个事实:"一战"之前的那段时间,人们对政界人物投以更大的阅读兴趣,而以商业及其他专业人士和娱乐界人士为内容的传记数量则大体相当。但是战争结束后,这种格局却发生了根本性的变化:一方面,以政治生活为内容的传记数量削减了40%,另一方面,来自严肃行当与重要专业领域的人士也大量下降,与此同时,娱乐界人士却增加起来了。在对娱乐界人士的职业分析中,洛文塔尔进一步发现,20世纪之初的娱乐界人士中有四分之三是严肃的艺术家与作家,但是在此后的20年中,这一阶层的人士却下降了一半,而到1941年,他们差不多已在传记中消失了。

在对两组抽样调查的数据进行分析之后,洛文塔尔认为可以把前20年传记中的主人公叫作"生产偶像"(idols of production),因为"他们来自生产性的生活,来自工业、商业与自然科学。没有一个主人公是来自体育界的,而那几位艺术家与娱乐界人士,他们或者不属于廉价的或大众的娱乐领域,或者像卓别林(Chaplin)那样对其艺术具有

---

① 资料来源:James D. Hart, *The Oxford Companion to American Literature*, Oxford: Oxford University Press, 1983, pp. 151-152;《大美百科全书》,第7册,台北:光复书局企业股份有限公司1990年版,第90页;[美]托马斯·英奇编:《美国通俗文化简史》,第183—221页。

一种严肃的态度。"①为什么当时的传记主人公会是一种生产性的偶像呢？洛文塔尔的解释是这样的：在20世纪的第一个25年里，热爱传记的依据是思想开放的自由社会，这个社会特别想知道在其社会、商业和文化前沿，它自己的领军人物是谁。同时，由于在"一战"之前，通俗传记生长在一种乐观主义的气氛中，所以传记可以作为一种手段。通过这种手段，普通人能够将自己对历史进程的兴趣与对成功人士个人生活的兴趣统一起来。而当传记主人公以生产偶像的形式出现后，他们对公众的生活又形成了很大的影响："很大程度上，他们是作为可以被模仿的成功榜样来被看待的。这些人生故事无疑将成为教育模式。至少从意识形态的意义上看，它们是为某些人创作的，这些人第二天就可能去竭力效仿那些他们曾羡慕过的人。"这一阶段可以概括为某种古典色彩的"朴实的个人主义"（rugged individualism），在此阶段，闲暇时间的组织及其组织者既无时间也无激情去刺激人们的兴趣，但是却催生出了人们在通往成功的社会阶梯上积极进取的信心与渴望。②

然而，这样一种传记格局在1940年代初却被轻而易举地打破了。代表着"严肃方面"的生产型人士已经在传记作品中淡出，原来在传记材料中扮演着微不足道之角色的娱乐界人士则开始频频亮相。通过对1940—1941年的传记作品进行数据分析，洛文塔尔认为，全部94个非政治化的主人公中有87人在消费世界中显得异常活跃。他们当中明确来自娱乐界和体育界的人士有69人，有10人是新闻记者和电台播音员/评论员，除此之外，还有职业模特、体育器械发明者、机器配件发明者、江湖郎中、赛马赌徒、岛屿胜地主人、连锁餐馆主人等。正是由于在传记主人公那里发现了如此众多的与消费领域相关的人物，洛文塔尔才提出了"消费偶像"（idols of consumption）这一概念，以使它与"生产偶像"相对应：

> 我们把以前的主人公称作"生产偶像"，我们觉得应该把当下杂志中的主人公叫作"消费偶像"。确实，他们当中的每个人几乎都直接或间接地与闲暇领域相关；或者不属于服务于社会基本需

---

① Leo Lowenthal, *Literature, Popular Culture, and Society*, pp. 112-13.
② Ibid., pp. 113-114.

要的行业（比如娱乐界和体育界的主人公），或者或多或少地相当于对社会生产力量的拙劣模仿。①

把1940年代初期的传记主人公定位成"消费偶像"之后，洛文塔尔也感到了几分迷惑不解，于是他用戏谑的口吻指出：如果一个学生在遥远的未来用1941年的流行杂志作为其信息来源，来考察美国建国之后在最大危机的第一阶段里公众关注的是怎样的人物，他一定会得出一个荒诞的结论。"尽管工业与专业方面都在努力提高速度和效率，但是大众偶像并不像过去那样是生产战线的领导人物，而是电影界、棒球场和夜总会里的明星。"②当1900年，甚至1920年前后杂志里主人公的职业分布能够非常准确地反映国家的某种生活趋向时，1940年代人们所需要的传记主人公却与真实的生活大相径庭。显然，现实世界与传记作品所制造出来的那个非现实的世界存在着很大程度的错位。在洛文塔尔看来，这种错位更多是由大众媒介人为造成的："在战争即将爆发时和战争期间，给阅读公众提供的许多内容却几乎完全脱离了重要的社会问题。"③"他们（指传记主人公）似乎催生了大众的梦幻世界，大众已不能或不愿把传记构想为确立方向和进行教育的手段。他们接受的信息并不与社会生产的要素与方法相关，而是与社会和个人消费的要素与方法相连。在他们用于阅读的闲暇时间里，他们阅读的几乎全部是直接或间接地为读者的闲暇时间准备的书。……闲暇时光似乎成了新的社会之谜，而需要对其进行广泛地解读和研究了。"④

如果把洛文塔尔这组"生产偶像"与"消费偶像"的范畴放在20世纪美国乃至整个西方发达的工业社会中加以考察，我们就会发现，他似乎不经意提出的这一论断已远远超出了社会学和心理学的意义层面，从而显示出他对发达的工业社会或正在进入晚期资本主义社会的早期诊断。因为在他之后，从"生产"到"消费"不仅成为理解资本主义如何步入大众社会的一把钥匙，而且也成了西方学者描述、判断

---

① Leo Lowenthal, *Literature*, *Popular Culture*, *and Society*, p. 115.
② Ibid., p. 116.
③ Ibid., p. 117.
④ Ibid., p. 116.

和阐释资本主义世界所发生的这次社会/文化转型的常用词汇。在社会学家戴维·理斯曼(David Riesman,一译黎士曼)等人初版于1950年并在当时引起轰动的《孤独的人群》(一译《寂寞的群众》)中,从"生产"走向"消费"即是他对变动着的美国社会进行考察时的一种得力的阐释模式,其中显然隐含着洛文塔尔的思路。理斯曼认为:整个西方(尤其是美国)延续了400多年的以产业革命为核心的种种革命正在被另一种革命所取代,"那就是从生产时代转向消费时代的大幅度社会演变"。在现实生活中,"往日的产业领袖亦兼为消费领袖,一切标准均由他们订定,同时,他们也是政治上的领导人。今天,大众眼中,新的消费领袖夺取了往日产业领袖的地位;消费领袖的活动范畴当然大抵仅限于消费方面,可是,消费领域也已经大大地扩张了"。从大众媒介所表现的内容上看,那里也发生了重大的变化。"往日,人们所听到的故事是关于一个人如何努力工作而获致成功的例子。今天,一个人步步高升,即使会被认为是理所当然之事,事实上飞黄腾达与否,也大半是靠运气决定。因此,个人的衣着、饮食、女伴、娱乐等好尚渐受重视"。特别值得一提的是,理斯曼也注意到了大众媒介中的名人传记内容已发生了很大的变化:"同时我们可以看到一个现象:名人传记撰述的对象也从事业领导者转变为消费领导者了。从比例上来看,演员、艺术家、艺人在名人传记中占的篇幅愈来愈多;反之,办公室、政见发表会场,工厂中的佼佼者,占的比例则愈来愈少。"[1]种种迹象表明,美国社会所发生的这次从生产到消费的转型是全方位的。

之所以在这里大量征引理斯曼的说法,一方面是因为他的这部著作曾经受到了洛文塔尔的激赏[2],另一方面也是由于他的这种判断建立在一个更为广阔的社会文化背景之上,能够为洛文塔尔的构想提供强有力的理论支援。事实上,如果我们把洛文塔尔的思考放在一个社会现实的事实层面加以评析,那么他的生产偶像/消费偶像转换说就不仅仅是对一种大众文化现象的概括,而是对大众消费时代或消费社

---

[1] 〔美〕黎士曼等:《寂寞的群众》,蔡源煌译,台北:桂冠图书股份有限公司1984年版,第4—5、249、245—246页。

[2] Leo Lowenthal, "Humanistic Perspectives of *The Lonely Crowd*," in Seymour Martin Lipset and Leo Lowenthal eds., *Culture and Social Character: The Work of David Riesman Reviewed*, New York: The Free Press of Glencoe, 1961, pp. 27-41.

会已然来临的洞察与指认。丹尼尔·贝尔认为:"大众消费始于本世纪(指 20 世纪)二十年代。它的出现归功于技术革命,特别是由于大规模使用家用电器(如洗衣机、电冰箱、吸尘器等等),它还得助于三项社会发明:一、采用装配线流水作业进行大批量生产,这使得汽车的廉价出售成为可能;二、市场的发展,促进了鉴别购买集团和刺激消费欲望的科学化手段;三、比以上发明更为有效的分期付款购物法的传播,彻底打破了新教徒害怕负债的传统顾虑。"①贝尔把大众消费的兴起确认为 1920 年代,这与洛文塔尔在传记作品中所看到的生产偶像淡出、消费偶像淡入的年代大体相当。由此看来,消费偶像的出现不是偶然的,它是正在变动着的社会事实的反映。也就是说,当马克斯·韦伯所谓的以禁欲苦行为其道德伦理基础,以克勤克俭、努力工作作为其行为方式,以坚韧耐劳、严于律己为其典型人格的资本主义精神被讲究消费、崇尚奢靡、追求享乐的人生观、价值观和娱乐道德观所取代之后,观念领域的生产偶像已经失去了它赖以生存的现实基础,于是它最终被消费偶像所代替也就成了情理之中的事了。

  如果把洛文塔尔的生产偶像与消费偶像代入理斯曼的概念体系中进一步分析,我们又会发现,通过后者,前者所一直强调的大众媒介在大众文化生产中的作用得到了进一步的固定和明确。洛文塔尔认为:"无线电广播、电影、报纸与畅销书,它们既为大众的生活方式提供了范例,又是对他们实际生活方式的一种表达。"②他在研究流行杂志中的通俗传记时,虽然没有明确说明自己的意图,但是对这样一种特殊的大众媒介的选择,无疑隐含了这样的思考:大众媒介在催生、诱导、刺激、塑造大众的消费欲望,进而在制造大众文化的过程中起着举足轻重的作用。理斯曼则明确指出:"大众传播媒介作为消费的导师,其主要的策略是将传统的好尚方式之改变、丰富及不连续性加以理性化。"③为了强调大众媒介的威力,他进一步把受着大众媒介(如电影、收音机、漫画、流行的文化媒介等)及学校与同侪团体影响的性格类型称之为"他人引导",以区别于"内在引导"(受到父母权威和具有新教

---

  ① 〔美〕丹尼尔·贝尔:《资本主义文化矛盾》,赵一凡、蒲隆、任晓晋译,北京:生活·读书·新知三联书店 1989 年版,第 113—114 页。
  ② Leo Lowenthal, *Literature*, *Popular Culture*, *and Society*, p. 11.
  ③ 〔美〕黎士曼等:《寂寞的群众》,第 226 页。

伦理思想的实业家精神的引导）与"传统引导"。① 如果单纯从大众媒介的传播内容看,洛文塔尔所谓的"生产偶像"相当于"内在引导"时期的偶像,而"消费偶像"则相当于"他人引导"时期的偶像。前者意味着个人在认同于偶像的时候激发出了开拓性精神和创造性冲动,而后者则意味着这种精神与冲动耗尽之后,大众在对偶像的崇拜中以合法化与理性化的形式开始了他们的非理性之旅。杰姆逊指出:"他人引导"的社会是一个后现代主义社会,"'他人引导'的实质是整一性,你不能与别人有任何差别"。② 波德里亚认为:"消费是用某种编码……的**无意识纪律来驯化**他们;这不是通过取消便利,而是相反让他们进入游戏规则。这样消费才能只身替代一切意识形态,并同时只身担负起整个社会的一体化,就像原始社会的等级或宗教礼仪所做的那样。"③所有这些论述一方面让我们更清楚地看到了"消费偶像"在大众社会中所具有的整合、收编和聚拢功能,另一方面也提醒我们注意洛文塔尔对后现代主义时代来临的洞察与预见。

2. 策略与诡计:大众文化的制作秘方

把 1940 年代初期的传记主人公定位成"消费偶像"后,洛文塔尔接下来做的工作是对"消费偶像"的构成元素及规则、传记作者的写作策略及技巧以及由此形成的通俗传记的写作套路或模式进行分析。为了便于对故事的内容进行分类,他选定了一个四层的构架:第一,人之所以为人的社会学层面:他与其他人的关系,他的日常生活方式,他与他所生活的世界的关系。第二,人的心理学层面:他发展起来的天性与他的个性结构。第三,人的历史:他所遭遇的世界是怎样的世界——他能够掌握或无法掌握的客观世界。第四,对传记作者使用的语言策略所做的信息评估。通过对这四个层面的分析,消费偶像,也就是大众文化的制作秘方就被揭示出来了。

（1）社会学层面。马克思说:"人的本质不是单个人所固有的抽

---

① 〔美〕黎士曼等:《寂寞的群众》,第 22—23 页。参阅〔美〕杰姆逊:《后现代主义与文化理论》,唐小兵译,北京:北京大学出版社 1997 年版,第 58—59 页。
② 〔美〕杰姆逊:《后现代主义与文化理论》,第 59—60 页。
③ 〔法〕让·波德里亚:《消费社会》,刘成富、全志钢译,南京:南京大学出版社 2000 年版,第 90 页。

象物,在其现实性上,它是一切社会关系的总和。"①可以用马克思的这一经典命题来解释洛文塔尔的思考,因为在对通俗传记的分析中,洛文塔尔惊讶地发现,人之所以为人的那种丰富的社会关系被传记作者简化成了两种基本的套路:主人公与其父母的关系,主人公与其朋友及师长的关系。于是在作品中,我们看到的大多是这样的陈词滥调:张三的父亲能吃苦,李四的母亲很能干,王五的朋友最忠诚,赵六的老师肯帮忙。在洛文塔尔看来,隐藏在这种老子英雄儿好汉和在家靠父母、出门靠朋友之叙述套路背后的观念,是庸俗的达尔文主义(Darwinism)和歪曲的"社会环境"理论(milieu theory)。如此一来,作者就给读者造成了这样一种深刻的印象,"即他笔下的主人公在很大程度上必须依据他的生物性和地域性遗传才能被理解。……因为这里边存在着这样一种倾向,即把解释与责任的重担放到过去几代人的肩上,而个人本身似乎只是其过去的产物"。而当作为助手的朋友(他们往往是老师,后来则成了主人公的朋友)这层关系加进来之后,主人公也就变成了"祖先与友谊"的共同产品。洛文塔尔特意强调,之所以要指出传记作品的这种陈腐套路,并不是因为作者不该谈到主人公的出身,而是因为"作者谈到出身的地方太多而谈及其他人类关系的地方太少","主人公在其人类关系中只是一个索取者,而并非一个给予者"。②

当个人与他人、个人与世界的关系遭到了简化与模式化之后,关系的丰富性也就成了传记写作的敌人。于是,更能够表现主人公人性深度或内涵的人类关系就被放逐到了传记作者的视野之外。按理说,人们对舞台和银幕上的男女演员或夜总会舞女感兴趣,更多是对这些人的风流韵事抱有特别的好奇心,但是洛文塔尔却发现了一个非常奇怪的现象:在传记作品中,对于理解主人公私生活很有帮助且与性相关的那些领域却几乎全部失踪。作品中倒是不乏汤普森(Dorothy Thompson)"坠入了爱河",马丁(Chris Martin)"结婚了,并且在努力养家"之类的陈述语句,但是恋爱、结婚背后的那些丰富的、与性欲有关的东西却没有表现出来。为什么不去表现?这不是我们今天所看到

---

① 《马克思恩格斯选集》第1卷,北京:人民出版社1995年版,第56页。
② Leo Lowenthal, *Literature*, *Popular Culture*, *and Society*, pp. 119-20.

的大众文化的最佳卖点吗?① 对此,洛文塔尔的解释是这样的:"爱与激情需要慷慨大方,需要一种生产性的精神与情感力量的展示,这种力量既不能被简单地解释,也不能被遗传与忠告所框定。"②

结合洛文塔尔与霍克海默就这篇论文的通信讨论,我们可以对洛文塔尔此处的思考做出更充分的理解。霍克海默认为:"大众文化的各个分支都反映了人类被骗取了其本质,即柏格森称之为'绵延'的东西,这无论对于传记主人公还是对于大众都是真实的。"洛文塔尔在回信中对此做出的反应是:"……爱的标准是连续性,而这些现象从来都不承认这一点。大众文化总体上阴谋反对爱和性,你认为旁观者被施虐狂的诡计引入歧途,并被剥夺了真正的快乐,我觉得这击中了要害。"③由此我们可以看出,当洛文塔尔指出传记作品中存在着爱与激情的匮乏现象时,他想强调的是这样一个事实:作为最私人化也最社会化的爱与激情,是在一定的时间长度中流动与绵延的人类情感,它的本质是给予与付出,它的敌人是破碎与凌乱。因此,爱与激情是属于生产领域中的东西。大众文化之所以阴谋反对爱和性,是因为消费偶像既不需要也无法承载生产性的感情。把它们排除掉之后,消费偶像的内在规定性一方面因此变得单纯而容易被大众接受和消化,一方面也凸显了祖先与友谊在主人公塑造中的作用。于是,大众文化的一个重要特征就被洛文塔尔捕捉到了:大众文化需要的不是复杂化而是

---

① 由此我们也可以看出,与性相关的领域在 20 世纪上半叶还不是大众文化的主要表现对象。但是这样一种局面在 20 世纪后半期已化为乌有,包括电影在内的所有的大众传媒都把性看作制作大众文化的基本元素,看作吸引公众、用来赚钱的主要手段。在对《花花公子》的分析中,约翰·克雷因指出:"这是为相当风雅而高尚的消费者安排的一个世界,而少女便是一切消费品中最美妙的。少女是一种重要的东西,就像一辆双座轻型汽车、一瓶苏格兰威士忌酒或一套'常春藤联合会'西服一样,是预定给男子使用和享受的。"于是,"在一个消费社会里,性也必然成为消费品"(弗洛姆)。而且,"性欲是消费社会的'头等大事'",它从多个方面不可思议地决定着大众传播的整个意义领域。一切给人看和给人听的东西,都公然地被谱上性的颤音。一切给人消费的东西都染上了性暴露癖"(波德里亚)。性的气息弥漫于美国社会的方方面面,以至于"如果真有火星人降临时代广场的话,恐怕我们除了跟他们谈论性问题之外,就再也找不到别的交流话题了"(罗洛·梅)。参阅〔美〕L. J. 宾克莱:《理想的冲突——西方社会中变化着的价值观念》,第 44 页;〔美〕弗洛姆:《生命之爱》,罗原译,北京:工人出版社 1988 年版,第 49 页;〔法〕让·波德里亚:《消费社会》,第 159 页;〔美〕罗洛·梅:《爱与意志》,冯川译,北京:国际文化出版公司 1987 年版,第 31—32 页。

② Leo Lowenthal, *Literature, Popular Culture, and Society*, p. 121.

③ Martin Jay, *The Dialectical Imagination: A History of the Frankfurt School and the Institute of Social Research 1923-1950*, p. 214.

简单化,唯其如此,才能去掉诸多烦琐的工艺制作程序而投入批量生产。

既然传记主人公与他人的关系已被简化,那么他的家庭生活与社会生活也就成了传记作品描写的主要内容。但是,由于传记主人公来自消费领域,他的家庭与社会生活也就显出了极度的贫乏。因为在传记作者的呈现中,我们看到的只是与消费相关的东西:"从抽烟到玩扑克牌,从集邮到鸡尾酒会,在调查的全部故事中有30%到40%忠实地记录了个人习惯。"于是,洛文塔尔用讽刺的口吻说道:"只要涉及(传记主人公)工作之后或之外的习惯、娱乐与消遣,杂志的传记作者立刻就变成了一个有包打听癖的新闻记者。"①而传记主人公既然是大众的消费偶像,那么作者自然就要把他本人打扮成消费方面的劳动模范。这样的人会给我们带来什么呢?洛文塔尔指出:

> 他已不再是外在约束的能量和行动的中心,不再是首创精神与事业的无尽源泉,不再是一个完整的统一体——他的工作与效率不但依赖其家人的未来与幸福,同时也依赖于人类总体的进步。我们所面对的是"索取者"而非"给予者"。这些新型的主人公表达了这样一种渴望:他们把拥有和索取事物视为理所当然。……今天,强调的重点是放在了营养与休闲时光的日常功能上,而不是放在"具有创造、组织和领导的才能上"。当社会分裂成一个混乱的消费者群体时,历史的真正战场已从视野中撤退,或者已变成了一片平庸的背景。②

在生产与消费、给予与索取、创造与享受这一组二元对立的关系中,洛文塔尔显然看重的还是前者,因为只有前者才是历史前进、人类进步的动力。而对于正在来临的、以催生大众消费欲望为旨归的消费社会,洛文塔尔显然充满了种种的不安与忧虑。于是,在犹疑与徘徊中,他终于还是开始了对大众文化的清算。

(2)心理学层面。洛文塔尔认为,发展与孤独(development and solitude)是前期传记中呈现其主人公性格的心理学概念,而在消费偶

---

① Leo Lowenthal, *Literature, Popular Culture, and Society*, p.121.
② Ibid., p.123.

像为其主人公的传记中,它们却均告缺席,这一现象的出现是意味深长的。因为如果以历史的眼光加以审视,那么个性(personality)或个体(individual)并非空穴来风,它们是在中产阶级文化的崛起中被构想出来的。因此,"个体作为潜能、精神、道德和情感的总和,必须在一个既定的社会结构中才能得到发展。作为人类生活的本质,发展与这样一种观念发生着联系,即个体必须在心灵的独白中才能够发现自己"①。用这样一种个体观来考察消费偶像的个体发生史或个性结构,他们只能被叫作"没有历史的灵魂"(souls without history),因为在传记作品中,所能发现的往往都是这样的陈述与判断:赛马赌之王菲尔(Pittsburgh Phil)"在他14岁时就开始了自己的赌博生涯"。未来的电影明星加尔松(Greer Garson)"在她刚会走路时就想当一名演员"。夜总会歌手希尔德加德(Hildegarde)"18个月大时就能哼唱一部歌剧里所有的咏叹调",对此,他的父母"并不感到惊奇"。洛文塔尔认为,在这样的叙述中,童年时代的出现既没有提供个体的史前史(prehistory)及其性格线索,也没有提供与成长的转折期和成年人的丰富多样性成型相关的信息。"童年时代只不过是成人的微缩版,是一个人专业与职业的提前出版。某人现在是演员、医生、舞蹈家、企业家,那么他过去也总是如此。对于有益于自己和社会的人类生活、智力、精神和情感创造的潜力,他并非生来就懵懂无知,毋宁说他来到这个世界并生存于其中,其功能就如同一枚橡皮图章。个体已经变成一枚商标。"②

从个体只能在孤独中谋求发展到个体成了一种可以炫耀的商标,这样的变化其意义不可谓不重大。因为这意味着桑姆巴特(Werner Sombrt)所谓的以贪婪攫取性(acquisitiveness)为其表征的资本主义精神在新的时代已然失效。于是,个体那种丰富的生产性意义被抽空了,个体成了一具没有灵魂的行尸走肉。或者说,只有与消费联系起来,个体的示范性才能获得充分的理解。不过,在洛文塔尔看来,这样一种做法更主要是大众文化制作中所施展的一种心理学诡计,支撑着这种成功伪心理学(pseudo-psychology of success)的是处于初级阶段的

---

① Leo Lowenthal, *Literature*, *Popular Culture*, *and Society*, p. 124.
② Ibid., pp. 124-125.

行为主义心理学理论。这种理论认为,童年时期连同那个本能的黑暗王国代表着人的一种生物学背景,人的品质的变化就是从这个背景中发展出来的。这种对人的行为的机械解释又很容易走到"支配心理学"(a command psychology)的牢笼中去,"因为人们不再被构想为对其生活所有阶段负责的代理人,而是被想象为某种有用或不太有用的性格特征的承受者,这些特征就像装饰品或耻辱的烙印一样粘贴在他们的身上"①。而如此制作出来的消费偶像"也耗尽了属于创造力与生产力的一系列品质。他们营造了一种伪创造的气氛,试图使我们相信,这个人已把他的一切贡献给了总体的进步事业"②。当这样的成功神话发生了之后,对消费者又会产生怎样的影响呢?在以下的这段精彩分析中,洛文塔尔为我们提供了如此理解的线索:

> 这里,成功甚至不能归因于某些幸运的本能——它只是出现了而已。成功已经失去了它诱人的魅力。对于那些极其强健、聪慧、能适应环境且认真的人来说,这种魅力曾经是一种承诺与奖赏,现在它已变成了一件刻板的事情。我们只能带着敬畏与羡慕的目光注视它,就像在我们的画廊里或传说中富人的宫殿里观看价值连城的画作一样。消费主人公的成功,其本身也是消费品。它不是要鼓动更多的行动,而是作为我们不得不接受的一件东西被介绍进来的,就像食物、饮料和舞会一样;它是为好奇和娱乐提供的营养品。③

生产性的成功佳话是可以学习模仿的,而消费性的成功神话却只能注目观赏,因为这样的成功神话是以反常规的方式运作的,它超出了普通大众的模仿能力甚至想象能力。于是对于大众来说,这样的故事只能是一种压迫或压抑,它反衬出了自己的渺小无能,也映现出了自己与生俱来的缺陷。从制作者的意图或消费社会的内在要求上看,他(它)所需要的就是这种效果,因为这是成功本身可以变成消费品加以出售、变成神话加以流行的逻辑前提。唯其如此,浪漫的(因而往往是不切实际的)、虚幻的(或者亦真亦幻的)、非理性的(常常诉诸人们

---

① Leo Lowenthal, *Literature, Popular Culture, and Society*, p. 125.
② Ibid., p. 126.
③ Ibid.

无意识领域的)的五彩丝线才能编织出迷人的大众之梦,进入大众的真实生活。说白了,大众文化作为当代社会的新型宗教,实际上就是让人获得某种刺激、满足,让人做梦、寻梦的精神鸦片。——大概,这就是洛文塔尔解剖出来的深藏于成功神话背后的潜在含义。

(3) 人的历史。进一步对传记中的成功神话加以分析,洛文塔尔发现它们通常由两个要素构成:困顿与突破(hardship and breaks)。一方面,传记作者着力渲染主人公在通往成功之路上所遇到的困难与麻烦,所谓的艰难险阻因而也变成了一种写作模式;另一方面,传记作者又不断告诉读者主人公如何偶然与转机齐飞,机会共突破一色。洛文塔尔认为,这些不断重复而又异想天开的情节似乎在告诉人们已经不存在一种通往成功之路的社会模式,"成功因而变成了一件偶然且非理性的事情"。本来,按常理推断,竞争的危险是与明确的机会紧密相连的,这样,在雄心与可能性之间才形成了一种可靠的平衡。但让人不敢恭维的是,"我们的主人公几乎都没有雄心壮志"。而在那些叙述的缝隙中,传记作者不经意透露出来的应该是这样一种信息:"这种可笑的机遇游戏本来就只为少数人敞开了成功的大门,而当游戏开始时,其他所有不在场的人只会以失败告终。"① 所以,在这些娱人耳目的、偶然的情节背后隐藏着的是可怕的真相。

当洛文塔尔指出传记作品中充斥着种种美丽的谎言时,他显然还是站在比较传统的立场上来看待传记写作的。因为在他看来,"现代传记的理想语言似乎属于一种科学精神",但是,这种精神却正在遭到传记作者肆无忌惮的破坏。"如同社会科学家一样,传记作家在科学中表现出一种无情的、近乎虐待狂的趋向,因为他只是说明了困顿与突破这类现象重复出现的性质,却并没有去揭示这种重复的规律。于他而言,知识并不是力量之源泉,而仅仅是调节之锁钥。"② 把传记作者比作社会科学家,以严谨的科学精神来要求他们的写作,实际上存在着某种程度的错位。因为从实际情况来看,传记作者只是大众文化/大众媒介生产机制中的齿轮或螺丝钉,他们不一定是缺少按照科学精神写作传记的能力,而是必须按照大众文化的生产要求去进行制

---

① Leo Lowenthal, *Literature, Popular Culture, and Society*, p. 127.
② Ibid.

作。于是,作者在对不同的性格特征加以描绘时所采取的那种"惊人而简单的模式"(粗鲁的赞美与谴责)也就变得容易理解了。也就是说,作为大众文化产品,他们的传记内容必须停留在一个非常简单的水准上,而赞成与反对的标准也必须简单化。如果他们为传记主人公的个性发展留出了更多的空间,为他们的情感世界输入了更多的爱与激情,让他们的性格变化更丰富微妙而富有了某种逻辑关联,那么,这种传记可能就不是大众文化产品,而是可以成为经典之作了。

不过,当洛文塔尔认为传记因为作者的缘故而存在着种种缺陷时,他的用意还是非常明确的。他在谈到为什么要特意强调传记中发展与孤独这两种特征缺席的原因时指出:"普通人从来不会孤独也从来不想处于孤独之中。他的社会与心理出身就是公众(the community)或群众(the messes),他的命运似乎就是一种不断调节的生活:通过效率与勤勉以适应世界;通过展示和蔼可亲、与人为善和抑制其他性格特征以适应他人。"另一方面,在传记作品中,"被肯定性评价所认可的人物形象是训练有素的雇员的形象,他们来自遵纪守法的较底层的中产阶级家庭"。那么,当如此这般的传记形象作用于普通读者之后,又会出现什么情况呢? 洛文塔尔不无忧虑地指出:"我们的民众只能居住在一个技术统治(technocracy)的想象世界。每个人反映的似乎都是其灵活性中的一种刻板代码:种种实用的机械制度下的刻板与机械化的设置。在训练与调节的漂亮面具后面,潜藏着一种机器人的概念:他本人并没有做任何事情,他只需要根据制造者的指令做它希望做的事情即可。"①

显然,在洛文塔尔的心目中,无论是传记作品中的人物形象还是传记作品本身的写作模式,都是技术统治的产物。普通大众在对传记作品的消费中,不但没有改变与生俱来的弱点或缺陷(拒绝孤独而喜欢热闹),反而成了技术统治进一步加以打磨的对象。于是在先天不足后天又被改造的过程中,大众成了体制的产物,他们被训练成了"顺从"的良民,而传记作品则成了体制的帮凶。由此看来,当洛文塔尔对大众文化进行批判时,回归法兰克福学派主流观点似乎已成了他不得不做出的选择。

---

① Leo Lowenthal, *Literature, Popular Culture, and Society*, p. 129.

(4) 语言包装。为了使叙述更富有魅力,从而给读者制造更多的幻觉,洛文塔尔认为传记作者通常动用了以下几种修辞策略。第一,使用最高级(the superlative)。比如,传记作品中,像这样的表达俯拾皆是:布莱克利博士(Dr. Brinkly)是"美国最知名的医生";我们的主人公是"当今影坛运气最好的人";另一位娱乐界人士"在林林家族(Ringling family)中不仅是最伟大的而且也是第一个真正的杂耍艺人";有位将军是"爱因斯坦这一派中最好的数学家之一"。第二,使用高雅和低俗的语言(high and low language)。传记作品往往交替使用两套语言,一套如阳春白雪,一套像下里巴人。前者借用神话学和历史学中的词汇来装点主人公的行为,使他变成了神灵赐福和令人尊敬的符号,并进一步强化了最高级语言的使用;后者则征用一些俚语俗话,以使他们变得容易理解。第三,使用跟读者套近乎的语言。洛文塔尔把这种表达形象地概括为"特别为了您"(especially for you),因为他发现在传记的开头与结尾,作者常常直接站出来向读者发言,让人亲切得一塌糊涂。比如:传记作者对乔伊斯(Brenda Joyce)的影迷说:"如果您来的时间合适,您就能亲眼见到她的那辆二手车了。"在竞选大战中作者会说:"假如胡尔与塔福特先生(Hull and Mr. Taft)是候选人的话,您就不会发火,睡觉也就踏实了。"对于人们感兴趣的电影明星,作者通常又会采用这样一种话语表达方式:"让我们与比尔·鲍威尔(Bill Powell)坐在一起,来听听他的故事。"或者是:"姑娘们,大概你们更愿意知道克拉克·盖博(Clark Gable)如何走上了成功之路。"对于夜总会歌星希尔德加德(Hildegarde),作者如此煽情道:"如果您没听说过她或没见过她,别站在那儿——走,我们看能做点什么。"要不就是夜总会歌手莫菲特(Moffett)"进了一所非常好的学校,我亲爱的"。

必须承认,从语言的角度切入,然后去分析大众文化生产中所使用的修辞学诡计,是洛文塔尔对大众文化抓得最准、分析最到位的部分之一。因为在印刷媒介时代,大众文化的生产者若想使其产品赢得消费大众的青睐,把它推向更大的商品市场,语言包装应该是他们所能采用的为数不多的手段之一。只有通过这种策略或诡计,生产者才能达到洛文塔尔所谓的"化平常为神奇"的战略目的。① 但是,如此一

---

① Leo Lowenthal, *Literature*, *Popular Culture*, *and Society*, p. 130.

来,产品本身实际出现的又是怎样的效果呢? 总结一下洛文塔尔的思考,我们发现他在如下几个层面上做出了回答。

第一,强化了传记的商品化特征。一般而言,通俗传记被定位成文化商品的依据是它在生产、流通和消费等环节上所呈现出来的外部特征。但是当它经过语言的包装之后,它的内在结构也在很大程度上商品化了。比如,在对最高级的使用中,作者并不满足于在作品中隔三岔五地用它一下,而是会把一大堆最高级塞进一个段落之中。在洛文塔尔看来,传记作者如此高密度地使用最高级,"似乎是为了必须使自己与公众相信他所出售的是杰出的人物样品"。而且,最高级的大量使用也使作者的写作目的变得含混不清了。因为"所有的事物都被描绘成独一无二、从未听说过的杰出之物,实际上也就不存在什么独一无二、从未听说过的杰出之物了。整体上用最高级也就意味着整体的平庸。它把对人类生活的呈现等同于商品的呈现。最活泼的女孩对应着最好的牙膏,体育精神中的最大耐力对应着最有效的维生素;政治家的独特表现对应着汽车的非凡功率。广告栏中大量生产的物品与编辑点评之下的传记物品之间,预先建立起一种和谐关系。促销的语言已经取代了评价的语言,只不过是去掉了价格标签而已"。①

第二,促成了传记的标准化制作。真正的文学语言所追求的是一种反常规的、陌生化的效果,在那些反常、错位、含混的语词组合中,传达出来的是驳杂而丰富的语义信息。但是在通俗传记中,这样的语言是不合乎要求的,因为它无法唤起读者固定的情绪反应。于是通俗传记以标准化、模式化、程序化的语言清除了那些杂乱而又丰富的信息噪音,并使自身呈现出一种仿佛可以付诸流水生产线的制作编程。因此,在洛文塔尔看来,语言的阳春白雪和下里巴人在传记中并无多少实质性的意义,在那些装潢门面的语言背后,是多种多样的"技术、圈套和交易"规则的运用。传记语言标准化得如此完美以至于洛文塔尔也不得不用一种反讽的口吻说道:"这种新的文学现象遵循的是最高的艺术标准:在形式与内容之间,在表达与被表达的对象之间,形成了一种内在的、必然的、不可分割的联系——总之,这是一种不允许在语词与其意图之间做出结构上的明确区分的语言创造物! 作为一种文

---

① Leo Lowenthal, *Literature, Popular Culture, and Society*, pp. 130-131.

学类型,这些传记作品是'真实的'。"①

第三,完善了传记的伪个性化机制。洛文塔尔认为,表面上看,那些直接的呼语(apostrophe)对于读者来说都是一种个性化的邀请,那里面透着和蔼可亲、关爱读者的话语氛围,每个人都觉得自己仿佛加入了超凡脱俗的生活场景之中。"读者除了可以获悉主人公习惯的私人化细节如吃、花费、玩之外,还拥有了一份与主人公个人化接触的快感"。于是,读者不需要像阅读经典传记作品那样在政治家、诗人或科学家面前形成距离,尊而敬之,"陈列在画廊中那些孤独的有着非凡成就的贵族,似乎已被无须在那些伟人面前表现出特殊敬意和谦卑的民主聚会所取代了"。但实际上,这种制造出来的语言幻觉却是传记主人公的伪个性化向读者的伪个性化进行过渡的一个中转站,由于有了这一环节,对伪个性化的接受显得顺畅而没有任何阻力了。正是在这一意义上,洛文塔尔才说:"舒适的进入并不见得没有威胁,那个'您'既意味着友好的介绍姿态,也意味着上层机构劝诫、召唤的声音,它要求人们必须遵守、顺从。"②

如果把洛文塔尔的大众文化语言观放到 20 世纪大众文化理论发展演变的长河中去考察,那么洛文塔尔所大力批判的东西却正是后来一些大众文化理论家所极力褒扬的方面。比如费斯克就曾经谈到大众文化作为一种"生产性的文本",其语言的过度(excessiveness)与浅白(obviousness)正是大众文化富有创造性的地方。因为"过度意味着意义挣脱控制,挣脱意识形态规范的控制或是任何特定文本的需求",而浅白则是"对'有深度的'(in-depth)的真理的拒绝"。③ 如此一来,大众文化文本中那些煽情、浮夸、俗套之类的语言就富有了一种革命性的反抗意义,从而使洛文塔尔的指责不仅显得软弱无力而且失去了存在的理由。究竟该如何理解这一现象呢? 我们的看法是这样的:当大众文化文本带有某种民间色彩并富有某种个人的原创性时,它的语言可能会具有一种反抗或解构意味;当这种语言被纳入大众文化生产机制并成为可以批量生产的对象时,它的革命性冲动实际上已经荡然

---

① Leo Lowenthal, *Literature, Popular Culture, and Society*, p. 132.
② Ibid., p. 133.
③ John Fiske, *Understanding Popular Culture*, Boston: Unwin Hyman, 1989, pp. 114, 117.

无存,同时还会进入规范化的语言体制中,甚至成为意识形态控制中的得力工具。① 经过解构主义、后现代主义洗礼之后的英美理论界,接受的大多是带有法国享乐主义色彩的语言观念(比如,享受能指的奢华,文本的欢乐),因此,让语言具有一种符号学意义上的反抗或解构功能也就成了情理之中的事情。洛文塔尔则继承了德国理性主义、历史主义的传统,他的语言观是历史决定论的产物。即语言是在历史中生成的,并服务于人类的整个历史。因此,当一个时代的语言规范化之后,它就在很大程度上决定着人们感知世界的方式,甚至决定着历史前进的方向。② 作为大众文化文本,传记作品的语言之所以受到洛文塔尔的批判,很大程度上与他的这种语言观有关。于是,洛文塔尔与费斯克对大众文化文本中的语言所形成的截然相反的判断,实际上反映出来的是历史决定论和语言决定论这两种观念之间的深刻分歧。

3. 在辩护中审判:大众与大众文化

从读者或消费大众的角度去思考通俗传记以及消费偶像的作用和功能是贯穿于洛文塔尔这篇论文中的固定思路,他对通俗传记和传记作者的不满和指责很大程度上是建立在这样一种假定之上的:作家是教育者、社会科学家,大众是被教育甚至被改造的对象,二者的关系是教育与被教育的关系。因此,当作家给读者提供的仅仅是虚假、矫情、类似于商品广告的人物介绍时,传记所应具有的真正作用便已然失效,伪教育伪科学的功能则堂而皇之地走到了前台。在谈到这两种新型的功能给大众带来的危害时,洛文塔尔指出:

> 宽泛地说,社会科学家的任务是对社会现象的隐蔽过程与内

---

① 可以用中国作家王朔的例子来解释这一现象。王朔的作品作为典型的大众文化文本,其魅力很大程度上建立在他对语言的重新安排和处理上。在创作的自发阶段,他以痞味十足的狂欢式口语(其中的技巧有变形、夸张、戏仿、双关、煽情、粗俗、过度、浅白等)对主流意识形态控制之下的那套语言表征体系进行了强有力的颠覆与破坏,其反抗意义不言而喻。然而,当他的那套语言被大众传媒征用之后(例如,1990 年代初期以来,《北京青年报》《中国青年报》等印刷媒体纷纷套用或借用王朔式的话语表达方式,电影、电视等电子媒体也纷纷模仿或直接生产王朔式的话语文本),体制化了的王朔式语言(如今它主要剩下的是娱乐、搞笑、泄导等功能)已在规训人们的思维方式等方面扮演着极为重要的角色。

② 弗洛姆的观点可以加深我们对洛文塔尔的语言观的认识。前者认为:"语言由于它的用字、文法、结构,以及其中所含藏的整个精神,决定了我们如何去体验,以及何种体验得(以)透入我们的知觉。"〔日〕铃木大拙、〔美〕佛洛姆:《禅与心理分析》,孟祥森译,北京:中国民间文艺出版社 1986 年版,第 158—159 页。"佛洛姆"通常译为"弗洛姆"。

在联系加以阐明。普通读者就像认真而有主见的学生一样,并不满足于那些密集的事实与概念,而是想了解全面的东西,他似乎是要从传记中获得真知灼见,获得对人类或历史进程中社会秘密的理解。但这只是一场骗局,因为传记作者所研究的这些人的生活既不能反映这种进程的特征,也没有完全按本来的样子对他们进行描绘。只有把传记看作虚假的成人教育(make-believe adult education)的代理商,才能解释读者那种非常满意的理解。……这种传记只是挂着教育商标的商品,而不是真正的文章,它们腐蚀了教育的良心。①

洛文塔尔的批判固然也称得上振聋发聩,但是大众文化的定位在这里却显得模糊不清了。看来,究竟是让通俗传记提供知识的乳汁还是制造感官的愉悦,这应该是问题的关键。大众文化的发展走向越来越清楚地表明,要想把"寓教于乐"作为大众文化的一种制作方案,使思想性与趣味性相统一,可能是一件比较奢侈的事情。因为大众文化的制作程序或要求天然地排斥着严格意义上的科学精神与人文精神,任何试图往那里面输入某种"意义"或"精神"的企图大概都会以失败告终。然而,让人迷惑的是,洛文塔尔第一把通俗传记当成了精英文学,第二又把大众想象成了求知若渴的学生,应该说,这两方面的判断都存在着某种误区。对于前者,我们更愿意把它看作作者接受了霍克海默的某些批评之后对通俗传记的有意误读②;关于后者,无疑则是一个人文知识分子不无天真的幻想,其真实性是大可怀疑的。因为有一项代表性的研究成果表明,20 世纪初期的美国妇女在他们工作了一天之后,"已经麻木的感觉需要强烈的刺激;工作得精疲力尽就容易要求粗野、强烈、令人兴奋的东西……在这种情况下,对才智的培养几乎是无法实现的,共同分享我们的全部文化遗产只是一个遥远的梦想"③。

---

① Leo Lowenthal, *Literature*, *Popular Culture*, *and Society*, p. 134.

② 从他俩的通信中可以看出,洛文塔尔的某些观点遭到了霍克海默的批评,某些观点又受到霍克海默的启发。这篇论文从初稿到定稿,霍克海默的影响不可低估。See Martin Jay, *The Dialectical Imagination*: *A History of the Frankfurt School and the Institute of Social Research 1923-1950*, pp. 212-215.

③ 〔美〕丹尼尔·杰·切特罗姆:《传播媒介与美国人的思想——从莫尔斯到麦克卢汉》,曹静生、黄艾禾译,北京:中国广播电视出版社 1991 年版,第 52 页。

如此看来,找乐而不是求知可能更接近大众走向通俗传记的真实动机。洛文塔尔在这里显然把大众的精神状态人为地拔高了。

不过,也正是这种人为的拔高,使得洛文塔尔与法兰克福学派主流观点产生了重要的分歧,在他那段著名的论"重复"(repetition)的文字中,隐含着这种分歧的秘密:

> 在大众文化(mass culture)的所有现象中,"熟悉"的重要作用还没有得到充分强调。人们从熟悉模式的不断重复中获得了极大的满足。但只有一些数量非常有限的情节与问题才能在成功的电影与短篇小说中反复重复;甚至体育比赛中那些所谓的激动人心的时刻,很大程度上也与它们极为相似。每个人都知道他一打开收音机,所听到的差不多将是同样类型的故事和音乐,但从未有过针对这一事实的任何反抗;也从未有心理学家说过,当大众走进日常的欢愉中时,无聊是他们的脸部表情。也许,由于普通工作日所遵循的常常是在一生中都不会有任何变化的陈规(routine),闲暇活动中的陈规和重复特征就成了对工作日的一种辩护与美化。借助于美和快乐这种包装,它们不仅统治了通常的白天,而且还控制了黄昏与夜晚。在传记作品中,其视野不是延伸到未知领域,而是为已知的人物形象涂脂抹粉。我们已看过那个电影演员在银幕上的表演,我们已看过那个能力不俗的新闻记者的漫画,我们已听过那个电台评论员不得不说的话,并且也已注意到那个拳击手和棒球手的才华。传记作品总是重复我们已经知道的东西。[①]

这段文字曾经受到了霍克海默的表扬。在1942年6月2日的通信中,霍克海默这样写道:"我特别为论'重复'的段落而高兴。这个范畴将在全书中发挥决定性的作用。生活与艺术中缺乏你所说的对永恒重复的反抗,这表明了现代人严重的顺从性,可以这么说,这既是你论文的主题,也是我们书中(指《启蒙辩证法》)的基本概念之一。"[②] 霍克海默的意思非常清楚:由于这个"论重复",洛文塔尔已与他和阿

[①] Leo Lowenthal, *Literature, Popular Culture, and Society*, pp. 134-135.
[②] Martin Jay, *The Dialectical Imagination: A History of the Frankfurt School and the Institute of Social Research 1923-1950*, p. 213.

多诺胜利会师。但是在 10 月 14 日的通信中,霍克海默却又对洛文塔尔的主要观点提出了批评:"你过多地强调活动和被动、生产领域和消费领域的对立,认为读者的生活是被他的所得而非他的所做规定着和统治着。然而,真实的情况是,所做与所得(拥有)在这个社会中已趋于同一,无论是闲暇时间还是工作时间,机械主义对人的统治都是绝对相同的,我甚至可以说,理解消费领域中行为模式的关键如今依然是人在工业中的处境……吃、喝、看、爱、睡成为'消费',即意味着无论是在车间外还是车间内,人已变成了机器。"①结合霍克海默的另一处论述②,他提出这样的观点是毫不奇怪的。但是,令人奇怪的是,当洛文塔尔指出"重复不仅统治了通常的白天,而且还控制了黄昏与夜晚"时,他实际上已回应了霍克海默的观点,但为什么还是遭到了霍克海默的批评呢?

在我们看来,洛文塔尔的大众观实际上与法兰克福学派主流观点貌合神离,这是他遭到批评的主要原因。在霍克海默与阿多诺的眼中,存在的只有"文化工业"和技术理性对人的工作与闲暇的同时控制,而并不存在所谓的"大众"。或者说,即使有一种叫作"大众"的人抽象地存在于世,他们也已经被预先规定在原子化、消极被动、泯灭个性之类的位置上了。然而,在洛文塔尔的构想中,大众则是在历史中生成的,他们一方面是有血有肉的存在,一方面又是自己行为的主体。在现实世界中,他们具有一定程度的能动性(把大众看作有主见的学生即是一例)。他们的受动性完全是由那些包括通俗传记在内的大众文化一手造成的。于是,在洛文塔尔认为读者的活动与被动还存在着对峙可能的地方,霍克海默却认为它们已先期同一,前者批判大众文化是要为大众身心的健康发展清理出通路,他的立足点在下面;后者否定文化工业是要揭去统治阶级温情脉脉的面纱,他的着眼点在上边。这应该是洛文塔尔与主流观点的主要分歧所在。

---

① Martin Jay, *The Dialectical Imagination: A History of the Frankfurt School and the Institute of Social Research 1923-1950*, pp. 213-214.

② 在《艺术与大众文化》一文中,霍克海默指出:"家庭逐渐瓦解,个人生活转变成为闲暇,闲暇转变成为连最后一点细节也受到管理的程序,转变成为棒球赛和电影、畅销书和收音机所带来的快感,所有这些导致了内心生活的消失。" Max Horkheimer, *Critical Theory: Selected essays*, trans. Matthew J. O'Connell and Others, New York: The Continuum Publishing Corporation, 1982, p. 277.

如此看来,洛文塔尔的所谓"重复"也就有了与霍克海默的观点不尽相同的内涵。如果说在霍克海默那里,"重复"意味着对人们工作与闲暇的确定无疑的整合,意味着"自上而下"的统治技巧与手段,那么在洛文塔尔这里,"重复"却更多是大众文化所呈现出来的一种主要特征,是大众所必须面对的一件心理学事实。这种"降格"处理分明是对那种坚硬的主流观点的稀释或软化。而当他试图去为大众寻找为什么他们喜欢而不反抗"重复"的理由时,尽管他的解释显得有些牵强①,但是他那种平民主义立场却也获得了一次含蓄的呈现。"以娱乐界人士的生活故事为自己的娱乐对象并明显珍爱这种重复的读者,一定有一种无法抑制的冲动,他想让某些东西留存心中,并且确实能牢牢地掌握它和充分地理解它。"②这种东西究竟是什么,显然就是洛文塔尔给霍克海默写信时提到的那个"被扭曲了的乌托邦"。他虽然并不喜欢这个乌托邦,但是从大众的角度考虑,他还是委婉地承认了乌托邦冲动的合理性。

这样,洛文塔尔对大众文化的所有批判就有了一个明确的落脚点。当他对通俗传记的伪教育伪科学进行声讨时,他担心的是大众的心灵被毒害;当他指出消费偶像中弥漫着欺骗与虚假时,他考虑的是因此而带来的大众身上那种爱与激情的流失;当他指责传记作者变成了"人类无意义的传道士"时,他关心的是作为"小人物"的大众在那些大人物面前所不断刺激出来的负面情绪——渺小与谦卑。洛文塔尔在分析"最高级"时指出:"乍一看来,娱乐与消费的氛围似乎是无害的,但仔细考察就会发现,这其实是一个精神恐怖(psychic terror)统治时期。在此时期,大众不得不意识到他们日常生活的琐屑和无意义,个体的意识本已被削弱,现在又遭到最高级这股伪个性化力量的沉重打击。在最高级的世界里,广告与恐怖诱导娱乐,召唤谦卑,从而组成了一个统一体。"③可以把这段文字看作洛文塔尔为无辜的大众

---

① 每天的工作是重复,休闲活动也是一种重复,后者如何成为前者的调剂呢? 笔者以为,大众之所以喜欢娱乐活动中的重复,是因为生命的本质、生活的本质实际上就是重复,二者之间存在着一种同构关系。真正的艺术作品是对重复的颠覆,故审美活动意味着对既定生活流程的破坏;娱乐品则是对生命、生活之重复的模仿,故消遣活动对于日常生活具有一种维护或修复功能。

② Leo Lowenthal, *Literature, Popular Culture, and Society*, p.135.

③ Ibid., p.131.

进行辩护并对有罪的大众文化进行审判的判决书。

于是,为大众着想,极力要向大众文化讨个说法,就成了洛文塔尔研究、批判大众文化的最后归宿。在"二战"期间,这种人文知识分子的激情确实可爱可敬,但是放在大众文化发展的长河中考察,它又何尝不是一种帕斯卡尔式的乌托邦冲动呢?

三 通俗文学视野中的大众文化

在前面的两节内容中,我们一方面指出了洛文塔尔立场的犹疑和观点的暧昧,一方面也呈现了作为社会学家的洛文塔尔在大众文化文本分析过程中的特殊思路。但是,洛文塔尔大众文化观的独特性究竟体现在哪里,哪些方面构成了他的大众文化观的主要元素?如果说洛文塔尔在对待大众文化的问题上是谴责中隐含着理解,否定中暗藏着肯定,那么这种"骑墙"姿态得以形成的深层原因又在哪里?对这些问题的进一步回答,显然有助于我们对洛文塔尔大众文化观的深入理解。

1. 大众文化≈通俗文学

为了能更充分地进入这些问题,让我们先从洛文塔尔与阿多诺大众文化观的不同之处谈起。

在论及两位理论家大众文化观的区别时,格罗斯认为,第一,阿多诺从来没有像洛文塔尔那样把自己看成是一个"社会科学家"(social scientist),他可能会把自己看作使用社会学材料的艺术家而不会把自己看作使用艺术材料的社会学家。同时,阿多诺不仅是一个文化评论员(cultural commentator),而且更是一个好斗的甚至富于侵略性的文化批评家(cultural critic)。而且,当阿多诺把自己的主体性经验渗透在自己的研究中时,他的批评文字就会呈现出一种反讽、忧郁、密不透风之类的风格,而所有这些,都是文学社会学家的洛文塔尔所不具备的。第二,由于阿多诺认为"挑战一个社会包括挑战这个社会的语言",所以他常常以格言和警句式的写作构成他行文的语言和形式。于是,他的每一个句子必须以著作的全部为中介才能做出理解,这样的文本需要细读,需要有感受语言微妙性与含混性的能力。然而,也正是这种特殊的行文风格限制了更多的人从他的大众文化理论中受益,而洛文塔尔的大众文化理论则不存在阿多诺那样的理解难度。第三,洛文塔尔把文化客体看作破译社会进程的密码,因此,文化客体的内容对于洛文塔尔来说是最最重要和富有启迪性的;然而,对于阿多诺来说,他所感兴趣的并不是文化客体的内容如何保存了流行的社会看法,而是这个客体出现之后,它如何成了一个时代文化思潮的主要密码。第四,直接指出大众文化某些方面的社会起源,阿多诺显得非常熟练,但是,把大众文化放到一个既定的历史语境中进行考察,他则没什么兴趣。而洛文塔尔则恰恰相反,尤其是在研究所的那段日子里,通过一个特定的历史时期来仔细辨别大众文化的细微变化,成了洛文塔尔的主要工作。第五,阿多诺不断地为"非同一性"(non-identity)的要素进行辩护,因此,他分析文化的目的之一是拯救自律或激进的主体性中的元素,营救那些不能被同化的细节,解救那些标准化时代所有被拒绝和被毁坏的东西。这样,与洛文塔尔相比,阿多诺就发现了现代生活中更多的荒凉与不可忍受之处,这也是他呼吁"否定的辩证法"的一个重要原因。但是,在洛文塔尔的著作中,我们却很难发现他有如此强硬的立场。[①]

格罗斯对阿多诺与洛文塔尔大众文化观的比较分析无疑是相当精彩的,但是,或许是囿于方法论的视角和大众文化理论的资源[②],他在比较分析中忽略了一些在笔者看来同样重要的因素。在前面的章节中,我们曾经把阿多诺的大众文化批判理论看作印刷文化语境中生成的现代性话语,这意味着阿多诺表面上批判的是文化工业生产出来的大众文化,实际上却是把批判的矛头对准了已经出现和正在出现的视觉文化,这种文化是由新型的电子媒介制造和生产出来的。而事实

[①] David Gross, "Lowenthal, Adorno, Barthes: Three Perspectives on Popular Culture," *Telos*, no. 45 (1980), pp. 129-131.

[②] 在此文的开头部分,格罗斯明确指出,他所思考的重心是三位理论家如何接近他们的材料,他们的观点又是如何通过他们的方法论塑造出来的。而为了呈现他们的主要观点,格罗斯又分别选择三位理论家的一部著作作为其大众文化理论的分析对象。洛文塔尔的著作是《文学、通俗文化和社会》,阿多诺的著作是《小伦理学》(*Minima Moralia*),罗兰·巴特的著作是《神话学》(*Mythologies*)。笔者以为,选择《小伦理学》作为阿多诺大众文化理论的主要资源一方面体现了作者独特的眼光,但另一方面却也容易忽略阿多诺大众文化理论中的一些重要因素。See David Gross, "Lowenthal, Adorno, Barthes: Three Perspectives on Popular Culture," *Telos*, no. 45 (1980), p. 125.

上，虽然阿多诺也曾对印刷媒介上的大众文化现象进行过研究①，但是他更感兴趣的还是电子媒介和这种媒介所生产出来的文化形式，于是，无线电广播、电影、电视和爵士乐等内容与形式才成为他著作与文章中反复批判的对象（参阅第二章第四节）。因此，对电子媒介与视觉文化进行批判，从而在这种批判中确认文化工业对个体的伤害乃至毁灭性的打击，应该是阿多诺大众文化批判理论中的一个重要内容，也应该是阿多诺大众文化观的一个主要特征。

从这样一个视角出发来进一步思考洛文塔尔的大众文化理论，我们就会发现他与阿多诺还存在着一个重要的区别：从洛文塔尔研究大众文化的重要文章中可以看出，他所谓的大众文化或通俗文化主要指的是存在于印刷媒介中的通俗文学，或者说，他是在通俗文学的视野中来打量和思考大众文化的，而现代的文化工业，即通过无线电广播、电影、电视等电子媒介生产出来的新型的大众文化，则基本上不在洛文塔尔的思考范围之内。② 比如，在《文学、通俗文化和社会》一书中，"透视通俗文化"和"艺术与通俗文化之争论纲"两章内容主要是从理论的层面来梳理和回答艺术与通俗文化之争的有关问题，他虽然也提到了无线电广播、电影等电子媒介，但这只是他沉入历史思考大众文化的一个由头，或者只是把有关电子媒介的某种说法看作对帕斯卡尔的遥远回应。③ 而当他在"蒙—帕之争"之后进一步去分析歌德、席勒、莱辛、阿诺德、白哲特、华兹华斯、雪莱、丹纳等人的观点时，这些诗人、作家和理论家关于艺术与大众文化的看法无疑又是建立在他们那个时代高雅文学/通俗文学的基础之上的，于是洛文塔尔面对的实际上还是被印刷媒介生产出来的文学作品，只不过这是一种间接的面对。而在"艺术与通俗文化之争：英国18世纪的个案研究"一章中，洛文塔尔则把间接的面对转换成了直接的探析，他更关心的是通俗小说

---

① 例如，阿多诺曾对《洛杉矶时报》上的占星术栏目进行过研究。See Theodor W. Adorno, *The Stars Down Earth and Other Essays on the Irrational in Culture*, London：Routledge, 1994.

② 事实上，格罗斯也注意到了这一现象，他说，洛文塔尔"因追踪文化态度而聚焦于印刷材料的力度如此之大，以至于通俗文学几乎变成了大众文化的同义语"。但遗憾的是，作者的这一发现只是蜻蜓点水一笔带过，而并未展开论述。See David Gross, "Lowenthal, Adorno, Barthes：Three Perspectives on Popular Culture," *Telos*, no. 45 (1980), p. 126.

③ Leo Lowenthal, *Literature, Popular Culture, and Society*, pp. 2, 11, 49-51.

如何兴起,通俗小说的传播状况和通俗小说的接受对象。显然,他这里谈到的大众文化已与印刷媒介生产出来的通俗文学没有什么区别了。而"大众偶像的胜利"一章内容虽然是对当代的大众文化进行研究,但洛文塔尔并没有像阿多诺那样选择新型的电子媒介所生产出来的文化产品,而是把它的研究对象圈定在流行杂志的通俗传记上,毫无疑问,这又是印刷媒介上的准/泛文学读物。而更耐人寻味的是,此文的写作与发表虽影响甚大,但洛文塔尔却只不过是故伎重演,因为在此之前,他已写过一篇《德国通俗传记:文化的廉价柜台》的论文①,无论从思路、方法还是所动用的媒体材料上看,"大众偶像的胜利"都有对此文克隆之嫌。所不同者只在于,一者面对的是德国的通俗文学,一者面对的是美国的大众文化。

由此看来,阿多诺与洛文塔尔大众文化观的另一个重要区别可归纳如下:当阿多诺把电子媒介所制造的大众文化作为其主要的思考对象时,他实际上面对的是处于"现在进行时"的大众文化。这种大众文化催生了他的现实感,而现实感又强化了印刷文化语境中生成的批判主体与新型的文化客体(电子文化)之间的紧张关系。这是他始终不渝地批判大众文化的一个重要原因。但是,当洛文塔尔把印刷媒介生产出来的通俗文学当成大众文化,从而作为他的主要研究对象时,他实际上面对的是处于"过去进行时"的大众文化。这种通俗文学是大众文化的初级阶段,是大众文化的原始形态。像任何事物一样,它还保留着原始形态的丰富与复杂,无序与混沌。而不断地沉入过去,则又强化了他的历史感。他不得不面对那些在具体的历史语境中形成的大众文化现象,也不得不面对那些同样形成于具体的历史语境中却常常相左的理论观点。所有这些,决定了洛文塔尔更容易与文化客体形成一种对话关系,而不是一种剑拔弩张的紧张关系。于是,在对待大众文化的问题上,洛文塔尔也就更多走向了中立和平和。

那么,这就是洛文塔尔"骑墙"姿态得以形成的深层原因吗?在进入下一步分析之前,让我们暂时把以上的理解看作一种假定。接下来

---

① See Leo Lowenthal, "German Popular Biographies: Culture's Bargain Counter," in Kurt Wolff and Barrington Moore, Jr, eds., *The Critical Spirit: Essays in Honor of Herbert Marcuse*, Boston: Beacon Press, 1967, pp. 267-283.

需要做的工作是首先从这种假定中走出,然后看看洛文塔尔在通俗文学的视野中还对大众文化做了怎样的思考。

2. 理解通俗文学和文学媒介的关键词

打开《文学、通俗文化和社会》一书,我们会发现"大众媒介"(mass media)是一个出现频率很高的词。这就意味着除了"批判理论"和"文学社会学"之外,洛文塔尔在进入大众文化时还有一个重要的视点,即通过考察某一时期的大众媒介,从而接近这一时期的大众文化。或许正是基于这一原因,美国的传播史学者汉诺·哈特(Hanno Hardt)才把洛文塔尔看作传播研究(communication research)乃至当代文化研究的先驱。①

那么,当洛文塔尔走进通俗文学的世界中时,通过大众媒介这一视角他又发现了什么呢?在对18世纪英国的艺术与通俗文化之争进行个案研究时,他曾对大众媒介有过如下理解:"如果'大众'媒介这一概念意味着为大量具有购买力的公众生产的、适合于市场销售的文化商品,那么18世纪的英国是历史上能够有效使用这一概念的第一阶段。"②洛文塔尔认为,与17世纪相比,18世纪的文学性读者有了显著增加,妇女正在成为一种具有特殊阅读欲望的读者,而识文断字也正在成为商人与店主的职业条件。与此同时,由于印刷业与出版业的发展,报纸、杂志与书籍逐渐增多;由于作家可以把自己的作品卖给书商,所以也就出现了如下情景:从私人捐助(通常是通过贵族赞助的形式)/有限的受众到公众捐助/具有开发潜力的无限的受众的转移。于是,"文学作品的生产、宣传与销售成了一种可以赢利的企业运作。这种变化既影响了文学的内容,也影响了文学的形式,因此也就引发了许多美学问题和伦理问题。这些问题中,并非所有的都是新问题;有些问题早在17世纪甚至16世纪就已出现,那时就有普通观众观看戏剧,但是在18世纪,对于作家来说,受众的潜力与喜好却被看作一个新的亟待解决的问题,因为此时的受众已成了他们生计的唯一来源。"③

---

① See Hanno Hardt, "The Conscience of Society: Leo Lowenthal and Communication Research," *Journal of Communication*, 41(3), 1991, pp. 65-85.
② Leo Lowenthal, *Literature, Popular Culture, and Society*, p. 52.
③ Ibid., p. 55.

分析一下洛文塔尔进入通俗文学与大众媒介的具体语境,我们发现他对如下几个因素进行了专门的强调,实际上,这也是理解通俗文学与文学媒介的关键词。①

文学读物。18世纪中期以后,一种新型的文学形式——通俗小说(popular novel)逐渐开始火爆,以理查逊(Samuel Richardson)的小说《帕美拉》(*Pamela*)的出版(1740)为标志,英国的小说开始了它的繁荣期。先是理查逊、菲尔丁(Henry Fielding)、斯摩莱特(Tobias G. Smollett)与斯特恩(Laurence Sterne)的小说各领风骚,其后拙劣的模仿与重复盛极一时,以至于一些作家都担心小说会无疾而终。这种局面一直延续到18世纪末,然后随着大量流行的哥特式小说的出现才有所好转。在小说发展的进程中,为了追求娱乐效果,犯罪、暴力与感伤成为结构小说情节的重要元素。但是读者日久生厌,这样,求新求变又成为小说家绞尽脑汁考虑的事情,小说就这样走向了平庸。②

作者队伍。18世纪的英国拥有一支庞大的作者队伍,越来越多的人走进了文学这个行当中,因为小说写作很能赚钱。1722年,整个伦敦靠写作、印刷、出版、销售出版物为生的有5000人,到这个世纪中叶,吃文学市场这碗饭的人已多达好几万。甚至"那些想挣点外快的家庭主妇和簿记员现在也开始写小说了,就像先前的乡村牧师涉足植物学和考古学一样"③。到1790年代,就是一个很没有名气的作家也可以靠写连载小说获得一笔不俗的收入。④ 在作品的内容上,作家不得不靠多种手段来吸引普通读者,以使他们对自己的小说与戏剧保持兴趣。在极端的情况下,作家甚至"纤毫毕现地细致描绘攻击、暴力、恐怖的场景",这与好莱坞电影吸引眼球的方式非常相似。⑤ 正是由于作家的这种不择手段,"'通俗作家'(popular writer)这一概念才以贬损之意首次被用在这一时期"⑥。同时,也正是在这一时期,"文人

---

① 以下的归纳与总结主要依据《文学、通俗文化和社会》中第三章的内容——"艺术与通俗文化之争:英国18世纪的个案研究"。See Leo Lowenthal, *Literature, Popular Culture, and Society*, pp. 52-108.

② Ibid., pp. 53, 78-91.

③ Ibid., pp. 53, 70.

④ Ibid., p. 53.

⑤ Ibid., p. 81.

⑥ Ibid., p. 77.

的职业(profession of letters)作为一种体面的(而且也常常是有利可图的)职业得以形成。确实,这种职业被搞得如此火爆,以至于早在1752年约翰逊(Samuel Johnson)就把这一时代命名为'作者的时代'(Age of Authors)"①。

阅读大众。洛文塔尔认为,虽然缺少读书人方面的可靠数字,但是在18世纪的英国公众中无疑出现过两次阅读高潮。第一次出现在30年代与40年代,因为这一时期通俗杂志与即时小说大量涌进市场。"这种激增更多是因为读书人能读到更多的材料而不是因为读书人数量的增加。"第二次出现于18世纪的最后20年,当圣经公会(Bible societies)、政治评论者与改革者一方面生产着大量的廉价文学,一方面试图抵消像汤姆·潘恩(Tom Paine)这样的革命作家的影响时,这一次"消费的增长应归因于阅读公众增加本身"②。而且,从洛文塔尔的分析中可以看出,尽管这种阅读的风尚最终波及下层的劳工阶级那里,但阅读大众中的绝大多数人还是属于中产阶级。而中产阶级的文学兴趣、教育背景等,很大程度上又左右了文学的内容与形式,以至于洛文塔尔干脆把这一时期的文学称为"中产阶级的现实主义"(middle-class realism)。③

中间人。文学的生产与消费离不开作家与读者,但作家与读者只能形成一种间接的关系。在这种情况下,作为中间人(middleman)的书商(bookseller)就出现了。他们成为作家与读者之间的中间环节,并在文学的生产与消费中扮演了一个重要角色。洛文塔尔指出,在蒲柏(Alexander Pope)时代,既有好书商也有坏书商。前者如雅各布·汤森(Jacob Tonson),他因出版《失乐园》和德莱顿(John Dryden)与艾迪生(Joseph Addison)的大量著作,而赢得了许多作家的敬佩。后者如埃德蒙·柯尔(Edmund Curll),他善于开发他们那个时代的丑闻,做一些生意兴隆的买卖。为了达到自己的目的,他常常投入大量精力去寻找那些能够吸睛的题目,为私人传记和色情小册子进行粗俗的广告宣传。柯尔因此而臭名昭著。在这一时期,虽然一些作家不能忍受书商

---

① See Leo Lowenthal, *Literature, Popular Culture, and Society*, p. 56.
② Ibid., pp. 55-56.
③ Ibid., p. 97.

的所作所为,甚至有个别作家能够独立于书商,但书商与当时的主要作家都保持着一种朋友关系,作家也不得不依附于书商。因为作家失去了宫廷与贵族的庇护之后必须养家糊口,他也就必须寻找新的庇护人。由于书商的介入,文学成为一种商品,书籍的出版与销售成为一种主要的工业。同时,写作与阅读也常常变成了在书商引导下的写作与阅读。①

印刷媒介。通俗文学的发展无法脱离完善的出版机构和机制。也正是在 18 世纪,各类印刷媒介物开始大量出现。比如,与宗教和政治团体扶持的小册子完全不同的杂志,成为这个时代最新也最富有特色的媒体。1730—1780 年,每年至少有一份新的杂志会与伦敦的公众见面。现代杂志的所有形式,几乎都能在这一时期找到原型。比如像妇女杂志、戏剧随笔月刊、婚恋故事杂志、新闻评论、书评、图书摘要等等就办得风风火火。与此同时,报纸也在这一世纪获得了自立与自尊。自立是因为识文断字者的增多,自尊是因为通过斗争,报纸成功地脱离了宗教与政治的控制。而印刷业与出版业也方兴未艾,根据后来的估计,伦敦的印刷机在 1724 年有 75 台,到 1757 年已增加到 150—200 台。每年的新书在这一世纪则以四倍的速度增长。为了方便读者的阅读与携带,出版商设计出了小开本的图书,又小又轻的图书遂在 18 世纪下半叶走俏一时。②

传播渠道。文学作品要想大规模地走向阅读大众,离不开特定的传播渠道。从洛文塔尔的分析中可以看出,至少有两个地方成了文学传播的主要场所:其一是流通图书馆(circulating libraries),其二是咖啡馆。第一家流通图书馆出现于 1740 年,到 18 世纪末,大约有 1000 家图书馆分布于全国各地。读者每年只要交 15 或 20 先令,就可以借阅馆藏的任何书籍和杂志。低廉的借阅费既吸引了中产阶级读者,也鼓励着下层劳工阶级走进图书馆。与此同时,"文学社团与阅读组织遍及整个伦敦,并最终被伦敦以外的各地所模仿。城市与城镇中的咖啡馆不断成为中心,人们聚集在那里阅读或听人大声念着报纸和杂志

---

① See Leo Lowenthal, *Literature, Popular Culture, and Society*, pp. 58-62. 参阅〔美〕刘易斯·科塞:《理念人》,郭方等译,北京:中央编译出版社 2001 年版,第 44—47 页。
② Ibid., pp. 52-53, 54-55, 56, 53.

上的东西,并逗留其中讨论他们所读所听之事"。咖啡馆是表达思想、形成趣味的重要场所,作家与中产阶级的读者和听众常常在这里展开热烈的对话;咖啡馆又是制定中产阶级道德新法典和建立中产阶级美学观的重要基地,斯蒂尔(Richard Steele)、艾迪生等人作为《闲聊者》(*The Tatler*)、《旁观者》(*The Spectator*)和《卫报》(*The Guardian*)等报刊的编辑,常常每天泡在咖啡馆里,并根据自己的观察和所参与的谈话写成文章,然后在报刊上发表,中产阶级的道德观与美学观就这样在人们心中落地生根了。[①]

以上是我们从洛文塔尔的梳理与分析中归纳出来的、理解通俗文学与文学媒介的关键词。那么,通过这种归纳,我们又会发现怎样的问题呢?

第一,作为初级阶段的大众文化,通俗文学显然是在一股合力之下诞生的。从它诞生的那一天起,它就被市场化的逻辑规定着,它也因此而变成了一种商品,通俗文学作家则因此而成为书商和出版商的雇佣劳动者。这一时代的作家笛福(Daniel Defoe)指出:"写作正在成为英国商业中一个十分重要的分支,书商是制造厂主或雇主,众多作家、作者、抄写者、次等作家,以及所有舞文弄墨的人,都是受雇于这些所谓制造厂主的工人。"[②]既然作家受雇于书商,也就意味着作家为了自己的利益不得不迎合书商,作家也不得不因此而降低作品的格调,甚至改变写作的手法。伊恩·瓦特(Ian Watt)在谈到这种变化时指出,至少有两种考虑鼓励着作家在作品中进行长篇累牍的描写:"首先,很清楚,重复的写法可以有助于他的没受过什么教育的读者易于理解他的意思;其次,因为付给他报酬的已不是庇护人而是书商,因此,迅速和丰富便成为最大的经济长处。"[③]与重复、迅速、丰富等写作手法和写作手段的变化相对应的是文学形式的变化,因为在经济利益的驱动下,作家看到与韵文相比,散文写作既容易(可以不假思索、信笔如飞)又有利于赚钱(可以把作品搞得冗长累赘以便赚取更多的稿

[①] See Leo Lowenthal, *Literature, Popular Culture, and Society*, pp. 57-58. 参阅〔美〕刘易斯·科塞:《理念人》,第 47、24—25 页。
[②] 转引自〔美〕刘易斯·科塞:《理念人》,第 44 页。
[③] 〔美〕伊恩·P. 瓦特:《小说的兴起》,第 54 页。

酬)。① 与此同时,在商业原则的支配下,通俗文学又被输入了新的内容,暴力、凶杀、色情、猎奇等等,这些东西原来不登大雅之堂,但是因为书商和市场,它们却获得了不断出场的重要机会。种种事实表明,通俗文学虽然是原始形态的大众文化,但是它已经拥有了洛文塔尔所概括的大众文化的全部特征。因此,当洛文塔尔把通俗文学看成是"具有市场导向的商品"②时,这种定位应该是非常准确的。

但问题是,在通俗文学的生产机制与环境中,却同样出现了伟大的作家(如约翰逊、笛福、菲尔丁等),他们的作品在今天看来已成经典。而且即便是那种恶劣的机制与环境中,他们也依然在其作品中渗透了严肃的思考。有人指出:"早期的英国小说家,几乎无人不把教育读者、改进社会当作写书的重要目的:斯威夫特抨击肮脏的权力斗争和知识界的弊端;菲尔丁揭露虚伪、谎言和暴虐;笛福颂扬个人在自然或社会逆境中的奋斗;理查逊则用清教道德教育妇女洁身自好,做贤妻良母。"③如果我们把《鲁滨逊漂流记》《帕梅拉》《克拉丽莎》《汤姆·琼斯》看成通俗小说,那么这样的通俗小说显然与那种专写拳头加枕头的通俗小说存在着区别。这也就意味着早期的大众文化存在着它的两面性:一面是商业原则支配下的他律性,一面是没有完全陷落或在陷落中依然保持着某种独立品格的个体所支撑起来的自律性。洛文塔尔在讨论到审美趣味和文学标准等问题时,应该已经意识到了通俗文学的这种两面性,但他并没有做出明确的论述。

第二,如果说通俗文学本身具有两面性,那么承载通俗文学的大众媒介,其两面性的特征也比较明显。通俗文学的传播媒介是报纸、杂志和书籍,而这些媒介之所以能够出现,完全是印刷业发展到一定阶段的结果。这就意味着早期的大众文化建立在印刷文化的基础之上,也必然得接受印刷文化对它的规定。那么,印刷文化会对它做出怎样的规定呢?首先,它必须是借助于语言文字写作出来的文本,这种文本又以象征性与想象性作为其存在的基本前提;其次,接受这种文本需要依靠读者的线性阅读,也需要读者想象来充实与填补。布鲁

---

① 〔美〕伊恩·P. 瓦特:《小说的兴起》,第55页。
② Leo Lowenthal, *Literature, Popular Culture, and Society*, p. xii.
③ 吴景荣、刘意青主编:《英国十八世纪文学史》,北京:外语教学与研究出版社 2000 年版,第235页。

斯东(George Bluestone)在比较小说与电影的区别时认为：文学完全依赖于一种象征的手段，"词的象征必须通过思考的过程被翻译成物体的形象、感觉的形象、概念的形象。活动电影通过视觉直接到达我们，语言却必须从概念的理解之幕中渗透进来。而这种概念化的过程虽然和视觉有联系，而且往往以视觉为出发点，却代表着一种迥然相异的经验形态，一种不同的对世界的理解方式"①。这意味着小说虽然靠形象说话，但读者读出来的形象与看电影看到的形象是完全不一样的。因此，尽管通俗文学会呈现出特别逼真的描写场面，甚至它所营造的情感世界会给人们带来危害②，但是它的逼真或危害与电子媒介中的相比要逊色一些，因为它们毕竟经过了文字之网的过滤。另一方面，阅读的过程同时也是读者"填补不定点"的过程，这个过程需要想象的参与，而想象的乐趣又给读者提供了一种特殊的快感。传播学大师麦克卢汉指出："读探案小说时，读者要参与进去与作者共同创造；其原因很简单：小说的叙述中略去的东西太多。大网眼的长统丝袜比平滑的尼龙丝袜更美观，因为眼睛必定要代替手掌去填充并完成整体的形象。"③这实际上是承认了印刷媒介上的读物更易于建构出一个想象的空间，读者的想象力也更容易启动起来。

在分析18世纪英国的通俗文学时，洛文塔尔并没有像我们这样去思考印刷媒介的功能，但是当他后来把早期的传媒与现在的传媒进行比较，并不得不承认前者显得更人性一些时，却透露出了与我们以上的分析大致相同的思路：

> 当然，大众媒介已经发生了变化，但它奴役和愚化人性的趋势却变得更加厉害了。早期阶段的大众媒介还提供了一种逃避日常生活压迫的可能性，还为想象预留了一些自由游戏的空间，而现在的大众媒介已完全让想象失去了自由。④

---

① 〔美〕乔治·布鲁斯东：《从小说到电影》，高骏千译，北京：中国电影出版社1981年版，第21—22页。

② 比如，洛文塔尔认为感伤小说给少女造成的危害要大于它对少男的危害。See Leo Lowenthal, *Literature, Popular Culture, and Society*, p. 85.

③ 〔加拿大〕马歇尔·麦克卢汉：《人的延伸——媒介通论》，何道宽译，成都：四川人民出版社1992年版，第30页。

④ Martin Jay, ed., *An Unmastered Past: The Autobiographical Reflections of Leo Lowenthal*, p. 239.

早期的大众媒介指的是什么？显然是印刷媒介；现在的大众媒介指的又是什么？无疑是电子媒介。两害相权取其轻，当洛文塔尔在媒介变化的历史中思考时，他应该更加看重印刷媒介。而由于通俗文学恰恰是印刷媒介建构之下的产物，那么，过去的通俗文学与现在的文化工业相比，哪一个更符合人性一些，答案也就不言自明了。

第三，许多学者在谈到这一个时期的文学发生史时，都注意到读者大众在其中扮演了至关重要的角色，洛文塔尔也不例外。而从洛文塔尔的分析思路中可以看出，他所谓的读者大众几乎是可以和中产阶级画上等号的。① 也就是说，由于"能够阅读只是那些注定要从事中产阶级工作——商业、行政机关和各种职业性工作的人一项必需的技能"，由于与一些高雅的文学形式相比，18世纪的通俗小说"更接近加入了读者大众队伍的中产阶级的经济能力"和接受水平②，所以这一时期的通俗文学实际上是以中产阶级读者大众为消费对象的。另一方面，由于中产阶级的迅速壮大和逐渐确立起来的自信，他们已无法认同上层贵族的价值观念，而是拥有了自己的审美趣味（比如，在他们的文化要求中，他们更关心感情的呈现而不是理性的论辩，中产阶级的现实主义不允许在纯粹的思想追求中获得快感），这时候，中产阶级审美趣味的主要敌人已不是上层贵族阶级，而是下层的劳工阶级。③与此同时，书商开始琢磨中产阶级的趣味，作家不得不通过书商迎合中产阶级的趣味，报纸与杂志又在捕捉和加固这种中产阶级的趣味。中产阶级的势力如此强大以至于格罗斯认为，在洛文塔尔论述的语境中，"大众文化已变成中产阶级文化，反之亦然"④。

如果此说可以成立，那么，这意味着洛文塔尔的思考又与以阿多诺为代表的法兰克福学派的主流观点存在着一个重要区别：在阿多诺

---

① 洛文塔尔所谓的中产阶级包括富裕的商人和地主、店主、职员、学徒，此外，富裕而有文化的、雄心勃勃的农场主也开始加入中产阶级的行列。而在与杜比尔交谈时，洛文塔尔又进一步指出：在小资产阶级（petit-bourgeois）圈子里和无产阶级大众那里，阅读是绝无可能的，因为他们超负荷工作，甚至没有钱买蜡烛以供阅读。See Leo Lowenthal, *Literature, Popular Culture, and Society*, p. 97. See also Martin Jay, ed., *An Unmastered Past: The Autobiographical Reflections of Leo Lowenthal*, p. 127.

② 〔美〕伊恩·P. 瓦特：《小说的兴起》，第37—38、40页。

③ Leo Lowenthal, *Literature, Popular Culture, and Society*, pp. 97-98.

④ David Gross, "Lowenthal, Adorno, Barthes: Three Perspectives on Popular Culture," *Telos*, no. 45 (1980), p. 127.

等人的论述中,大众文化的接受主体要么处于模糊不清的状态,要么让人联想到的是无产阶级或工人阶级大众。但洛文塔尔在历史的梳理中却把大众文化与中产阶级联系到了一起,这应该是一个重大的发现。而更重要的是,由于教育水平、经济状况和阶级属性方面的差异,决定了中产阶级一开始的文化要求不可能非常高雅。因此,当通俗文学中充斥着凶杀、暴力、色情、感伤、滥情等低俗、庸俗和粗俗的内容与格调时,这固然是书商、作家与市场联合打造的结果,但中产阶级的受众之所需显然也在其中起着决定性的作用,这也是洛文塔尔分析与论述时的主旨之一。但是我们同时还应该看到,中产阶级的读者大众同样是印刷媒介文化建构之下的产物,如果我们承认哈贝马斯关于"文化批判公众之间的交往一直都是以阅读为基础"①的论断是正确的,那么,中产阶级的读者尽管已经在向"文化消费的公众"转型,但因为他们必须"阅读",他们可能在一定程度上还保留着"文化批判公众"的特征。而中产阶级的这种特性又在某种程度上抵消或制约了通俗文学的媚俗倾向,从而使早期的大众文化不至于那么肆无忌惮。

早期的通俗文学具有两面性,早期的大众媒介具有两面性,早期的中产阶级显然也具有两面性,所有这些,对于洛文塔尔又意味着什么呢?

3. 通俗文学背后的视野

如前所述,洛文塔尔是在通俗文学的视野中来观照大众文化的。把通俗文学看作大众文化固然没错,但越是深入形成通俗文学的语境当中,越是把早期的通俗文学作为他的考察对象,洛文塔尔也就越是会面临一种困惑和迷惘。因为按照20世纪已经发展成熟的大众文化模式和由此形成的大众文化批判理念去思考18世纪的通俗文学,固然可以解决许多问题——马克思指出:"人体解剖对于猴体解剖是一把钥匙。反过来说,低等动物身上表露的高等动物的征兆,只有在高等动物本身已被认识之后才能理解。"②这样的思路显然也适用于对早期阶段的大众文化的认识——但问题是,如果完全用后来的理念去

---

① 参阅〔德〕哈贝马斯:《公共领域的结构转型》,曹卫东、王晓珏、刘北成等译,上海:学林出版社1999年版,第190页。
② 《马克思恩格斯选集》第2卷,北京:人民出版社1995年版,第23页。

梳理以前的现象,又会面临删繁就简的危险。因为早期阶段的通俗文学作为大众文化的未完成状态,其丰富性要远比想象的更为复杂。通俗文学本身、作为文学的大众媒介和中产阶级阅读大众所体现出来的两面性,实际上也正是早期大众文化丰富性、微妙性和复杂性的具体体现。

而事实上,洛文塔尔所面对的18世纪的英国文学,也正处于一个高雅文化式微、大众文化崛起的转型期,处于两者并陈、杂糅、似分未分、未分已分的模糊地带。洛文塔尔后来也坦率承认,这一时期雅俗艺术的区分还很不明显,许多作家像理查逊、哥尔德斯密(Oliver Goldsmith)那样,处在精神分裂的状态,因为他们无法确定自己作为文学而生产出来的东西究竟是不是艺术,自己究竟是为市场写作还是为艺术而艺术。而从印刷工业的发展方面看,也只是进入19世纪之后,由于文学性和阅读性的材料迅速增加,才出现了一个"大文化工业"(big culture industry)的时代,因为印刷技术使印刷品变得便宜了,越来越多的书籍、小册子、杂志和报纸也才变得唾手可得。而在18世纪,所谓的阅读大众还只是局限于少数几个城市文化中心里的中产阶级/阶层。[1] 从这个意义上说,18世纪的阅读大众其实只能称之为"小众"。

洛文塔尔晚年的这种表白是意味深长的,因为这种表白一定程度上解释了为什么他面对通俗文学时常常是客观地分析而不是像阿多诺那样一味地批判。批判意味着对事实的过滤与澄清,也意味着对复杂性的简化,而客观地分析却常常能对事物的丰富性进行还原,也才能呈现出通俗文学生产与消费中更多的、往往被人忽略的"细节"。这些细节实际上是无法被现代大众文化理念除尽的余数,把它们呈现出来,一方面是还原历史的需要,一方面也可以成为我们思考现代大众文化的重要参照。因此,当洛文塔尔面对早期的大众文化同时进行客观的分析时,"中立"可能是他能够采用的最理想也最舒服的一种姿态。

那么,又该如何解释洛文塔尔在对待大众文化问题上时而强硬的批判立场呢?在多数情况下,或者当他面对具体的历史时期或具体的

---

[1] See Martin Jay, ed., *An Unmastered Past: The Autobiographical Reflections of Leo Lowenthal*, pp. 126-127.

文本时,洛文塔尔常常显得中立平和,而一旦从历史语境中抽身而出,或者一旦需要他"表态"时,他又常常显示出法兰克福学派主流立场的冷峻。为什么洛文塔尔又会拥有这样一种姿态呢?

自然,我们可以解释为这是"批判理论"或法兰克福学派主流立场对他的召唤(在第一节的内容中,我们正是沿着这样一个思路进行思考的),但这只是表面的原因而并非深层的原因。因为在洛文塔尔的思想中还有一个重要的维度,这就是他对伟大的作家和伟大的文学作品的崇敬、偏爱和褒扬,以及他对真正的文学作品所做出的特殊理解:

> 富有创造性的作家与理论家共同关心的问题是描绘并命名新的经验。艺术家渴望重新创造出独特且重要的东西,这种渴望常常引导他去探索至今还无法命名的焦虑与愿望。他既不是一台发音清晰的录音机,也不是一个表达含糊的神秘主义者,而是一个专门的思想家。而经常的情况是,只有在他完成创造性的工作之后,社会才能认识到它自己的困境。①

让作家成为一个思想者,让作品呈现出一种崭新的艺术经验,这是洛文塔尔心目中的理想,而什么样的作家才能体现出洛文塔尔的这种理想呢?在《文学与人的形象》一书中,我们看到塞万提斯、莎士比亚、高乃依、拉辛、莫里哀、歌德、易卜生等作家出现在他分析的笔下。这些作家及其作品虽然是出于社会学分析的需要而被邀请出场的,但显然也代表了洛文塔尔的那种理想。而且,值得深思的是,这些作家基本上都是具有"古典"意味的作家,当代的先锋作家并不在洛文塔尔的考虑范围之内。

指出这一事实意味着什么呢?首先,我们应该明白,虽然洛文塔尔是在通俗文学的视野中来观照大众文化的,但是在其通俗文学的背后还有一个更大的视野,这就是真正的、富有创造性的文学的视野。在通俗文学的视野中思考大众文化,可以更深入更细致地进入大众文化之中,从而确立洛文塔尔所谓的大众文化的特殊性;在真正的文学的视野中进一步思考通俗文学,才能对通俗文学进行价值判断。因此,当洛文塔尔对通俗文学/大众文化进行批判时,可以把这种批判看

---

① See Leo Lowenthal, Introduction to *Literature and the Image of Man*, p. 2.

作他用更高的文学尺度衡量通俗文学时所进行的价值判断。

对通俗文学进行这样的价值判断无疑是必要的,但是我们看到,这种判断显然也透露出了一个重要的信息:像阿多诺一样,洛文塔尔同样也是高雅文化或精英文化的迷恋者和维护者。当然,就是在这一层面,他们也依然存在着区别:阿多诺主要是因为现代的先锋艺术(比如勋伯格的音乐)而走向了精英文化的膜拜之中,而洛文塔尔则是通过对古典文学的解读,通过对历史中已经出现的伟大作家的遥远呼应,走向了高雅文化的既定秩序。当他进入历史中的通俗文学时,他还可以保持一种社会学家的平静心情和理性目光,而当他面对历史中作为艺术的文学作品时,伟大作家的幽灵不但出现在了他的视野之中,甚至使他拥有了某种文学家的激情与冲动,从而也使他不得不形成一种对艺术与大众文化的潜在的对比。而由于洛文塔尔对大众文化的全部体验更多来自历史记忆中的通俗文学,由于早期通俗文学那种不尴不尬的特殊状态,所以,无论他怎样批判大众文化,他的批判与阿多诺相比都变成了一种辅助性的东西。他的批判的意义似乎只是在为阿多诺,从而也是为法兰克福学派的主流观点提供了一种历史的依据,而当他呈现出与法兰克福学派主流观点不尽相同甚至相左的观点,同时这种观点又是建立在一个宽广的历史平台之上时,他反而显示出了更大的价值和意义。

这样,在法兰克福学派的理论家中,洛文塔尔也就只能长久地逡巡于雅俗之间,以自己那种独特的研究和思考凝固成那样一个意味深长的姿态了。

第五章 马尔库塞:乌托邦的终结?

作为"三M"之一、"新左派之父"和"学生运动的精神领袖"①,马尔库塞曾经是一位叱咤风云的人物;然而,自从他在1960年代声名大振之后,他也一直是一个有争议的人物;如今,随着"革命""解放"等等语词在人们记忆中的淡去,马尔库塞无疑又成了一位"过气"的人物。凯尔纳指出:"在过去的10年间,当本雅明、阿多诺与哈贝马斯著作的新译本大量面世时,却几乎没有出现有关马尔库塞尚未翻译或尚未搜集的资料。而且,当近年来人们对法国'后现代'或'后结构主义'理论家(例如福柯、德里达、波德里亚、利奥塔等人)的著述兴趣甚浓时,马尔库塞却又与现代和后现代思想相关的时髦论争不相匹配。"②凯尔纳说这番话的时间是1990年代中期,在20世纪行将终结的时候,这番为马尔库塞打抱不平的话颇显得意味深长。它是不是意味着那个"极端的年代"渐行渐远之后,以马尔库塞为代表的那种知识分子的激情与冲动也必须得画上一个句号了?

然而,文化语境的位移虽然使马尔库塞的思想显得陈旧、冬烘以至于失去了某种存在的理由,但是却并不意味着他所提出的问题已经得到解决。事实上,在当今大众文化愈演愈烈的时代里,马尔库塞在1960年代的分析与预见不仅没有被证伪,反而是逐渐被夯实了。于

---

① "学生运动的精神领袖"(the guru of the student movement)、"新左派之父"(the father of the New Left)与"三M"之称,均为1968年以"五月风暴"为标志的文化革命后西方文化界送给马尔库塞的美誉。因马克思、毛泽东、马尔库塞的英文名字均以M打头,故有"三M"之说。

② Douglas Kellner, "The Unknown Marcuse: New Archival Discoveries," in Herbert Marcuse, *Technology, War, and Fascism*, Douglas Kellner, ed., London and New York: Routledge, 1998, p. xiv. 此种说法首先出现在他的一篇论文《马尔库塞的复兴?》中。See Douglas Kellner, "A Marcuse Renaissance?" in John Bokina and Timothy J. Lukes eds., *Marcuse: From the New Left to the Next Left*, Lawrence: University Press of Kansas, 1994, p. 245.

是，认真对待马尔库塞留下来的这份遗产就成了一件意义重大的事情，因为它很可能就是我们能够与当下的现实进行对话的重要依据。

在以下的梳理与分析中，我们将主要面对马尔库塞1960年代以来的思想，并考虑这种思想与他早期著述（1930—1940年代）的联系。同时也需要指出的是，尽管1960年代的马尔库塞早已与社会研究所没有了实质性的联系，而主要是以思想文化界"独行侠"的身份出现的，但他毕竟曾经是法兰克福学派的核心成员，他对法兰克福学派的主流观点既有继承与发展，又有偏离与独创，并与阿多诺和本雅明的思想构成了丰富而又充满矛盾的对话与潜对话关系。而马尔库塞晚年对"审美之维"的选择与皈依，在很大程度又象征着法兰克福学派第一代思想家的共同归宿。从这个意义上说，马尔库塞既是让法兰克福学派浮出水面的关键性人物（因为正是通过他那种相对通俗化的阐述，才使得法兰克福学派的密码式语言走向了社会与公众），也是让法兰克福学派在历史舞台上谢幕的结局性人物。

一 从"整合"到"颠覆"：大众文化的两张脸

进入马尔库塞的思考之中，我们首先会面临这样一个问题：存在一种属于马尔库塞自己的大众文化理论吗？因为西方学者在谈到法兰克福学派的大众文化理论时，马尔库塞常常成为一个可有可无的人物。他或者被蜻蜓点水一笔带过，或者只是作为阿多诺与霍克海默观点的附和者而被提到。马尔库塞的政治哲学理论可以大书特书，美学理论也可以仔细品味，但一到大众文化理论这里好像就不成体统了。似乎只有通过阿多诺的思想撑腰打气，才能让他的大众文化理论登场亮相，而即使亮相之后，它也只能扮演一个敲边鼓的角色。

形成这样的疑问不是没有道理的。马尔库塞的种种著述已经表明，他首先是法兰克福学派主流观点与立场的阐释者和捍卫者，而既然站在主流立场一边，他也就必然会使用那些已被阿多诺与霍克海默使用过的批判性话语，这就不免会让人有拾人牙慧之感。同时，马尔库塞也确实不像阿多诺一样有一个完整的大众文化批判理论体系，他对大众文化的论述散落在他对"单面社会"与"单面人"的论述之中，或者说他对大众文化的批判只是他对新型的极权主义社会进行批判的一个旁证,这又不免会使他的大众文化理论显得支离破碎。然而,存在着的这些问题一方面无法否认马尔库塞对大众文化批判理论的特殊贡献,另一方面也无法抹杀他在批判过程中呈现出的个性特征。可以说,正是通过他那种感同身受的通俗化阐述,阿多诺那种建立在某种假定之上的大众文化批判理论才得到了一种经验性的验证,并使得他那套晦涩难懂的话语逐渐变得清晰起来。同时,对实践效果的执着追求又使马尔库塞的理论具有了直接介入现实、批判现实的功能,理论因此从书斋走向了街头。从这一意义上看,他又与本雅明建立了一种意味深长的联系,甚至可以说是完成了本雅明未竟的事业。可以说在阿多诺与本雅明这两种似乎是无法兼容的思想之间,马尔库塞戏剧性地找到了自己思想的栖身之地,并在一种新的文化语境中把法兰克福学派的大众文化理论推向了一个新的高度。

1. 技术理性:发达工业社会的意识形态

谈论马尔库塞的大众文化批判理论,我们首先想到的可能是他那本出版于 1964 年的爆炸性著作——《单面人》,但是更需要提到的则应该是他的早期著述和那篇发表于 1941 年却几乎不被人所知的重要文章——《现代技术的社会含义》("Some Social Implications of Modern Technology")。因为在这些著述中,马尔库塞已经打造好了他后来用于批判发达的工业社会的基本武器。

在霍克海默的领导之下,社会研究所每一阶段都有一个重点的研究课题。而美国的大众文化则是研究所全体成员 1940 年代的主要研究对象。现在看来,只有阿多诺与洛文塔尔是这一研究计划的忠实执行者,而马尔库塞作为"法兰克福学派全体成员中最特立独行地从事理论研究的人"①,他在这一时期对单纯的大众文化研究似乎并不怎么感兴趣。他在 1930 年代后期完成了家庭与权威、资产阶级文化等一系列论文之后,便埋头于法西斯主义意识形态的研究,并于 1941 年出版了他的研究成果——《理性与革命》。而从 1942 年年底他到美国"战争情报所"(the Office of War Information)任职开始一直到 1955 年《爱欲与文明》发表为止,这段长达十多年的时间往往被称为马尔库塞

---

① Martin Jay, *The Dialectical Imagination: A History of the Frankfurt School and the Institute of Social Research 1923-1950*, London: University of California Press, 1996, p. 76.

的学术沉默期。然而,通过凯尔纳的发掘整理,我们已知道马尔库塞在他的学术沉默期其实并不沉默。在那些形成文字的思考中(多数文章在当时并未发表),他一方面延续了《理性与革命》中所形成的基本主题,一方面又偏离了在这部著作中已经成型的思维轨道,从而构成了他早期理论与后期思想的过渡地带。

《理性与革命》是马尔库塞在社会研究所期间写就的一部重要著作,由于这部著作,这一时期的马尔库塞一般被学界称为"黑格尔主义的马克思主义者"。形成这样的说法是毫不奇怪的,因为这部著作实际上就是对黑格尔哲学的正名和重新命名,其中也分明携带了马尔库塞对黑格尔的某种旨趣;而通过对黑格尔的研究,马尔库塞在书中又形成了两个基本主题:第一,他想论证的是黑格尔的哲学并非法西斯主义的哲学基础,第二,他想拯救出掩埋在黑格尔哲学内部的否定性思想。对于马尔库塞来说,在1930年代后期埋头于黑格尔研究表面上显得偶然,但实际上却是情势所迫,现实的需要。因为当法西斯主义甚嚣尘上的时候,学界形成了这样一种说法:黑格尔的国家哲学导致了法西斯主义的兴起。显然,对于钟爱着黑格尔的马尔库塞来说,这是一个无法接受的论断,于是,批判这种歪理邪说也就成了他义不容辞的任务。与此同时,抨击法西斯主义并揭示其形成的根源,又是1930年代后期摆在社会研究所面前的头等大事。正是在这样一种背景之下,马尔库塞选择了黑格尔。

马尔库塞如何论证出黑格尔哲学与法西斯主义水火不容并非我们这里谈论的重点,不过需要明确一点的是,像法兰克福学派的其他成员一样,法西斯主义也是马尔库塞心灵世界中一个挥之不去的阴影,这种痛苦的记忆是他后来进行判断的经验性前提。1954年,在《理性与革命》的再版后记中马尔库塞写道:"法西斯主义与国家社会主义的失败并没有阻止极权主义的发展势头,自由正在节节败退——无论是在思想领域还是在社会生活中都是如此。"[1]显然,形成这种判断首先应该是他长期生活于资本主义最发达的国度观察思考的结果,但法西斯主义无疑也是他形成这种判断的"前理解"。

---

[1] Herbert Marcuse, *Reason and Revolution: Hegel and the Rise of Social Theory*, N. J.: Humanities Press, 1983, p. 433.

对否定性思想的拯救是马尔库塞在《理性与革命》中所做的另一件重要工作。谈到这本书的写作动机时马尔库塞指出:"写作此书是希望为复兴作点贡献;不是复兴黑格尔,而是复兴濒临绝迹的精神能力:否定性思想的力量。"①在他看来,"否定"是辩证法的核心范畴,"自由"是存在的最内在动力。而由于自由能够克服存在的异化状态,所以自由在本质上又是否定的。而否定、自由、对立、矛盾则是构成黑格尔所谓的"理性"的基本元素。然而,"随着经济、政治和文化控制的不断集中与生效,所有领域中的反抗(opposition)已被平息、协调或消灭"②。于是,当技术文明的进程使人们在自己的言论与行动中只剩下承认甚至肯定现实或现状的能力时,呼唤、拯救并镀亮黑格尔辩证法中的否定性思想便显得尤其重要。因为否定性思想的作用是要"打破常识的自信和自满,破坏对事实的力量和语言的盲目信任,说明事物的核心极不自由,以致他们的内在矛盾的发展必然导致质变:既定事态的爆炸或灾变"③。显然,当马尔库塞如此强调"否定性力量"(power of Negativity)的功能时,他已经暗示出了他以后的批判方向。因为有无否定性,既是区分批判理性与技术理性的主要标志,也是衡量社会与人是否"单面"的重要尺度。

从这个意义上看,《现代技术的社会含义》就成了一篇承前启后的重要文章。在这篇文章中,马尔库塞描绘了个人主义在一个特殊的历史时期(从资产阶级革命时代开始到现代技术社会出现为止)由盛到衰的过程。在他看来,个体理性(individual rationality)在反对迷信、非理性和统治的过程中取得了胜利,并由此确立了个体反对社会的批判姿态。批判理性(critical rationality)因此成为一种创造性原则:它既是个体解放之源,又是社会进步之本。当资产阶级意识形态在 18、19 世纪形成之后,新生的自由—民主社会确保了这样一种价值观的流行:个人可以追求自己的切身利益,同时也是在为社会的进步加砖添瓦。

---

① 〔美〕马尔库塞:《理性与革命》,见〔美〕梅·所罗门编:《马克思主义与艺术》,王以铸、杜章智、林凡等译,北京:文化艺术出版社 1989 年版,第 569 页。
② Herbert Marcuse, *Reason and Revolution: Hegel and the Rise of Social Theory*, p. 434.
③ 〔美〕马尔库塞:《理性与革命》,见〔美〕梅·所罗门编:《马克思主义与艺术》,第 571 页。

然而,现代工业与技术理性(technological rationality)①的发展却暗中破坏了批判理性的基础,并让个体在潜滋暗长的技术—社会机器的统治面前俯首称臣。而随着资本主义与技术的发展,发达的工业社会又不断滋生着调节于经济、社会机器,屈服于总体的统治与管理的需要,结果,"顺从的结构"(mechanics of conformity)扩散于整个社会。个体逐渐被技术/工业社会的效率与力量所征服或吞噬,他们也就逐渐丧失了批判理性的早期特征(比如自律、对社会持有异议、否定的力量等等),而正是由于个体与个性的衰落才导致了马尔库塞后来所谓的"单面社会"和"单面人"的出现。②

从这篇文章中可以看出,原来在《理性与革命》中没有怎么现身的"技术",已经从马尔库塞的思想中浮出了水面,从而成为他的一个新的认知视角,因为在他的后期著作中,技术以及由此带来的一切问题是他对极权主义社会进行判断、认识并进行批判的一个主要依据。虽然在此文中他并没有一味地否认技术,而是在"工艺"(technics)的层面论述到了技术给人带来的自由和解放,但是相比较而言,他实际上更重视技术所带来的负面效果。因为现代社会实际上就是靠技术维持、装备起来的官僚体制社会,技术把法西斯主义武装到了牙齿,从而导致了战争;而建立在技术基础之上的技术理性,一方面维持了统治的合理性,一方面又摧毁了个体的反抗欲望。马尔库塞在文章中引用霍克海默的话并阐释道:"技术理性的工具主义概念几乎扩散到了整个的思想领域,并赋予不同的智力活动以一种共同的特征。于是这些活动也就变成了一种技术,变成了培训问题而不是个性问题,它们需要的是专家而不是完整的人格。"③因此,可以说技术理性的猖獗之日也就是批判理性的衰微之时,而批判理性的衰微则意味着个体的消亡,个体之死又意味着大众之生。

必须指出,"技术理性"这一用语并非马尔库塞的专利,而是他与

---

① technological rationality 亦可译为"技术合理性"。在以下的分析中,笔者将根据不同的语境来使用这两种译法。

② Herbert Marcuse, *Technology, War, and Fascism*, Douglas Kellner, ed., London and New York: Routledge, 1998, pp. 41-65. 此处主要依据凯尔纳的归纳。见凯尔纳为该书写的长篇导读文章:"Technology, War and Fascism: Marcuse in the 1940s",同上书,第4—5页。

③ Herbert Marcuse, *Technology, War, and Fascism*, p.56.

霍克海默、阿多诺流亡美国期间共同使用的一个认知性概念。不过，尽管霍克海默在 1967 年出版了《工具理性批判》(*Critique of Instrumental Reason*，英译本出版于 1974 年) 一书，但是与霍克海默和阿多诺相比，马尔库塞对"技术理性"的开掘与思考似更执着，他始终把"技术理性"放在批判理性的对立面，以此来认识它在资本主义社会中扮演的角色。经过 20 多年的思考之后，马尔库塞最终把技术理性定性为发达的工业社会的意识形态：

> 技术理性这一概念也许本身就是意识形态的。不仅是技术的应用，而且技术本身就是(对自然和人的)统治——有计划的、科学的、计算好的和正在计算的控制。统治的特殊的目的与利益并不是"后来"或从外部强加于技术之上的；它们早已进入技术设备的构造中。技术总是一种历史—社会的**规划**(project)：一个社会与其统治利益打算用人或物所做的事情都被技术规划着。这样一种统治的"目的"是"实质性的"，而在这一范围内它便属于技术理性的形式。①

这段论述出自 1964 年发表的《马克斯·韦伯著作中的工业化与资本主义》一文，是马尔库塞对韦伯合理性的"价值中立"说的一个批判性清理。韦伯认为，价值判断不可能是合理的，因为根本不存在客观的或"真实的"价值。因此，唯一真实的合理性就是他所谓的"工具理性"(instrumental rationality)，即把手段有效地用于目的。而由于这些目的处在合理的判断之外，所以你无法判断它们是否合理。② 正是在这样一种理性观的指导下，韦伯得出了如下的结论：资本主义在现阶段虽然是由国家的强权政治所统治着的，但它的管理(官僚的科层统治)依然保持着形式上的合理性。而形式合理性又为价值中立的技术赋予了某种特权，因为"无生命的机器是凝固的精神，只有这样它才具有让人进入其服务范围的力量"。马尔库塞对此评论道：所谓"凝固的精神"(congealed spirit)，实际上也是人对人的统治。"因此，这种技术理性再生产出了奴役。对技术的服从变成了对统治本身的服从；形

---

① Herbert Marcuse, *Negations: Essays in Critical Theory*, trans. Jeremy J. Shapiro, Harmondsworth: Penguin Books, 1972, pp. 223-224.
② 参阅[英]迈克尔·H. 莱斯诺夫：《二十世纪的政治哲学家》，冯克利译，北京：商务印书馆 2001 年版，第 59 页。

式上的技术合理性转变成了物质上的政治合理性"①。显然,在马尔库塞的眼中,韦伯的技术价值中立说是一个不折不扣的骗局。由于它只考虑"资本核算"中的成效与收益,由于它取消了对技术的价值判断,它也就成了为既存的统治合理性进行辩护的最好的学说。如此推论下去,资本主义的形式合理性就完全可以在电子计算机时代的来临中庆祝自己的胜利,因为"电子计算机计算一切,却不问目的如何"。它为统治者提供了计算赢利与亏损的机会,同样也为它们提供了去计算毁灭一切的机会。② 这样的理论显然应该在扫荡之列。

在批判韦伯的意义上,可以把"技术理性就是意识形态"的论断看作马尔库塞面向历史的一次对话,但我们同时也应该意识到这一思考面向现实的挑战色彩。因为在1960年,保守主义者丹尼尔·贝尔出版了他的社会学专著——《意识形态的终结》。这部著作在对1950年代的美国进行了方方面面的考察之后认为:技术治国是历史的必然,大众社会的出现是进步的标志,工人阶级普遍满足于社会现状,而"接受福利国家,希望分权、混合经济体系和多元政治体系"已经成为人们的普遍共识。"从这个意义上讲,意识形态的时代也已经走向了终结"。而对于激进的知识分子来说,所谓的意识形态只不过是他们制造出来的一种政治话语。"这些飘浮无根的知识分子有一股使自己的冲动变成政治冲动的'先天'冲动",然而,随着商业文明的来临,"旧的意识形态已经丧失了它们的'真理性',丧失了它们的说服力"。③对于这种意识形态终结论,马尔库塞显然无法苟同。④ 因为随着麦卡锡主义(McCarthyism)时代的结束,恐怖的政治统治虽然终结了,但是随着"富裕社会"的来临,极权主义的统治只不过是鸟枪换炮,以一种更隐蔽的方式开始了对人们身心世界的全面监管与操控。这种隐而

---

① Herbert Marcuse, *Negations: Essays in Critical Theory*, p. 222.
② Ibid., p. 225.
③ 〔美〕丹尼尔·贝尔:《意识形态的终结》,张国清译,南京:江苏人民出版社2001年版,第461—462页。
④ 马尔库塞没有直接反驳过丹尼尔·贝尔的观点,但是从《单面人》的这段文字中可以看出,他并不同意贝尔的论断。原文如下:"把意识形态吸收进现实并不意味着'意识形态的终结'。相反,在某种特定意义上,发达的工业文化比它的前身**更加**意识形态化,因为今天的意识形态就包含在生产过程本身之中。"See Herbert Marcuse, *One-Dimensional Man: Studies in the Ideology of Advanced Industrial Society*, London: Routledge, Beacon Press, 1991, p. 11.

不见的东西就是技术理性对社会各个领域的渗透。从这个意义上说,意识形态没有终结也不可能终结。

无论从哪方面看,把技术理性定位成发达工业社会的意识形态都是一件意义重大的事情。因为对于美国来说,从"二战"结束到1960年代初是一个举世公认的繁荣的年代。技术的广泛应用,经济的高速增长,工作时间的缩短,闲暇时间的增多——种种迹象表明,这个资本主义最发达的国度已经进入一个国家兴旺富强、人民安居乐业的时代。① 对于这样一个时代,人们本来应该准备的、同时实际上也已经成型的姿态是接受、肯定甚至讴歌、赞美,而不是质疑、否定、批判、拒绝。然而,正是在这样一个欢乐祥和的时期,马尔库塞却发布了他的盛世危言。1964年,马尔库塞出版了《单面人》,他先前所有的思考都在这本著作中聚焦了。

2. 大众文化:控制的新形式

《单面人》的副标题是"发达的工业社会的意识形态研究",这个标题暗示了这部著作与他的前期思考的内在联系。事实上,打开这部著作一路读下去,扑入眼帘且使用频率最高的也正是"技术""技术理性"或"技术合理性"等等词汇。马尔库塞似乎是想通过这样一种铺张的修辞策略来显示出作为意识形态的技术理性向社会生活各个层面的渗透。与这种修辞手法相对应,"技术合理性保护而不是取消统治的合法性"②则成了贯穿整部著作的核心命题。马尔库塞认为,发达的工业社会的基本特征是在压倒一切的效率和日益提高的生活水准的双重基础上,利用技术而不是恐怖去征服那些离心的社会力量。

---

① 有资料表明,美国的国民生产总值从1945年的3552亿美元上升到1960年的4877亿美元,1950年代工业年增长率高达4%。1945—1960年,美国人均全年可支配收入按1958年的美元价值计算,从1642美元上升到1883美元,增加了近15%。物价指数在1945年为62.7,1953年涨至93.2,且以后几年一直保持相对平稳。1950年代,美国已进入高消费时代,越来越多的人开始使用信用卡,他们每月的开支常常超过其实际收入。到1950年代末期,美国家庭平均消费支出比战争结束时增加了1.7倍,超过了同期美国国民生产总值的增长。与此同时,1950年代的美国人比以往有了更多的闲暇时间。他们平均每周的工作时间从1940年的44小时减为41小时。一年一度的休假在1950年代已相当普遍,且休假期较长。大批美国人把他们的闲暇时间用于旅游、体育运动等等,人们更多地关注开了个人小家庭的生活享受。参阅庄锡昌:《二十世纪的美国文化》,杭州:浙江人民出版社1993年版,第140—141页。

② Herbert Marcuse, *One-Dimensional Man: Studies in the Ideology of Advanced Industrial Society*, pp. 158-159.

因为在现存的制度中,技术是一种加强社会控制和社会团结的新的、更有效的、更令人愉快的形式。也就是说,技术表面上提供的是一种让人看得见摸得着的(显的层面)幸福和幸福意识,但实际上却是一种看不见摸不着的(隐的层面)控制的新形式。极权主义的国家与社会通过这种新型的控制形式给人们提供了虚假的意识和需要,并成功地消灭了自己的对立面。而在这一整合的过程中,统治者不仅生产出了服从其统治的顺民,而且也为自己生产出了统治的合法性:"如今,统治不仅通过技术而且**作为**技术使自身获得了扩展与不朽,而**作为**技术又为政治权力的扩张提供了充分的合法性,这种合法性同化了所有的文化领域。"①随着思想、思维、情感、欲望、语言、艺术、哲学等等领域的全面被征服,这个社会的反对派已灰飞烟灭,这个社会中人的否定性思想已荡然无存,批判理性被束之高阁,抗议逻辑已土崩瓦解。于是,"单面社会"与"单面人"也就应运而生了。

在进入下一步的分析之前,有必要澄清这两个问题:第一,什么是马尔库塞所谓的"单面"或"单维度"(one-dimensional);第二,为什么说技术或技术理性能够成为"控制的新形式"而使人不易察觉。马尔库塞并没有给"单面"下一个明确的定义,而只是把它作为一个既成的修饰性语词用到了一系列概念的组合中(如单面人、单面社会、单面文化、单面思想、单面哲学等)。不过,既然存在"单面",也就必然有一个与之相对应的"双面"(bi-dimensional)。而弄清楚"双面"的含义,显然有助于我们对"单面"的理解。凯尔纳认为,马尔库塞的"双面"思想假定主体与客体之间存在着某种对抗,以便主体能够在一个并不存在的世界中自由地感受到某种可能性,而通过人类的实践活动,这种可能性又能够得到实现。同时,这个人类主体在客观世界面前又携带着自由、创造性与自我决定等传统品性,因此,那种可能性的实现即意味着价值、审美目的之类的"第二品性"(secondary qualities)能够得到培育,从而提高人类的生活。② 凯尔纳的解释虽然有道理,但是却并不充分,因为它忽略了《单面人》中隐含得很深的那个维度。正

---

① Herbert Marcuse, *One-Dimensional Man: Studies in the Ideology of Advanced Industrial Society*, p. 158.

② Douglas Kellner, *Herbert Marcuse and the Crisis of Marxism*, Berkeley: University of California Press, 1984, p. 235.

如马尔库塞的《爱欲与文明》(1955)通篇没有提到马克思的名字但马克思的幽灵却无处不在一样,《单面人》中虽然只有很少几处地方提到了马克思①,但马克思的思想也依然构成了马尔库塞对"单面"进行判断的前提。马克思在《1844年经济学哲学手稿》中构想出了一个大同世界,并且描述了人在这个世界中理想的存在状态:"人以一种全面的方式,就是说,作为一个总体的人,占有自己的全面的本质。"②而由于马尔库塞是马克思《手稿》最早的阐释者之一③,并且对"青年马克思"一直怀有浓厚的兴趣,因此,可以把他心目中的"双面"看作对马克思那个经典命题——"通过人并且为了人而对人的本质的真正**占有**"④——的遥远回应。而所谓的"单面",按照凯尔纳的解释,"这个概念描绘的是顺从现存的思想与行为的状态,这种状态缺少批判之维,也缺少超越于现存社会之上的选择之维与可能之维"⑤。这种解释固然没错,但是如果加上马克思的维度,即把这种状态看作人在技术社会中的一种异化状态则显得更加全面。指出这一点是想说明,构成《单面人》思想底座的有两个维度:一个是法兰克福学派对技术理性的批判传统,另一个是"青年马克思"的人类理想模式,前者是对社会已然状态进行否定性判断的基础,后者则是对人类应然状态进行肯定性判断的依据。失去了后一维度,前一维度就无法呈现出充足的存在理由。

那么,为什么马尔库塞说技术或技术理性是一种"控制的新形式",这种"新"与旧的统治形式区别何在?众所周知,传统的统治依靠国家机器,即通过警察、法庭、军队等等强制性地执行着统治的职能。因此,这种统治策略首先假定的是统治者与被统治者之间存在着一种二元对立关系,统治者与被统治者都把对方视为自己潜在的敌人。于是,哪里有压迫,哪里就有反抗;哪里有反抗,哪里就有镇压,就构成了一条循环往复以至无穷的斗争曲线。在这种斗争中,往往是双

---

① 根据笔者的统计,《单面人》中引用或提到马克思的地方不到十处。
② 马克思:《1844年经济学哲学手稿》,北京:人民出版社2000年版,第85页。
③ 马克思《手稿》被整理出版的当年(1932年),马尔库塞即写出了《论历史唯物主义的基础》,阐释了"青年马克思"的人道主义思想。
④ 马克思:《1844年经济学哲学手稿》,第81页。
⑤ Douglas Kellner, *Herbert Marcuse and the Crisis of Marxism*, p. 235.

方两败俱伤,所以这是一种破坏性而非生产性的统治,或者说,统治的破坏性远远大于它的生产性。而当技术与技术理性成为统治的新形式之后,由于技术已被事先赋予了一种合理性目的,所以也就假定了统治存在的合法性。马尔库塞引用魏茨泽克(C. F. Von Weizsäcker)的话指出:科学通过摧毁中世纪的神话而起步,而现在它却只不过是建立了另一种不同的神话。① 然而,对于这种新的神话,普通人是没有质疑的资格的,因为只有专家才拥有对科学与技术阐释的权利。而当所有的东西都以科学与技术的名义出现之后,这种技术合理性也就既成了普通人生活的信条又成了统治的合法逻辑。也就是说:"传统的极权主义由于使用政治暴力,因此它建立的基础是强权,而强权本身不是合法性的依据,因此,很容易被反抗者推翻,然而,现代技术极权主义建立在'理性'或者'科学'的基础上,这样,从一开始,它就把它的反抗者置于'反理性'和'反科学'的尴尬位置上。可以说,现代极权主义的合法性来源于它所声称的'理性'与'科学'。"②与此同时,这种统治逻辑又把社会需要与个人需要结合了起来,或者以个人需要的名义生产出了越来越多的社会需要,从而让公众产生了一种"想百姓之所想"的幻觉。你能拒绝电视、高保真音响、小轿车等等技术文明的成果吗?假如不能,那么你已经不知不觉地认可了这种控制的新形式,因为这些东西既是你生活的必需品,也是统治者控制你的新式武器。

弄清楚这两个问题之后,我们就可以进入马尔库塞关于大众文化的论述了。如前所述,马尔库塞在社会研究所期间虽然对法西斯主义意识形态、资产阶级文化、家庭与权威等问题进行过研究,但是却对大众文化研究兴趣不大,结果在他的研究中缺少了一个必要的环节。凯尔纳指出:"马尔库塞没有论述法西斯主义意识形态如何通过大众传播媒介和大众文化获得了传播,或者说没有论述法西斯主义如何利用无线电广播、报纸、宣传册、电影、戏剧、文学、标语广告、大规模游行和完整的文化—意识形态机器来传送它的意识形态。因此,他的'意识

---

① Herbert Marcuse, *One-Dimensional Man*: *Studies in the Ideology of Advanced Industrial Society*, p.155.
② 程巍:《否定性思维——马尔库塞思想研究》,北京:北京大学出版社 2001 年版,第 223—224 页。

形态批判'(critique of ideology)不能解释他所分析的那些观念怎样被传播和被德国人民所接受,以及这些观念为什么会如此有效。"①似乎是为了弥补以往研究的不足,进入 1960 年代之后,大众传媒与大众文化频频出现在他的文章与著作中,从而构成了他对新型的极权主义社会和控制的新形式进行判断与定位的主要依据。在题为《弗洛伊德人的概念的过时性》(1963)的讲演中,马尔库塞指出了一个人们容易忽略的事实:弗洛伊德的精神分析学说所假定的是"个人"与社会存在着一种紧张与对立的关系,而所谓的"自我"与"超我"也是"个人"在与"父亲"(作为社会的代言人与现实原则)的搏斗中形成的。然而,进入发达的工业社会之后,自律的"个人"不存在了,取而代之的是"大众";权威的"父亲"也消失了,取而代之的是大众媒介或大众媒介的代理组织。马尔库塞说:"通过大众媒介、学校、运动队、青少年团伙等,社会直接控制了初生的自我(nascent ego)。""儿童意识到,玩伴、邻居、团伙的头头、体育比赛、电影而非父亲,才是他们相宜的心理行为和身体行为的权威。"而在一个无父的时代里,大众并不感到焦虑,因为大众媒介与大众文化成了他们的亲密伙伴:"每一座房子上的天线,每一个海滨上的收音机,每一个酒吧与饭馆里的自动电唱机,如同种种绝望的号叫——他不会扔下它们不管,他无法与这些现代怪物分离开来,他不会谴责这些东西的无聊或是憎而恨之,也不会抱怨它们搅了自己的好梦。这些号叫吞没了其他人,甚至吞没了那些虽遭谴责但依然渴望实现其自我的人。在庞大的被捕获的听众中,绝大多数人享受着捕获者的号叫。"②在这样一种语境中,弗洛伊德那个古典的人的概念确实已失去了存在的理由。

这篇讲演论述的重点是时过境迁之后,弗洛伊德的精神分析学说已失去了阐释的有效性,但是在其字里行间却也透露出了几个非常重要的信息:一、人们目前所生活的社会是"现代大众社会"(modern mass society);二、当"个人"的"自我"消失之后,与这个社会成龙配套的"自我"是在"大众中并通过大众形成的";三、"大众无法与自由社

---

① Douglas Kellner, *Herbert Marcuse and the Crisis of Marxism*, p. 112.
② Herbert Marcuse, *Five Lectures: Psychoanalysis, Politics, and Utopia*, trans. Jeremy J. Shapiro & Shierry M. Weber, Boston: Beacon Press, 1970, pp. 47, 52, 49.

会建立在其最高合理性基础上的'人民'相提并论";四、社会经济结构、政治结构的变化与大众心理结构的变化是同步的,但二者是一种反比的关系,即社会越进步,大众的心理结构就越呈现出一种退化的趋势。①

把这些信息与《单面人》结合起来,我们实际上完全可以把后者解读为一本大众文化批判理论的论著。因为经过一层语义换算之后我们便会发现,马尔库塞在《单面人》中反复提到的"发达的工业社会"或"单面社会"实际上就是"现代大众社会","单面人"实际上就是丧失了反抗欲望与否定能力而被社会整合得服服帖帖的"大众",而所谓的"单面文化"其实也就是"大众文化",自然,"技术理性"作为控制的新形式实际上也就是"大众文化"作为控制的新形式。那么,从大众文化的视角看,《单面人》又给我们提供了哪些新的信息呢?

在《单面人》的再版导言(1991)中,凯尔纳说了这样一段意味深长的话:"在马尔库塞看来,与马克思和多数正统马克思主义者所面对的那个时代相比,商品与消费在当代资本主义社会起着更大的作用。马尔库塞是最早分析消费主义、广告、大众文化和意识形态如何把个人整合进资本主义制度,并通过它们来巩固其制度,从而对消费社会进行分析的批判理论家之一。"②作为马尔库塞的权威研究者,凯尔纳的这种定位应该说是非常准确的。同时,这也应该是我们思考马尔库塞的大众文化批判理论的基本角度。事实上,如果仔细琢磨一下马尔库塞的思路、观点与结论,我们就会发现他在1960年代阐述的那套东西其实已谈不上新鲜,因为法西斯主义通过宣传机器把个体变成群众,资本主义通过文化工业把个体变成大众,这是阿多诺的基本思维模式;"在现代文明的机械化生产进程中,个体的衰落导致了大众文化的出现"③,这又是洛文塔尔形成的著名论断。而批判理性、技术理性、整合、自律、否定等概念又是法兰克福学派主流话语中的常用词

---

① Herbert Marcuse, *Five Lectures*: *Psychoanalysis*, *Politics*, *and Utopia*, trans. Jeremy J. Shapiro & Shierry M. Weber, Boston: Beacon Press, 1970, pp. 52, 59, 60.

② Douglas Kellner, "Introduction to the Second Edition," in Herbert Marcuse, *One-Dimensional Man*: *Studies in the Ideology of Advanced Industrial Society*, p. xxx.

③ Leo Lowenthal, *Literature*, *Popular Culture*, *and Society*, Englewood Cliffs, NJ: Prentice-Hall, 1961, pp. 10-11.

汇,甚至他的"单面社会"也是从阿多诺与霍克海默那个"全面被监管社会"演化而来的。没有必要否认马尔库塞接受了阿多诺的影响,因为正是在对 1940 年代大众文化批判理论的遥远回应中,马尔库塞成了法兰克福学派批判传统薪火相传的接力者。

然而,也必须指出,阿多诺主要是从生产方式的角度着手对大众文化进行批判的,虽然他的批判理论无疑也涉及消费领域,但是生产决定消费的思维定式使得他不可能更多地关注消费领域,因此,他的"整合说"在统治意识形态如何转换成大众的消费意识形态的环节上显得有些生硬,缺乏足够的说服力。由此我们也可以看出,虽然阿多诺在许多方面都偏离了传统马克思主义的轨道,但是通过对大众文化的批判,他却更多地与传统马克思主义建立起了联系。因为马克思虽然创造性地使用了资产阶级意识形态、商品拜物教等概念来对资本主义社会进行分析,但他主要是把这一分析指向了生产领域。显然,严格按照马克思的理论,对发达的工业社会进行分析已面临一定的困难。这样,进一步发展与充实马克思的理论,甚至扩大他所使用的一些基本概念的内涵与外延就成为势在必行之举。在接受英国 BBC 电视台主持人麦基(Bryan Magee)的采访时(1978),马尔库塞对马克思所使用的概念的局限性曾作过如下分析:"在马克思的用语中,'异化'代表一种社会——经济概念,它基本上是说(只能非常简略地表述一下),在资本主义制度下,人们在其工作中不能实现自己的才能和满足自己的需要;而这种情况是资本主义生产方式造成的;因此要克服异化,就必须从根本上改变资本主义生产方式。今天,异化概念的涵义已经大大扩展,它原来的含义几乎丧失殆尽了。如今人们已经用它来解释各种各样的心理毛病。但并不是人们所遇到的一切麻烦和问题——如男女恋爱中的问题——都必然是资本主义生产方式的结果。"[①]而事实上,从 1950 年代的《爱欲与文明》起,马尔库塞就已经开始了对马克思的改写;而从《单面人》开始,马尔库塞又把自己的思考集中在了资本主义世界的消费领域。这一举动一方面是对马克思理论的进一步扩充,一方面也可以把它看作对阿多诺的大众文化批判理

---

① 〔英〕布莱恩·麦基编:《思想家》,周穗明、翁寒松译,北京:生活·读书·新知三联书店 1987 年版,第 68—69 页。

论的充实与发展。

正是在这一背景下,马尔库塞提出了"真实需要"(true needs)与"虚假需要"(false needs)必须严加区分的著名命题。在马尔库塞看来,为了特定的社会利益而从外部强加在个人身上的那些需要,使艰辛、侵略、痛苦和非正义永恒化的需要,以及休息、娱乐、按广告宣传来处世、消费和爱爱仇仇的需要都属于虚假需要。① 那么什么是真实需要呢?马尔库塞在这里并没有加以界定。不过联系他以前和以后的著述,这个真实的需要应该是指自由、爱欲、解放、审美等的需要。也就是说,当马尔库塞做出这种区分时,在他的心目中已经存有一个真实需要的先验图式。这个图式一方面与青年马克思的人对自己本质力量的真正占有密切相关,一方面又与法兰克福学派批判传统中的自律个体紧密相连。而由于"单面社会"中的"单面人"已不是真正意义上的自律个体,所以他们已丧失了对真实需要与虚假需要做出判断,并提出自己真实需要的能力。那么,为什么"单面人"失去了这种能力呢?从下面这段文字中我们可以发现其中的奥秘:

> 生产机构与其商品和服务设施"出售"或强加给人们的是整个的社会制度。公共运输和传播工具,衣、食、住等各种商品,让人着迷的娱乐与信息工业产品,这一切都带有规定了的态度与习惯,都带有使消费者比较愉快地与生产者并通过生产者与社会整体相联结的思想或情绪上的反应。在这一过程中,产品扮演着灌输与操纵的角色;它们助长了一种免除其虚假的虚假意识。然而,随着这些让人受益的产品在更多的社会阶级中为更多的个人所使用,那种灌输便不再是宣传,而是变成了一种生活方式。这是一种好的生活方式,一种比以往好得多的生活方式,但是作为一种好的生活方式,它却阻碍着质变的发生。②

在这段文字中,马尔库塞实际上隐含了这样一个命题:作为他律的虚假需要是由大众文化和大众传媒制造出来的。当统治者的文化

---

① Herbert Marcuse, *One-Dimensional Man: Studies in the Ideology of Advanced Industrial Society*, pp. 4-5.
② Ibid., pp. 11-12. 参考刘继译文,见〔美〕赫伯特·马尔库塞:《单向度的人》,上海:上海译文出版社1989年版,第12页,译文有修订。

工业机器开动起来之后,它实际上是要推销其意识形态,并对消费者进行控制,但它又打着为大众着想的旗号,于是文化工业首先向大众输出的是一种虚假意识。而由于这种虚假意识事先以技术合理化的名义经过了消毒处理,所以在它输出的过程中已经盗用了真实的名义。而当它被大众接受并变成一种生活方式时,说明这种虚假意识的输出已经获得了满意的接受效果。此后,按照这种生活方式做出某种设计与构想就会成为大众的一种自觉行为,文化工业接下来所要做的只不过是不断地强化这种意识,并让大众在不断滋生的虚假需要的冲动中获得一种真实的心理满足。假作真时真亦假,长此以往,大众也就既失去了真实需要的动机,也失去了区别真假需要的能力。为了说明自己的观点,马尔库塞在他的论述中提出了两个最有说服力的论据:大众的本能领域与语言领域的被占领。

本能领域的革命,即爱欲的解放,是马尔库塞思想链条中的一个重要环节,当他在对弗洛伊德的阐释中改写了弗洛伊德的基本假定时,他实际上是想拯救出被弗洛伊德弄得灰头土脸的"爱欲"(Eros),进而让它在人性的康复与文明的建构中扮演重要的角色。弗洛伊德的一个基本假定是,文明的历史就是人的本能欲望遭到压抑的历史,因此,文明与本能满足是一对不可解决的矛盾——要么毁灭文明,要么接受压抑,非压抑性文明是不存在的。然而,在马尔库塞看来,本能力量的解放与文明的发展并不矛盾,如果人们能够合理地使用自己的本能力量,那么非压抑性文明社会的出现是可能的。"在非压抑性生存的环境中,工作时间(即苦役)被降低到了最低限度,而自由时间也摆脱了统治利益强加于它的所有闲暇活动和被动状态"[①]。这是马尔库塞所描绘出来的文明社会的理想状态。正是基于这一构想,马尔库塞提出了爱欲解放的理论。

然而,在这个由技术、商品与消费所组成的世界里,他的这一设计却只能是一个无法实现的梦想。因为当马尔库塞在 1955 年出版的《爱欲与文明》中提出"爱欲解放"的假说时,这个"爱欲"除了包含"性欲"的因素外,还包括人的食欲、休息、消遣等其他生命本能,它既能给

[①] 〔美〕马尔库塞:《爱欲与文明》"1961 年标准版序言",黄勇、薛民译,上海:上海译文出版社 1987 年版,第 15 页。

人带来一种全面的、持久的快乐,也是建构新型的人类社会所不可或缺的积极因素。然而,进入1960年代之后,马尔库塞却逐渐看到了与他原来的构想截然相反的情况:爱欲被简化成了性欲,性已被纳入了工作与公共关系之中,性欲的成分又有计划有步骤地融入了商品生产与交换领域。而当性被制作成商品并与政治、宣传不断地联袂演出之后,人们被激发出来的是性欲能力(虚假需要)的增强而不是爱欲能力(真实需要)的提高,因为"技术现实不但**限制了升华的范围**,同时还缩减了对升华的**需要**"①。波德里亚后来在他的《消费社会》(1970)中指出:"性欲是消费社会的'头等大事',它从多个方面不可思议地决定着大众传播的整个意义领域。一切给人看和给人听的东西,都公然地被谱上性的颤音。一切给人消费的东西都染上了性暴露癖。"②因此,当马尔库塞在1960年代就发现了消费社会的这一最高机密时,他不仅与洛文塔尔的研究形成了一种有趣的呼应③,而且还走到了诸多思想者的前面。而更重要的是,马尔库塞还依据他的"真/假需要"理论指出了一个容易让人忽略的事实:性欲不但变成了"巩固社会的工具"④,而且变成了"出售压抑并使之畅销的工具"⑤。因为商业与政治联手对消费者本能领域的征服(删除爱欲因素、增加性欲成分)过程,实际上也就是对他们的本能领域进行一番去精取粗、去真存伪的重新建构过程,对于消费者来说,这是一种神不知鬼不觉的,同时也是最彻底的精神去势。从此以后,他们被留下来的就只有一种动物的机能了,而这种机能正是有利于统治者治理、管理、调理的机能。

语言领域也是一个很难被攻克的领域,然而马尔库塞发现,通过政治语言与广告语言的巧妙置换,通过减少语言形式和表征反思、抽

---

① Herbert Marcuse, *One-Dimensional Man: Studies in the Ideology of Advanced Industrial Society*, p. 73.

② 〔法〕让·波德里亚:《消费社会》,刘成富、全志钢译,南京:南京大学出版社2000年版,第159页。

③ 洛文塔尔在研究1940年代美国流行杂志中的通俗传记时发现,在对传记主人公的描述中,作品中往往缺乏与性欲相关的东西。显然,这种状况在1960年代已不复存在。See Leo Lowenthal, *Literature, Popular Culture, and Society*, p. 121.

④ 〔美〕马尔库塞:《爱欲与文明》"1961年标准版序言",第16页。

⑤ Herbert Marcuse, *One-Dimensional Man: Studies in the Ideology of Advanced Industrial Society*, p. 78.

象、发展、矛盾的符号,通过用形象取代概念①,语言领域的征服工作已大功告成。因为"在相互描绘我们的爱与恨、感伤与仇怨时,我们必须使用我们的广告、电影、政治家与畅销书的术语"②。也就是说,经过商业、政治与娱乐的同时灌输与洗脑之后,大众已经患上了失语症:他们在表达自己的思想与感情时已没有了自己的语言,而只能借用大众传媒与大众文化生产出来的语言。在这样一种语言消费中,大众的自我萎缩了,经验也变得日趋贫乏了。西尔勒(John Searle)说过:"当我们体验世界时,我们是通过语言的范畴来体验世界的,而语言又帮助我们形成了经验本身。"③可以想见,一个人如果在他(她)的语库中只能找到"你好漂亮噢"之类的传媒语言去赞美他(她)的恋人,他(她)对爱情的体验肯定不可能丰富起来。然而,对于统治者来说,这样一种语言清洗却是一件可喜可贺的事情,因为大众的语言越能变成广告的语言,他们的经验就越有限,他们的思维方式与情感方式就越简单,他们就越能以传媒所制造的爱恨情仇为自己的爱恨情仇,如此一来,大众也就变得越好管理了。

本能领域与语言领域的被占领意味着大众不但没有了反抗的欲望,而且失去了反抗的资本,控制的新形式已经落地生根,资本主义的统治从此可以高枕无忧了。而由此我们也可以看出,马尔库塞的这些命题虽依然有假定的成分,但是由于视角的变换,他的论述实际上已经比阿多诺周全了许多。于是,经过一番继承、发展、充实、完善之后,法兰克福学派的大众文化批判理论终于在马尔库塞这里画上了一个圆满的句号。

3. 破坏与颠覆:大众文化的革命功能

把马尔库塞定位成法兰克福学派主流观点的继承者与发展者是其文本自身言说的结果,同时,由于从1934年赴美之后开始,马尔库塞就一直是这个发达的工业社会的见证人;由于进入1960年代之后,《爱欲与文明》写作时期那种伊索寓言似的表达方式已无必要,所以,在批判的广度、力度、可信度、激烈度与酣畅淋漓度等方面,他实际上

---

① Herbert Marcuse, *One-Dimensional Man*: *Studies in the Ideology of Advanced Industrial Society*, p. 103.
② Ibid., p. 194.
③ 〔英〕布莱恩·麦基编:《思想家》,第267页。

已经超过了他的同道阿多诺与霍克海默。然而,也必须指出,仅仅把马尔库塞看作阿多诺与霍克海默批判理论的合作者、阐释者、继承者与发展者只能说明问题的一个方面;问题的另一面是,从1930年代后期开始,他其实已在心里面埋下了与阿多诺和霍克海默分歧的种子。这种分歧使得他在1960年代把阿多诺与霍克海默极力回避的那一面曝光之后又不断地放大了。谈到这种分歧时,凯尔纳披露了一些鲜为人知的材料:

> 在1930年代,马尔库塞确实与研究所存在着一些政治和理论上的分歧。1974年,他曾告诉过费尔·斯莱特(Phil Slater)他与霍克海默有过政治上的争端,他认为研究所的工作与出版物"太心理学"了,缺乏一种丰富的经济与政治的维度。由于霍克海默严格地控制着研究所的出版物,成员之间的政治分歧与争端不允许被公之于众。霍克海默觉得流亡中那种岌岌可危的局面,使得研究所在表达其政治见解时必须格外谨慎。马尔库塞告诉我,他只能"服从这一纪律",舍此别无选择。①

从这则材料中可以看出,马尔库塞与霍克海默分歧的主要原因显然是因为"政治"。让理论远离政治,这是研究所在美国期间的一个基本宗旨。出于生存上的考虑,形成这样的宗旨本来无可厚非;但问题是,如果刨根问底,这样的宗旨实际上渗透的是霍克海默与阿多诺的思想理念与情感好恶。霍克海默认为,理性并不为政治活动提供指导,批判理论的激进化已经增加了它与激进实践的距离。他说:"行动主义,尤其是政治行动主义,难道像刚才界定的那样是实现目的的唯一手段吗?我很难做出肯定的回答。时代不需要增加行动的刺激。哲学绝不能变成宣传,即使是为了最好的目的。"②而阿多诺在不同时期的著述中也表达了与霍克海默相似的观点。显然,在他们的心目中,理论是理论,政治是政治。理论只有待在书斋,成为玄思冥想的对象,才能保持它的纯洁;而一旦染指政治实践,批判的公正性也就丧失

---

① Douglas Kellner, *Herbert Marcuse and the Crisis of Marxism*, p. 128.
② Max Horkheimer, *Eclipse of Reason*, New York: 1947, p. 184. Quoted in Martin Jay, *The Dialectical Imagination: A History of the Frankfurt School and the Institute of Social Research 1923-1950*, p. 266.

殆尽了。因此,在他们的理论中,我们是找不到变革世界的具体方案的。而凭着这一标记,他们也就与那些传统的马克思主义者(他们通常倡导理论与实践的两相结合)划出了清晰的边界。

对于霍克海默与阿多诺这种只能在书斋中秘密旅行的批判理论,马尔库塞打心眼里无法认同。还在写作《理性与革命》的时候,他就开始着手解决德国知识分子的"梦幻史"问题。在他看来,德国文化的诞生是与新教的起源分不开的,这样一种文化背景决定了德国人的哲学与理性生活必然远离外在的现实和斗争,也必然远离某种政治行动,而只会"停泊在个人的'灵魂'里"。德国知识分子因其软弱,把自己隔绝在实践活动之外,却"在一个科学、艺术、哲学、宗教的王国里大展宏图。对于他们来说,这一王国是超越于现存的社会状况之不幸的'真正现实'",是躲开政治革命的避难所。他虽然承认德国文化与哲学"是人类历史上那些还没有被实现的真理的储藏所",但是它们给人提供的却是一种虚假的安慰。① 显然,在马尔库塞对德国文化与唯心主义哲学的清理与批判中,一方面寄托着他自己的"革命"理想与"政治"抱负,另一方面也隐含着他对霍克海默所谓的批判理论的微词。而当他在1940年代进入美国政府部门并进一步开始了自己的思考时,不受"纪律"约束的他终于获得了自由思考与表达的空间。于是,理论的"政治实践功能"在他的文章中开始从幕后走到前台。因此,"应该把他1940年代的著述理解为这样一种意图:他想把批判理论政治化,想把理论与政治联系起来,并进而使理论成为实践与社会变革的工具"②。正是在这样一种尝试中,他与霍克海默和阿多诺之间的思想裂缝逐渐加大了。而与此同时,另一个人的思想则在他的思想底片上逐渐获得了显影的机会,这个人就是本雅明。

本雅明的思考是阿多诺灵感与思想的源泉之一,但同样不容否认的是,本雅明也是对马尔库塞产生重要影响的人物。不过,需要指出的是,阿多诺接受本雅明首先意味着批判,只有把本雅明那种"天然地思考"过的东西经过一番"消毒"处理之后,他所发明的那些概念才会

---

① See Herbert Marcuse, *Reason and Revolution: Hegel and the Rise of Social Theory*, pp. 14-15.

② Douglas Kellner, "Technology, War and Fascism: Marcuse in the 1940s," in Herbert Marcuse, *Technology, War, and Fascism*, p. 36.

成为阿多诺思考的基本元素。然而,与阿多诺相反,马尔库塞之所以会接受本雅明,却主要是因为他的思想深处与那个"布莱希特式的本雅明"存在着一种天然的亲和关系。洛维通过比较发现,马尔库塞早年的经历和思想演化过程与本雅明有着惊人的相似:他们都是在对德国浪漫派与艺术问题的研究中开始了自己的思想生涯,又都是在1920年代开始倾心于马克思主义。而到了1930年代,他们又都是在卢卡奇与柯尔施(Karl Korsch)的影响下开始了与"法兰克福社会研究所"的交往,他们都激烈地批评过社会民主主义,期待着社会主义的革命变革,但他们又都拒绝加入共产党。他们大概在1933年相识于德国或巴黎,但本雅明在世时马尔库塞却从未在其著作中提到过他。洛维认为,本雅明的思想中无论是犹太救世主义还是乌托邦的无政府主义,都植根于"德国浪漫派"(German romanticism)这样一种文化基础之中;而马尔库塞的马克思主义又在理性主义与浪漫主义两极之间左右摇摆,因此,当马尔库塞的浪漫主义情结在1950年代占据上风之后,本雅明开始在他的记忆中复活了。①

于是,从《爱欲与文明》开始,本雅明(还有本雅明所痴迷的布莱希特)的幽灵频繁地出现在了马尔库塞的文章与著作中,并成了他在1960年代冲锋陷阵、奔走呼号的精神战友。然而,尽管他像本雅明那样意识到了"革命"的重要性,即只有借助于"暴力"手段才能炸断历史的连续性,才能使被压迫者翻身得解放,但是他所面对的历史语境与本雅明那个谈革命讲政治的年代(1930年代)相比已发生了重大变化。当本雅明刻意去发掘技术/技巧的革命能量时,他虽然没有明确他所谓的"革命主体"的身份,但是传统马克思主义意义上的"无产阶级大众"无疑是他心目中准备唤醒和加以武装的对象。然而,通过在美国30多年的观察与思考,马尔库塞认为自己发现"革命主体"——工人阶级或曰无产阶级大众——已然失踪,他们被整合进了既存的资本主义体制当中,成了这一体制共同利益的分享者:

> 马克思的确不大关心个人的问题,而且他也不必去那样做,因为在他那个时代,无产阶级的存在本身,就使得这个阶级成了

---

① Michael Löwy, *On Changing the World: Essays in Political Philosophy, from Karl Marx to Walter Benjamin*, London: Humanities Press, 1993, pp. 133-136.

一个潜在的革命阶级。但从那以后情况发生了很大的变化,现在的问题是:"当今西方发达工业国家中的工人阶级在多大程度上仍然能够被称之为无产阶级?"欧洲共产主义政党已经完全放弃了这一概念。现实情况是出现了大规模的整合,甚至可以说大多数人都已被整合到现存的资本主义制度中去了。组织化的工人阶级已经不再是"一无所有,失去的只有锁链",而是可以失去的东西很多;这种变化不仅发生在物质层面,而且也发生在心理层面。下等人(dependent population)的心理意识已经发生了变化。最令人吃惊的是,统治的权力结构所进行操纵、管理和控制的程度不仅包括个人的意识方面,而且也延伸到了潜意识甚至无意识的领域。①

这是马尔库塞接受麦基采访时说的一番话。这样一种观点实际上在《爱欲与文明》中就已经形成了,然后又反复出现在他的《单面人》《论解放》(1969)与《反革命和造反》(1972)等著述中,从而构成了他在这一时期思考问题的主要角度。对于马尔库塞来说,资本主义对大众的整合已经不再是阿多诺思考这一问题时的某种假定,而是一种既成的事实。而这样一个无情的事实一定又给马尔库塞带来了极大的刺激。因为像本雅明一样,在他的血液里奔突着同样的"革命"激情与冲动,可是他又不可能像本雅明那样仅仅在一个想象的战场上去拼搏厮杀。他渴望把自己的理论转化为政治实践,但是当发明着那些革命的理论时他觉得,马克思描述的那个时代已经一去不复返了。甚至"不革命的,甚至反革命的意识"②已经主宰了那支曾经革命的工人阶级队伍,当"哪里有压迫哪里就有反抗"的经典模式已经变成了"哪里有压迫哪里就有受虐狂"的黑色幽默时,也就意味着那些革命的理论已无法转化成革命的行动,因为"革命主体"已被招安,皮之不存,毛将焉附?于是,1964年前后的马尔库塞心里面装满了失落、感伤、悲凉

---

① 〔英〕布莱恩·麦基编:《思想家》,第61—62页。同时参考罗晓南译文,略有改动。译文见陈荣灼等编:《当代社会政治社会理论对话录》,台北:巨流图书公司1986年版,第179—180页。与这段文字相似的论述也出现在《反革命和造反》中。See Herbert Marcuse, *Counterrevolution and Revolt*, Boston: Beacon Press, 1972, pp. 5-6.

② See Herbert Marcuse, *Counterrevolution and Revolt*, p. 5.

与悲愤,他把这种情绪带到了《单面人》的写作之中,以至于让本雅明的那句名言充当了全书的结束语:"只是因为有了那些不抱希望的人,希望才赐予我们。"[①]他虽然意识到了寻找"新的历史主体"(new historical Subject)[②]的重要性与迫切性,但是看上去他并不自信,因为那种在巨大的整合力量面前所流露出来的悲观主义情绪实在无法让他产生任何自信。

尽管马尔库塞在其文本中描述出来的那个世界具有很大程度的真实性,但是现在看来,它与文本之外的那个现实世界还是存在着某种错位。因为就在马尔库塞沉浸在那种浓郁的悲观主义情绪中时,外面的形势已经发生了某种变化,马尔库塞所期待的革命与解放也正在变成某种事实。迪克斯坦(Morris Dickstein)指出:1950年代的美国算不上一个完全开放的社会,道德主义、清教主义统治着艺术、家庭关系与社会关系,同时,威胁和恫吓又笼罩着公共生活、工商界和专业界。技术知识分子被奉若神明,人文知识分子对政治失去了兴趣。[③] 然而,就在这样一种保守主义,甚至具有维多利亚气息的文化氛围中,一种反叛的、反主流文化的情绪已开始潜滋暗长,以致酿成了一起起事件,从而与世界性的革命浪潮汇合在一起:1950年代中期,摇滚乐横空出世;1959年,金斯堡(Allen Ginsberg)诗歌朗诵会在哥伦比亚大学举行,"垮掉派"登上历史舞台;1960年,北卡罗来纳州学生静坐示威,美国学生统一行动委员会成立;1961年,取消种族隔离的呼声日渐高涨;1962年,学生争取民主社会组织(SDS)成立;1963年,马丁·路德·金(Martin Luther King)发表《我有一个梦想》的著名演讲,肯尼迪总统遇刺身亡;1964年,《单面人》面世,"披头士乐队"在纽约公演,赫鲁晓夫倒台,马丁·路德·金获诺贝尔和平奖;1965年,越战开始,黑人与警察发生冲突,华盛顿举行反战游行,摇滚歌星鲍勃·迪伦(Bob Dy-

---

① 原文如下:"It is only for the sake of those without hope that hope is given to us." See Herbert Marcuse, *One-Dimensional Man*: *Studies in the Ideology of Advanced Industrial Society*, p. 257.

② Ibid., 1991, p. 252.

③ 〔美〕莫里斯·迪克斯坦:《伊甸园之门——六十年代美国文化》,方晓光译,上海:上海外语教育出版社1985年版,第68、62、41—42页。

lan)在《把一切带回家》的歌曲中开始使用电声乐器;1966 年,各大学学生举行静坐示威,5 月 15 日,1.5 万人向华盛顿进军,发誓不投任何支持越南战争的候选人的票,阿尔都塞的《保卫马克思》在法国问世,阿多诺的《否定的辩证法》在德国出版,马尔库塞分别在加州大学洛杉矶分校与圣地亚哥大学发表演讲,题为《美国对越政策的内在逻辑》与《公民的不服从》;1967 年,底特律发生黑人暴动,纽约与旧金山发生反战大进军,进军人数多达 35 万,5 万名反越战的示威者围攻五角大楼,切·格瓦拉(Che Guevara)被杀;1968 年,马丁·路德·金遇刺身亡,苏联坦克入侵捷克斯洛伐克(布拉格之春),华沙、墨西哥市与美国哥伦比亚大学爆发学生运动,巴黎发生"五月风暴";1969 年,30 多万青年人聚集在纽约州贝瑟尔的卡茨基山村,举行"伍德斯托克音乐艺术大赛会"。在设备不足、天气恶劣的情况下,他们以自己所赞美的"生活方式"(随心所欲地听音乐、跳舞、吸大麻、穿着打扮甚至赤身裸体)度过了难忘的四天。此次大型舞会所表现出的友好情谊与欢乐精神获得普遍称赞,从而成为当代传奇故事,并被称为"伍德斯托克精神"(Woodstock Spirit)。而就在这一年的德国,4 月,阿多诺在演讲中受辱;8 月,因心脏病不治而亡。①

  之所以要罗列出一个 1960 年代的文化大事年表,主要是想说明这样一个事实:1960 年代不仅仅是马尔库塞所归纳的大整合、"大拒绝"的时代,同时更是一个大动荡、大解放、大革命的时代。在这一时期,种族问题和越战问题构成了美国国内主要矛盾的焦点,静坐、示威、游行、学生运动构成了抗议的主要形式,而《爱欲与文明》《单面人》、摇滚乐又构成了抗议学生的思想武器与文化反抗手段。与此同时,美国的文化革命又与全世界,特别是第三世界的革命运动遥相呼应,从而形成了一种复杂迷离的文化图景。和任何一次革命一样,这

---

① 资料来源:〔美〕弗雷德里克·詹姆逊等:《一份不完全的年表》,见王逢振主编:《六十年代》,天津:天津社会科学出版社 2000 年版,第 247—254 页。庄锡昌:《二十世纪的美国文化》,第 310—322 页。〔美〕莫里斯·迪克斯坦:《伊甸园之门——六十年代美国文化》,第 2—3 页。〔英〕霍布斯鲍姆:《极端的年代》,郑明萱译,南京:江苏人民出版社 1998 年版,第 501 页。曹卫东编撰:《法兰克福学派与学生运动》,见李陀、陈燕谷主编:《视界》第 3—5 辑,石家庄:河北教育出版社 2001—2002 年版。Martin Jay, *The Dialectical Imagination: A History of the Frankfurt School and the Institute of Social Research 1923-1950*, p. xiii.

次文化大革命同样伴随着节日般的狂欢与价值观念的紊乱,伴随着身体的暴动与欲望的释放。于是,"青年们杂乱无章地迷恋于……政治和大麻、革命和摇滚乐。普遍的政治动荡在艺术中不仅打开了性开放之门,而且打开了实验普遍复兴之门"①。而作为"一场个人战胜社会的革命"②,似乎又意味着阿多诺与马尔库塞所呼唤的"自律个体"已经出现,甚至连英国保守党领袖撒切尔夫人(Margaret Hilda Thatcher)后来也为这种个体的出现进行过辩护,因为她说:"只有个人,没有社会。"(There is no society, only individuals.)③

正是在这种真实的幻觉中,马尔库塞走出了自己灰暗的情绪与心境。因为当他在《单面人》中哀叹、悲愤于旧的"革命主体"之死时,新的"革命主体"已经如雨后春笋般破土而出了。他们是造反学生、黑人、嬉皮士、知识分子新左派、受着性压迫的妇女、第三世界的人民大众。这样一支革命队伍虽然成分复杂且难免鱼龙混杂,但他们都是发达工业社会与不发达国家的弱势群体及边缘群体,是没有被强大的国家机器整合的"剩余者",同时,他们又有着差不多相同的革命要求。而在马尔库塞的心目中,虽然这些人离他所需要的"革命主体"还有一定距离④,但是,在革命的高潮当中,他们显然是一支比工人阶级更革命的革命力量。不得已而求其次,"新的历史主体"就这样走进了他的期待视野。

然而,作为统治阶级的对手与敌人,这支队伍显然属于非法武装;同时,他们也缺乏革命斗争经验,因此,马尔库塞在革命高潮之中与之后所做的工作主要有二:第一,为新的历史主体的合法性存在寻找理

---

① 〔美〕莫里斯·迪克斯坦:《伊甸园之门——六十年代美国文化》,第 12 页。
② 〔英〕霍布斯鲍姆:《极端的年代》,第 506 页。
③ 同上书,第 509 页。
④ 1967 年在柏林的一次演讲中,马尔库塞指出:"我从来没说过今天的学生对抗本身是一支革命力量,我也没有把嬉皮士看作'无产阶级的继承人'!今天,只有发展中国家的国家解放战线处在革命的斗争之中。"而当革命的高潮过去之后,他又反复指出新左派自身所存在的弱点,并认为与第三世界的大学生相比,发达的资本主义国家的大学生还不具有革命的先锋队作用。See Herbert Marcuse, *Five Lectures: Psychoanalysis, Politics, and Utopia*, p. 93. See also Herbert Marcuse, *Counterrevolution and Revolt*, pp. 1-57.

论依据;第二,提高革命主体的革命意识。而正是在做着这两件工作的时候,马尔库塞又一次遭遇到了大众文化。不过,需要指出的是,革命高潮中的马尔库塞已经不是写作《单面人》时的马尔库塞了,因此,他在这一时期谈到的大众文化已无法与《单面人》中所论述的那个大众文化同日而语。为了能够更好地说明这一问题,我们需要从马尔库塞所谓的"新感性"(new sensibility)说起。

"新感性"是马尔库塞在《论解放》中提出的一个概念。作为一个与他的爱欲理论密切相关的范畴,可以说它身兼二任,即它既是美学的,同时又是政治的。因为当革命高潮到来的时候,马尔库塞发现所谓的政治实践说到底还是一场美学革命:由于在整合的过程中,统治的合理性已经把人们的感性世界做成了统治者的合作伙伴,所以依靠旧的感性是无法完成革命的重任的。于是,要想进行政治革命,首先必须完成感性革命,只有建立起一种新的感性,现存的体制、道德、文化才能被否定,崭新的生活方式与形式才能被建立。正是在这一意义上,新感性又成为一个政治因素。马尔库塞说:"今天的反抗就是要以一种新的方式去看、去听、去感受新事物,它们把解放与通常的、遵纪守法的感觉的废除联系在一起。这种'迷幻旅行'(trip)包含着对既成社会塑造出来的自我的废除——一种人为的、短暂的废除。但是,人为的或'私人的'解放却以一种歪曲的方式预示了社会解放的紧迫性:革命必须同时是一场感觉的革命,它伴随的必须是社会物质方面与精神方面的重构,并创造出新的审美环境。"①那么,既然要用一种新的方式去耳闻目睹,也就必须有一种能够培育这种新感性成长的话语方式与艺术形式。什么样的话语方式与艺术形式才能担此重任呢?经过一番思考之后,马尔库塞终于在黑人所使用的语言中,在布鲁斯音乐、爵士乐与摇滚乐中发现了他所需要的东西。

在《单面人》中,马尔库塞对语言领域的革命已不抱任何希望,因为政治与商业已联手把这个世界彻底征服了。然而在《论解放》中,他却发现了一个没有被征服的地方:亚文化群体(subcultural groups),因为这一群体创造了属于他们自己的语言。在嬉皮士对 trip、grass、pot、acid 等等语词的变形使用中,尤其是在黑人所说的"污言秽语"(ob-

---

① Herbert Marcuse, *An Essay on Liberation*, Boston: Boston: Beacon Press, 1969, p. 37.

scenities)中（如 fuck、shit 等），马尔库塞发现了语言的否定性与颠覆性功能："一种更富有颠覆性的话语领域的暴动出现在黑人斗士们的语言当中，这是一场有计划的语言造反。它粉碎了语词所被使用和规定的意识形态语境，然后把这些语词放在了一个相反的语境中，即放在对既存语境的否定之中。"① 显然，当马尔库塞赋予这种污言秽语以如此这般的革命功能时，他一方面接通的是俄国形式主义中的陌生化理论，一方面又从本雅明所欣赏的布莱希特的"间离效果"那里汲取了灵感。② 而更让人感兴趣的是，他在思考这一问题时呈现出了与巴赫金几乎相同的思路。在巴赫金论述的语境中，"官方话语"以其单义、严肃、假正经与故作威严，并因其空洞的说教、陈腐的观念与僵硬的道德指令而成为一种无趣的语言。然而，这样一种话语由于在其生产中经过了权力的渗透与整合，所以也就不可避免地制造出了民众的恐惧心理和全社会的恐怖气氛。因此，官方话语是语言的异化形式，无论从内容上还是形式上看，它的美学特征只能是无趣。与此相反，"广场话语"则是一种鲜活的、宽容的、充满了生命活力和自由精神的话语，在插科打诨、打情骂俏、污言秽语、降格以求、亵渎、冒犯、粗鄙、狎昵、詈骂、辱骂、笑骂以及"言语中充满着生殖器官、肚腹、屎尿、病患、口鼻、肢解的人体"③等等形式的话语表述中，"广场话语"一方面确认了自身的民间立场，一方面又完成了对"官方话语"的解构。而马尔库塞同样是把"污言秽语"放在一个与官方话语相对立的语境中来展开自己的思考的，因此，"污言秽语"的革命性在于它能打破虚假的意识形态话语的垄断，并在对某个国家领导人的"秽称"与"淫骂"中（如 pig X，

---

① Herbert Marcuse, *An Essay on Liberation*, Boston：Boston：Beacon Press, 1969, p. 35.
② 在《论解放》中，马尔库塞引用了什克洛夫斯基那段论述"陌生化手法"的著名文字（艺术增加感知的时间长度与难度），来为自己的"新感性"提供理论依据；而在《单面人》中，他又用布莱希特的"间离效果"强化自己所论述的"艺术异在性"（artistic alienation）。See Herbert Marcuse, *An Essay on Liberation*, p. 40. See also Herbert Marcuse, *One-Dimensional Man: Studies in the Ideology of Advanced Industrial Society*, pp. 65-69.
③ 〔苏联〕巴赫金：《拉伯雷研究》，李兆林、夏忠宪等译，石家庄：河北教育出版社1998年版，第370页。

Fuck Nixon)剥去他的神圣光环。① 显然,马尔库塞在这里使用了与巴赫金相似的策略与技巧,即通过"物质—肉体下部语言"的降格处理,使貌似严肃性、神圣性的东西现出原形。

在为那些"污言秽语"赋予了一种革命性意义之后,马尔库塞又对爵士乐、摇滚乐发表了一番肯定性评论。他说:"非写实的、抽象的绘画与雕刻,意识流和形式主义文学,十二音作曲,布鲁斯和爵士乐,这些东西并不仅仅是修正和强化了旧感性的新的感觉形式,而毋宁说它们摧毁了感觉结构本身,以便腾出空间。"②虽然这些艺术形式还不是马尔库塞心目中真正的艺术对象(他认为新的艺术对象还没有出现),但是它们在对旧感觉结构的破坏与新感觉结构的建立中无疑扮演着重要的角色。就这样,爵士乐与摇滚乐也成了一种革命的武器。

必须指出,当马尔库塞挖掘出潜藏在嬉皮士语言与黑人语言、爵士乐与摇滚乐中的革命意义时,一方面意味着他以一个哲学家与美学家的敏感准确地把握住了革命年代的本质特征,另一方面也说明了他的文化立场与价值观念发生了一次全方位的转移。巴赫金指出:"在伟大转折的时代,在对真理重新评价和更替的时代,整个生活在一定意义上都具有了狂欢性:官方世界的边界在缩小,它自己失去了严厉和信心,而广场的边界却得以扩展,广场的气氛开始四处弥漫(在这些时代甚至可以看到非常广泛地使用亲昵不拘的言语和动作:亲昵的'你'、骂人话、各种礼仪的淡化、孩子同父母以至一切成年人的交往都较为亲昵等等)。"③可以说,1960年代就是这样一个"伟大转折的时代",而在这样一个时代里,所有的一切都具有了巴赫金所谓的"狂欢广场"的性质。马尔库塞所论述的语言问题显然应该放在这样一个狂欢的语境中来加以定位。而另一方面,爵士乐与摇滚乐则又是与1960年代的文化反抗运动相辅相成的艺术形式,是造反学生确认身份、增

---

① Herbert Marcuse, *An Essay on Liberation*, p. 35. See also Herbert Marcuse, *Counterrevolution and Revolt*, p. 80.
② Herbert Marcuse, *An Essay on Liberation*, p. 38.
③ 〔苏联〕巴赫金:《拉伯雷研究》,第588—589页。

强团结、同仇敌忾的重要文化代码与标记。① 而当这种音乐形式果然破坏了人们的感觉结构与经验结构之后②,它首先带来的应该是身体的解放,从而为自我"物质—肉体下部"欲望的苏醒与释放提供了畅通的渠道。于是,性、吸毒、政治与摇滚乐结伴而行,它们以革命的名义参与了造反学生的狂欢化身体建设,而当马尔库塞从理论上论证了这一切存在的合法性时,他也就成了资本主义国度里的巴赫金。

然而,就在马尔库塞如此这般地做着这一切时,他大概没有意识到他的大众文化观已经发生了重大位移。如前所述,在写作《单面人》的时候,马尔库塞意识到大众文化参与了统治阶级对人的控制与整合,而在《论解放》中,他看到的则是大众文化对既存的社会、体制与秩序的破坏与颠覆。当然,他并没有使用"大众文化"这一概念,他谈论的是嬉皮士语言与黑人语言,是爵士乐与摇滚乐。然而,毋庸讳言,所有这一切无疑都是大众文化。因为无论怎样划分与定位,它们都无法归入高雅文化之中。那么,又是控制又是破坏,又是整合又是颠覆,这岂不是自相矛盾吗?为什么马尔库塞会形成这样一种二律背反的命题呢,他难道没有意识到他论述中的悖论吗,我们究竟该相信哪个马尔库塞,谈整合时的那个还是论颠覆时的这个?

仔细思考一下,我们就会发现两个马尔库塞都有充足的存在理

---

① 亲身参加过这一运动的 SDS 成员弗莱克斯认为,"只有当我们认识到以音乐来形成我们这些被疏远的年轻人的身份并且用音乐来支持我们的集会时,我们才算是真正理解了这场 20 世纪 60 年代的运动"。而 SDS 成员朱迪·史密斯则说:"反主流文化是与我们相联系的很重要的一部分。服饰、迷幻药、音乐,这些都意味着我们同我们被期望的准则相决裂。谁都不可能单独去做这件事,而反主流文化从新的身份、新的同志关系以及新的看问题方法方面提供了一项运动所能提供的一瞥。"见〔美〕理伯卡·E.卡拉奇:《分裂的一代》,覃文珍、蒋凯、胡元梓译,北京:社会科学文献出版社 2001 年版,第 172、181 页。

② 林赛博士讲述了他第一次听摇滚乐的感受,可看作摇滚乐破坏感觉与经验结构的典型例证:"在 1968 年的某一天,我观看吉米·亨德里克斯的电吉他演唱会。……当演唱会一开始,我顿时感觉到似乎我小时候在农场里曾使用过的各种各样的机器:例如,收割机、除草机、搅拌机、打包机、拖拉机等等,全部都启动了起来并从四面八方向我轰隆隆地开过来了。然而,舞台上只有三个人,而正是这三个人对我发动了这场迅雷不及掩耳的音响大战。我无法忍受这一切。……在这次演唱会上,我受到了极大的震惊,我为自己无法欣赏亨德里克斯的表演而感到窘迫。"而正是摇滚乐对他既成的感觉经验的破坏,使他思考出这样一个问题:西方传统文化与美学的历史实际上就是一部精神控制肉体的历史。"许多世纪以来,西方人都在进行一种精神锻炼,一种脑力增氧健身法,以使自己为了通往天堂梯而牺牲和逃避尘世。"见〔美〕林赛·沃特斯:《美学权威主义批判:保尔·德曼、瓦尔特·本雅明、萨义德新论》,昂智慧译,北京:北京大学出版社 2000 年版,第 160—161、165 页。

由。谈论着大众文化的整合功能时,马尔库塞的判断应该是真实可信的,因为这一判断建立在商业与政治的狼狈为奸以及它们对人们实施控制的文化语境之上。然而,随着革命主体的出现与革命高潮的到来,原来的语境已经发生了很大的变化。而这一语境的变化实际上给马尔库塞带来的是重新打量与思考大众文化的眼光与视角,这就有可能使他发现一些囿于原来眼光与视角所不可能发现的东西。而革命年代的革命话语显然又赋予大众文化以新的内容与新的形式,甚至改写了大众文化的构成方式,所有这一切都意味着马尔库塞必然会形成对大众文化的新认识与新判断。而当他意识到"黑人音乐原来就是被压迫者的音乐",它本来就与这个"富裕社会"(affluent society)存在着一种政治对抗时①,当他把摇滚乐与意识流、形式主义文学、十二音作曲等等相提并论时,他实际上看到的是大众文化在新的语境中的民间色彩与先锋作用。而这样一种色彩与作用也正是阿多诺所不想、不愿或不能看到的。因此,由于语境的转移与视角的变换,我们可以说马尔库塞对大众文化形成的肯定性判断同样应该是真实可信的。

尽管马尔库塞对大众文化的肯定性评价并不是他的最终立场,但是我们必须承认这样一个事实:与阿多诺相比,马尔库塞毕竟向前迈了一大步。这一大步的含义并不是因为从"整合"到"颠覆"就必然意味着观念的更新换代和与时俱进,而是说马尔库塞所看的大众文化要比阿多诺更为复杂丰富:阿多诺只看到了大众文化那副"整合"的面孔,而马尔库塞却看到了大众文化"整合"与"颠覆"时的两张脸。另一方面,当马尔库塞在那个大革命的年代拥有了与30年前那个"布莱希特式的本雅明"几乎一致的理念、思路与革命武器时(本雅明相中了布莱希特的叙述体戏剧、电影蒙太奇,马尔库塞看好的是黑人语言与摇滚乐,他们所使用的武器确实有异曲同工之妙),他也就完全从法兰克福学派的主流观点走向了一种另类话语,从阿多诺走向了本雅明。这样,在马尔库塞这里,本雅明已经意识到的大众文化的颠覆功能也就获得了继续书写与润色的机会,而通过现实界(而非本雅明的想象界)真实的革命实践,这种功能也得到了进一步的修订与补充,固定与放大。

当然,更重要的还是马尔库塞文化立场的位移。当马尔库塞成为

---

① Herbert Marcuse, *An Essay on Liberation*, p. 47.

造反青年的代言人,并站在美学的高度为这场政治实践活动正名与命名时,他也就完全站在了青年学生的立场上;而站在青年学生的立场上也就是站在了亚文化群体的立场上。虽然这种立场形成于一个特殊的历史语境之中,很可能感性的驱动大于理性的选择;虽然这种立场也并非他的最终立场,但是在他的身上,我们毕竟看到了左拉式的知识分子的流风遗韵,看到了知识分子民间立场的珍贵闪现。对于马尔库塞来说,从法兰克福学派成员的精英立场到知识分子个体的民间立场的位移,无论从哪方面看都应该是一件意义重大的事情。

二 走向美学:从异托邦到乌托邦

在谈到后结构主义出场的背景时伊格尔顿指出:"后结构主义是兴奋与幻灭、解放与纵情、狂欢与灾难——这就是1968年——的混合产物。后结构主义无力打碎国家权力结构,但是他们发现,颠覆语言结构还是可能的。总不会有人因此来打你脑袋。学生运动从街上消失了,它被驱入地下,转入话语领域。"①考察马尔库塞的晚期思想,我们会发现他与法国的后结构主义者有着相同的文化背景与相似的心路历程。但是,他并没有逃向解构主义,而是走向了审美之维。这样,停泊过阿多诺最后思想的"美学"同样成了马尔库塞最后沉思的风水宝地。而走向美学,也意味着马尔库塞从狂欢广场回到了寂寞书斋,从对大众文化的首肯走向了对高雅文化的礼赞,从福柯所谓的"异托邦"(真实的世界)②走向了审美乌托邦(虚构的世界)。在一个乌托邦的主题中,马尔库塞终止了法兰克福学派第一代思想者共同的思考。

1. 走向美学的现实语境

马尔库塞的最后一部著作是《审美之维》(*The Aesthetic Dimension*,

---

① 〔英〕特雷·伊格尔顿:《二十世纪西方文学理论》,伍晓明译,西安:陕西师范大学出版社1987年版,第156页。

② 福柯认为,乌托邦可以当作某种文化的类比或颠倒,但乌托邦不是一种真实的空间,而是一个虚构的世界。因此,他发明了一个新术语"异托邦"(Heterotopias),旨在指代一个既反映社会又对抗社会的真实空间,"一种有效地实现了的乌托邦"。〔法〕米歇尔·福柯:《另类空间》,杰伊·米斯科伊科译,《辨析》1986年春季号,第24页。参阅〔美〕萨利·贝恩斯:《1963年的格林尼治村——先锋派表演和欢乐的身体》,华明等译,桂林:广西师范大学出版社2001年版,第1页。

1978),这本先用德文写就然后又被他亲自修改和翻译成英文的小册子业已表明,他把美学作为了自己最后的思想皈依。然而,对于马尔库塞来说,这种选择并不意味着这是一场突发性事件,因为假如回溯性地打量他以前的著作,我们就会发现在他那些哲学或社会学的论著中早已散落了一些美学思想的碎片。那么,是不是可以把他最后的选择看作对那些碎片的收集、聚拢、整理与放大呢? 从某种意义上说,可以做出如此理解,然而这种理解又是很不全面的。

麦基采访马尔库塞时曾问过他这样一个问题:"法兰克福学派的成员从一开始就对美学领域表现出特别的兴趣……你本人近年来也写了许多有关美学问题的著作,你和你的同事们为什么总把美学看得如此重要呢?"马尔库塞的回答是这样的:

> 因为我认为——在这点上我与阿多诺的观点特别接近——艺术、文学和音乐所表达出来的真知灼见,是任何其他形式所无力表达的。美学形式是一个既不受现实的压抑,也无须理会现实禁忌的全新领域。它所描绘的人的形象和自然的形象不再为压抑性的现实原则(repressive reality principle)所束缚,而能真正地,甚至不惜以死相殉地致力于追求人的实现与解放。……文学和艺术所要传达的信息是:现实世界就是从古至今所有恋人所体验过的世界,就是李尔王、安东尼和克娄巴特立所体验过的世界。换言之,艺术是独立于既定现实原则的,它所召唤的是人们对解放形象的向往。①

马尔库塞的解释当然是可信的,因为他至少道出一个埋藏在他心底之中,同时也是法兰克福学派其他成员的一个根深蒂固的情结:文学艺术(也就是高雅文化)一直是他们心灵世界中一个最重的砝码。真正的文学艺术作品不仅是他与他的同伴们审视、判断乃至批判大众文化的重要尺度,而且也是他们陷入窘境、无路可走时圆满思想的最后场所。马尔库塞的早期经历与思想中本来就有革命与艺术或政治

---

① 〔英〕布莱恩·麦基编:《思想家》,第72—73页。同时参考罗晓南译文,略有改动。译文见陈荣灼等编:《当代社会政治社会理论对话录》,第186页。

与美学两个维度①,而当他最后走向美学时,很难说不是他对中断了多年的艺术之线的彻底连接,也很难说不是他在经历了一个否定之否定的过程之后向着他早年所钟情的审美之维的全面回归。

然而,马尔库塞的这种解释却也回避了一个重要事实,这就是他对那场文化革命的失望。如前所述,当马尔库塞深深卷入1960年代的学生运动并为这场运动的合法性提供着一种理论依据时,他相信那个曾经苦恼着他的"革命主体"的问题已基本解决。因为工人阶级虽然完全被整合进了资本主义的体制之中而无可指望,但是那些没有被整合进去的边缘群体突然之间冒了出来,他们成了革命主体的替代品。然而,这个新革命主体毕竟已无法与老革命主体同日而语。如果说当年的工人阶级是在资本家的剥削与压迫下为自己的生存而战,是为了改变自己一穷二白的生存状态,那么,1960年代青年学生的革命动机却是模糊不清的。迪克斯坦指出:"六十年代如此众多的不满现状者并非为贫困所迫,相反,他们是富裕和教育的产物。他们的前辈——五十年代的青年一代——为了取胜而拼力比赛,可是**他们却在向比赛规则挑战,或干脆拒绝比赛**。"②也就是说,作为中产阶级的富家子弟,青年学生表面上反抗的是既成的社会权力结构,实际上挑战的却是他们的父辈与兄辈所苦心经营起来的文化秩序与游戏规则。这种革命动机决定了他们的弑父或弑兄冲动只能是象征性的或想象性的,而不可能在实在界变为现实。而富裕的家庭背景、过剩的力比多能量又决定了他们只能更多地以自我欲望的释放、快感的追求、身体的扩张作为自己的革命目标,而不可能更多地与马尔库塞所期待的人类解放发生关联。于是,性、大麻、摇滚乐才会以一种假公济私的方

---

① "一战"期间,马尔库塞对政治与社会主义产生了浓厚的兴趣,并于1917年加入了社会民主党。1918年"德国革命"期间,他成为这场运动中的活跃分子。随着卢森堡与李卜克内西的被杀身亡,他退出了社会民主党(1919),也结束了自己这场短暂的政治活动。随后入弗莱堡大学研习文学,并以《德国艺术家小说》(*The German Artist-Novel*, 1922)的论文获得博士学位。凯尔纳说:"作为一个年青人,马尔库塞既喜欢古典文学又钟爱现代主义文学,而他选择文学进行研究并获得学位表明,他对文学的兴趣要比对政治与哲学的兴趣更强烈。"See Douglas Kellner, *Herbert Marcuse and the Crisis of Marxism*, p. 18. 而麦克莱伦则指出:"马尔库塞是法兰克福学派中最著名的,也是研究所最初的成员中唯一没有放弃他的早期革命观点的人。"见〔英〕戴维·麦克莱伦:《马克思以后的马克思主义》,余其铨、常健林等译,北京:中国社会科学出版社1986年版,第351页。应该说,这两种说法都是有道理的。

② 〔美〕莫里斯·迪克斯坦:《伊甸园之门——六十年代美国文化》,第70页。

式,既成为他们的文化反抗手段,又成为他们个人欲望的表达符号,"个人的事就是政治的事""一想到革命,就想要做爱"才会成为革命高潮期间被喊得山响的造反口号。他们的这种革命方式一定会让当年那些"连做爱时脑子里也想着心事"(布莱希特)的革命党人大吃一惊并大感不解,然而这就是新型的革命主体的精神风貌。显然,青年造反学生的心中大事"绝对不在自己能为革命带来什么成就。他们关注的焦点,是他们自己的行为本身,以及行为之际的感受"。① 而如此一来,革命与做爱就变成了不断切换的蒙太奇,指向社会秩序的革命者则变成了不断开发力比多潜能的做爱者。无怪乎麦金太尔(Alasdair MacIntyre)在批评被马尔库塞理想化的青年学生时指出:"他们在进行第一个由父母出资补贴的革命运动时,看起来似乎更像一个新版的儿童十字军东征(the children's crusade),而不是一次革命运动。"②应该说,这种批评虽然显得刻薄,但是却并不离谱,它在一定程度上道出了这场革命的真相。

对于造反学生的这种"德性",马尔库塞一开始还是有一个比较清醒的认识的,这就是为什么他在柏林的演讲(1967)中拒绝承认"学生对抗本身是一支革命力量"③的原因。然而,由于工人阶级已被整合,他们要想成为潜在的革命主体首先必须改造自己;④由于第三世界的人民大众遥不可及,他们无法进入马尔库塞的视野之中并接受他的理论武装,所以他只好面对这支以造反学生为主体、由中产阶级富家子弟所组成的革命队伍。他本来以为个人解放是社会解放的前提,所以极力以建设"新感性"的理论主张去引导、规范、矫正青年人的行动,但

---

① 〔英〕霍布斯鲍姆:《极端的年代》,第 504 页。
② 〔英〕阿拉斯代尔·麦金太尔:《马库塞》,邵一诞译,台北:桂冠图书股份有限公司 1992 年版,第 92 页。对于这场运动,丹尼尔·贝尔提出了与麦金太尔十分相似但却更为严厉的批评,他说:"六十年代反文化是一场孩子们发动的十字军远征。其目的无非是要打破幻想与现实的界线,在解放的旗帜下发泄自己生命的冲动。它扬言要嘲弄资产阶级的假正经,其实仅仅抖露出自由派爹妈的私生活。它宣称代表着新潮与勇敢,实际上只会嘶哑着嗓子反复叫喊——由于使用电子共鸣器这种大众传播媒介,摇滚乐的音量陡然暴增——可怜的年轻人,他们竟也要嘲笑半个世纪前在纽约格林威治村里放浪形骸的波希米亚们。与其说这类玩意儿是反文化,不如称作它假文化(counterfeit culture)。"见〔美〕丹尼尔·贝尔:《资本主义文化矛盾》,赵一凡、蒲隆、任晓晋译,北京:生活·读书·新知三联书店 1989 年版,第 37 页。
③ See Herbert Marcuse, *Five Lectures*: *Psychoanalysis*, *Politics*, *and Utopia*, p. 93.
④ Herbert Marcuse, *Counterrevolution and Revolt*, p. 39.

是他大概没有想到,"新感性"同样是一把双刃剑,它既能成为文化反抗的合法依据,同时也可以成为宣泄个人欲望的堂皇理由。而到了革命的退潮期,马尔库塞已逐渐意识到了问题的严重性,所以他才不断地重复这样一种观点:如果造反学生与新左派"想继续发展成一支真正的政治力量,它就应该在自己的感性中去发展自己的认真精神(esprit de sérieux),去培养自己的理性;必须克服政治意义上的俄狄浦斯情结。对'污言秽语'(pig language)的标准化使用,小资产阶级的色情狂想,把垃圾当作对付无望个体的武器——所有这些都是青春期选错了对象的造反标志。……从全社会的角度看,青春发动期的造反只能取得短暂的效果,它常常是幼稚可笑的"①。然而,马尔库塞的这种批评并没能让造反学生知错就改,幡然悔悟,百尺竿头,更进一步,因为随着1970年代保守主义的回潮,丹尼尔·贝尔所谓的"大修复"已取代了马尔库塞的"大拒绝",当年出言不逊的嬉皮士则变成了谈吐得体的雅皮士,昔日的造反学生也纷纷刀枪入库,洗心革面,重新回到了资本主义的社会秩序与游戏规则中,成了中产阶级队伍中的一员。②当马尔库塞寄予厚望的"革命主体"又一次消失得无影无踪时,留给他的恐怕就只有失望了。

同样让他失望还有大众文化。在《论解放》中,马尔库塞曾对包括黑人语言与摇滚乐在内的大众文化进行过热情的首肯,然而到了《反革命和造反》中,他的这种热情却一下子降温了。他依然认为那些俚言俗语、脏话粗话与抗议和拒绝有着一种天然的亲和性,但是当统治集团认可了这种语言之后,他的政治潜力也就消失殆尽了。而且这样的语言只是一种压抑的非升华,也就是说,当新左派张口 fuck 闭口 shit 时,它除了为攻击性提供了一种非常舒服的发泄,除了成为一种辨认身份的口令暗语,除了对性特征的贬低之外,就再也不存在其他功能了。同样,虽然他依旧认为摇滚乐存在着反抗,但是"从艺术的角度看,这种反抗并不具有艺术的否定性力量"。而当这种反抗逐渐变成了现实生活的一部分时,它也就丧失了用艺术来对抗现存秩序的超越

---

① Herbert Marcuse, *Counterrevolution and Revolt*, p. 51.
② 国内学者程巍通过《爱情的故事》这一个案研究,曾对造反学生的中产阶级化作过精彩分析。参阅《否定性思维——马尔库塞思想研究》,第259—286页。

性。由于"对于这一秩序来说它仍是**内在的**,单面的,因此它也就只能在这一秩序面前俯首称臣了"①。在这里,马尔库塞所说的意思非常明白,尽管大众文化在一个特定的时空之中具有一种反抗与拒绝的功能,但是这种功能依然是在体制之内运作的。它的颠覆性可能具有一定的效果,但是由于它无法真正动摇统治集团的基础,所以它的出现只不过是给统治者提供了一个调整"整合"的机会。而当它被既存的现实秩序接纳认可之后,也就意味着它已经被这一秩序收编招安了。正如那些造反学生浪子回头般地投入了资本主义的温暖怀抱,一度越位的大众文化也纷纷改邪归正,逐渐成为统治阶级的愉快合作伙伴。

革命主体已洗心革面,大众文化已改弦更张,1960年代的文化革命之后马尔库塞所能面对的就是这样一种尴尬的局面。可以说,正是在这种双重的失望中,马尔库塞开始了对自己理论构想的调整。而当他最终踏上了美学之旅时,他个人历史中惊人相似的一幕也就出现了:1918年的德国革命失败后他选择了文学,1968年的文化革命由盛而衰后他走向了美学。然而,更加惊人相似的一幕还不在这里,而在于18世纪的法国大革命之后席勒逃向了康德,20世纪的美国文化大革命之后马尔库塞走向了席勒。在对历史的回应中,马尔库塞向着自己的青年时代,同时也是向着一个更加遥远的过去全面回归了。

2. 选择高雅文化的心路历程

马尔库塞晚年走向美学一锤定音,从而给他的思想画上了一个圆满的句号。然而这样一个选择对于他来说却并不轻松,从他不同时期的著述中可以看出,这种选择的完成是一个漫长的、不断的心灵交战的过程。这个过程也在他对"高雅文化"种种含混、矛盾的态度与看法中体现了出来。为了能够准确地呈现他的这种矛盾性,有必要先从他的一篇重要论文说起。

1937年,马尔库塞发表了一篇文章,题为《文化的肯定性质》。写作此文的初始动机虽然是要分析资产阶级文化在法西斯主义的兴起中所起的作用,但是他对艺术与高雅文化的看法也因此有了一次集中的呈现。在马尔库塞看来,从亚里士多德开始就假定存在着两个世界:一个是真善美的世界,一个是与人的生存劳作相关联的实在世界。

---

① Herbert Marcuse, *Counterrevolution and Revolt*, p. 101.

前者为人们生产着理性与理想,属于文明的高级领域,但是却只能为少数精英所拥有;后者为人们提供着感性与快感,但是却被看作文明的低级部分,并与社会中的大多数人发生着现实的关联。然而,随着资产阶级时代的到来,却出现了一种文化的普遍性或普遍合法性的趋向,即认为那种某些人生来适合于劳作和生产,某些人生来适合于闲暇与审美的观点已然失效。在这样一种背景之下,就出现了一种马尔库塞所谓的"肯定性文化"(affirmative culture)。对于这种文化,马尔库塞曾作过如下解释:

> 所谓肯定性文化,指的是资产阶级时代的文化,它在自己的发展过程中从心灵与精神世界的文明中分离出来,成为一个独立的价值领域,并被认为比文明还要优越。它的根本特性就是认可一种普遍性的义务,认可一种必须无条件肯定的永恒美好与更有价值的世界;这个世界根本不同于那个为日常生存而斗争的真实世界,但是却又可以在不改变实际状态的情况下,由每个个体从自己的"内心"着手而加以实现。只有在这种文化中,文化的活动与对象才获得了使它们超越日常领域的价值。对它们的接受变成了一种值得庆贺且极度幸福的举动。[①]

在马尔库塞的界定中,肯定性文化就是资产阶级文化,也就是他后来反复提到的高雅文化。作为一种典型的理想主义文化,它曾经是革命的。即在资产阶级上升时期,"对孤立的个体需求来说,它反映了普遍的人性;对肉体的痛苦来说,它反映了灵魂的美;对外在的束缚来说,它反映了内在的自由;对赤裸裸的利己主义来说,它反映了美德王国的义务"[②]。然而,当资产阶级的统治开始稳固之后,它就越来越变成一种反革命的东西。因为它压抑了不满的大众,隐藏着对个体的身心戕害,并在一个幻想的幸福瞬间里给人们提供了一种虚假的安慰。而更糟糕的是,肯定性文化所赖以承载的文学艺术,逐渐开始了对"灵魂"这块未被开垦的处女地的占领与殖民。于是,灵魂被假定具有一

---

① Herbert Marcuse, *Negations: Essays in Critical Theory*, p. 95. 参考李小兵译文,见《审美之维:马尔库塞美学论著集》,李小兵译,北京:生活·读书·新知三联书店1989年版,第8页,译文有修订,下同。

② Ibid., p. 98. 同上书,第10页。

种超越尘世的功能,具有一种否定作用。它抗议着这个物化世界,并对人们的精神赋予着尊严。然而由于灵魂并非无源之水,所以强调灵魂也就必须给产生灵魂的肉体一个说法。这样,感性就成了灵魂旅行时的随从。然而,在灵魂的伟大与不朽面前,感性也只能是一个随从,因为快感的释放被认为是一种罪恶,所以感性必须接受灵魂的制约与调遣。这样,从感性被纳入精神生活的那一天起,它就已经变形走样了。因此,在肯定性的文化当中,艺术在为人们制作着美的同时也压抑了人的感性冲动,平息了人的反抗欲望。这样的文化最终只会变成一种社会秩序的反映。正是基于这样一种原因,马尔库塞得出了抛弃乃至消灭肯定性文化的结论。

从这篇论文中可以看出,马尔库塞对资产阶级的高雅文化从总体上是持一种否定态度的,但是他并没有完全否认这种文化的存在价值。于是,这篇文章在许多问题上也就常常隐含着一种二律背反的表述,即高雅文化既是真实的,又是虚假的;既有否定性,又有肯定性;既给人带来了内在的自由,又为人套上了某种枷锁;既存在着抗议物化世界的向度,又存在着首肯社会秩序的维度。而由于反对法西斯主义的特殊历史语境,虽然使马尔库塞在这一时期更多地靠在否定高雅文化的层面思考问题,但是在他的心里显然已埋下了肯定其存在价值的种子。一旦有了合适的机会,这粒种子自然就会生根发芽,开花结果。

因此,自从这种二律背反的格局在这篇文章中初具规模之后,对高雅文化的否定与肯定就成了马尔库塞心灵世界中不断交战、此消彼长的情结,而这样一种局面的展开常常又伴随着他对大众文化同样二律背反的态度与看法。即当他在一个特殊的心境与语境中否定着高雅文化时,往往隐含着他对大众文化的褒扬;当他让高雅文化承载着自己的审美理想时,大众文化显然也就成了他鞭挞的对象。有些时候,高雅文化与大众文化又杂糅在一起,它们共同在解放爱欲、呼唤感性的大旗下出场,充当了马尔库塞与统治阶级作战的武器。

明白了这一点,我们也就理解了为什么马尔库塞对于高雅文化常常会有充满矛盾的表述。比如,在《单面人》中,最让马尔库塞愤怒的还不是高雅文化堕落为大众文化,而是整个现实对高雅文化的拒斥。在他看来,尽管只有少数有特权的人才能享受到高雅文化的乐趣,但是它却代表着否定现实、抗议社会的另一维度。即使是高雅文学(如歌德的《亲和力》、波德莱尔的《恶之花》、托尔斯泰的《安娜·卡列尼娜》)中的性描写也是以一种高度升华的、经过某种中介的、反省的方式出现的,这样的描写充满了马尔库塞所谓的"否定性";然而在那些低俗的文学作品、好莱坞的放荡故事、乡村主妇的冒险故事中,性欲描写却变得更加真实、大胆、放荡不羁和富有挑逗性,它们成了人们窥视和猎奇的对象,成了这个社会的重要组成部分,因而它的否定性也就丧失殆尽了。而社会之所以拒斥高雅文化,就是因为它具有一种对立、异在、超越的因素。它的存在对统治阶级的整合构成了一种消解与威胁。正是基于这一背景,马尔库塞才提出了"大拒绝"的主张。他说:"无论仪式化与否,艺术都包含着否定的合理性。在其高级状态,艺术是'大拒绝'(Great Refusal),即对现存事物的抗议。"①

我们可以注意一下马尔库塞立场的转换。尽管在《单面人》中他依然认为高雅文化是少数人的文化,但是《文化的肯定性质》中那种严厉的批判态度已逐渐稀释,取而代之的是一种赞赏。之所以如此,是因为他看到在一个所有的一切都已单面化的社会里,唯有作为高雅文化的艺术还保持着双面的贞操。而当文化革命的高潮过去,马尔库塞从对大众文化的短暂迷狂中抽身而出之后,我们看到他又一次把含情脉脉的目光对准了高雅文化。这一次他除了继续强调高雅文化中包含着一种"否定性力量"之外,还进一步明确了高雅文化的"肯定性"有其自身的辩证法。② 种种迹象表明,他已经在为《文化的肯定性质》一文中的过度批判平反昭雪,同时也在为自己的退居美学清理出一条顺畅的通道。知识分子在行动之前,往往要为自己的行动寻找到一种合理合法的依据,只有把自己的心理障碍首先解除了,他才能够义无反顾,一往无前。马尔库塞显然没有脱出这一窠臼。

不过,就在马尔库塞告别大众文化而向高雅文化频频致意的时候,却也透露出了一个非常重要的信息。如前所述,当造反学生由中产阶级的叛徒变成了资本主义的顺民之后,意味着马尔库塞所期待的那个革命主体还没有培养成熟就已半道夭折。那么,这是不是就意味

---

① Herbert Marcuse, *One-Dimensional Man: Studies in the Ideology of Advanced Industrial Society*, p. 63.
② Herbert Marcuse, *Counterrevolution and Revolt*, p. 92.

着马尔库塞已然放弃了对革命主体的寻找呢？不是的。凯尔纳指出，革命主体的概念从一开始就是游荡在马尔库塞的著作中的一个幽灵①，实际上，这个幽灵同样徘徊在他最后一部著作当中。在谈到作家与"人民"之间的关系时，马尔库塞认为，在今天的人民中间并没有给作家留下一个合适的位置，作家必须去自己创造这个位置。而创造这个位置的过程也就是作家站在人民的对立面的过程和不用人民的语言说话的过程。"在这一意义上，今天的'精英主义'可能具有一种激进的内涵。为意识的激进化而工作，意味着去揭示和认识存在于作家与'人民'之间那种物质的和意识形态的分歧，而不是去模糊和隐瞒这种分歧。革命的艺术最好能够成为'人民公敌'（The Enemy of the People）。"②

革命的艺术为什么需要成为"人民公敌"呢？因为"人民"是不可信的。作家艺术家为什么必须站在"人民"的对立面才能创造出属于自己的那个位置呢？因为在马尔库塞的心目中，他们已经取代了1960年代造反学生的位置，从而变成了他所期盼出现的"革命主体"。尽管这一主体还只是马尔库塞想象界的产物而不是现实界的存在，尽管他们即使出现无疑也只能是极少数或一小撮，但是他们却是革命之后马尔库塞反复思考下的慎重选择。马尔库塞的理论是一种革命的理论，理论的政治实践功能又是他不断强调的一个重要内容，而要想让革命的理论转化为革命的行动，必须有实践其理论的载体。这就是他为什么终生没有放弃寻找革命主体的原因。然而，也必须指出，从工人阶级到造反学生再到作家艺术家，马尔库塞的"革命主体"是一个数量上急剧减少的过程，疆界上不断萎缩的过程，同时也是马尔库塞从民间立场逐渐回归文化贵族立场的过程。当他最终在少数精英那里锁定了他寻找的视线时，他也就完全成了高雅文化的认同者，因为只有高雅文化才是生产精英主义与精英人物的肥田沃土。

这就难怪马尔库塞会把其思想停泊在高雅文化这里了。因为对于他来说，高雅文化既是他思想的最后依托，也是能够生长他所梦想

---

① Douglas Kellner, *Herbert Marcuse and the Crisis of Marxism*, p. 318.
② Herbert Marcuse, *The Aesthetic Dimension: Toward a Critique of Marxist Aesthetics*, Boston: Beacon Press, 1978, p. 35. 参考李小兵译文，见《审美之维：马尔库塞美学论著集》，第231页。

的革命主体的最后之地。然而,从他最后的思考中可以看出,他所谓的高雅文化依然是《文化的肯定性质》中的资产阶级文化,或者依然是他在《单面人》中进一步明确的"前技术文化"①,而并没有赋予它新的内涵。以前技术时代的高雅文化来对抗技术时代的资本主义整合,以本雅明式的方式一头扎入"过去"从而拯救"未来"②,马尔库塞也就由一个马克思主义者变成了一个弥赛亚主义者,由一个政治激进主义者变成了一个文化保守主义者,由一个真实反抗的"异托邦"世界进入了一个虚拟对抗的"乌托邦"空间。显然,在马尔库塞弹尽粮绝的时候他已别无选择,而只剩下一个乌托邦的王国了。

3. 审美乌托邦的建构

必须承认,虽然马尔库塞开始了乌托邦王国的建构与营造,但是这个王国却并非他的修身养性之所。"与正统的马克思主义美学相反,我认为艺术的政治潜能在于艺术本身,在于审美形式本身。"③《审美之维》这句开宗明义的话表明,马尔库塞并没有淡忘政治。因此,他最后皈依美学的首要动机依然是政治,这样,他的美学也就成了一种政治化的美学或充满了政治意味的美学。

那么,为什么艺术或审美形式本身埋藏着政治的潜能呢?在艺术与变革现实的政治实践之间,二者又存在着怎样的关系呢?在下面的这段文字中,马尔库塞道出了其中的奥秘:

> 艺术不能改变世界,但是它却可以致力于变革那些能够改变世界的男人和女人的意识与冲动。1960年代的那场运动,旨在彻底改变人的主体性、本性、感性、想象力与理性。它开启了认识事物的全新视野,也开启了上层建筑对基础的渗透过程。④

这段文字既是对1960年代那场文化革命的意味深长的总结,也是对美学与政治之间关系的含蓄说明。如前所述,在文化革命的高潮期间,马尔库塞提出了建设"新感性"的主张,鼓励人们以新的方式去

---

① Herbert Marcuse, *One-Dimensional Man: Studies in the Ideology of Advanced Industrial Society*, p. 58.
② Walter Benjamin, *Illuminations*, trans. Harry Zohn, London: Fontana Press, 1992, p. 253.
③ Herbert Marcuse, *The Aesthetic Dimension: Toward a Critique of Marxist Aesthetics*, p. ix.
④ Ibid., pp. 32-33. 参考李小兵译文,见《审美之维:马尔库塞美学论著集》,第229页。

看、去听、去感受事物,但当时所谓的感受的新方式却主要是通过大众文化武装起来的。也就是说,充斥于"新感性"中的更多是鲍勃·迪伦的摇滚乐而不是贝多芬的《第九交响乐》。而文化革命的实践业已证明,这样的"新感性"只是更多地引爆了青年学生本能领域中的"性",却恰恰丢掉了马尔库塞不断拯救的理性层面的"否定性"。因此,对于马尔库塞来说,"新感性"的倡导并没有达到预期的目的,真正的"新感性"还没有完全建立起来。而当他在《审美之维》中开始倾心于艺术时,他虽然不再提"新感性"了,但实际上还是在继续做着"新感性"建构的未竟之事。只不过他这一次出台的方案中,大众文化已经被完全删除了,取而代之的是真正的文学艺术。不用说,文学艺术之所以能最终被马尔库塞相中,显然是因为在它们那里聚集了更多的否定性。而这恰恰是马尔库塞所求之不得的。

从这个意义上说,确实可以把《审美之维》看作马尔库塞对以往散落在他著作中那些美学碎片的集中整理。因为只有通过这种整理,他才能清点出艺术中那些属于否定性的东西,从而为他那个审美乌托邦的营造奠定基础。那么,在这次整理中他又发现了什么呢?首先是"回忆"。马尔库塞说,无论取材于何处,真正的艺术都保留着某种回忆。艺术就生长在这种回忆之中,生长在去创造一种可能的"他者"(possible "other")的形象之中。① 因此,"伟大艺术中的乌托邦从来不是对现实原则的简单否定,而是对它超越中的扬弃(Aufhebung)。……真正的乌托邦植根于对过去的回忆之中"②。

马尔库塞当然不是第一次提到"回忆",因为在《爱欲与文明》中,他就开始了对回忆、幻想、想象等心理功能的开采与挖掘工作。而在《反革命和造反》当中,他又对回忆做出了如此限定:"回忆并不是对天真烂漫的儿童时期、对原始人等等的记忆,也不是对'黄金时代'(这种时代从未存在过)的追忆。回忆作为一种认识能力毋宁说是一种综合,即把那些在被歪曲的人性和被扭曲的自然中能够被发现的支离破碎的东西重新组合在一起。这种回忆出来的材料就成为想象的

---

① Herbert Marcuse, *The Aesthetic Dimension*: *Toward a Critique of Marxist Aesthetics*, p. 56.

② Ibid., p. 73.

领域。压抑的社会允许它在艺术中以'诗意的真理'(poetic truth)存在——也仅仅以诗意的真理存在。"①在谈到马尔库塞对回忆功能的重视时,国内学者有这样一种看法:回忆作为人类极为重要的价值器官,它的功能的意义绝不亚于灵性、想象、激情。而当马尔库塞在回忆的功能上反复思考时,他的真实意图是"努力想为回忆的功能加入一些对历史困境的价值关怀的成分,努力想使回忆成为人类历史的审美解放中重要的精神机能"②。这种分析虽然有一定道理,但是却忽略了马尔库塞注入在回忆中的乌托邦维度。因为从回忆的内容上看,他虽然否认了回忆与远古时代的联系,但是从回忆的功能上看,他的"回忆说"又分明是对人类早已荒芜的"诗性智慧"的打捞。因为在马尔库塞的晚年,一种对"前技术文化"的留恋与追思已逐渐构成了他思想活动的主流,甚至成了一种挥之不去的情结。而当他如此注重回忆的作用并把回忆看作真正的乌托邦的藏身之地时,这种回忆所能接通的记忆不可能是别的东西,而只能是"前技术文化"的"诗性智慧"。然而,如此一来,也就形成了一个历史的或美学的悖论:当工业文明的这架战车把人的感性世界碾得粉碎的时候,理论家往往想到的是去招"诗性智慧"之魂。但从根本上说,像回忆、幻想、想象、灵性等等诗性智慧又是人类童年时代的产物,它们的形成携带着那个时代的特殊记忆,携带着本雅明所谓的"光晕"。而当生产这种诗性智慧的历史语境消失之后,我们还能找到诗性智慧得以生成的丰壤沃土吗?即使能够找到,现代人那种性灵枯萎的身躯还能承载得动那种浩荡的精魂之气吗?显然,当马尔库塞在诗性智慧的花园里流连忘返时,那种审美乌托邦的味道确实已越来越浓了。

如果说在"回忆"这一层面,马尔库塞所营造的乌托邦王国还让人觉得是雾里看花朦朦胧胧的话,那么,当他回归席勒的时候,这个乌托邦王国却是呈现得愈加清晰了。

马尔库塞走向席勒绝不是偶然的,1920年代初期获得博士学位之后,他就对席勒进行过一段时间的思考与研究,并于1925年出版了

---

① Herbert Marcuse, *Counterrevolution and Revolt*, p. 70. 参考李小兵译文,见《审美之维:马尔库塞美学论著集》,第141—142页。

② 刘小枫:《评马尔库塞批判的浪漫美学》,见汝信主编:《外国美学》第4辑,北京:商务印书馆1987年版,第307页。

《席勒〈美育书简〉注释本》。随后,席勒这条线索就在他的思想中中断了。只是到 30 年之后写作《爱欲与文明》的时候,席勒才又回到了他的思考当中,并成了他后来思想灵感的主要源泉。马尔库塞之所以会让席勒在自己的记忆中复活,主要应该有两个原因:第一,他遭遇到的现实情境实际上就是当年席勒所面临的历史语境的膨胀与放大;第二,席勒在《美育书简》中已经提供了一种走出历史困境的方案,从这一方案中,马尔库塞看到了它对现实的有效性。受康德思想的影响,席勒在对近代工业社会的考察中发现,劳动与享受、手段与目的、努力与报酬之间的分离已成了早期资本主义社会中一个触目惊心的事实,结果,原本完整、和谐、统一的人已变成了资本主义机器大生产中的一个小小零件。席勒认为,这一切的根源在于人性的分裂与堕落,而造成这种堕落的原因则是近代以来日趋严密的科学技术分工与工具理性割裂了人性中原本处于和谐状态的感性与理性、自由与必然。所以,若要克服现代社会中的不合理现象,唯一的办法就是走审美之路。即通过游戏活动即审美活动,使人性中分裂的因素重新合而为一,使人在物质/感性方面与精神/理性方面都恢复自由。"只有当人充分是人的时候,他才游戏;只有当人游戏时,他才完全是人"[①],席勒的这句名言实际上就是他对人的理想状态的向往与描绘。

席勒把审美活动放到一个重要位置上,这是马尔库塞非常感兴趣的;让他不能满意的是,审美活动在席勒那里最终依然不过是沟通纯粹理性与实践理性、调和感性冲动与形式冲动的一座桥梁。他虽然认识到技术理性的发达对人类的生存状况构成了多重影响,但是他并不反对理性本身。恰恰相反,他所设想的未来社会正是要把遭到破坏的人类理性恢复过来。所以在论述审美之路时,席勒虽然也认为要限制理性的权利,但他并没有对理性与感性的任何一方有所偏爱,而是极力强调二者的调和,以期建立一种不与感性直接对立的理性社会。然而,在马尔库塞看来,文明发展的历史就是人类的感性逐渐淡出、技术理性逐渐占据历史舞台的历史;而近代以来,由于这种理性过分发达,人类已丧失了原本完整美好的生存状态,劳动变成了苦役,人的存在

[①] 〔德〕席勒:《审美教育书简》,冯至、范大灿译,北京:北京大学出版社 1985 年版,第 80 页。此处采用朱光潜译文,见《西方美学史》,北京:人民文学出版社 1979 年版,第 450 页。

则沦为技术理性的工具。因此,若要建立新的文明秩序,首要的任务是必须清除技术理性施加于感性的暴政,恢复感性的权力与地位。于是,当马尔库塞谈到审美的时候,这个审美已不是桥梁而是归宿,不是手段而是目的本身。① 只有在审美活动中,感性才能被拂去灰尘、擦去锈迹,放射出灿烂的光辉。

——这就是从《爱欲与文明》开始时隐时现于马尔库塞后来著作中的美学主题。如果说在《爱欲与文明》《单面人》与《论解放》等著作中,"席勒与审美"还只是他那个社会改造工程中的一个环节或步骤,那么当他的总体规划在文化革命中遇挫、碰壁之后,他所剩下的就只有席勒也只有"审美之维"了。"艺术不能改变世界,但是它却可以致力于变革那些能够改变世界的男人和女人的意识与冲动。"当马尔库塞说出这番话时,我们分明看到的是他对200年前席勒所提出的那个方案的照单全收。因为席勒说过:"人们在经验中要解决的政治问题必须假道美学问题,因为正是通过美人们才可以走向自由。"②但问题是,当席勒论述着审美的重要性时,他心目中的理想世界是古希腊时代那种人性的和谐与完美,这就必然造成他思维方式上的"向后看"与情感基调上的浪漫怀旧。而当马尔库塞走向席勒时,他不但放大了席勒的审美功能,而且放大了他的那种思维方式与情感基调。于是,浪漫、感伤、怀旧、前技术文化同样成为他那个审美乌托邦中的重要内容。当然,我们可以把他的这种归宿看作迫不得已的选择,甚至可以把他的这种做法看作为了寻找否定性而进行的一次矫枉过正、不无偏激的努力,但是,当支撑着这个乌托邦的东西只有前技术时代的艺术,或者只有少数的文化贵族才有资格参与乌托邦王国的建设,甚至只有"逃入内在性"(flight into inwardness)才能成为人们反抗这个社会的堡垒时,③这个审美乌托邦是不是已变得过于脆弱纤细了?因为当马克思构建着自己的乌托邦世界时,他所设想的变革是发生在政治经济领域,即只有推翻了资本主义制度,才能获得对人的本质的真正占有,才

---

① 此处参考了刘红兵先生的分析,见朱立元主编:《法兰克福学派美学思想论稿》,上海:复旦大学出版社1997年版,第217—218页。
② 〔德〕席勒:《审美教育书简》,冯至、范大灿译,第14页。
③ Herbert Marcuse, *The Aesthetic Dimension: Toward a Critique of Marxist Aesthetics*, p. 38.

能向着人的完整性全面复归。而他的传人在经过了文化革命的重创之后显然已失去了万丈雄心,于是,无论从规模还是气势上看,马尔库塞的这个乌托邦与马克思的那个乌托邦已无法同日而语了。

4. 乌托邦的正负功能

"西方马克思主义整个说来,似乎令人困惑地倒转了马克思本身的发展轨道。马克思这位历史唯物主义的创始人,不断从哲学转向政治学和经济学,以此作为他的思想的中心部分;而 1920 年以后涌现的这个传统的继承者们,却不断地从经济学和政治学转回到哲学——放弃了直接涉及成熟马克思所极为关切的问题,几乎同马克思放弃直接追求他青年时期所推论的问题一样彻底。"①——这是英国新左派评论家佩里·安德森对西方马克思主义的一个基本判断。在历数了卢卡奇、阿多诺、本雅明、戈德曼(Lucien Goldman)、列斐伏尔(Henri Lefebvre)、德拉-沃尔佩(Galvano Della-Volpe)、马尔库塞、萨特等人在"艺术"领域所耗费的主要智力和才华之后,他进一步指出:"自从启蒙时代以来,美学便是哲学通往具体世界的最便捷的桥梁,它对西方马克思主义理论家始终具有一种经久不衰的特殊吸引力。"②安德森的这一分析显然有助于我们理解马尔库塞最后的选择。事实上,也只有把马尔库塞放在西方马克思主义的背景当中,尤其是放在法兰克福学派的背景当中,他的这种选择才可以看得更加清楚。

在《审美之维》的"鸣谢"中,马尔库塞坦言他的这本著作受惠于阿多诺的《美学理论》,并在写作中与他的朋友洛文塔尔进行过深入的讨论,洛文塔尔因此再一次成了一个挑剔的读者与批评者。③《美学理论》是阿多诺的最后一部著作,美学恰恰又成了马尔库塞最后的选择;洛文塔尔毕生致力于文学社会学的研究,而在《审美之维》中马尔库塞明确地声明把自己的讨论范围限定在文学领域,主要面对的是 18—19 世纪的文学;本雅明没有在"鸣谢"中出现,但是他在著作中出现了。而当马尔库塞在此书的结尾部分说出"真正的乌托邦植根于对

---

① 〔英〕佩·安德森:《西方马克思主义探讨》,高铦、文贯中、魏章玲译,北京:人民出版社 1981 年版,第 68—69 页。

② 同上书,第 100 页。

③ Herbert Marcuse, *The Aesthetic Dimension: Toward a Critique of Marxist Aesthetics*, p. vii.

过去的回忆之中"这样的句子时,他的思维方式甚至都打上了本雅明的烙印。孤立地看,这些细节也许意义不大或者说明不了什么问题,但是把它们放到一起,显然又隐含着这样一个事实:阿多诺、本雅明乃至洛文塔尔已经率先垂范,他们在冥冥之中或在现实世界引导着、帮助着、呼唤着马尔库塞完成了最后的选择。而审美乌托邦,实际上又是他们共同面对的一个世界。

为了能够把这一问题呈现得更加充分,有必要从马尔库塞对"乌托邦"的态度和理解谈起。在题为《乌托邦的终结》(1967)的演讲中,马尔库塞为乌托邦下了这样一个定义:"乌托邦是一个历史概念。它指的是那些被认为不可能实现的社会变革方案。"而之所以不可能实现,马尔库塞认为有两种情况:当既定社会状况中的主客体因素妨碍着社会变革时,就出现了第一种不可能,如在大多数高度发达的资本主义国家实现社会主义就是如此;当社会变革与某些既定的科学法则和客观规律相矛盾时,又形成了第二种不可能,如永葆青春的古老愿望和回到"黄金时代"的人类梦想。第一种不可能是因为主客体因素的缺席或不成熟,所以是"暂时"行不通;第二种不可能则是绝对地不可能,没有任何商量的余地。马尔库塞指出:"我认为我们现在只能在后一种意义上,亦即当社会变革的方案与真正的自然法则相矛盾时谈及乌托邦。"①

显然,当马尔库塞对乌托邦做出如此理解时,他实际上是在否定的意义上使用这一概念的。种种迹象表明,这一时期的马尔库塞对乌托邦并无多少好感。因为当革命高潮即将到来的时候,他对社会的整体的判断已发生了显著变化。在《单面人》写作时期,"技术合理性保护着统治的合理性"成为他的一个基本判断;然而,1967年的马尔库塞却认为"统治的技术化破坏了统治的基础"②。而随着技术的普遍运用,体力劳动将逐渐为脑力劳动所取代,这就意味着人们能够从异化劳动中解放出来,马克思那种建立在较低技术发展水平上的构想已然失效。这样,马尔库塞重新界定的社会主义就具有了实现的可能性。正是基于这一考虑,马尔库塞认为谈论"乌托邦的终结"已具有了

---

① Herbert Marcuse, *Five Lectures: Psychoanalysis, Politics, and Utopia*, p. 63.
② Ibid., p. 66.

现实意义:"虽然物质和智识力量的合理应用会被现行的生产力组织所阻止,但是从技术上说,用于变革的这两种力量已近在手边。在这一意义上,我认为我们今天实际上已经能够谈论乌托邦的终结了。"①而所谓"乌托邦的终结"实际上就是"历史的终结",因为"我们今天有能力把人间变成地狱……也有能力把地狱变成人间",人类社会所出现的这种新的可能性意味着旧的或现存的历史已无法延续,预示着"历史连续体的中断"。②

马尔库塞所界定的"乌托邦"是"绝对地不可能",而在他的心目中,实际的情况是社会已经已发展到了"暂时行不通"的前夜——"暂时"即将成为过去,"行得通"的曙光已在眼前。在这样一种背景下,乌托邦自然散发着陈腐的气息而理应终结。然而两年之后,马尔库塞却对乌托邦的态度发生了重大变化,因为在《论解放》(1969)的一开篇,马尔库塞就做起了为乌托邦翻案的文章。他认为乌托邦的本来含义是"乌有之乡"(no place),所以必须加以修改。经过一番论证之后,他又为乌托邦下了一个定义:"乌托邦这一概念意味着什么呢？它已经成为伟大的、真正的、超越性的力量。"③而当他如此解释着乌托邦时,显然他已扫荡了笼罩在乌托邦身上的霉味与晦气,他不但开始肯定乌托邦,而且简直就要拜倒在它的脚下了。

为什么马尔库塞会对乌托邦的态度发生这么大变化呢？凯尔纳认为,当马尔库塞靠在"不可能实现"的层面思考乌托邦时,他拒绝了它;而当他颠覆了乌托邦的本来含义后,他开始使用"具体的乌托邦"(concrete utopia)来意指"乌托邦能够被实现的可能性"。而在拜访马尔库塞时,马尔库塞也特别向他强调,"具体的乌托邦"这一概念来自布洛赫(Ernst Bloch),他在肯定的意义上使用它,是想呈现它的"可实现原理"(realizability-in-principle),从而消除它在意识形态层面受到的诽谤。④ 这样的解释从逻辑上来说自然是可以成立的,其成立的理由如下:在《乌托邦的终结》一文中,马尔库塞虽然打着乌托邦的旗号进入问题,但他实际上是一个反乌托邦主义者。因为当他在"乌托邦

---

① Herbert Marcuse, *Five Lectures: Psychoanalysis, Politics, and Utopia*, p. 64.
② Ibid., p. 62.
③ Herbert Marcuse, *An Essay on Liberation*, pp. 3, 22.
④ Douglas Kellner, *Herbert Marcuse and the Crisis of Marxism*, pp. 323-324, 470.

的终结"这一意义上来谈论马克思的构想时,他其实隐含了一种假定,即他自己所提出的那套社会变革方案(爱欲的解放、劳动变为游戏等等)是符合历史发展的客观规律的。而这样一套方案的被实现之日,也就是乌托邦的本来含义被解构之时。显然,在革命高潮即将到来的时候,马尔库塞的心理天平已开始向乌托邦含义中的"第一种不可能"倾斜;而在革命高潮的过程中,天翻地覆的革命行动又在某种程度上印证了他的构想,于是,"不可能实现"具有了"实现的可能性"。在这种情况下,他必须为乌托邦正名,也必须用乐观主义的想法改造甚至清除掉乌托邦中的悲观消极因素,从而赋予乌托邦一种革命的内容和浪漫的气息。于是,布洛赫的"具体的乌托邦"就被他请进了褒义词的语库中,充当了他思想的重要元素。

然而,一旦布洛赫的"具体的乌托邦"在马尔库塞的思想中有了栖息之地,也就意味着马尔库塞对乌托邦的理解发生了一系列微妙的变化。大体而言,这种变化表现在如下三个方面:

第一,在布洛赫那里,"乌托邦"与"希望"(hope)、"朝前的梦想"(forward dream)等概念的意思相近,"乌托邦的"则与"希望的"(wishful)、"期盼的"(anticipating)等概念的意思相仿。他用"乌托邦的"来意指世界中普遍存在的一种精神倾向:趋向(尚未到来的)更好状态的意向(intention)。这一精神现象表现在各个方面。因此,乌托邦远远超出了"社会乌托邦"的范围。换言之,"社会乌托邦"只是乌托邦的一个侧面,除此之外,还有技术、地理、建筑、绘画、音乐以及宗教等等之类的乌托邦。① 当马尔库塞批判着马克思的科学社会主义学说而构想着自己的那种新型的社会主义方案时②,他其实是完全靠在"社会乌托邦"的层面来思考问题的;而增加了布洛赫的概念和维度之后,意味着他注意到了乌托邦世界的丰富性,也意味着他从"社会乌托邦"层面向"审美乌托邦"层面(由文学艺术的世界所构成)位移时具有了充分的理由。

---

① 参阅陈岸瑛、陆丁:《新乌托邦主义》,台北:扬智文化事业股份有限公司2001年版,第18—19页。〔德〕克劳斯·库菲尔德:《"思想意味着超越"——论布洛赫哲学的现实意义》,于闽梅译,见童庆炳主编:《文化与诗学》第1辑,上海:上海人民出版社2004年版,第103—104页。

② 马尔库塞说:"通往社会主义的道路也许是从科学到乌托邦,而不是从乌托邦到科学。"这实际上是对马克思科学社会主义学说的质疑与批判。See Herbert Marcuse, *Five Lectures: Psychoanalysis, Politics, and Utopia*, p. 63.

第二,受马克思改造现实世界的革命精神的影响,布洛赫总是把"实现"看得比"梦想"更加重要,不过对于这两者之间的关系,他的理解要更为丰富。他说:"乌托邦只有抓住'此时此刻'所包含的驱力内容(driving-content),这一驱力之基本情态:希望,才可能完全包容在实际的胜利当中。"因此,乌托邦梦想的每一次"实现"都不是最终的解决,总会有某些未实现的希望要素遗留下来,这些希望要素指向了更远的目标。① 由此来思考马尔库塞的乌托邦实现观,我们又会发现它越来越开始接近布洛赫对乌托邦的理解。在革命的高潮中,马尔库塞改变了他对乌托邦的态度,这种改变很大程度上是基于主客观因素"出场"之后他对"实现"的急功近利的期待。然而,当革命退潮(革命并没有实现他预期的目标)之后,他不得不从"社会乌托邦"退守到"审美乌托邦"。他依然没有放弃他的"实现"计划,只是延迟了它的"实现"时间。他所谓的"乌托邦能够被实现的可能性",实际上正是携带着布洛赫所谓的"希望要素",通过迂回的方式和途径而指向了一个更远的目标。

第三,布洛赫指出:"'尚未存在'的本体论以完全不同的结构立于旧形而上学之上。新的形而上学和具体的乌托邦是同义词,在没有超验的超越中达到一致。"而根据库菲尔德(Klaus Kufeld)的阐释,布洛赫作为一个宗教思想家,神学构成了他思想体系中的一个重要内容。从这个意义上看,他的乌托邦的意思就是天国(上帝之国),相当于马克思所谓的"自由王国"。而所谓的"具体的乌托邦"或"新的形而上学",实际上就是要借助于"宗教遗产",使人们在摆脱现有宗教观念的基础上超越世界。由此可知,尽管布洛赫对宗教的理解体现出了辩证法的丰富性(他曾说过:"只有一个无神论者才能成为一个好的基督徒。只有一个基督徒才能成为一个好的无神论者")②,但是他的"乌托邦"或"具体的乌托邦"依然富有浓郁的神学色彩③。这就意味着马尔库塞在接受"具体的乌托邦"这一概念时,虽然他更多的是着眼于"实现",却也

---

① 参阅陈岸瑛、陆丁:《新乌托邦主义》,第149—150页。

② 〔德〕克劳斯·库菲尔德:《"思想意味着超越"——论布洛赫哲学的现实意义》,于闽梅译,见童庆炳主编:《文化与诗学》第1辑,第108—109页。

③ 在布洛赫的论述语境中,"具体的乌托邦"是相对于"抽象的乌托邦"而言的,其内涵也非常丰富。国内学者对其内涵的丰富性已有所揭示,但对其神学因素似乎还注意不够。参阅陆俊:《理想的界限——"西方马克思主义"现代乌托邦社会主义理论研究》第一章,北京:社会科学文献出版社1998年版。

不可避免地在其思考中多了一层神学的因素。也就是说,当马尔库塞借用布洛赫的概念并开始频繁地强调乌托邦的重要性时,当他在与雷蒙·阿隆(Raymond Aron)的一次谈话(1972)中把自己称作"是一个乌托邦人"①时,这固然是在为他那个审美乌托邦王国的全面营造进行舆论宣传和理论准备,但是在这种准备中,神学的维度却也加入了他的乌托邦方案中。而一旦拥有了这样的维度,"审美乌托邦"也就比他那个"社会乌托邦"拥有了更加丰富的内涵和更加明显的张力。同时,由于"审美乌托邦"方案的理想主义色彩,由于"审美乌托邦"之"实现"的遥遥无期,马尔库塞的构想也就越来越被涂上了一层凝重、悲凉的色彩。

如果把马尔库塞的构想放到法兰克福学派的传统中来加以考察,我们又会发现他的那个审美乌托邦在走向犹太救世主义的同时,也走进了法兰克福学派思想家的共同归宿中。西方学者曾把批判理论界定为"一种隐蔽的神学"②,而这种神学观念确实又或多或少、或轻或重地主宰过法兰克福学派思想家的思想,并成为他们思想停靠的最后港湾。在给霍克海默的一封信(1935年2月25日)中,阿多诺曾坦承过自己的"神学倾向"③;在《历史哲学论纲》中,本雅明以犹太神学思想整合马克思主义/历史唯物主义的意图也体现得淋漓尽致。马尔库塞身上的神学思想虽然相对弱一些,且在相当长的时间里被"革命"的主题遮蔽着,但是在他生命的最后阶段,却终于还是不甘寂寞,顽强地呈现了出来,以至于洛文塔尔形成了如下判断:"深深植根于犹太形而

---

① Alain Martineau, *Herbert Marcuse's Utopia*, Montreal: Harvest House Ltd., 1986, p. 27. 转引自程巍:《否定性思维——马尔库塞思想研究》,第288页。

② 〔德〕H. 贡尼、〔德〕R. 林古特:《霍克海默传》,任立译,北京:商务印书馆1999年版,第72页。

③ 阿多诺说:"令人吃惊的是,您的'无神论'结论(无神论的自我辩解越是天衣无缝,我就越不能相信它,因为随着它所作的每一次自我辩解,它的形而上学的粗暴性也就随之增加了)和我的神学倾向竟是如此吻合。我的神学倾向使您十分不安,但是它们的结论和您的结论却毫无二致。我可以把拯救失望者这一课题看作我全部尝试的主要部分。除此之外,再没有别的了。"〔德〕H. 贡尼、〔德〕R. 林古特:《霍克海默传》,第69页。对于阿多诺的神学思想,马丁·杰伊评论说:"像霍克海默一样,他用犹太人描绘上帝或天堂的禁忌,来为他拒绝给当今社会讲清楚的乌托邦选择作辩护。他仍然坚持的那种乌托邦可能实现的信念——或者更准确地说,这种信念的价值,无论它是否合理——可以被他下面这段论述所证实:'面对绝望,唯一能够尽责尽力去实践的哲学,是试图从救赎的层面去观照所有事物,考量它们在这个层面上会呈现的样子。只有通过救赎,知识才有照亮世界的光芒;其他的一切都是重构,雕虫小技而已。必须塑造出这样一些视角:将这个世界错置其位,使其陌生化,揭示其本相,包括它的裂缝与罅隙,就像有朝一日它终将在弥赛亚之光中呈现出贫困与扭曲之相那样。'" Martin Jay, *Adorno*, London: Fontana Paperbacks, 1984, p. 20.

上学与神秘主义中的乌托邦-弥赛亚主题,对于本雅明起着重大作用,当然,对于恩斯特·布洛赫、赫伯特·马尔库塞以及我本人同样也是如此。"①洛文塔尔是马尔库塞最亲密的朋友之一,他的话应该是可信的。

尽管在马尔库塞的个人化语境中,他对"乌托邦-弥赛亚主题"的选择有着充分的理由,但是我们依然没有必要一味地美化他那个审美乌托邦中的宗教渴望与救赎情怀。因为这种渴望和情怀假定,孤独的个人是最为强大的,他们可以在历史的紧要关头挺身而出,肩负起扭转乾坤的历史重任。然而,由于这种乌托邦运动只能是少数人的文化贵族运动,由于它一刀斩断了与人民大众的联系,由于它只能通过"向后看"的怀旧与一头扎入过去的回忆去寻找它的救赎激情与思想资源,所以,这场运动最后很可能会走入一种精神自闭的自我陶醉之中,而无补于真正的现实危机。因此,"如果说马克思关心的是大众,那么,对大众的背离,就意味着马尔库塞背离了马克思的社会主义的伦理意义。他重新定义的社会主义最终成了一种审美的社会主义,而审美不仅超越于功利之上,也超越于善恶之上。如果说这种审美的社会主义真的具有一种伦理意义的话,那也不是大众的伦理,而是一种超乎大众的日常伦理的少数文化贵族的伦理。这就使他的审美的乌托邦主义成了一种拜伦主义"②。或许正是因为这一原因,才使得晚年的洛文塔尔对法兰克福学派那种乌托邦主题有了一个深刻的反思。在回答卢德克(Martin Ludke)的提问时,洛文塔尔指出:

> 每当谈起这些事情(指乌托邦主题)时,我就感到有点陈旧与过时。毕竟,一个人不能仅靠基于世外桃源(never-never land)的乌托邦希望为生,乌托邦希望实现的可能性似乎几近于无。或许,这就是我在开头谈到这些时悲伤的原因。不过我意识到,也许哈贝马斯那个理论唯实论(theoretical realism)是把呈现在"批判理论"中那些主题拯救出来的唯一手段,因而也是防止它们完

---

① Martin Jay, ed., *An Unmastered Past*: *The Autobiographical Reflections of Leo Lowenthal*, Berkeley: University of California Press, 1987, p.232.
② 程巍:《否定性思维——马尔库塞思想研究》,第306—307页。

全分裂为空洞而忧郁的悲观主义的唯一手段。①

洛文塔尔的这番反思是值得重视的,因为当包括马尔库塞在内的法兰克福学派成员先后辞世之后,他的这番表白就成了他对法兰克福学派那种乌托邦-弥赛亚主题的一次意味深长的总结。而由于哈贝马斯已经偏离了法兰克福学派批判理论的传统,并且已经抛弃了游荡在第一代理论家那里的乌托邦-弥赛亚主题,所以当洛文塔尔承认哈贝马斯的做法"可能是正确的"时,他实际上已把他们这一代人的思考置于了一个尴尬的境地。

不过,虽然洛文塔尔终于正视并且也在一定程度上批判了他们这一代人的乌托邦冲动,但是这只意味着为我们提供了一个重新认识、把握法兰克福学派乌托邦主义的角度,却并不意味着为我们提供了否认其存在合理性的充分理由。因为正如保罗·蒂里希(Paul Tillich)所言:"如果没有预示未来的乌托邦展现的可能性,我们就会看到一个颓废的现在,就会发现不仅在个人那里而且在整个文化之中,人类可能性的自我实现都受到了窒息。没有乌托邦的人总是沉沦于现在之中;没有乌托邦的文化总是被束缚于现在之中,并且会迅速地倒退到过去之中,因为现在只有处于过去和未来的张力之中才会充满活力。"②这样一种说法同样适用于法兰克福学派的乌托邦主义。事实上,也正是因为有了乌托邦这一维度,法兰克福学派第一代思想家的理论才充满了现代知识分子弥足珍贵的人文激情,才能让人们在批判性、否定性、超越性的向度上享受一种理论上的雍容华贵。而马尔库塞,也正如凯尔纳所归纳的那样:"在我看来,那些对马尔库塞的'乌托邦主义'或'浪漫主义'弃之不顾的人,不仅无法欣赏其思想中那些更迷人的特色,而且除此之外,他们也会与其思想中固有的张力与含混失之交臂。"③

马尔库塞说:"我是一个绝对不可救药的多愁善感的浪漫主义

---

① Martin Jay, ed., *An Unmastered Past: The Autobiographical Reflections of Leo Lowenthal*, pp. 245-246.

② 〔德〕保罗·蒂里希:《政治期望》,徐钧尧译,成都:四川人民出版社1989年版,第215—216页。

③ Douglas Kellner, *Herbert Marcuse and the Crisis of Marxism*, p. 371.

者。"① 韦伯(Shierry Weber)指出,马尔库塞的思想具有一种旅行的意味,旅行是为了探险,但"旅行的最终目标却是回家"。② 在对马克思、海德格尔、黑格尔、弗洛伊德、席勒等人的思想经过一番探险之后,这个多愁善感的浪漫主义者终于带着他的理论张力与魅力、带着他的乌托邦激情与冲动、带着他的矛盾与含混回家了。像一个少时逆反、老大皈依的游子,马尔库塞回到了法兰克福学派这个大家族中,也回到了他们共同关心的"审美之维"中。通过马尔库塞,一代知识分子的心路历程就这样画上了一个看似圆满的句号。

---

① Herbert Marcuse, *Five Lectures: Psychoanalysis, Politics, and Utopia*, p. 82.
② Shierry Weber, "Individuation as Praxis," in Paul Breines ed., *Critical Interruptions: New Left Perspectives on Herbert Marcuse*, New York: Herder and Herder, 1972, p. 54.

结　语

一

在对法兰克福学派四位思想者的大众文化理论及其心路历程进行了一番考察后，让我们回到本书的逻辑起点。

在本书的开头，笔者提出法兰克福学派的大众文化理论是在特殊的历史语境中生成的现代性话语，然而由于思考问题的逻辑起点截然相反（自上而下与自下而上），由于对大众的意识水平存在着不同理解（是被动顺从还是能动反叛），更由于对大众文化的功能与作用存在着不同的解释（是统治者"整合"的帮凶还是被统治者"颠覆"的武器），所以，在法兰克福学派的内部一直存在着两种声音，法兰克福学派的大众文化理论也因此形成了两套话语：否定性话语与肯定性话语。否定性话语的代表人物是阿多诺，肯定性话语的首倡者是本雅明。这两套话语表面上是对立的，但实际上又统一在"批判理论"的基本宗旨之下。

经过一番梳理分析之后，有必要进一步重申如下观点：只有一个阿多诺，即终生批判着文化工业的阿多诺，但是却有两个本雅明（布莱希特式的与波德莱尔式的）、两个洛文塔尔（蒙田式的与帕斯卡尔式的）和两个马尔库塞（本雅明式的与阿多诺式的）。因此，本雅明、洛文塔尔与马尔库塞在对待大众文化问题上都具有两面性、暧昧性与矛盾性。这意味着他们既以各自不同的方式参与了大众文化否定性话语的生产，又在不同的历史语境与其个人的个性化思考中扮演着大众文化肯定性话语制造者的角色。否定性话语毫无疑问是法兰克福学派大众文化理论的主流，同时也是对"批判理论"的直接注释；肯定性话语在法兰克福学派内部并不具有合法性，这不仅是因为本雅明肯定大众文化的观点曾经遭到过阿多诺的激烈批评,而且也因为本雅明、洛文塔尔与马尔库塞各自思想中的另一面,从而对其肯定性话语构成了一种消解。但是,历史地看,肯定性话语对于否定性话语来说又是一种补充、制衡与修正,同时也是对"批判理论"的间接阐释。由于有了这种声音、思路、视角与操作方案,法兰克福学派的大众文化理论因此而显得更加丰富了。

尽管由于历史的原因,否定性话语与肯定性话语分别存在着理论的盲点(前者把大众构想成愚昧顺从的庸众,夸大了理论批判的作用;后者把大众构想成不断革命的群众,夸大了政治实践的功能),但是法兰克福学派的大众文化理论因其突出的原创性与批判性,却依然可以成为与当今众多的大众文化理论进行对话的宝贵资源。而作为现代型知识分子,批判理论家那种拒绝赞美现实的姿态(来自否定性话语)与争取大众的策略(来自肯定性话语)也依然闪现着特殊的魅力,它们可以也应该成为当今知识分子建构自己批判立场、调整自己与大众关系的思想财富。

二

作为一种原创性的大众文化理论,法兰克福学派的思考无论从哪方面看都意义重大。但问题是从 1960 年代开始,英国的"伯明翰学派"(The Birmingham School),法国的罗兰·巴特又发展出了新的大众文化理论——前者侧重于从平民主义的立场出发去发掘大众的文化抵抗功能,后者侧重于用符号学的方法去解读各类文化现象。于是,当代西方大众文化理论的谱系至少有三:第一是法兰克福学派,第二是英国的伯明翰学派,第三是由罗兰·巴特开创的带有法国享乐主义色彩的符号学式解读。那么,在西方大众文化理论的总体发展中,该如何为法兰克福学派定位呢?更重要的是,在当今西方学界方兴未艾的"文化研究"(cultural studies)中,又该如何对法兰克福学派做出判断呢?

让我们先来看看西方学者的观点。早在 1980 年,格罗斯在比较了阿多诺、洛文塔尔和罗兰·巴特的大众文化研究方法之后就曾指出,三位学者的研究方法均有可取之处又都有不足之点。研究大众文化最有希望的趋势也许存在于符号学与批判理论的融合之中,而这种融合的迹象已经在列斐伏尔、艾柯（Umberto Eco）与波德里亚等人的研究中体现了出来。① 而从 1990 年代中后期开始，凯尔纳也在反复申明这样一个观点：法兰克福学派的批判理论是文化研究的元理论（metatheory）之一，其大众文化理论与大众传播研究实际上是文化研究的早期模式，这一学派所发展起来的跨学科方法可以给后来的文化研究带来许多启迪。而在与伯明翰学派的"文化研究"进行比较之后作者又认为，两派拥有共同的观点又都有不足之处，所以它们亟须在新的文化语境中对话，通过对话可以相互为对方提供一种有效的视角。② 此外，汉诺·哈特（Hanno Hardt）也反复强调，洛文塔尔通过自己的理论与实践，强化了一种真正的跨学科方法，他可以成为"文化研究"的先驱。③ 而新近一种更激进的观点则认为，为了使"文化研究"走出日趋低迷的困境，我们必须重新审视和正视法兰克福学派的遗产，因为只有法兰克福学派才能"将文化研究从目前的批判昏睡（critical lethargy）中摇醒"④。

如果从方法论的角度看，法兰克福学派所从事的种种理论活动无疑就是早期的"文化研究"。但笔者以为，当代西方学者在"文化研究"的语境中对法兰克福学派的再发现更意味着这样一个事实：1970 年代以来，流行于西方世界（尤其是美国）的是后结构主义与后现代主义的理论。把这种理论运用于大众文化研究，便催生了一种解读大众文化的符号学理论和快感理论（以费斯克为代表）；1980 年代之后，随着"文化研究"在北美和澳大利亚等地的兴起，伯明翰学派的理论又成了西方学界关注的目标（但其政治介入功能与批判传统却不断地被改

---

① David Gross, "Lowenthal, Adorno, Barthes: Three Perspectives on Popular Culture," *Telos*, no. 45 (1980), p. 140.

② Douglas Kellner, *Media Culture: Cultural Studies, Identity and Politics between the Modern and the Postmodern*, London and New York: Routledge, 1995, pp. 27-30. See also Douglas Kellner, "The Frankfurt School and British Cultural Studies: The Missed Articulation," in Jeffrey T. Nealon and Caren Irr eds., *Rethinking the Frankfurt School: Alternative Legacies of Cultural Critique*, Albany: State University of New York Press, 2002, pp. 31-58.

③ See Hanno Hardt, "The Conscience of Society: Leo Lowenthal and Communication Research," *Journal of Communication*, 41(3), 1991, pp. 65-85.

④ Imre Szeman, "The Limits of Culture: The Frankfurt School and/for Cultural Studies," in Jeffrey T. Nealon and Caren Irr eds., *Rethinking the Frankfurt School: Alternative Legacies of Cultural Critique*, p. 66.

写、淡化甚至取消)。而在这种"理论旅行"的过程中,西方学界对法兰克福学派个别成员(如本雅明)的兴趣虽逐渐升温,但总体上看,法兰克福学派则处在一种被有意遗忘的状态。然而,缺少了法兰克福学派的批判理论,当代"文化研究"的理论话语实际上又呈现出一种"丰富的贫乏":表面上看,"文化研究"的话语资源似乎色彩纷呈,但追根溯源又都来自法国或英国。而动辄是文化抵抗或符号学层面的游戏,又使"文化研究"呈现出某种单调。——或许,这才是重提法兰克福学派的深层原因。

因此,法兰克福学派的批判理论可以也应该成为"文化研究"的理论资源。增加了这一理论传统,"文化研究"那种越来越柔弱无骨的局面可能会得到某种改变。[①] 从这一意义上说,凯尔纳等人重提法兰克福学派,实在是有为"文化研究"招魂的意味。

三

在本书中,笔者没有涉及中国的大众文化与中国学界对法兰克福学派大众文化理论的接受,但"法兰克福学派与中国"一直是笔者的一个重要的写作背景。1990年代以来,在对法兰克福学派大众文化理论的接受中,起初是不加鉴定地套用或挪用,于是,中国的大众文化成为法兰克福学派理论武器(主要来自阿多诺与马尔库塞)的轰炸目标;然

---

① 对于"文化研究"的柔弱无骨,西方一些学者已有所认识并开始反省。比如,澳大利亚学者葛拉米·特纳指出,在澳大利亚和美国,学院之内的文化研究变得越来越安全和舒服,英国的文化研究因此变成了一种教学活动,而不是成为一种批判或政治事业。美国学者特丽萨·埃伯特认为,现在的文化研究是向保守主义屈服的结果,它更注重文本和美学功能,而其中的政治意识却越来越少,活动能力也越来越低。英国学者格雷厄姆·默多克则强调,1980年代以来,当不少高校设立了文化研究系和文化研究专业之后,文化研究日益变得体制化和学术化了。它开始逐渐与政治和社会实践相脱离,原来的人文知识分子也蜕变为学有专长的单一性学者。他们不再积极参与公共论坛的讨论,却热衷于为越来越多的文化研究领域的学术刊物撰写论文。See Graeme Turner, "'It Works for Me': British Cultural Studies, Australian Cultural Studies, Australian Film," in John Storey ed., *What is Cultural Studies?: A Reader*, London and New York: A Member of the Hodder Headline Group, 1996, p. 322. 参阅谢少波、王逢振编:《文化研究访谈录》,北京:中国社会科学出版社2003年版,第51—52页;赵斌:《文化分析与政治经济——与默多克关于英国文化研究的对话》,李陀、陈燕谷主编:《视界》第5辑,石家庄:河北教育出版社2002年版,第164页。

后,反思的声音与讥讽的言辞逐渐增多,于是,"错位说"①和"搔痒说"②又走俏一时。法兰克福学派的批判理论成了被批判的对象,其大众文化理论也几成过时的话语而不愿再被人提起。短短十年左右的时间,法兰克福学派大众文化理论的中国之旅似乎已从辉煌走向了没落。

法兰克福学派大众文化理论在中国的命运究竟意味着什么,一旦把学界的论争简化成这样的问题,我们就会发现有关法兰克福学派的种种中国说法其实并没有给出一个令人满意的答案。笔者在这里并不想在诸多说法之上再增加一种,而只是想指出,这依然是中国学界遗留下来的,并且也应该面对、需要解决的一个课题。

可以肯定的是,只要中国还存在着大众文化(实际情况是大众文化在中国已经落地生根且长势良好),法兰克福学派剖析大众文化的思路与方法就依然可以成为我们思考大众文化的重要参照系。当然,还有英国的"文化研究",还有法国的符号学方法。只有对这些大众文化理论比较鉴别之后,我们才能真正确认哪一种大众文化理论更对中国人的胃口;中国学界也才可能以此为生长点,并结合中国的实际情况,发展出一种属于我们自己的大众文化理论来。

---

① 参阅陶东风:《批判理论与中国大众文化批评——兼论批判理论的本土化问题》,《东方文化》2000年第5期。
② 参阅朱学勤:《在文化的脂肪上搔痒》,《读书》1997年第11期。

附录　法兰克福学派大众文化理论及相关研究综述

法兰克福学派涉及的研究领域很多,自1960年代法兰克福学派浮出历史地表之后,对它的研究也逐步升温。法兰克福学派的大众文化理论(一般称之为"大众文化批判理论")是其"批判理论"的重要组成部分,但由于这一理论与其哲学、政治学、美学、艺术学、文学理论等密切相关,笔者在对法兰克福学派大众文化理论研究状况进行综述的同时,也兼及该学派的其他理论。

一　国外研究综述

这里综述的国外研究是指笔者接触到的、以英文或英译著作(包括已经翻译过来的中文著作)出现的文本,大体而言,这些文本又可分为两种类型:(一)对法兰克福学派的综合研究;(二)对法兰克福学派单个成员的研究。为了梳理得清晰,以下综述也分别在这两个层面上展开。

(一)对法兰克福学派的综合研究

最早对法兰克福学派进行综合研究的是美国学者马丁·杰伊(Martin Jay)的《辩证的想象》(*The Dialectical Imagination: A History of the Frankfurt School and the Institute of Social Research 1923-1950*,中译本名为《法兰克福学派史》)。该书出版于1973年,对法兰克福学派的历史、批判理论的起源、研究所所做的主要工作进行了详细的介绍与清理。其中第五章是对法兰克福学派的审美理论和大众文化批判理论的介绍与研究。作为一部"思想史"著作,此书不仅提供和挖掘出许多鲜为人知的史料,而且指出了大众文化批判理论的实质。作者认为,法兰克福学派反对大众文化,不是因为它是民主的,而恰恰是因为它不民主。大众文化的观念是意识形态的,文化工业支配着一种非自然的、物化的、虚假的文化而不是真实的东西,高雅文化和低俗文化之间原有的区别在大众文化面前全部消除,甚至古典艺术中最"否定"的典范也被马尔库塞后来所谓的"单向度"所吸收(p. 216)。作者同时指出,传统的"否定的"文化的衰亡并非孤立的精神事件,大众文化是政治极权主义的温床,文化与政治的中介机制可以在心理学的意义得到最好的理解(pp. 217-218)。而在此书 1996 年的再版序言中,作者一方面认为法兰克福学派一些成员为后现代转向(the postmodern turn)提供了理论基础,一方面又指出批判理论在新的语境中可以成为反对后现代理论中那些虚无主义、相对主义、反启蒙等含义的堡垒。阿多诺预示了对后现代主义的拒绝(pp. xvii-xix)。显然,这种观点体现了作者对法兰克福学派的最新看法。

  作者的另一部著作《永恒的流放》(*Permanent Exiles: Essays on the Intellectual Migration from Germany to America*, 1985)是一本论文集,其中论述了法兰克福学派对马克思主义的人道主义的批判、对曼海姆(Karl Mannheim)与知识社会学的批判,梳理了法兰克福学派对反犹主义的分析,指出批判理论跨学科方法视域中存在着肯定与否定的总体性两个向度,它们构成一种隐含的张力。此外,作者还对流亡中的法兰克福学派、阿多诺在美国的情况等进行了介绍和分析。此书既有史料的钩沉,又有集中于某一专题方面的精微剖析,可看作《辩证的想象》一书的补充读物。此外,作者还写有《马克思主义与总体性》(*Marxism and Totality: The Adventures of a Concept from Lukács to Habermas*, 1984),此书勾勒了西方马克思主义的地形图,并以"总体性"作为一个关键概念,论述了从卢卡奇开始一大批西方马克思主义者对总体性的思考与看法,其中也包括霍克海默、阿多诺和马尔库塞。

  马丁·杰伊的《辩证的想象》等著作是研究法兰克福学派的入门书,其参考价值不言而喻。经过历史的检验之后,作者对法兰克福学派大众文化理论(前期)的判断是基本准确的,但由于体例等原因,此书亦有美中不足之处:第一,述多论少;第二,对洛文塔尔与马尔库塞

1950年以后的大众文化理论无法做出交代,这在一定程度上影响了作者对法兰克福学派大众文化理论的整体理解与判断。

费尔·斯莱特(Phil Slater)的《法兰克福学派的起源与意义》(*Origin and Significance of the Frankfurt School: A Marxist Perspective*, 1977)也是较早研究法兰克福学派的著作之一,此书以历史唯物主义的视角分别考察了法兰克福学派的"意识形态批判""理论与实践的联系"以及对"控制与反抗心理之维"的研究。在此书的第5章,作者研究了法兰克福学派的历史唯物主义美学,并沿着"作为'肯定'的艺术""文化工业"和"否定"的线索,梳理和分析了阿多诺、本雅明、马尔库塞等人的美学思想,在此基础上形成了一个重要结论:在法兰克福学派的美学中,"否定"已经取代了"斗争"(p. 133)。此书的长处有三:首先,作者把法兰克福学派诸成员的思考与列宁、托洛茨基、卢卡奇、布莱希特等马克思主义者对艺术问题的思考进行比照,从而凸显了法兰克福学派美学理论的重要特征。其次,通过对作为否定的艺术的分析,指出了"社会批判理论"所存在的缺陷:法兰克福学派本来就对堕落的大众充满了失望,而他们的美学又对这种失望进行了加工再生产(p. 135),这种判断可谓一针见血。最后,对大众文化理论的一些细节进行了推敲。比如作者认为,法兰克福学派所攻击的并非大众文化本身,而是在垄断资本保护之下的特殊的退化形式(p. 122),类似这样的观点,有助于我们对法兰克福学派大众文化理论更精微的理解。

然而,此书在论及法兰克福学派的大众文化理论时亦存在着不足,作者在大量篇幅中谈论的更多是该学派的艺术理论和美学理论,文化工业/大众文化批判理论似乎只是作为其美学理论的一个注脚顺便提出的。由于作者的思考重心在于该学派的美学而不在于其大众文化理论,所以其论述并没有展开,也不可能进行更有深度的开掘。

戴维·赫尔德(David Held)的《批判理论导论》(*Introduction to Critical Theory: Horkheimer to Habermas*, 1980)是一部研究法兰克福学派的力作,此书上自霍克海默,下至法兰克福学派第二代理论家哈贝马斯,详细梳理与剖析了"批判理论"的来龙去脉。其中既有综合思考,又有个案分析,并在此基础上指出了"批判理论"的重要性和历史局限。在该书的第一部分第三章,作者重点分析了"文化工业"理论。

他认为,法兰克福学派的基本观点之一是不能把文化现象置于基础——上层建筑的简单模式中去进行分析,同时,离开社会总体孤立地就文化谈文化同样也是行不通的。而在实际的操作中,他们对文化的分析更接近于弗洛伊德而不是正统的马克思主义者(pp.79-80)。作者在法兰克福学派所钟情的自主艺术与所批判的文化工业之间寻找分析的空间,总结出阿多诺等人批判文化工业的三个基本依据(pp.89-90),回答了文化工业的实质是它一方面被整合进资本主义体制中,另一方面它又反过来自上而下整合消费者(p.91)。在此基础上,作者还粗略地涉及了阿多诺、霍克海默、洛文塔尔、马尔库塞与本雅明在对待文化工业看法上的区别(pp.79,107-108),所有这些,对于我们认识法兰克福学派的大众文化理论都有重要的参考价值。美中不足的是,作者的这些分析比较简略;而作者以"文化工业"来指称法兰克福学派的大众文化理论,又容易给人造成误解,因为"文化工业"只能说明阿多诺与霍克海默的观点,让它注释马尔库塞、洛文塔尔和本雅明的思想,显然不太合适。

巴托莫尔(Tom Bottomore)的《法兰克福学派》(*The Frankfurt School*, 1984)共三章,简明扼要,但他对法兰克福学派的批评多于公允的评价。作者认为,法兰克福学派的社会分析过于受到那些稍纵即逝的现象的影响,而对于这些现象(比如文化工业),又从来没有在历史与比较的层次上进行系统的、进一步的探讨(p.107)。对于法兰克福学派的大众文化理论,作者涉及不多,只是点出了阿多诺与马尔库塞等人的主流观点。但值得注意的是,在分析法兰克福学派批判大众文化的成因时,作者认同布莱希特对该学派的指责,并得出了如下结论:"确实没有任何一位法兰克福学派的代表人物曾经积极参与或支持激进的政治运动。"(p.41)同时,作者又把法兰克福学派批判大众文化的动因定位于"怀旧":"在阅读法兰克福学派论及个人自主性的丧失之作品(尤其是阿多诺与霍克海默的著作)时,我们难免有个印象,认为他们所要表达的正如韦伯一般,是关于社会某一特殊阶层的没落,是受过教育的上层中产阶级,尤其是'王公贵族'的没落,以及一种对传统德国文化(kultur)的怀旧病。"(p.54)

巴托莫尔的分析提供了一个对法兰克福学派进行批判的视角,但许多说法都显得武断。尤其是当他删除了洛文塔尔却又指责法兰克福学派对大众文化的分析缺乏历史与比较的维度时,这种看法显然是不准确的。而作者对法兰克福学派批判大众文化动因的思考,也表达了英美学者对法兰克福学派的一种流行的成见。

罗尔夫·魏格豪斯(Rolf Wiggershaus)的《法兰克福学派:历史、理论及政治影响》(*The Frankfurt School: Its History, Theories, and Political Significance*, 1994)是一部皇皇巨著,此书凡787页,被西方学界公认为是继马丁·杰伊《辩证的想象》之后又一部完整而全面地梳理、分析法兰克福学派历史与批判理论的著作。作者上从1920年代写起,下至1970年代初结束,用了将近一半的篇幅来呈现法兰克福学派返回德国之后的活动、论争以及批判理论家与学生运动的关系,这弥补了马丁·杰伊叙述的不足。作者特别关注法兰克福学派成员内部的论争以及每一位理论家具有鲜明个性的理论,这成为该著的一个重要特色。比如,在呈现"阿—本之争"中论争双方的看法时,作者一方面认为阿多诺的一些观点考虑得并不周全,另一方面又指出本雅明所使用的概念也相当古怪(p. 217)。同时,作者又特别注意对许多细节问题进行澄清,这又成为该著的另一个亮点。比如,阿多诺准备进入拉扎斯菲尔德(Paul Lazarsfeld)的普林斯顿无线电研究中心工作时,一方面接受了后者的邀请,另一方面又向后者承诺他并不讨厌经验主义的研究,恰恰相反,"经验"(experience)这一概念非常接近他本人的思想。然而,当阿多诺写出几篇论文后,拉扎斯菲尔德却大为不满,他认为阿多诺的研究太逻辑化了(pp. 238-243)。这种细节呈现了阿多诺所理解的经验主义研究与流行于美国本土的经验主义研究之间的巨大差异。

然而令人遗憾的是,在这部巨著中,作者不但没有拿出专章分析法兰克福学派的大众文化理论,而且直接提及"文化工业"或"大众文化"的地方都很少,于是,法兰克福学派的大众文化理论在此书中基本上处于缺席状态。

美国哲学家道格拉斯·凯尔纳(Douglas Kellner)的《批判理论、马克思主义与现代性》(*Critical Theory, Marxism and Modernity*, 1989)是研究法兰克福学派批判理论的重要著作,由于作者认为法兰克福学派的批判理论只是提供了市场资本主义转换为垄断资本主义过程中的理论形式,批判理论只有经过修正和发展之后才能加入当今新的理论形式之中("Interview with Douglas Kellner", http://www.uta.edu/huma/illuminations/kell.htm),所以,可以把此著看作作者修正与发展批判理论的一种尝试。该著指出,由于现代性的起源伴随着世俗化的进程,现代性又是与改革、变化、追新逐异与反对传统和教条联系在一起的;由于第一代批判理论家在创立自己的学说时借用了马克思、韦伯等人关于现代性的理论,并在一个特殊的历史语境中描绘出了资本主义现代性的演变轨迹,因此,批判理论实际上一直在以一种特殊的姿态致力于现代性问题的研究。然而,1960年代至今,批判理论所关注的经济、国家、文化、媒介、日常生活等等在当代西方已发生了很大变化,批判性地重构批判理论就显得势在必行(pp. 1-6)。正是在这一指导思想下,作者让批判理论与现代性和后现代性展开了一次意味深长的对话。值得一提的是,作者在此书专列两章(第五章:"从'真正的艺术'到文化工业";第六章:"从消费社会到后现代主义")讨论了法兰克福学派的大众文化理论,一方面对大众文化理论的内涵、实质与其形成的历史语境等进行了剖析,另一方面又对大众文化理论在当代西方的适用情况进行了批判性的反思。所有这些,都为我们提供了研究与反思法兰克福学派大众文化理论的新视角。

凯尔纳的这些观点也延续在他后来的著述中,比如,在与斯蒂文·贝斯特(Steven Best)合著的《后现代理论》(*Postmodern Theory*, 1991)一书中,作者进一步强调,法兰克福学派第一代理论家主要强调了现代性中消极的、压迫性的一面,而《启蒙辩证法》则假想出一种自我再生的、稳定的、不会遇到任何重大革命性对抗的资本主义体系,这样就把马克思主义的革命理论简单化了(p. 286)。而对于后现代理论,作者则认为由于拒斥辩证法,这一理论更加倾向于片断化和经验主义化,无法对各种社会现象之间的中介与联系做出说明(p. 289)。这种分析思路给人如下感觉,作者似乎是想让批判理论与后现代理论相互补充。而在新近出版的《媒介文化》(*Media Culture: Cultural Studies, Identity and Politics between the Modern and the Postmodern*, 1995)中,作者又把法兰克福学派的批判理论作为文化研究的元理论(metatheory)之一,与英国的文化研究和后现代/后结构主义的理论进行了比较分析。作者认为,法兰克福学派的大众传播与文化研究是文化研究的早期模式,该学派所发展起来的跨学科方法(transdisciplinary approaches)给后来的文化研究带来许多启迪。然而法兰克福学派的文化研究也存在着问题,尤其是他们把文化分为高雅与低俗不利于文化研究的进行,因此,正确的做法是把文化看成统一的谱系,将相似的方法应用于所有的文化制品(从歌剧到流行音乐,从现代主义文学到肥皂剧)中。同时,他又指出,尽管法兰克福学派的方法有其片面性,但它又为分析意识形态化和低俗化的媒介文化形式提供了一种批判工具(pp. 27-30)。在文化研究的语境中,法兰克福学派与英国的文化研究均存在着局限性,它们可以相互为对方提供一种有效的视角(p. 8)。

相比较而言,凯尔纳对待法兰克福学派的态度、立场和所进行的相关研究超越了西方一些学者的保守主义立场和激进主义姿态,能够对该学派做出比较公允、客观的评价。而对批判理论的修正与重构又隐含了作者的良苦用心:在当代西方理论话语的众声喧哗中,他想让批判理论成为一支重要的制衡力量,并承担起批判现实的重任。这种思路值得我们借鉴。

苏珊·布克-穆斯(Susan Buck-Morss)的《否定的辩证法之起源》(*The Origin of Negative Dialectics*: *Theodor W. Adorno*, *Walter Benjamin*, *and the Frankfurt Institute*, 1977)既是对阿多诺、本雅明研究的专著,同时亦可看作一部从特殊角度切入的法兰克福学派史。该书的一大特色是资料丰富,考证仔细(注释部分有 100 多页,占全书的三分之一强)。作为一部哲学著作,作者呈现了阿多诺、本雅明对辩证法问题的不同理解;而作为一部对阿多诺与本雅明比较研究的著作,作者又以"争论点""政治差异"与"挽歌"为题,用三章篇幅首次介绍并分析了"阿—本之争"(The Adorno-Benjamin Debate)的来龙去脉。对于两人的大众文化理论思想,作者所论不多,只是在"阿—本之争"中泛泛提及,但作者所发掘的史料,对于我们思考阿多诺与本雅明的思想分歧(尤其是思考两人大众文化之争背后的东西)具有重要的参考价值。

阿兰·斯威伍德(Alan Swingewood)的《大众文化的迷思》(*The Myth of Mass Culture*, 1977)不是研究法兰克福学派的专著,但由于作者是对大众文化理论的反思与批判,书中多处论及了法兰克福学派的观点。作者认为,资本主义的经济模式、科学技术以及文化绝非阿多诺与霍克海默所说,已经沉沦到野蛮、无意义之中,也绝不是滑落到了无可挽回的地步。与此相反,资本主义所带来的经济成就与丰富的文化内涵已达到史无前例的顶峰。既然资本主义的经济毫无"最后的危机"可言,资本主义的文化同样也没有最后的危机的可能(p.19)。作者指出阿多诺等人关于大众文化的论断存在着双重的盲点,一方面是精英论者的文化观,认为形式高雅的才是文化,才能变化人心从而充当改变社会的利器;另一方面又显得悲观武断,认为工人阶级心甘情愿地牺牲,臣服于物化的环境里(p.46)。

在笔者所接触到的观点中,斯威伍德是对法兰克福学派的大众文化理论批判得最猛烈的学者之一。虽然他的某些分析不无道理,但总体上看,其情绪化的判断往往多于学理层面的开掘。而且,他所批判的主要是法兰克福学派大众文化的主流观点。这种大处落笔、以偏概全的方式无法深入法兰克福学派大众文化理论最精微的层面,且常常会把复杂的问题简单化,故不足为训。

马库斯(Judith Marcus)与塔尔(Zoltán Tar)合编的《法兰克福学派社会研究的基础》(*Foundations of the Frankfurt School of Social Research*, 1984)分别在"历史与思想史""哲学""美学""社会学与社会心理学""政治科学与政治经济学""马克思主义"六个类别下收录论文25篇;伯恩斯坦(Jay Bernstein)编定的《法兰克福学派:批判性评估》(*The Frankfurt School: Critical Assessments*, 1994)凡6卷,收录论文96篇,其中既有对法兰克福学派的总体论述,也有对霍克海默、阿多诺、马尔库塞、弗洛姆、哈贝马斯等人的专论,都是研究法兰克福学派的重要资料。尼伦(Jeffrey T. Nealon)与艾尔(Caren Irr)新近编辑的论文集《法兰克福学派再思考》(*Rethinking the Frankfurt School: Alternative Legacies of Cultural Critique*, 2002)收录论文13篇,其中凯尔纳的《法兰克福学派与英国文化研究:错失的接合》("The Frankfurt School and British Cultural Studies: The Missed Articulation")与采曼(Imre Szeman)的《文化的界限:法兰克福学派与文化研究》("The Limits of Culture: The Frankfurt School and/for Cultural Studies")是在"文化研究"的语境中反思法兰克福学派的文章,前者是对其《媒介文化》中观点的延续与深化;后者认为,以往在文化研究中提到法兰克福学派,常常是把它作为一个负面的教训。但实际上,法兰克福学派的著作(尤其是论述文化方面的)对文化研究贡献巨大(p.61)。作者一方面批驳了文化研究领域中一些学者(如 Simon During、Larry Grossberg、Dominic Strinati 等)的看法,另一方面也不同意凯尔纳关于法兰克福学派与文化研究两者互补的观点,而是认为,为了文化研究而重新思考法兰克福学派,首先需要"把法兰克福学派论述文化的著作既看成是生产性的又看作成问题的(problematic)的洞见"(p.65),即要对法兰克福学派的理论进行辩证的考察。而只有释放出法兰克福学派的批判潜力,才能"将文化研究从目前的批判昏睡中摇醒"(p.66)。作者最后的结论是:"法兰克福学派的著作也许不能主动为我们提供这种批判形式,但是它确实可以使我们看到我们怎么和为什么被卡住了,我们如何才可能继续前行。"(p.74)与凯尔纳相比,采曼显然代表着一种更为激进的观点。

杜比尔(Helmut Dubiel)、沃林(Richard Wolin)、伯曼(Russell A. Berman)、弗里德曼(George Friedman)、波斯特(Mark Poster)等学者也在其著作中对法兰克福学派或批判理论做过专门分析,兹不赘述。

此外,在约翰·斯道雷的《文化理论与通俗文化导论》(*An introductory Guide to Cultural Theory and Popular Culture*,1997)、多米尼克·斯特里纳蒂(Dominic Strinati)的《通俗文化理论导论》(*An Introduction to Theories of Popular Culture*,1998)、约翰·多克(John Docker)的《后现代主义与通俗文化》(*Postmodernism and Popular Culture*,1994)等专题研究中,也往往设专章或专节论及法兰克福学派的大众文化理论,但一般而言,此类著作常常流于泛泛的介绍。

小结:西方学者对法兰克福学派的总体研究大体可分为三类。1.历时性的描述(如马丁·杰伊等人的著作);2.专题研究(如凯尔纳等人的著作);3.在对大众文化或通俗文化的通论中涉及法兰克福学派(如斯道雷等人的著作)。第一类著作偏重史实的梳理与澄清,但常常述多论少;第二类著作偏重理论的建构,常能给人提供理解法兰克福学派的新思路与新视角,但作者所持的立场需要特别注意;第三类著作专说大众文化,但法兰克福学派的大众文化理论只是其中的一个部分,故常常择其要者,大而化之,所思所考无法精微深入。在笔者所接触到的资料中,还没有论述法兰克福学派大众文化理论的专著。

（二）对法兰克福学派单个成员的研究

1. 阿多诺研究

阿多诺是近年来西方学者关注的一个热点人物，由于阿多诺的思想丰富而厚实，并在哲学、美学、音乐理论、大众文化批判等方面卓有建树，故西方学者常常选其某一方面进行专题研究，笔者在以下的综述中也大体分为几个方面。

（1）传记研究

较权威的思想评传是马丁·杰伊的《阿多诺》(*Adorno*, 1984。中译本名为《法兰克福学派的宗师——阿道尔诺》)，此书侧重对阿多诺哲学、心理学、美学与文化批判思想的介绍与分析，既是一本思想传记，也是一本研究专著。作者认为，非正统的西方马克思主义思想、美学现代主义、上流文化保守主义、微弱却很明显的犹太情感以及比法国后结构主义思想家先行一步的解构主义精神是阿多诺思想张力场中的基本元素(pp. 15-23)，此种判断虽依然有商榷的必要，但在阿多诺研究中已成一家之言。日本学者细见和之的《阿多诺——非同一性哲学》通俗易懂。此书前半部分描述阿多诺生平，后半部分侧重于介绍阿多诺的哲学思想。融入作者的个人体验来阐释阿多诺的概念与思想是此书的一个特色。

在阿多诺的百年诞辰(2003年9月11日)之际，德国出版界推出了阿多诺的三本传记。法兰克福学派研究专家米勒-多姆(Stefan Müller-Doohm)的《阿多诺传》(*Adorno: Eine Biographie*)是一部典型的生平—著述传记，作者参阅了大量的档案、文献资料，全书1032页，其中仅参考文献就占300多页。传记以年代为顺序，在叙述阿多诺生平的同时，对阿多诺各个时期的著述进行了全面的阐释和评价，也可谓标准的学院式学术专著。阿多诺的弟子克劳森(Detlev Claussen)的《阿多诺：最后的天才》(*Theodor W. Adorno: Ein Letztes Genie*)可读性较强，作者对传主的重要著作分析时不是采取外在的阐释，而是通过阿多诺的书信、谈话让其现身说法。相对而言，这部传记的重点并非在于著作，而是在于生平。书中用大量笔墨描写了阿多诺的生活细节与交往。第三部传记《阿多诺：一部政治传记》(*Adorno. Eine Politische*

Biographie)为记者出身的耶格尔(Lorenz Jöger)所作,此传将逸闻趣事融于生动的叙述之中,把供奉于神坛的阿多诺还原成了一个活生生的人,适合于普通读者阅读,被人称为"哲学侦探小说"。(以上概括参阅钦文:《阿多诺百年诞辰 三传记各有千秋》,《中华读书报》2003 年 9 月 10 日第 4 版)

(2) 哲学美学研究

阿多诺一直是詹姆逊(Fredric Jameson)关注和研究的对象,在其早期著作《马克思主义与形式》(*Marxism and Form*: *Twentieth Century Dialectical Theories of Literature*, 1974)中,作者就以专章对阿多诺进行了研究,而在 1990 年出版的《晚期马克思主义:阿多诺,或对辩证法的坚守》(*Late Marxism*: *Adorno*, *or The Persistence of the Dialectic*, 1990)中,作者再一次把阿多诺作为其研究对象。作者认为他对阿多诺的看法有过几次改变,起初他把阿多诺看作一个方法论上的重要发现,1970 年代在法国的理论话语大举登陆美国之际,阿多诺显得碍手碍脚。而当晚期资本主义已然来临之后,阿多诺的马克思主义却成了当代最需要的东西(pp. 4-6)。于是在此书的结论中,作者把阿多诺与后现代联系在了一起。他认为,即使阿多诺不是后现代的,至少也与当今的后现代时期相一致或相适应(p. 229);阿多诺要比传统的马克思主义者更马克思主义者,因为他的全部哲学开启了一种延迟、滞后和与未来调和的形式(p. 231);阿多诺的后现代主义特性要在哲学和社会学论争中加以寻找,阿多诺当时所谓的实证主义就是今天所谓的后现代主义(pp. 247-248)。

阿多诺同样也是伊格尔顿(Terry Eagleton)关注与研究的对象,在其重要著作《审美意识形态》(*The Ideology of the Aesthetic*, 1990)中,作者把阿多诺纳入他身体话语美学的框架中予以思考。他认为对于阿多诺来说,身体的信号首先不是愉快而是痛苦。在奥斯维辛的阴影里,躯体处在绝对的物质性的痛苦之中,处在人性的山穷水尽的状态之中,以至于身体被纳入哲学家狭小的世界中来。因此,阿多诺的身体政治与巴赫金的身体政治正好相反(p. 342)。作者最终的结论是,阿多诺是法西斯主义的受害者,他与德曼一样,对法西斯主义做出了过度的反应,他的哲学与美学思想融入了自己特殊的生命体验。

吉莉安·罗斯(Gillian Rose)的《忧郁的科学》(*The Melancholy Sci-*

ence: *An Introduction to the Thought of Theodor W. Adorno*, 1978)是英语界较早对阿多诺思想进行研究的专著。作者在对阿多诺话语风格分析的基础上,认为"物化"(reification)是构成其思想的重要概念。作者对这一概念的梳理和剖析很见功夫。此外,作者还涉及阿多诺与实证主义、现代主义之争等论题。胡克·布朗豪斯特(Hauke Brunkhorst)的《阿多诺与批判理论》(*Adorno and Critical Theory*, 1999)主要侧重于对阿多诺哲学思想的介绍与梳理,书中对《启蒙辩证法》的思想,阿多诺、海德格尔与后分析哲学等方面进行了分析。作者得出的结论之一是,在政治学与哲学领域,阿多诺天然地偏爱正统,又尝试着走向了传统(p.144)。马克斯·彭斯基(Max Pensky)编定的《阿多诺的现实性》(*The Actuality of Adorno*: *Critical Essays on Adorno and the Postmodern*, 1997)是一本论文集,共收录论述阿多诺的8篇论文,主要论述的是阿多诺的哲学与美学话语(其中汉森的一篇关于阿多诺大众文化理论的论文将在后面的综述中涉及)。编者在导言中由阿多诺1931年的就职演说《哲学的现实性》("The Actuality of Philosophy")谈起,指出阿多诺哲学的现实性问题实际上就是阿多诺的现代主义哲学与后现代哲学精神的关系问题,并从多方面说明了阿多诺与当代后结构主义理论存在着一种亲和关系(pp.5-6)。编者选出的论文也从多个角度触及了这一问题。西蒙·贾维斯(Simon Jarvis)的《阿多诺批判导论》(*Adorno*: *A Critical Introduction*, 1998)主要想回答这样一个问题:为什么阿多诺的著作在今天依然异常重要。此书由三部分组成:第一部分关注的是阿多诺著作的不同方面,其中讨论了启蒙辩证法的主题,阿多诺的社会批判理论与文化工业理论;第二部分论述了阿多诺的美学思想,主要通过与德国古典美学的比较,阐明了阿多诺如何来守护自己的思想——靠艺术作品的语言特性所建立起来的"真理内容"(truth-content);第三部分阐述了阿多诺的哲学思想,主要涉及阿多诺对认识论与形而上学的看法(pp.17-18)。法国学者马克·杰木乃兹的《阿多诺:艺术、意识形态与美学理论》从阿多诺对艺术与美学的相关论述出发,认为对意识形态坚持不懈地揭露是阿多诺长期关注的问题之一,即使在最后一部作品《美学理论》中也依然如此(pp.19-20)。然而,由于阿多诺关心的是废除一体化的体系,并在批判中采用了易使该体系爆炸的所有的对抗力量,所以"回到野蛮形式的念头是

那样强烈地纠缠着阿多诺,以至于抵消了阿多诺辩证法的积极方面"(p. 152)。兰伯特·绥德瓦尔特(Lambert Zuidervaart)的《阿多诺的美学理论:幻象的救赎》(Adorno's Aesthetic Theory: The Redemption of Illusion,1991)是把阿多诺的《美学理论》放在相关的语境中来论述其主要思想和相关论争、为读者走入阿多诺美学迷宫提供相应指南的著作。该著由三部分组成:第一部分主要描述了阿多诺与本雅明、布莱希特、卢卡奇等人的论争以及阿多诺本人的哲学计划;第二部分是对阿多诺美学的阐释,主要阐明阿多诺怎样把艺术放在社会、生产、政治与历史之中,揭示艺术真理的社会、政治与历史之维;第三部分针对彼德·比格尔(Peter Bürger)、詹姆逊与韦尔默(Albrecht Wellmer)等学者的批评性意见,对阿多诺的贡献进行了评估。汤姆·休享(Tom Huhn)与绥德瓦尔特编辑的《主体性的表象》(The Semblance of Subjectivity: Essays in Adorno's Aesthetic Theory, 1998)是一本英美学者讨论阿多诺美学的论文集。这些论文沿着两个主题展开:其一是表象或幻象,主要指出了阿多诺的美学与马克思、尼采、弗洛伊德等人的关联;其二是主体性,说明了阿多诺毕生与来自康德、黑格尔、卢卡奇等人的意识哲学的斗争。阿多诺以辩证缠绕的方式苦心经营这两个概念,并通过对艺术的论述体现了他的意图(p. 7)。阿多诺美学理论中的那些悖论式的表达把传统的美学观念变成了理论的利刃。

　　阿多诺的音乐理论是其哲学、美学理论的重要组成部分,西方学者也有这方面的专门论述。马克斯·帕迪森(Max Paddison)在《阿多诺的音乐美学》(Adorno's Aesthetics of Music, 1993)中通过阿多诺对贝尔格的钢琴奏鸣曲(Berg's Piano Sonata op. 1)的分析呈现了他的分析方法,通过对阿多诺自主的音乐作品与音乐商品的相关探讨,剖析了阿多诺的音乐社会学理论。克里斯多佛·丹尼斯(Christopher J. Dennis)的《阿多诺的现代音乐哲学》(Adorno's Philosophy of Modern Music,1998)是对阿多诺的名著《新音乐哲学》的解读。该书在对阿多诺使用的重要概念(辩证法、总体性、历史等)和其美学语境进行分析的基础上,以"音调状况""音乐艺术的终结""伪音调与商品化"等为基本线索,论述了《新音乐哲学》中的主题,并对音乐的商品形式、先锋音乐的命运进行了思考。罗伯特·维特金(Robert W. Witkin)的《阿多诺论音乐》(Adorno on Music, 1998),其主要意图是对阿多诺音乐理论中基本思想的梳理与澄清,作者采用社会学的视角,分析了阿多诺所关注过的音乐家(贝多芬、瓦格纳、马赫、贝尔格、勋伯格与斯特拉文斯基),呈现了阿多诺音乐理论的复杂性,也对音乐与道德、音乐作品与社会安全之间的联系进行了论述。作者在此书专设一章,分析了阿多诺对文化工业与爵士乐的批判,把文化工业批判理论与流行音乐批判有机地联系到了一起。

(3) 大众文化批判理论研究

阿多诺的大众文化批判理论是本书论述的重点之一,但相比较而言,这一方面的研究资料较少。目前笔者见到的研究阿多诺大众文化批判理论的专著有二,其一是黛博拉·库克的《再探文化工业》(*The Culture Industry Revisited*: *Theodor W. Adorno on Mass Culture*, 1996),其二是罗伯特·维特金的《阿多诺论大众文化》(*Adorno on Popular Culture*, 2003)。库克的著作共由五章内容组成。第一章探讨的是阿多诺讨论大众文化的理论框架,作者认为阿多诺从马克思的经济学分析和弗洛伊德有关自恋、集体心理学的理论中受到很大启发;第二章涉及阿多诺的大众文化生产理论,作者指出,阿多诺运用马克思的相关思想,形成了文化工业的政治经济学批判;第三章关注的是大众文化的技术心理学与文化商品的接受问题;第四章讨论的是阿多诺对文化工业的意识形态批判;第五章对文化工业与抵抗等问题进行了重估。此书资料翔实,观点新颖,并把阿多诺置放于当代文化研究、政治经济学、政治学、社会理论等论争中加以评述,呈现出与当代理论的对话性。但作者的一些观点也稍嫌偏颇(关于这一点,笔者在本书第二章中已有简短评析,此处从略)。

《阿多诺论大众文化》可看作《阿多诺论音乐》一书的姊妹篇。此书共十一章,分别从文化复仇、伪文化理论、《启蒙辩证法》的渊源等方面展开,逐层深入阿多诺所谈论的文化工业的方方面面。追溯阿多诺著作中所隐含或征引过的思想理论资源,并在与这种理论资源的对比中进一步辨析阿多诺的大众文化理论与其他理论的异同,是本书的一大特色。比如,作者指出,阿多诺非常熟悉美国社会学家理斯曼(David Riesman)的著作,也不断征引理斯曼的相关论述,于是,理斯曼《孤独的人群》一书的有关内容与阿多诺的相关论述就有了比较的前提(参阅第二章);再比如,美国爵士乐评论家萨金特(Winthrop Sargeant)

论爵士乐的著作《爵士乐:狂热与混合》(Jazz: Hot and Hybrid)被阿多诺看作权威著作,萨金特也被阿多诺看作"论爵士乐唯一可靠的作者",于是,萨金特与阿多诺也有了比较的理由(参阅第七章)。通过这样的比较论述,有助于发现和思考阿多诺大众文化理论的精微细腻之处。作者最后指出,尽管他也怀疑阿多诺的许多判断,但阿多诺的思考对于当今的艺术社会学和文化社会学依然意义重大(p.185)。

《作为象形文字的大众文化》("Mass Culture as Hieroglyphic Writing: Adorno, Derrida, Kracauer")是论述阿多诺大众文化理论中一篇有趣且重要的文章。作者米里亚姆·汉森(Miriam Hansen)在比较了阿多诺与德里达、克拉考尔的相关思想之后认为,在阿多诺论述大众文化的语境中,大众文化与象形文字文本的结构很相似,这样的大众文化可以从两个层面上进行解读,其一可以把它看作秘密写就的古老符号,这样,文化的象形文字就可以读作统治的寓言;其二又可以把它看作清晰的文本,于是,文化的象形文字又可以被看作欺骗而被批判(参阅彭斯基的概括,The Actuality of Adorno, p.16)。汉森的思考富有创意,与德里达等人的比较也能给人启迪,但囿于语言论的背景,可能会对阿多诺的大众文化批判思想构成一种简化(参阅本书第二章)。

伯恩斯坦(J. M. Bernstein)为阿多诺的论文集《文化工业》(The Culture Industry: Selected Essays on Mass Culture, 1991)写就的长篇导言,也可看作一篇研究阿多诺大众文化批判理论的重要论文。此文一方面把阿多诺所谓的文化工业还原到他论述的本来语境中阐释其含义,另一方面又在后现代主义思潮中检验其大众文化批判理论的有效性。作者认为,促进还是阻碍了阿多诺所谓的"完整的自由"(integral freedom)的实现是理解文化工业的一个重要视角(p.2),阿多诺之所以要批判文化工业,关键是因为以文化工业为其形式的工具理性抑制了人们的反思,并最终变成了理性与理性主体的对立物(p.9)。在阿多诺与后现代主义的关系问题上,作者虽承认阿多诺的思想与后现代主义具有相似之处,但又同时指出了两者存在的重要区别:阿多诺反对以保守的方式去面对高雅文化,因此高雅文化不应该因为其自身的缘故而被保护;然而后现代主义却以保守的方式把高雅文化挪用过来,这样,它既失去了区分高雅文化与低俗文化的能力,也无法实现它对高雅文化的承诺(p.15)。在这里,作者显然把阿多诺的思想与后现代主义拉开了距离。

收入《大分裂之后:现代主义、大众文化与后现代主义》(After the Great Divide: Modernism, Mass Culture, Postmodernism, 1986)一书中的《逆读阿多诺:从好莱坞到理查德·瓦格纳》("Adorno in Reverse: From Hollywood to Richard Wagner")是安德里亚斯·胡伊森(Andreas Huyssen)发表于1983年一篇重要论文,作者认为,由于阿多诺的复杂性,阿多诺必须倒过来读。即阿多诺的现代主义理论和文化工业理论不仅被法西斯主义、流亡和好莱坞所塑造,而且被19世纪后期的文化现象所影响(p.20)。对于文化工业,作者从四个方面对阿多诺的思想做出了分析:第一,文化工业是资本主义社会的"上层建筑"发生变化的结果;第二,个体消费者从上面被整合进专制国家或文化工业中的论断,与心理分析中的自我衰退理论密切相关;第三,对文化工业的分析牵涉到对黑格尔—韦伯式的马克思(Hegelian-Weberian Marx)的接受,因此,《启蒙辩证法》中论述文化工业的那一章,可看作对卢卡奇《历史与阶级意识》一书有关内容的回应;第四,阿多诺的现代主义与大众文化理论是不由自主地结合在一起的双人舞,因此,阿多诺的文化工业批判理论植根于他的现代主义美学理论之中。在此基础上,作者分析了文化工业的前史,认为新艺术(Jugendstil)对阿多诺的影响至关重要,阿多诺对新艺术的批判实际上是拉开了文化工业批判的序幕。而阿多诺之所以批判瓦格纳,就是因为瓦格纳音乐和歌剧的主题既是寓言也是广告,其中已蕴含了后来的文化工业的诸多特征。最后,作者在结论中指出,通过逆读阿多诺(从《启蒙辩证法》追溯到他写于1937—1938年的有关瓦格纳的论文),就会发现阿多诺的文化工业理论在遭遇美国的大众文化之前已基本成型。但作者最后的思考并没有站到阿多诺的立场上,因为他认为,从艺术发展的趋势看,既然商品化的东西进入瓦格纳的作品后并没有使其变得虚弱,为什么我们今天不能生产出既利用现代主义传统又借用大众文化的艺术作品呢(pp. 42-43)?总之,胡伊森对阿多诺的思想既有精湛的分析,也有刺耳的批评,其中不乏高论,但一些观点也值得商榷。

伯尔纳·吉安德隆(Bernard Gendron)的《阿多诺遭遇凯迪拉克》("Theodor Adorno Meets the Cadillacs", 1986)与西奥多·格拉西克(Theodore Gracyk)的《阿多诺、爵士乐与流行音乐的美学》("Adorno,

Jazz and the Aesthetics of Popular Music",1992)是两篇论述阿多诺大众文化/流行音乐的重要文章,两位作者都把阿多诺的理论放到了流行音乐的历史情境中进行评论,批判多于褒扬。前者认为,工业标准化是流行音乐的一个重要特征,验之于流行音乐的具体作品,阿多诺的这一判断依然卓有成效。但是阿多诺一方面在历时性的层面上夸大了这种情形,另一方面又错误地解释了音乐工业对工业标准化的偏好。对音乐工业定位的错误影响了其批判在政治上的有效性。后者指出,阿多诺以欧洲中心主义的视点来看待美国的爵士乐,其观点也就存在着严重的偏颇。就像不能用亚里士多德的《诗学》理论来分析美国的电影一样,阿多诺从经典的音乐作品中总结出来的音乐理论同样也不适用于流行音乐。实际上,爵士乐、摇滚乐的商品属性不但不会使其丧失音乐魅力,反而会使音乐中最本真的东西得以复活。这两位学者对阿多诺的批判虽提供了新的视角,但其美国立场也是不言而喻的(在本书第二章中,笔者对其观点有简要评析)。

此外,对阿多诺文化工业/大众文化批判理论的评析还散见于马丁·杰伊、凯尔纳、詹姆逊等学者著作的相关章节中,兹不赘述。

(4)小结

从以上的综述中可以看出,西方学者的阿多诺研究呈现出这样一种趋势:试图把阿多诺的思想放在后结构主义、后现代主义与文化研究的当代语境中进行反思,进而获取可资利用的话语资源。这种姿态反映出西方学者面对当代社会与文化的变迁,其理论话语已经呈现出一种"丰富的匮乏"。因为从1960年代之后,流行于西方世界的理论话语主要是源于法国的后结构主义与后现代主义文化理论,这种理论虽然对当今的社会文化进行了有效的解读,但毕竟显得单一甚至单调,这样,发掘阿多诺的遗产就成了一件意义重大的事情,因为它可以与当今的理论话语进行一种意味深长的对话。

但是在对阿多诺的定位上,西方学者却存在着分歧,有的谨慎地指出了阿多诺与后现代主义之间的亲和关系,其意图显然是想把他拉入后现代主义的阵营中,让他以后现代主义的话语表述方式重新发言;有的则依然把他看成现代主义的捍卫者,并指出阿多诺思想中存在着与后现代主义无法调和的因素。笔者以为,由于阿多诺思想的丰富与驳杂,无论把他归到哪一个阵营中都可以找到充分的依据,但这里有一个基本的前提:阿多诺是法兰克福学派中的一员,在美国期间,他也是社会研究所研究计划的忠实执行者,因此,法兰克福学派的语境对于理解乃至定位阿多诺是至关重要的。

对阿多诺的定位问题与阿多诺对大众文化的批判理论密切相关,如果把他看作一个现代主义者,他对大众文化的批判就是合理的;如果把他看作一个后现代主义者,他对大众文化的批判将无从谈起。在这一问题上,西方学者的看法大体上可归为三类,一类肯定了阿多诺对大众文化的批判,自然也就肯定了阿多诺的现代主义姿态;一类以阿多诺对大众文化的批判为批判对象,这样批判者也就站在了后现代主义的立场而否定了阿多诺的现代主义精神;还有一类是一方面肯定阿多诺批判大众文化的合理性,一方面又指出了阿多诺思想中的后现代主义特征,这种二元论的观点显得比较暧昧,也有自相矛盾之嫌。

2. 本雅明研究

1960年代以来,本雅明在西方学界逐渐成为比阿多诺更火的热点人物,研究本雅明的著作层出不穷。由于本雅明的多面性,下面的综述亦从几个方面展开。

(1) 传记研究

贝尔恩德·维特(Bernd Witte)的《瓦尔特·本雅明:思想评传》(*Walter Benjamin: An Intellectual Biography*, 1991)是一本描述本雅明生活与思想轨迹的传记作品。英译者詹姆士·罗尔斯顿(James Rolleston)指出,本雅明的生活虽然复杂,但此书呈现得非常清晰,其特点有三:一、以编年体的方式再现本雅明的生活与思想,没有把更多笔墨放在本雅明死后的"意义"上;二、作者对本雅明的主要思想与文本予以了关注,而且,作者搞清楚了发生于本雅明生活中的事件与其不间断地解读和绘制欧洲文化相关;三、作者对本雅明的理解有一个从我们自己的时代出发的清晰视角,特别是当本雅明与朔勒姆(Gerhard Scholem)和社会研究所存在着一种冲突关系时,作者所取的伦理姿态既是传记作者的一种责任,也与本雅明本人那种无情的自我意识相吻合(pp.7-8)。毛姆·布罗德森(Momme Brodersen)的《本雅明传》(*Walter Benjamin: A Biography*, 1996)被认为是迄今为止对本雅明介绍得最全面的传记作品。作者通过一些生活细节,描述了本雅明的情感与思想生活。特别值得一提的是,作者非常注重本雅明的童年时代与青年时代,关注本雅明在"德国青年运动"中的激进行动,并思考了这些方面对其后来的理想主义、社会主义与犹太复国主义思想所产生的影响。同时,作者对本雅明的主要著作也做了介绍与评论。

两位女思想家汉娜·阿伦特(Hannah Arendt)与苏珊·桑塔格(Susan Sontag)分别为本雅明的英译版论文集《启迪》(*Illuminations*, 1992)和《单行道及其他作品》(*One-Way Street and Other Writings*, 1992)写的导言,既是本雅明的传记研究,也是两篇出色的论文。前者把本雅明定位为"文人"(homme de lettres),指出了本雅明与卡夫卡的精神关联,同时对本雅明的精神生活、犹太情结、马克思主义立场、写作方式(如隐喻、征引等)和嗜好(如收藏等)进行了富有创意的解读,真正做到了知人论世。后者则把本雅明看作"欧洲最后的知识分子",并从他的"土星性格"(忧郁)入手,阐释了这种性格在其生活与写作中的投影。作者认为,存在于纯粹的精神生活之中并为此做出辩护,是贯穿于本雅明现实生活与写作生涯中的一个重要主题。这种"发现"也是富有创意、启人思考的论断。两位学者的共同特点是文章富有激情,鲜活的感觉、深刻的体验与缜密的思考交相辉映,珠联璧合。

日本学者三岛宪一的《本雅明——破坏·收集·记忆》是一本传记作品,同时也可以看作研究本雅明的专著。作者虽然采用了编年体的形式,却把本雅明的每一个时期都主题化了,这样,传记中便论述到了本雅明的语言和神学、本雅明的方法,作为评论家的本雅明等内容。此书因翻译原因虽打了折扣,但作者的思路与视角依然值得称道:把本雅明放在破坏、收集、记忆的链条上来呈现其特别之处,很大程度上触及了本雅明的精神气质与思想格调。

(2)哲学、美学、文学理论及其他研究

伊格尔顿一直对本雅明情有独钟,早在1976年出版的《马克思主义与文学批评》(*Marxism and literary criticism*, 1976)一书中,作者就以"作为生产者的作家"(这也是本雅明一篇文章的标题)为题讨论到了本雅明。他发掘出来的是本雅明等人把艺术看作一种社会实践(而不是供学院解剖的对象)的观念,同时也指出"震惊"是本雅明美学中的一个中心范畴(pp. 68-69)。而在1981年出版的《本雅明,或走向革命的批评》(*Walter Benjamin, or, Towards a Revolutionary Criticism*, 1981)一书的前言中,作者一方面解释了本雅明吸引他的原因,一方面又对本雅明形成了如下判断:本雅明的著作预见到了当代后结构主义中的许多主题。在此书中,本雅明式的革命的"破坏"(destruction)与后结构主义的"解构"、唯物主义的"物质"与书写理论的"表意"(signification)达到了空前尽兴的结合。作者以马克思主义的方式解构艾略特和利维斯的语音中心主义和"有机"拜物教,指出弥尔顿语言中引起艾略特和利维斯反对的东西就是"多余的表意",亦即后结构主义的书写(écriture)。这也是本雅明在"悲苦剧"(Trauespiel)中发现的东西,但是物质和意义之间的断沟并没有使本雅明不屑一顾,而是引起了他最充分的批评探询。结果,这种马克思主义的解构方式把"本质"拖到了光天化日之下,暴露出它和"物质"客体本来的转喻关系,书写终于获得了自身全部的物质力量,真正的历史由此开始(参阅马海良的概括,见伊格尔顿:《历史中的政治、哲学、爱欲》"前言",p. 14)。在《审美意识形态》中,伊格尔顿又发掘出本雅明"星丛"(constellation)概念所蕴藏的革命功能。他认为,这一概念也许是现代理论在破除总体性的传统观念方面所做出的最引人注目、最有独创性的努力。它对妄想狂式的总体性思想进行了致命的一击,并改变了整体和部分之间的关系,从而击中了传统美学的要害。与此同时,伊格尔顿也对星丛观念提出了质疑:"本雅明的计划是炸断致命的历史连续性,但他手头能用的武器却少得可怜……就像巴罗克寓言一样,这种惊人而大胆的事业的实现,其可能的条件是历史在人们的身后崩溃为碎片。"(p. 333)

迈克尔·洛维(Michael Löwy)的《论改变世界》(*On Changing the World: Essays in Political Philosophy, from Karl Marx to Walter Benjamin*, 1993)是一本对马克思主义谱系中的政治哲学进行研究的论文集。这些论文写于1970—1980年代,却回应了苏联解体之后西方舆论界所谓的"社会主义之死"的观点。作者认为,从马克思与恩格斯开始,经列宁、卢森堡、卢卡奇、葛兰西、马尔库塞与本雅明,所走出来的是一条大致相同的政治哲学之路。因为在马克思本人和马克思主义的政治哲学中,隐藏着一种浪漫的元素,这种元素体现在上述马克思主义者的理论与实践中,也就形成了一种浪漫/革命的维度(romantic / revolutionary dimension)。因此,作者所谓的马克思主义既非正统的马克思主义(即所谓的"科学社会主义"),又与后来流行的结构主义的马克思主义、后结构主义的马克思主义大不相同,他所发掘的是马克思主义谱系中常常为人所忽略的一个重要主题。正是基于这一认知框架，作者认为，一些现代或后现代学者把本雅明解读为一个文学批评家或美学的复兴者，实际上是对本雅明的一种简化；本雅明应该是20世纪最重要的、富有原创性的革命哲学家之一（前言 p.6）。在这一前提下，本书中有4篇文章专论本雅明，分别涉及本雅明浪漫的无政府主义、技术批判、宗教、乌托邦和反现代性等思想。而在与马尔库塞思想的比较中，作者又指出了存在着两个本雅明，并分析了马尔库塞与两个本雅明的关系（pp.133-141）。

加里·史密斯（Gary Smith）编辑的论文集《论本雅明：评论文章与回忆》（*On Walter Benjamin: Critical Essays and Recollections*，1988）与《本雅明：哲学、历史与美学》（*Walter Benjamin: Philosophy, History, Aesthetics*，1989）可看作研究本雅明思想的两本入门书。前者汇总1950—1980年代研究本雅明的12篇论文，其中包括朔勒姆、哈贝马斯、罗森（Charles Rosen）与接受美学的创始人姚斯（Hans Robert Jauss）等人的重要文章，并收有阿多诺、布洛赫等人对本雅明的5篇回忆性文字。其中，哈贝马斯把本雅明分别与马尔库塞和阿多诺进行比较，阐述了本雅明独特的历史观、语言哲学和对艺术等问题的看法，他认为本雅明是当代思想界的一个分界点（p.91）。斯丛迪（Peter Szondi）从一个特殊的角度论述了本雅明的城市，指出了城市对于理解本雅明思想的重要性。姚斯则认为，本雅明在论述波德莱尔的现代性问题时存在着含混性。第二本论文集收录了本雅明本人的两篇文献（其中一篇源于他的《拱廊计划》），其余均为研究性论文，其中斯奈德（Joel snyder）对本雅明《机械复制时代的艺术作品》进行了解读，蒂德曼（Rolf Tiedemann）解读了本雅明最后的文章《论历史的观念》（"On the Concept of History"），并对此文究竟呈现出历史唯物主义的思想还是政治弥赛亚主义（political messianism）的观念进行了辨析。洛文塔尔以一个知情者的身份对本雅明的思想进行了深入思考，认为乌托邦-弥赛亚主题（utopian-messianic）在本雅明、布洛赫、马尔库塞和他本人身上占据着一个重要的位置（p.257），并认为本雅明的命运实际上是整个魏玛共和国激进知识分子的命运（p.252）。所有这些，都对本雅明的研究者有很大启发。

安德鲁·本雅明（Andrew Benjamin）与彼得·奥斯本（Peter Osborne)合编的《本雅明的哲学:破坏与经验》(*Walter Benjamin's philosophy: Destruction and Experience*, 1994)是一本论述本雅明哲学思想的论文集,共收录10篇论文。这些论文围绕着本雅明哲学中的一个基本主题——"破坏与经验"展开,分别对本雅明的一些论文进行了解读,并指出本雅明与康德、海德格尔等哲学家之间的联系。编者认为,在批评家、马克思主义者、现代主义者等身份的背后,站立着的是一个哲学家的本雅明。但本雅明的哲学思想是非常独特的,诚如阿多诺所言,他的哲学是直接反对哲学的哲学。而他的哲学思想中的"破坏"总是意味着对虚假或欺骗的经验形式的破坏,这种破坏又是本雅明对"现在的暂存性"(the temporality of the present)的一种理解。因此,可以说本雅明的著作实际上就是哈贝马斯所谓的"现代性的哲学话语"(philosophical discourse of modernity)的最初版本。

法国学者雷纳·罗什里兹(Rainer Rochlitz)的《艺术的祛魅:本雅明的哲学》(*The Disenchantment of Art: The Philosophy of Walter Benjamin*, 1996)首先解决的是对本雅明的定位问题。长期以来,普通读者把他看成一位作家,文学批评与艺术批评不断从他的著作中获取灵感,德里达、利奥塔与后期的福柯也像哈贝马斯和利科(Paul Ricoeur)一样,把本雅明的思想作为他们反复征引的理论资源,现代主义者和后现代主义者都想把本雅明看作自己的盟友。由于本雅明的著作是座金矿,许多学者研究本雅明时得出不同的结论是不足为奇的,但首要的问题是把本雅明看作一个哲学家而不是别的什么家。而作为哲学家的本雅明,其思想轨迹大致呈现出三个阶段:第一,致力于纠正神学统治下的美学传统,重建浪漫主义批判的意义;第二,在欧洲先锋艺术(如达达主义、超现实主义、摄影术与俄国电影)中发现了他所需要的东西;面对历史运动,先锋艺术可以恢复人类力量的完整性;第三,试图修复艺术的审美自主与神学功能,通过拯救遭到威胁的过去,发掘被隐藏或被遗忘的意义。作者认为,本雅明对艺术的思考须放在其政治与神学转换的语境中予以理解,这是本雅明哲学思想的关键所在。

霍华德·卡吉尔(Howard Caygill)的《本雅明:经验的色彩》(*Walter Benjamin: the Colour of Experience*, 1998)从一个特殊的角度切入,对本雅明的思想做出重新解读。作者认为,本雅明的所有著作都可以在"经验"(experience)的概念上加以聚焦。这一概念来自康德,又被本雅明广泛应用于他对都市、视觉艺术、文学与哲学的思考中。此书的阐释策略如下:首先,作者强调了本雅明思想中的哲学面貌,特别是指出了所谓的"经验"来自康德;其次,作者认为由于"经验",使得本雅明出现了从哲学向文化史领域的转变;最后,作者认为我们从本雅明著作中获悉的经验模式出现于视觉场(visual field)而非语言场(linguistic field)。基于这种思考,作者把本雅明的《机械复制时代的艺术作品》放在视觉场中重新解读,富有启发意义。同时,作者也从"经验"的视角出发,对本雅明思想中的弥赛亚主题进行了重新定位。

理查德·沃林(Richard Wolin)的《本雅明:救赎美学》(*Walter Benjamin, An Aesthetic of Redemption*, 1982)是英美学界对本雅明进行研究较早的专著之一。该著从美学的角度对本雅明的思想进行了较全面的介绍与研究,其中包括对本雅明著作的分析,对本雅明使用或与其思想相关的概念(如 constellation, monad, dialectical image, modernity, shock experience)的界定与阐释,对与本雅明相交相知者(如布莱希特与阿多诺)以及他们之间关系的分析。作者对本雅明形成的总体看法是,虽然本雅明走向了历史唯物主义学说,但他对历史唯物主义的态度既不一致也不明确,而是与马克思主义形成了一种神学的关系(p.254)。值得一提的是,沃林是继苏珊·布克-穆斯之后又一位详细研究"阿—本之争"的学者,他认为本雅明错误地低估了自主艺术的当代意义,而阿多诺则错误地高估了从机械复制艺术的体制化中所产生的进步后果。本雅明为机械复制的可普及艺术而牺牲审美自主原则的愿望,存有天真地把艺术交付于功利利益领域的危险。这些利益可能是进步的,同样也可能是反动的。相反,阿多诺对富有光晕之艺术的坚决捍卫则排除了交流的任何可能,因此双方都有其片面性。

在《马克思主义与形式》中,詹姆逊把本雅明的思想主要定位成"怀旧",既然要怀旧,就需要寻找一个适当的客体,于是德国悲苦剧、法国19世纪的巴黎等才进入了他的视野当中。本雅明怀旧的目的是同时挽救自己的生活,于是他的著作也就产生了特殊的魅力,他的所有的令人困惑不解的工作也就有了一个归宿。而在《德国批评传统》一文中,他又指出了本雅明与阿多诺的不同:阿多诺是从辩证关系的抽象结构开始,然后在展开论述的每一个过程中赋予它以新的内容和不同的解释;本雅明则是从大量孤立的、具体的人事或内容开始,然后将这些具体形象并列起来,使它们互相吸收,互相参证,最后从这些生动的、孤立的历史材料中获得辩证的抽象的理论。而本雅明把历史和文化分为三个阶段,这种历史观说明了艺术从讲故事的口传方式,经过特别的文学写作发展到后语言时代以机器为媒介的传播方式。它实际上预示了麦克卢汉关于传播技术阶段的理论,即口传的、印刷的、电子媒介的。本雅明的思想中有一种技术决定论的因素,但它比麦克卢汉的理论具有更大的现象学上的丰富性。(《晚期资本主义的文化逻辑》,pp. 313-315)。

美国学者林赛·沃特斯(Lindsay Waters)在北京大学的讲演录《美学权威主义批判:保尔·德曼、瓦尔特·本雅明、萨义德新论》,2000)沿着现象学的思维方式,试图把谈论的焦点从孤立的客体转移到人在介入艺术的过程中所产生的主体性体验上。在这一思路之下,他研究了本雅明、德曼和萨义德的理论贡献,将他们的思想联成一气,指出这几位理论家的活动已经构成了一种潜在的、非同寻常的文学理论史:一种强调艺术体验的文学艺术批评史(参阅乐黛云的概括)。而对于本雅明,作者的论述也格外新颖独到。比如,他认为本雅明的文本与亚里士多德的文本有许多相似之处:他们都是从技术化的角度,并以工程师的眼光看待艺术作品的方式,回应了人们从政治的角度对于艺术的攻击(p. 260);本雅明的重要性在于他发现人和机器组成了一个混血儿,并由此生成了新的艺术作品。艺术作品的创造者是由许多个行动者(包括人与物)组成的,传统艺术理论中那个至尊的自我已不复存在(p. 273)。像这样的观点,对于理解本雅明的另类性富有启发。

对本雅明的哲学美学思想进行研究的重要著作还有苏珊·布克-穆斯(Susan Buck-Morss)的《看的辩证法:本雅明与拱廊计划》(*The Dialectics of Seeing: Walter Benjamin and the Arcades Project*, 1989),此书对本雅明的《拱廊计划》进行了专门研究。大卫·弗里斯比(David Frisby)的《现代性的碎片:齐美尔、克拉考尔与本雅明作品中的现代性理论》(*Fragments of Modernity: Theories of Modernity in the Work of Simmel, Kracauer and Benjamin*, 1985)以"现代性"为其主要视角,分别考

察了齐美尔、克拉考尔(Siegfried Kracauer)与本雅明的思想,作者根据本雅明提供的思考线索(现代性即大众,古代性即巴黎城)梳理了本雅明对现代性的理解,并认同克拉考尔的判断:本雅明研究巴黎的主要目的是要把世界从梦中唤醒(p. 209)。同样从"现代性"角度分别对阿多诺与本雅明进行研究的还有安德鲁·本雅明(Andrew Benjamin)编辑的论文集——《现代性问题:阿多诺与本雅明》(*The Problems of Modernity: Adorno and Benjamin*, 1989)。

大卫·弗里斯(David S. Ferris)编辑的《瓦尔特·本雅明:理论问题》(*Walter Benjamin: Theoretical Questions*, 1996)是1991年在耶鲁大学召开的一次学术会议的论文选集,因这次会议以"本雅明与文学理论"为主题,所以论文集呈现出非常鲜明的文学理论特点。书中共收9篇论文,所涉及的内容包括本雅明论述过的艺术、光晕、媒介等,并有专文论述了本雅明与早期浪漫派的关系,本雅明作品中的表征与言说方式等。编者本人撰写的论文对本雅明所使用的概念如光晕(aura)、辩证意象(dialectical image)、静止状态的辩证法(dialectics at a standstill)等进行了解读和阐释,塞缪尔·韦伯(Samuel Weber)在其论文中比较了本雅明的《机械复制时代的艺术作品》与海德格尔的《世界图像的时代》(*The Time of the World Picture*),并以本雅明的思考为基础,提出一个独创性的概念:"大众媒光"(mass mediauras),此外,他还对本雅明著作中一些重要概念的德译英提出了自己的看法(如把Zerstreuung翻译成distraction或absentmindedness)。像这样的论文,其角度与思路都是非常新颖的。

迈克尔·斯坦伯格(Michael P. Steinberg)编辑的《本雅明与历史的需求》(*Walter Benjamin and the Demands of History*, 1996)也是根据学术会议(分别为1990年召开的"本雅明与现代性问题"和"作为历史学家的本雅明"两次学术研讨会)编辑而成的论文集。编者认为,通过本雅明思考的视角,可以达到詹姆逊所谓的"永远历史化"的要求。而对历史的理解又必须抛弃存活于工具理性中的两种模式:为了现在而使用过去或为了过去而使用现在,过去与现在于对话与寓言的关系中形成联结,在那里现在是真实的过去同样也是真实的(p. 3)。本着这一原则,编者认为本雅明的历史实践实际上是一种寓言理性批判(critique of allegorical reason)。此书共选论文10篇,有些学者(如Jacques Rancière，Heinz-Dieter Kittsteiner)论述了本雅明引出的现代性问题，还有一些学者(Harry Harootunian，Curtis Hinsley，Michael Löwy)探讨了在对文化自我与他者的构型中本雅明式的话语所具有的潜力。值得一提的是，阿巴思(Ackbar Abbas)在其论文中提供了一个运用本雅明的理论解读香港文化的例证。他认为香港这个后殖民的大都市也许会成为21世纪的首府。

约翰·麦科尔(John McCole)的《本雅明与传统的二律背反》(*Walter Benjamin and the Antinomies of Tradition*，1993)是一本立意新颖的专著。作者指出，搞清楚本雅明在对待传统和传统文化时所体现出来的张力，是这本著作的中心所在。本雅明对于传统的消亡既有哀悼之心又有庆贺之态，这种态度弥漫于他的著作之中。对于本雅明的这种含混与矛盾，不能把它简化为心理学的原因，也不能把它看作一种传统的观念，而是本雅明坚持与正统的、已经确立的德国思想文化争论的结果，也是他为不合时宜的、悲惨的、不成功的、被压迫的历史进行辩护的结果。因此，在本雅明的著作中存在着一种悖论的或二律背反的一致性。作者认为，这种一致性可以用本雅明的话来进行解释："批评家是文学斗争中的战略家。"(The critic is a strategist in the literary struggle)而由于作者在此书中借用了布尔迪厄(Pierre Bourdieu)的知识场域(intellectual field)理论作为其研究的主要方法，又使此书拥有了新的视角。

诺亚·伊森贝格(Noah Isenberg)的《在救赎与毁灭之间：德意志—犹太现代主义的张力》(*Between Redemption and Doom*: *The Strains of German-Jewish Modernism*，1999)并非论述本雅明的专著，但作者却把本雅明纳入了一个特定的思维框架中，从而呈现出本雅明思想的独特性。此书论述的对象是德意志—犹太现代主义，主要想说明"共同体"(community)与"社会"作为文化概念是如何浮出水面的，通过它们，又如何对现代性做出了多方面的回应(p.16)。为了论证自己的观点，作者选取了卡夫卡、茨威格(Arnold Zweig)、魏格纳(Paul Wegener)和本雅明的著作与思想作为讨论的主要内容。作者认为，本雅明的记忆理论以及这种理论与他本人的犹太人身份问题，是本雅明研究中的一个重要问题，本雅明对记忆的片断式注释必须与他对犹太教的反思联系起来。弥赛亚情结无疑是本雅明思想的一个重要方面，但由于这一问题太专门太复杂而常常使许多学者无从下手,伊森贝格的这本专著显然打开了理解本雅明的另一扇门。

研究本雅明的论文翻译成中文的较少,笔者见到的有 R. 比恩纳(英)的《沃尔特·本杰明的历史哲学》,波琳·约翰逊(澳)的《超越异化的社会存在:本雅明的美学思想》,理查德·卡尼(爱尔兰)的《论瓦尔特·本雅明》,汉宁·瑞特尔的《隐匿者之思:论瓦尔特·本雅明》等。2003 年,郭军、曹雷雨编定的集子《论瓦尔特·本雅明:现代性、寓言和语言的种子》出版,收入国外学者研究本雅明的论文 18 篇。

(3) 大众文化理论研究

在本雅明研究中,大众文化理论方面一直是个弱项,这方面的资料也极其有限。罗宾·里德莱斯(Robin Ridless)的《意识形态与艺术:从本雅明到艾柯的大众文化理论》(Ideology and Art: Theories of Mass Culture from Walter Benjamin to Umberto Eco, 1984)虽在书名中提到了本雅明,但并非专门研究本雅明大众文化理论的专著。该书共 5 章,分别涉及本雅明、布莱希特、阿多诺、艾柯与罗兰·巴特等人的大众文化思想。此书的目的是要界定一般意义上的艺术与特殊意义上的大众艺术对于政治变迁的作用,故作者认为,通过本雅明等人的大众文化理论所形成的不同结构体系,艺术与意识形态为个体提供了对世界不同的认知地图(cognitive maps)。而作者所考察的几位学者又分别来自两种传统:一种是 1930 年代的马克思主义美学传统,一种是后来的符号学传统。通过结构主义的方法,可以把马克思主义美学传统的部分内容融入当代大众文化的政治理论中(p. 203)。而在本书的结尾,作者又明确指出:如果在认识大众文化的革命价值(mass culture's revolutionary value)上存有不同看法的话,正是因为阿多诺与本雅明成功地使我们相信其价值具有肯定与否定的两个方面(p. 227)。而在论述本雅明时,作者一方面指出了本雅明的大众文化理论与布莱希特思想的关系,另一方面又主要以本雅明《机械复制时代的艺术作品》为其主要分析对象,指出本雅明创造了一系列术语和标准来判定大众文化(p. 2)以及艺术的机械复制所带来的政治意义(p. 12)。总之,对本雅明大众文化理论的明确定位是本书的一个重要贡献,因为这可以消除一些人对本雅明理论的怀疑——存在着一种属于本雅明的大众文化理论吗?同时,把马克思主义语境中的大众文化与符号学语境中的大众文化进行比较分析,又体现了作者独特的眼光。

苏珊·布克-穆斯《看的辩证法:本雅明与拱廊计划》一书以"大众文化的梦幻世界"为题,专列一章内容来谈论本雅明所谓的大众文化。作者认为,本雅明的理论在接近现代社会时是独一无二的,因为这种理论在严肃对待大众文化的过程中,不仅把它作为形成虚假意识之幻觉效应(phantasmagoria)的源泉,而且也把它当作需要被征服的集体能量(collective energy)之源(p. 253)。作者指出,与马克斯·韦伯的判断(现代性即世界的祛魅)相反,本雅明认为在资本主义的条件下,工业化的进程已经带来了世界的返魅(reenchantment)。在拱廊街里,商品被乱塞乱挂,就像不连贯的梦中所出现的意象(p. 254)。这样的世界实际上就是一个大众文化的梦幻世界。本雅明的目的并不是要再现这个梦境,而是要驱散它:辩证意象(dialectical images)将把梦像(dream images)牵引到一个被唤醒的状态(p. 261)。与此同时,作者还比较了本雅明与皮亚杰(Jean Piaget)的儿童认知(children's cognition)思想,指出童年记忆对于本雅明理论形成的重要性。作者还认为,本雅明对电影技术(如蒙太奇)的肯定,实际上是想战胜工业化给人们带来的感觉危机,这样,所谓的心神涣散与震惊体验便具有了特殊的意义(p. 268)。

在安吉拉·默克罗比(Angela McRobbie)的《后现代主义与通俗文化》(*Postmodernism and Popular Culture*, 1994)一书中,作者也专门拿出一节内容来谈论本雅明的《拱廊计划》和他在文化研究中的地位,并对苏珊·布克-穆斯《看的辩证法》一书进行了评述。作者认为,本雅明开辟了许多向来没有受到多少重视的文化研究领域,在这一点上,他堪称文化研究的先驱(p. 134);本雅明首创了一种意识到大众艺术和大众传播的政治性的文化批评(p. 136);本雅明早在大众文化成为学术讨论或政治辩论的话题之前,就已经意识到历史性变化常常寓于商品的形象和意义之中,也意识到对于大众来说,商品是一种形象(p. 148)。同时,作者指出了本雅明的精神气质和写作方式与罗兰·巴特的相似性——他所采取的立场正是后来的巴特所欣赏的:在那里艺术批评和艺术创作、小说和非小说的界限混淆到一起,作者之死和另一种作家与作品的诞生同时并存。因此,可以把《拱廊计划》当作一部现代派小说来加以阅读。它是一部超现实主义的纪录片,是对都市文化的评论与沉思(p.141)。

(4) 小结

由于本雅明的多重身份与思想的复杂性,西方学者在进入本雅明思想时所选取的角度也各不相同。大体而言,可呈现出如下几个层面:第一,把本雅明放在西方马克思主义的谱系中,侧重发掘其思想中激进的一面,从而梳理出本雅明的政治哲学与激进美学,甚至让他与1960年代之后流行的后结构主义与后现代主义思潮发生联系,洛维与伊格尔顿的著作便是这方面的代表。第二,更多地让本雅明与德国的文化传统发生关系,并把他看作一个传统文化的破坏者、守望者与怀旧者。这样,本雅明的哲学美学思想就在传统与文化的阐释框架中获得了一个呈现的空间。詹姆逊、麦考尔等人的思路便是如此。第三,主要让本雅明的思想与宗教关怀形成对接,侧重于阐释其哲学、美学等思想中的乌托邦-弥赛亚主题。许多学者的著作都涉及了这一点,其中朔勒姆、洛文塔尔等人的文章、伊森贝格的著作在这方面用力最大。第四,由于本雅明对现代性问题的关注,从现代性的视角切入并由此梳理本雅明与现代性的关系问题,一度成为本雅明研究的一种趋势,许多学者以此为题写过文章或专著。这些研究层面提醒我们,只有把本雅明一度张扬或暗自隐藏的多个方面考虑进来,才能恢复一个完整的本雅明。而从学科分类的角度看,本雅明研究已逐渐从原来那种单一的哲学、美学、文学理论、历史学等方面的研究走向了综合的文化研究。也许,通过文化研究才能更接近本雅明思想的本色。

本雅明的大众文化理论可以也应该成为文化研究的一个组成部分,但从现有的研究情况看,这种研究还没有充分展开,这就为进一步阐释本雅明预留了空间。

3. 洛文塔尔研究

洛文塔尔是法兰克福学派的重要人物,却也是长期被研究者忽略的人物。迄今为止,还没有一本研究洛文塔尔的专著,对其思想与理论进行研究的论文也非常有限。1980年,为庆贺洛文塔尔80寿辰,《目的》(*Telos*)杂志在当年的秋季号(第45期)上特开一个庆贺洛文塔尔的专栏,可看作对洛文塔尔的一次集中研究。马丁·杰伊为这个专栏写了导言,其余的7篇文章分别为杜比尔(Helmut Dubiel)对洛文塔尔的访谈("Interview with Leo Lowenthal"),洛文塔尔本人的文章《康拉德·F. 迈耶:上层中产阶级的辩护书》("Conrad Ferdinand Meyer: An Apologia of the Upper Middle Class"),哈贝马斯的《无与伦比的〈社会研究杂志〉:霍克海默怎样利用一个压抑的历史时刻》("The Inimitable *Zeitschrift für Sozialforschung*: How Horkheimer Took Advantage of a Historically Oppressive Hour"),格罗斯(David Gross)的《洛文塔尔、阿多诺与罗兰·巴特:论述通俗文化的三种视角》("Lowenthal, Adorno, Barthes: Three Perspectives on Popular Culture"),卢德克(W. Martin Lüdke)的《浪漫主义蓝花凋谢:洛文塔尔论德国早期浪漫派》("The Faded Blue Flower of Romanticism: Lowenthal on Early German Romanticism"),萨耶尔(Robert Sayre)的《洛文塔尔、戈德曼与文学社会学》("Lowenthal, Goldmann and the Society of Literature"),费尔(Ferenc Feher)与海勒(Agnes Heller)合写的《喜剧与理性》("Comedy and Rationality")。下面对其中三篇文章略作介绍。

卢德克认为,洛文塔尔作为文学社会学的奠基人之一成就很大,因为在他所谓的文学社会学中包含着一种研究文学的方法:"研究文学的历史意味着在历史中解释文学,解释的可能性以一种发达的历史与社会理论为前提。"(p. 142)"对文学进行历史解释的任务是考察特殊的社会结构在个人作品中的表达,个人作品充斥于社会之中所具有的功能。"(p. 143)因此文学史(literary history)的任务很大程度上就是进行意识形态研究,而洛文塔尔的著作正是"具体的意识形态批判的表达"(p. 143)。那么什么是意识形态呢?作者认为"批判理论"所谓的意识形态概念是马克思的政治经济学批判洞见与卢卡奇的观念(尤其是他在《历史与阶级意识》中对"物化"的论述)的融合。运用严格的意识形态批判模式,洛文塔尔在对德国浪漫派的研究中发现了许多前人所忽略的方面。比如,有人(Arnold Ruge)把浪漫派看作反革命与反启蒙,洛文塔尔则把浪漫主义描述为一场资产阶级运动(bourgeois movement);他还对早期浪漫派与晚期浪漫派、政治浪漫派与文学浪漫派做了区分;他认为浪漫派文学与施莱格尔(Schlegel)所谓的政治趋势没有多少关系,而要对浪漫主义做出判断,把资产阶级的利益与封建专制主义的利益加以区分是至关重要的,因为政治浪漫派关注的中心是现状的神圣不可侵犯,资产阶级的浪漫派文学却只是对现实的忽视(p. 144)。此外,作者还对浪漫派与当代德国文学的关系、批判理论与早期浪漫派的主张与思路是否相似等问题进行了辨析。

萨耶尔的论文是对洛文塔尔与戈德曼二人文学社会学研究的比较分析。作者认为洛、戈二人虽同为文学社会学的开创者,但他们使用的方法、关注的层面、思考的角度等方面却区别很大。像法兰克福学派的其他成员一样,洛文塔尔也不愿意对其理论进行系统的陈述,故理论与方法在其著作中并不占一个主要位置;但是对于戈德曼来说,理论与方法却是基本的东西,许多问题都与他那种独特的、经验主义的研究纠缠在一起。洛文塔尔不赞成戈德曼所做的那种研究,他认为方法应该隐含在具体的分析之中。而且,文学社会学不应该发展成一种一般的理论,它只要进行一些特殊的研究就够了;而戈德曼则认为,洛文塔尔关注文本中的部分元素和内容而非结构存在着某种问题,他的文学社会学阐明了社会却没有说明文学(p. 151)。洛文塔尔的文学社会学既面向高雅文学也面对通俗文化,戈德曼却将其分析严格限定在文学经典的范围之内。两人都不太关注文学生产的技术基础,都对文学的分配环节重视不够,但消费这一元素在洛文塔尔的思想中扮演着重要角色。洛文塔尔认为客观的社会现象只能通过主观的方面加以呈现,社会现实从根本上说是主观的;而戈德曼的看法却正好相反:现实主义文本的结构对应于社会现实的结构(pp. 153-155)。文学的社会效果不在戈德曼的思考范围之内,而洛文塔尔则在多篇文章中涉及了这一问题。此外,作者还指出了洛文塔尔思想中为人所忽略的一些方面,比如洛文塔尔后来虽然批评了戈德曼思想中那种正统的马克思主义倾向,但作者认为洛文塔尔的早期著作其实比戈德曼的马克思主义更正统。而在谈到洛文塔尔的大众文化思想时,作者率先发现其著作中存在着"通俗文化"(popular culture)与"大众文化"(mass culture)交替使用的现象。至1960年代,洛文塔尔对待大众文化的立场和态度已与法兰克福学派的主流观点产生了距离。论及洛文塔尔对大众文化的早期看法时,作者概括了三个方面的内容:第一,大众文化缺少批判的维度;第二,物化(reification)是大众文化的一个重要特征;第三,大众文化隐含着一种权威主义的趋向(pp. 153-154)。

格罗斯的论文首先对20世纪以前的通俗文化之争进行了梳理,

他认为以往的通俗文化有"民众的"(popular)或"民间的"(folk)的含义,然而从19世纪末20世纪初开始,一种新的文化现象——大众文化(mass culture)出现了。起初,它被描述为"媚俗"(kitsch),媚俗是一种伪造的或合成的文化,它被技术或媒介专家制造,被商人租用,寄生于高雅文化与通俗文化之中,并摧毁了所有的文化疆界。于是谈论现代大众文化要考虑到媚俗在其中扮演的角色。在这样一种背景之下,作者从方法论的角度比较分析了洛文塔尔、阿多诺与罗兰·巴特的当代通俗文化观(尽管格罗斯认为三位理论家对通俗文化的内容所做的分析非常重要,但他更感兴趣的是他们如何接近了他们的写作材料,他们的方法论又如何塑造了他们的观点)。作者意识到了洛文塔尔在其著作中所呈现的含混之处,这种含混又在其著作中体现为某种张力(与他所涉及的蒙田—帕斯卡尔之争有相似之处)。作者认为洛文塔尔所倡导的通俗文化的研究方法或操作程序有四:一、首先面对大众文化的既定事实,然后把它放到道德或审美的框架中进行评价;二、必须把通俗文化的事实置于历史语境(historical context)中予以考察,因为每一种文化客体只有在其历史的情境中才能被理解;三、为理解文化客体,还需要掌握与其相关的社会思潮(social climate);四、对文化现象的阐释须通过适当的理论框架(adequate theoretical framework)的过滤,比如洛文塔尔本人使用的是"批判理论"(pp. 128-129)。作者认为,洛文塔尔方法论上的优势是其历史视角,不足之处是他没有令人信服地说明为什么唯有文学文本握有打开通俗文化之门的钥匙(p. 139)。对于阿多诺,作者认为他从一开始就放弃了对待大众文化的中立态度,而是以一种激进的、大无畏的批判姿态面对大众文化。而他的文化理论对于他的著作来说又异常重要,因为它提供了一种使其讨论的细节问题清晰起来的框架。没有这种理论,其著作中不同的部分将成为散兵游勇,失去联系。与洛文塔尔和阿多诺迥然不同,巴特使用符号学的方法并用戏耍的、魅人的、充满高潮的(jouissance)写作方式来解析通俗文化,确实提供了一种全新的视角,但他的方法也有严重的缺陷:把大众文化放到非时间矩阵(atemporal matrix)中进行考察,这就取消了历史辩证法(historical dialectics)的维度;不使用"物化"之类的概念,又使他因此丧失了批判性分析的宝贵工具(p. 139)。通过对三位学者的比较分析,作者认为他们对大众文化的研究方法均有可取之处又都有不足之点。研究大众文化最有希望的趋势也许存在于符号学与批判理论的融合之中,而这种融合的迹象已在列斐伏尔、艾柯与波德里亚等人的研究中体现了出来(p.140)。

发表于1991年《传播杂志》(*Journal of Communication*)夏季号(第41期)上的《社会的良心:洛文塔尔与传播研究》("The Conscience of Society: Leo Lowenthal and Communication Research")也是研究洛文塔尔为数不多的论文之一,此文从传播学的角度给予洛文塔尔很高的赞誉与评价。作者汉诺·哈特(Hanno Hardt)认为,洛文塔尔一般被称为文学社会学家和大众文化批评家,这种说法固然不错,但是却忽略了他在传播领域所进行的开创性研究。洛文塔尔从一开始就超越了文学的传统观念,而对通俗文化的媒介(如通俗小说、杂志、连环画、电影等)倍加关注。在对大众文化与大众媒介的研究中,洛文塔尔不仅提供了一系列行之有效的方法,而且试图把媒介的社会科学分析诉求与文化特性和文化产品探索中的历史之维联结起来,并充当社会与行为科学和人文科学之间的调解员(p.68)。洛文塔尔的理论依赖于他对艺术与通俗文化不同作用的认知,同时也是把古典欧洲的社会思想传统与对美国社会科学的洞察相互融合的结果(p.69)。而由于洛文塔尔的职业经验(作为教师和社会工作者)更多地与"具体的事物"(concrete things)相联系,由于他比阿多诺更关注社会现实,所以,他虽然认为美国那种经验主义的传播研究缺少历史与哲学的框架,却依然对此怀有兴趣并认同拉扎斯菲尔德的传播研究和美国的主流社会学。这样,就使洛文塔尔的批判理论与美国的经验主义研究传统保持了一种关系(pp.76-77)。洛文塔尔的贡献不仅在于以其批判理论重塑了传播研究,并在传播研究领域中坚持一种批判话语(critical discourse),而且在于他对想象的被压制和大众文化所导致的结果——促成了一种虚假的集体(false collective)——发起了攻击(p.82)。同时,他还以他自己的研究方式克服了学科的限制,并倡导和强化了一种真正的跨学科方法(interdisciplinary approach),从这个意义上说,洛文塔尔又可以成为当代文化研究(cultural studies)的先驱。

在马丁·杰伊、凯尔纳等人对法兰克福学派的综合研究中,洛文塔尔也曾被提及,但没有对他进行系统的论述。

2003年4月11—12日,为纪念洛文塔尔逝世10周年,美国的伯克利大学举办了题为"洛文塔尔的遗产"的学术研讨会("The Legacy of Leo Lowenthal: A Conference Commemorating His Life and Works on the Tenth Anniversary of His Death"),会议旨在对洛文塔尔的思想遗产进行评估,与会者有伯恩斯坦(Michael Bernstein)、杜比尔(Helmut Dubiel)、格林布拉特(Stephen Greenblatt)、沃林(Richard Wolin)等知名学者,从提交的论文题目看,此次会议对与洛文塔尔相关的许多重要问题进行了清理,但笔者还没有找到论文内容。(参阅 http://ies.berkeley.edu/calendar/archive/lowenthal.html,访问日期:2003 年 5 月 11 日)

小结:洛文塔尔的成就集中在文学社会学与大众文化研究领域,他的特殊身份(作为法兰克福学派的成员)决定了"批判理论"在其研究中的统领作用;他与美国经验主义的亲和关系又使他淡化了法兰克福学派其他成员那种高高在上的姿态。所有这些,都在其研究领域里打上了烙印并使其研究呈现出鲜明的特色。洛文塔尔的研究者均注意到他对历史语境的强调、对具体问题所表现出的兴趣,并指出它们与其研究的关系。思维方式与研究方法的"形而下"(相对于阿多诺的"形而上")意味着洛文塔尔是法兰克福学派成员中唯一一个把理论和实践(具体的应用研究)结合起来的人,也意味着他的文学社会学与大众文化研究既有一种特殊的魅力又有一种特别的张力。而从传播研究的角度对其理论与实践的梳理与把握,实际上是对洛文塔尔的再发现。这种研究趋向表明,洛文塔尔的研究工作在当下的文化语境(文化研究)中不仅依然具有重要的参考价值,而且有可能成为文化研究重要的理论资源。

4. 马尔库塞研究

马尔库塞虽然一度名气很大,但他并非西方学界关注与研究的热点人物。与阿多诺和本雅明研究相比,马尔库塞的研究资料比较少。阿拉斯代尔·麦金太尔(Alasdair MacIntyre)是马尔库塞较早的研究者之一,但主要是对马尔库塞思想的一种批判。在他的《马尔库塞:阐述与论辩》(*Herbert Marcuse: An exposition and a polemic*, 1970)一书中,作者认为马尔库塞不是一个后马克思主义者(post-Marxist)而是一个前马克思主义思想者(pre-Marxist thinker),即马尔库塞的所作所为退回到了马克思所批判的青年黑格尔派那里。从这一基本观点出发,作者批判了他对抽象方法的偏爱(喜欢从抽象的人出发而不是从具体的人出发),指出了其"虚假需要"命题的偏颇,说明了他在《单面人》中描述的情景并不可靠。在此基础上,作者形成了这样的断言:青年黑格尔派的哲学、马克思主义的片断、弗洛伊德心理玄学被修改后的主干,所有这些构成了马尔库塞的理论。这种理论祈求自由和理性的伟大名义,却在每个重要的观点上都背叛了自由和理性的本质。

沃尔夫(Kurth Wolff)与巴灵顿·莫尔(Barrington Moore, Jr.)合编的《批判精神》(The Critical Spirit: Essays in Honor of Herbert Marcuse, 1967)应该是最早的一部关于马尔库塞的论文集。此书以"哲学的政治关怀""艺术、文学与社会"和"工业社会及其状况"为题,从三方面收录了与马尔库塞相关的研究论文。许多研究者认为,马尔库塞受黑格尔的影响要比马克思更大;一些研究者考察了与马尔库塞思想相关的社会背景,另一些研究者从文学艺术的角度为马尔库塞的思想提供了旁证。值得一提的是,洛文塔尔早年的论文《德国流行传记:文化的廉价柜台》("German Popular Biographies: Culture's Bargain Counter")被收入这一文集中,此文是一篇研究大众文化的重要文本。

保罗·布瑞斯(Paul Breines)编辑的《批判的中断》(Critical Interruptions: New Left Perspectives on Herbert Marcuse, 1970)是从新左派的观点对马尔库塞进行评论的论文集。编者在前言中指出:我们与马尔库塞是团结一致的,而马尔库塞对于新左派的理论与实践来说又是不可或缺的,马尔库塞总是能够毫不含糊地声援学生运动和第三世界的社会革命斗争,我们应该呼吁所有的社会主义者来抵抗那些攻击马尔库塞的人(p. xi.)。这种表白与措辞体现出1960年代末那种特殊的时代气息,而所有选文也大都是对马尔库塞思想的阐释与维护。其中有人(Paul Breines)分析了马尔库塞与学生运动的关系,有人(Shierry M. Weber)阐释了马尔库塞个体化实践的理论,还有人(William Leiss)分析了社会批判理论目前的境况与将来的任务。这些论文虽呈现出党派的观点,但时代气息浓郁,也反映了当时的激进主义者对马尔库塞思想的最初理解,具有一定的学术价值。

约翰·弗赖伊(John Fry)的《马尔库塞:困境与解放,一种批判分析》(Marcuse: Dilemma and Liberation, A Critical Analysis, 1978)是一部较早对马尔库塞的社会政治思想进行研究的专著,该专著的写作目的有二:第一,通过马尔库塞对马克思主义的修正以及对力比多工具论的讨论,阐释马尔库塞经济与社会政治分析的主要特点;第二,通过对马尔库塞著作中所缺少的相关因素的思考,指出马尔库塞社会与经济分析的主要特征,以及他对力比多认识论位置的估价。因此,此书是对马尔库塞的社会与经济分析并对这种分析的理论结果与意义进行阐释的著作,同时也是对其分析的普遍有效性、修正批判理论的合法性进行评估的著作(p. 150)。

彼得·林德(Peter Lind)的《马尔库塞与自由》(*Marcuse and freedom*, 1985)抓住了马尔库塞思想的一个关键概念,进而对其自由理论进行了全面的梳理与阐释。该著首先把马尔库塞定位为政治哲学家,然后指出他作为青年黑格尔派、海德格尔传人与法兰克福学派成员的多副面孔。在此基础上,作者以时间为顺序,分析了马尔库塞的早期思想、马克思《手稿》被发现之后对其思想的影响、"合作社会"(co-operative society)概念形成的语境、《单面人》写作时期对"合作社会"内涵的修改、文化革命时期"合作社会"在马尔库塞对当代文明的批判中所扮演的角色。作者认为,马尔库塞所谓的自由与他的"合作社会"或"好社会"(good society)观念联系密切,但是他并没有因此而呈现出好社会的详细图景与政治行动的特殊方案,所以马尔库塞的激进主义既是不可能的也是不可行的。当然,马尔库塞对自由的研究以及"合作社会"的视域也有其价值:它可以使我们以自己对社会、科学、技术发展的判断为中心,把我们的思想观念建立在好社会之上(pp. 285-287)。

格特鲁德·施托伊纳格尔(Gertrude A. Steuernagel)的《作为治疗的政治哲学:马尔库塞再思考》(*Political Philosophy as Therapy: Marcuse Reconsidered*, 1979)主要从英特拉戈(Pedro Lain Entralgo)的著作中受到启发,他把马尔库塞看作治疗医生式的政治哲学家,把马尔库塞的哲学看作用以治疗的政治哲学。此书从一个特殊角度考察了马尔库塞的思想,并思考了马尔库塞与荣格之间的理论关系。本·阿格尔(Ben Agger)的《统治的话语:从法兰克福学派到后现代主义》(*The Discourse of Domination: From the Frankfurt School to Postmodernism*, 1992)主要涉及马克思主义与后现代主义合作的话题,但此书的第二部分讨论的却是批判理论的马尔库塞版本。作者把马尔库塞看作在马克思主义传统中运用新视角的先驱,也把他看作"老套"的西方马克思主义最清晰的阐释者之一。迈克尔·莱斯诺夫(Michael H. Lessnoff)的《20世纪的政治哲学家》(*Political Philosophers of the Twentieth Century*, 1999)一书虽把马尔库塞作为政治哲学家来看待,但作者对马尔库塞思想的否定乃至嘲讽多于同情的理解。作者认为,马尔库塞的思想中存在着许多矛盾或错误的认识和判断,批判理论在他的手中变成了一种循环论证。作为这个社会的批判者,马尔库塞不管有什么功绩,但是在指导行动和政策上,他好像不是一个值得信赖的人。此外,理查德·沃林(Richard Wolin)的新著《海德格尔的弟子们》(*Heidegger's Children: Hannah Arendt, Karl Löwith, Hans Jonas, and Herbert Marcuse*, 2001)首先把马尔库塞看作海德格尔的四个犹太学生之一,从一个特殊的角度揭示了马尔库塞与海德格尔的思想关联。通过其学生的所作所为,作者也指出了海德格尔的哲学在道德上和政治上所存在的缺陷。

道格拉斯·凯尔纳(Douglas Kellner)是马尔库塞的研究专家,早在1984年,他就在《马尔库塞与马克思主义的危机》(*Herbert Marcuse and the Crisis of Marxism*, 1984)一书中对马尔库塞的思想进行了全面的评述(实际上也是一次重新评估)。与一些流行的看法不同,作者并不认为马尔库塞是一个前马克思主义(pre-Marxist)、非马克思主义(non-Marxist)或反马克思主义(anti-Marxist)的思想家,而认为他的著作呈现出一种批判的、沉思的、具有特殊风格的(idiosyncratic)马克思主义韵味。在他的一些著作(如《爱欲与文明》《单面人》)中,尽管马克思的名字没有被提及,但他依然使用了马克思的概念和方法并拓展了马克思主义的理论。因此,马尔库塞的马克思主义观涉及对马克思主义理论的一系列修正与更新(p.5)。因为在他看来,马克思主义是分析方法也是批判工具,却不是纯粹的知识系统中的教条(p.9)。作者最后指出,马尔库塞的思想具有种种张力,这些张力存在于正统的马克思主义与异端的马克思主义之间、早期的存在主义的马克思主义与晚期的弗洛伊德的马克思主义之间、理性主义与反理性主义之间、唯物主义与唯心主义之间(p.372)。所以,仅仅从某一方面入手理解马尔库塞思想的往往有片面性。而尽管他的著作中存在着一些问题,作者依然认为马尔库塞是我们这个时代最重要的思想家之一

(p. 374)。

凯尔纳的这一观点一直延续在他以后的著述中。马尔库塞的两部重要著作《爱欲与文明》(1998)和《单面人》(1991)再版之际,凯尔纳分别写了再版前言,一方面对这两部著作进行解读,一方面重申了他的观点。1998年,凯尔纳又亲自把马尔库塞写于1940年代、从未发表的一些文章编辑成论文集(该集取名为《技术、战争与法西斯主义》),并为这本论文集写下了长长的导言。通过研究,作者发现,马尔库塞晚期的理论视角、他在1960—1970年代把理论与政治实践联系到一起的尝试、国家解放运动以及所谓的新的社会运动,均植根于他1940年代的著作中,那里面已显示出理论与政治实践联系起来的趋向。因此,马尔库塞写于1940年代的文章可以读作批判理论的政治化,即理论联合政治并因此让理论变成实践与社会变革的工具(p. 36)。

此外,凯尔纳还发表了《马尔库塞、解放与激进生态学》("Marcuse, Liberation, and Radical Ecology")、《从〈1984〉到〈单面人〉》("From *1984* to *One-Dimensional Man*: Critical Reflections on Orwell and Marcuse")、《马尔库塞和对激进主体性的追求》("Marcuse and the Quest for Radical Subjectivity")等论文,这些论文角度新颖,从多个侧面释放了马尔库塞思想中潜在的能量。

蒂莫西·卢克斯(Timothy J. Lukes)的《逃往内在性》(*The Flight into Inwardness: An Exposition and Critique of Herbert Marcuse's Theory of Liberative Aesthetics*, 1985)与查尔斯·里茨(Charles Reitz)的《艺术、异化与人文学科》(*Art, Alienation, and the Humanities: A Critical Engagement with Herbert Marcuse*, 2000)是两本侧重论述马尔库塞美学思想与艺术理论的著作。"逃往内在性"是马尔库塞晚年著作《审美之维》中的说法,也代表了他本人最后的选择。卢克斯抓住马尔库塞思想中的这一关节点,深入其思想深处,探讨了"解放的美学"(liberative aesthetics)的历史渊源与内在局限。此书共由四部分内容组成,第一部分主要分析的是解放的障碍,作者想回答为什么马尔库塞在解放的环境中需要美学的东西;第二部分探讨的是马尔库塞美学思想中康德的成分,作者认为康德的美学观念影响了马尔库塞的美学,但后者对于前者又是一种拓展;第三部分是对马尔库塞美学的分类,作者认为马尔库塞美学中涉及科学的艺术（scientific art）、肯定的艺术（affirmative art）、反艺术（anti-art）、批判的艺术（critical art）和解放的艺术（liberative art）等五种类型；第四部分是对马尔库塞解放的美学的批判，作者认为，把政治责任放在美学实践中是一种不明智的做法，马尔库塞所谓的解放的艺术不可能成为一种坚固的、可信赖的政治力量（pp. 15-16）。

里茨的著作是近年来英美学界对马尔库塞艺术理论进行深入思考的重要成果。作者谈及马尔库塞的艺术思想时不是泛泛而论，而是从他晚年的选择回看他早年的思想与主张，进而把他的思想与审美教育联系在一起。作者认为，马尔库塞在1960年代后期有过一次转向，而从他1970年代的美学理论中可以看出他又开始了一次转向——从《爱欲与文明》《论解放》那种好战的激进分子的立场转到了古典欧洲美学的沉思冥想之中（p. 195）。之所以如此，关键是他意识到了美育的重要性。因此，作者写作此书的目的在于，通过超越马尔库塞审美本体论（aesthetic ontology）的遗产，释放出马尔库塞教育哲学与批判的社会理论中内在的伟大性（p. 221）。正因为如此，凯尔纳才指出，里茨是第一个把马尔库塞的艺术概念与审美教育的观念联系起来考察、把马尔库塞的思想广泛地与教育问题形成联结的人。这种论断是非常公允的。

小结：马尔库塞的思想与理论从受拥戴到被冷落，隐含着西方社会/文化语境转移与变迁的诸多秘密，也说明了他的遗产与当今政治、经济、文化等语境的错位与对话的困难，这或许是所有的"革命"理论都会面临的命运。1970年代之后，随着美国和整个西方世界保守主义势力的回潮，对马尔库塞的指责与批判逐渐增多，在此情况下，对马尔库塞思想作出同情的理解，对其理论进行重新评估就显得尤为重要。因此，凯尔纳等学者所做的工作既富有成效又意义重大。

同时，由于马尔库塞的理论形成于特定的语境当中，后来者对其思想的阐释也更多靠在政治、哲学与社会理论的层面，靠在美学层面的研究著作很少，还没有发现对其大众文化思想与理论进行专门研究的著作。

二　国内研究综述

法兰克福学派虽然在1960年代的西方世界已名声大噪,但直到1978年,才开始了它的中国之旅。故在下面的综述中,笔者主要面对的是1978年之后中国大陆(兼及港台地区)的法兰克福学派研究。而由于本书论题的缘故,笔者在综述中将侧重于法兰克福学派美学理论和大众文化理论的研究状况,并兼及其他研究内容。

(一) 法兰克福学派著作的译介情况

中国学界对法兰克福学派的译介是从1978年开始的。在这一年复刊的《哲学译丛》(中国社会科学院哲学研究所主办,2002年起改名为《世界哲学》)杂志上,第5期翻译了福格列尔(苏)对法兰克福学派的介绍性文章:《法兰克福哲学——社会学学派基本思想的历史发展》,第6期专设"法兰克福学派及对它的批判"栏目,其中翻译马尔库塞与哈贝马斯的文章各一篇(分别为《当代工业社会的攻击性》与《作为"意识形态"的技术和科学》),评介与批判该学派的文章两篇(分别为苏联学者奥伊则尔曼的《马克思列宁主义的意识形态学说和"批判理论"——法兰克福学派批判》和东德学者克劳斯的《法兰克福学派评介》)。1979年,该刊第1期的"人物介绍"为霍克海默尔与哈贝马斯,又重点翻译了弗洛姆的《论人的本性》(第2期)、《马克思的历史唯物主义》(第3期)、《马克思关于人的概念》(第5期)等文章(但从一开始,弗洛姆就没有被中国学者视为法兰克福学派的成员,这种看法一直延续到现在)。而由于马尔库塞的逝世(1979年7月29日),该刊又以《法兰克福学派的重要代表人物马尔库塞》(第6期)为题对他做了重点介绍。其后,该刊译介的法兰克福学派的重要文章还有恩格思(西德)的《哈贝马斯的社会批判观念述评》(1980年第5期)、勃莱哈特(法)的《评马尔库塞对工业社会的批判》(1982年第3期)、马尔库塞的《自由和历史的绝对律令》(1982年第1期)、李忠尚的《〈单向度的人〉的中心内容是什么》(1983年第1期)、哈贝马斯的《我和法兰克福学派》(1984年第1期)、洛威(法)的《法兰克福学派——理性的马克思主义》(1984年第2期)、普德(西德)的《阿多尔诺哲学思想讨论会》(1985年第3期)、泰尔图利安(法)的《阿多尔诺与德国古典哲学——评〈否定的辩证法〉一书的中心思想》(1985年第5期)、M.杰伊(即马丁·杰伊)的《〈辩证的想象〉中文版序言》(1991年第5期)等。从1980年代中后期开始,该刊对法兰克福学派的译介逐渐稀疏。

另一个对法兰克福学派的译介起过重要作用的刊物是《国外社会科学》(中国社会科学院文献信息中心主办,1978年创刊)。1978年第5期,该刊发表国内学者徐崇温的文章《关于西方的"马克思主义研究"——流派和观点综述》,其中介绍到了法兰克福学派。其后,该刊介绍或涉及法兰克福学派的文章主要有:《西方马克思主义:古典与现代各派的理论特点》(阿格尔,1982年第1期)、《当代西方马克思主义研究现状》(易克信,1983年第3期)、《法兰克福大学的新面貌》(勒里德,1983年第7期)、《法兰克福学派的理性主义马克思主义》(M.洛伊,1984年第4期)、《艺术与社会领域:法兰克福学派》(J.墨菲,1984年第9期)、《哈贝马斯谈哲学、社会历史及政治》(1986年第2期)、《卢卡奇与批判理论》(F.策鲁蒂,1987年第5期)、《沃尔特·本杰明的历史哲学》(R.比恩纳,1987年第6期)、《艺术的消失:后现代主义争论在美国》(Ch.伯格,1988年第7期)、《西方马克思主义的地域剖析》(M.杰伊,1989年第2期)、《评〈批判理论、马克思主义与现代性〉》(B.兰格,1991年第9期)、《通俗艺术对美学的挑战》(R.舒斯特曼,1992年第9期)、《二十世纪西方的辩证法研究》(万象客,1992年第6期)、《理论的未来》(赫劳-肯托尔,1992年第7期)、《通俗文化与民粹文化》(R.柏曼,1992年第10期)、《大众文化平议》(J.利尔斯,1994年第3期)、《洛文塔尔的通俗文化观》(陆小宁,1998年第1期)、《洛文塔尔的消费偶像观》(黄芹,1998年第1期)、《艺术与机械复制:阿多尔诺与本雅明的论争》(R.沃林,1998年第2期)、《阿多诺论文化工业与现代艺术》(陈刚,2001年第2期)等。

从1980年开始,对法兰克福学派进行译介和评述的著作开始出现。徐崇温的《法兰克福学派述评》(生活·读书·新知三联书店,1980)率先对法兰克福学派进行了全面的介绍与评论,涉及的内容分别为"法兰克福学派的来龙去脉""社会批判理论的思想渊源""法兰克福学派的乌托邦'革命'理论""法兰克福学派的哲学观点"。江天骥主编的《法兰克福学派——批判的社会理论》(上海人民出版社,1981)紧随其后,书中除收有江天骥等四人对法兰克福学派的述评文章外,还翻译马尔库塞的文章或著作章节三篇(分别为《控制的新形式》《伦理与革命》《哲学与现实的关联》),哈贝马斯的文章一篇(《汉娜·阿伦特交往的权力概念》),此外,麦金太尔(此书以"阿拉斯德尔"名之)的《马尔库塞》第四章—第八章也被翻译并收入到此书中。1981年,随着《西方马克思主义探讨》(佩里·安德森,人民出版社,1981)一书的翻译并出版,国内学界对法兰克福学派在西方马克思主义框架内的定位有了较全面的了解;而《"西方马克思主义"》(徐崇温,天津人民出版社,1982)则是国内学者把法兰克福学派放在西方马克思主义范围内进行评介的第一本著作。

与此同时,对法兰克福学派成员著作的翻译工作也开始启动。不过一开始,国内学界主要关注的人物是马尔库塞。在整个1980年代,马尔库塞的重要著作几乎都有了中译本。最早翻译过来的著作是任立编译的《工业社会和新左派》(商务印书馆,1982),其中收有马尔库塞的文章一篇(《当代工业社会的攻击性》)和小册子一本(《反革命和造反》)。其后,马尔库塞被译成中文的著作(包括收有马尔库塞文章的集子)还有《现代美学析疑》(绿原译,文化艺术出版社,1987)、《爱欲与文明——对弗洛伊德思想的哲学探讨》(黄勇、薛民译,上海译文出版社,1987)、《单向度的人——发达工业社会意识形态研究》(刘继译,上海译文出版社,1989。此书的另两个译本一是《单向度的人》,张峰等译,重庆出版社,1988;另一个是《单面人》,左晓斯等译,湖南人民出版社,1988)、《现代文明与人的困境——马尔库塞文集》(李小兵等译,上海三联书店,1989)、《审美之维》(李小兵译,生活·读书·新知三联书店,1989)、《艺术的未来》(王治河译,北京大学出版社,1991)、《理性和革命——黑格尔和社会理论的兴起》(程志民等译,重庆出版社,1993)。此外,麦基编的《思想家》(周穗明、翁寒松译,生活·读书·新知三联书店,1987)收有麦基与马尔库塞的一篇对话,麦金太尔的《马尔库塞》(邵一诞译,中国社会科学出版社,1989)也被翻译了过来(此书的台湾版为同一译者所译,改名为《马库塞》)。此时,国内学者对马尔库塞全面评介的著作有《二十世纪的思想库——马尔库塞的六本书》(陈学明,云南人民出版社,1989)。

对本雅明著作的翻译是从 1980 年代后期开始的,而随着本雅明在中国学界的升温,其著作中译在世纪之交又成为一道小小的风景。《发达资本主义时代的抒情诗人——论波德莱尔》,张旭东、魏文生译,生活·读书·新知三联书店,1989)被率先翻译过来之后,译者张旭东曾在《读书》等刊物撰写系列文章,对本雅明加以评介与研究。这些文章分别为《本雅明的意义》(《文化:中国与世界》第 5 辑,1989 年)、《寓言批评——本雅明"辩证"批评理论的主题与形式》(《文学评论》1988 年第 4 期)、《现代文人——本雅明和他笔下的波德莱尔》(《读书》1998 年第 11 期)、《书房与革命——作为"历史学家"的"收藏家"本雅明》(《读书》1988 年第 12 期)、《性格与命运——本雅明与他的卡夫卡》(《读书》1989 年第 2 期)。此后,本雅明的著作被译成中文的还有《机械复制时代的艺术作品》(王才勇译,浙江摄影出版社,1993)、《启迪:本雅明文选》(张旭东、王斑译,香港牛津大学出版社,1998)、《本雅明:作品与画像》(孙冰编,文汇出版社,1999)、《本雅明文选》(陈永国、马海良编,中国社会科学出版社,1999)、《经验与贫乏》(王炳钧、杨劲译,百花文艺出版社,1999)、《莫斯科日记·柏林纪事》(潘小松译,东方出版社,2001)、《德国悲剧的起源》(陈永国译,文化艺术出版社,2001)、《驼背小人——1900 年前后柏林的童年》(徐小青译,上海文艺出版社,2003)、《迎向灵光消逝的年代:本雅明论艺术》(许绮玲、林志明译,广西师范大学出版社,2004)。此外,译成中文的还有布罗德森的《本雅明传》(国荣、唐盈、宋泽宁译,敦煌文艺出版社,2000)、三岛宪一的《本雅明——破坏·收集·记忆》(贾倞译,河北教育出版社,2001)、沃特斯的《美学权威主义批判:保尔·德曼、瓦尔特·本雅明、萨义德新论》(昂智慧译,北京大学出版社,2000)以及国外学者论本雅明的论文集《论瓦尔特·本雅明:现代性、寓言和语言的种子》(郭军、曹雷雨编,吉林人民出版社,2003)。国内学者刘北成的《本雅明思想肖像》(上海人民出版社,1998)、陈学明的《班杰明》(台北生智文心事业有限公司,1998)对本雅明进行了全面评介。

随着徐崇温主编的"国外马克思主义和社会主义研究丛书"的出版,阿多诺与霍克海默的著作也开始翻译过来。阿多诺的著作最先被译成中文的是他与霍克海默合著的《启蒙辩证法》(洪佩郁、蔺月峰译,重庆出版社,1990),此书误译较多,却成了中国学界理解阿多诺思想(尤其是"文化工业"批判理论)的基本读物。时隔 13 年之后,此书的新译本(渠敬东、曹卫东译,上海人民出版社,2003)面世。此外,阿多诺的著作被译成中文的还有《否定的辩证法》(张峰译,重庆出版社,1993)、《美学理论》(王柯平译,四川人民出版社,1998)。霍克海默的著作被译成中文的有《批判理论》(李小兵等译,重庆出版社,1989)、《霍克海默集》(渠东、付德根等译,上海远东出版社,1997 年)。其他被翻译成中文的著作有《法兰克福学派的宗师——阿道尔诺》(马丁·杰著,胡湘译,湖南人民出版社,1988)、《霍克海默传》(贡尼、林古特著,任立译,商务印书馆,1999)、《阿多诺:艺术、意识形态与美学理论》(杰木乃兹著,栾栋、关宝艳译,台北远流出版事业股份有限公司,1990)。

此外,阿多诺与霍克海默、本雅明、马尔库塞的部分译文还被收入下面的文集之中,它们是《西方学者论〈1844 年经济学—哲学手稿〉》(复旦大学出版社,1983)、《西方马克思主义美学文选》(陆梅林选编,漓江出版社,1988)、《马克思主义与艺术》(梅·所罗门编,文化艺术出版社,1989)、《现代美学新维度——"西方马克思主义"美学论文精选》(董学文、荣伟编,北京大学出版社,1990)、《西方马克思主义批判文选》(New Left Review 编,台北远流出版事业股份有限公司,1994)、《现代性中的审美精神——经典美学文选》(刘小枫主编,学林出版社,1997)、《外国美学》(商务印书馆)、《马克思主义文艺理论研究》(文化艺术出版社)、《西方文艺理论名著选编》(伍蠡甫、胡经之主编,北京大学出版社,1987)、《文化研究》(陶东风等主编,第 1 辑,天津社会科学院出版社,2000)、《图绘意识形态》(齐泽克等著,南京大学出版社,2002)、《生产》(汪民安主编,第一辑,广西师范大学出版社,2004)等。

1986 年,巴托莫尔的《法兰克福学派》(廖仁义译,桂冠图书股份有限公司)翻译出版;1996 年,单世联翻译的《法兰克福学派史》(马丁·杰伊著,广东人民出版社)问世;1998 年,上海社会科学院哲学研究所外国哲学研究室编译的《法兰克福学派论著选辑》(商务印书馆)出版了上卷,但笔者至今没有见到下卷;1998 年,陈学明等编的《社会水泥——阿多诺、马尔库塞、本杰明论大众文化》和《痛苦中的安乐——马尔库塞、弗洛姆论消费主义》(云南人民出版社)出版。这些著作对理解法兰克福学派的思想均有助益。

迄今为止,国内只节译过洛文塔尔的一篇文章《文学与社会》。该文为《文学、通俗文化和社会》(Literature, Popular Culture, and Society, 1961)的第5章,收在《现当代西方文艺社会学探索》(张英进、于沛编,海峡文艺出版社,1987)一书中,且已被诸多研究者所忽略。对洛文塔尔的评介性文章有三(其实是二):1998年第1期的《国外社会科学》两篇,分别为《洛文塔尔的通俗文化观》(陆小宁)和《洛文塔尔的消费偶像观》(黄芹),另一篇为《洛文塔尔的通俗文化思想述评》(陆小宁,《哲学动态》1998年第2期。除对个别词句做了调整外,此文与《洛文塔尔的通俗文化观》的内容完全相同)。其后,国内一些学者虽在论文或著作中时常谈到洛文塔尔,但其资料均源自上述三篇文章的介绍。

需要说明的是,从1990年代后期开始,法兰克福学派第二代理论家哈贝马斯的著作中译开始兴盛起来,但因为哈贝马斯不在笔者的论题范围之内,故此处从略。

小结:法兰克福学派是伴随着中国学界对西方马克思主义的兴趣和对马克思《手稿》的探究进入中国大陆的,但是,由于改革开放之初特殊的社会/文化语境(如"西马非马"论等),法兰克福学派的著作文章一开始更多成为中国学界"批判"对待的材料,这在很大程度上左右了当时译介的眼光。比如,翻译于《哲学译丛》的第一篇介绍法兰克福学派的文章出自苏联学者之手,文中的观点放在今天来看便很耐人寻味。文中说:法兰克福学派反共反苏,故"有必要批判这个学派的思想,彻底克服它的影响,其中包括克服它在许多国家修正主义者中、在工人运动和反帝运动内部右的和'左的'机会主义思想家中间的信徒和追随者的影响。……至于清除在某些社会主义国家内立足于法兰克福学派思想的修正主义,那么这项批判任务还远远没有完成。直到目前为止,反共主义继续把赌注下在这张牌上"。这种把法兰克福学派放在国际共产主义运动中加以清算的言辞,很可能在一定程度上影响到中国学者对法兰克福学派的最初接受。而国内学者发表于《国外社会科学》的第一篇文章也同样把包括法兰克福学派在内的西方马克思主义看作"修正主义",全文采用一种"批判"的口吻,喜欢使用"攻击""炮制"等语词来描述西方马克思主义的所作所为。这种观点和修辞策略反映出中国学界对法兰克福学派的最初理解和认识。

在继续译介的过程中,中国学界逐渐挣脱了某种正统的马克思主义的束缚,开始对法兰克福学派采取一种相对客观的立场。但译介中传达出的信息仍发人深省。比如,为什么在1980年代马尔库塞能够成为中国学界重点译介的对象?而进入1990年代之后,阿多诺与本雅明又成了译介的主要人物?像这种现象,除了反映出西方学界的选择与偏好对中国学界的影响外,其中很可能还隐藏着中国社会/文化语境位移或转换过程中的诸多症候。

尽管中国学界对法兰克福学派的译介已做了大量工作,但除马尔库塞之外,法兰克福学派其他成员的译介还做得远远不够,这在很大程度上也影响到中国学界对法兰克福学派的理解与研究。

(二) 法兰克福学派的研究状况

以下的综述在两个层面上进行:1. 对法兰克福学派的总体研究(侧重于某一专题)和对其成员的个案研究;2. 法兰克福学派大众文化批判理论对中国学界的影响及其相关论争。

1. 对法兰克福学派的总体研究和对其成员的个案研究

限于篇幅,此处的综述对象主要面对正式出版的著作。

(1) 哲学、政治学方面

欧力同、张伟的《法兰克福学派研究》(重庆出版社,1990)是一部侧重于从哲学层面对法兰克福学派进行解读的著作。该著从第一手资料出发,把该学派的理论主题化(主要涉及"自然与人""哲学的改造""主体—客体""辩证法与主体性""否定的辩证法""马克思和弗洛伊德的综合""文化和意识形态批判"等),试图以此与马克思的观点进行比较研究。此书共17章,几乎涉及法兰克福学派理论的所有方面。此书以马克思主义的观点来审视和批判法兰克福学派的理论,"中国特色"鲜明,但因为没有专题化,并不深入细致。陈振明的《法兰克福学派与科学技术哲学》(中国人民大学出版社,1992)是作者的博士论文。作者从科学技术的视角透视法兰克福学派,认为该学派在对工具理性的批判中形成了一种独特的理性观,在批判实证主义中形成了一种"批判的科学哲学",在对科学技术本身的批判中形成了较为完整的科学技术社会理论,在人和自然关系方面形成了一种"新马克思主义"的自然观。此书视角明确,论述深入,代表了1990年代初期中国哲学界对法兰克福学派的理解水平。作者的另一部著作《"新马克思主义"》(厦门大学出版社,1992)也有对法兰克福学派的专章研究,但观点上没有更多的突破。傅永军、王元军、孙增霖合著的《批判的意义——马尔库塞、哈贝马斯文化与意识形态批判理论研究》(山东大学出版社,1997)主要考察的是法兰克福学派的意识形态批判理论,作者在对马尔库塞与哈贝马斯相关理论分析的基础上认为,法兰克福学派意识形态批判理论的视界是极为偏狭的,其偏狭性又主要体现在两个方面:意识形态是一种幻象或欺骗;科学技术是意识形态(p. 208)。作者认为,对于当代资本主义,最有效力的依然是马克思的政治经济学批判(p. 230)。任皑的《批判与反思——法兰克福学派"当代资本主义理论"辨析》(安徽大学出版社,1998)其目的在于对该学派的社会批判理论与马克思的社会批判理论进行比较与鉴别。作者认为,法兰克福学派对当代资本主义的批判是一种从主观唯心主义立场出发的人本主义批判、是一种否定一切的形而上学的批判、是一种根本不触动现实的浪漫主义批判(pp. 6-13)。这种观点体现出来的依然是以中国马克思主义哲学为研究基础的特色。陆俊的《理想的界限——"西方马克思主义"现代乌托邦社会主义理论研究》(社会科学文献出版社,1998)以"现代乌托邦"为角度和线索,分别对布洛赫、弗洛姆、马尔库塞、哈贝马斯和高兹的乌托邦/社会主义理论进行了辨析。此书作为博士论文,其立意在于通过西方马克思主义的理论,对当代社会主义运动中所遇到的问题做出回应与反思,但由于紧扣"乌托邦"这一概念,并对它进行了深入细致的剖析,故对西方马克思主义或法兰克福学派的美学研究亦有重要的参考价值。

陆俊的《马尔库塞》(湖南教育出版社,1999)是对马尔库塞的思想进行全面评介的著作,有助于了解马尔库塞的全貌。张一兵的《无调式的辩证想象:阿多诺〈否定的辩证法〉的文本学解读》(生活·读书·新知三联书店,2001)可以看作进入阿多诺《否定的辩证法》的入门书,这对于理解阿多诺的这本"天书"无疑意义重大。此外,作者对阿多诺的定位也值得一提。作者认为阿多诺虽然批判了传统人本主义和一切同一性哲学(在这一点上,他可以成为德里达等人理论逻辑的奠基人),但他绝不是一位"后现代"论者,因为他并不想步入后现代思潮那种相对主义和虚无主义的泥潭当中(pp.62-63)。这种观点在西方学界虽已不新鲜,但由中国学者说出,依然值得认真对待。张亮的《"崩溃的逻辑"的历史建构:阿多诺早中期哲学思想的文本学解读》(中央编译出版社,2003)认为,理解阿多诺的关键就在于理解"否定的辩证法",而理解"否定的辩证法"的唯一选择就是回到"否定的辩证法"的历史本身(p.23)。以此为起点,作者考察了"否定的辩证法"作为"崩溃的逻辑"的生成过程。

(2)美学、文学理论方面

冯宪光的《西方马克思主义文艺美学思想》(四川大学出版社,1988)是国内较早评介"西马"的文艺美学著作。此书列专章介绍了法兰克福学派的浪漫主义文艺理论,侧重对马尔库塞的《审美之维》、阿多诺的《美学理论》、本雅明的《机械复制时代中的艺术品》进行评述。作者认为,法兰克福学派的浪漫主义思潮纯粹是一种否定现代文明的虚无主义思潮。理想没有前进的目标,没有实现的可能,只能走向空虚,倒退到中世纪的田园牧歌的幻象之中去。这是法兰克福学派社会政治理论的浪漫主义的实质,也是其文艺理论的浪漫主义的实质(p.127)。作者的另一部著作《"西方马克思主义"美学研究》(重庆出版社,1997)是对"西马"美学的进一步研究,此书把马尔库塞"超越现实"的美学归入"走向浪漫主义的美学"中,而把阿多诺的"救赎"美学和本雅明的"寓言"美学放在"维护现代主义的美学"里,反映出作者学术观点的调整。这种区分对于更准确地把握法兰克福学派成员的美学思想很有帮助。

赵宪章主编的《西方形式美学——关于西方的形式美学》(上海人民出版社,1996)用较大篇幅分析了西方马克思主义的形式美学。此书认为,"西马"从一开始就抛弃了思辨美学的先验逻辑起点,把"文化工业"作为艺术在其中生存和发展的母体与基本文化事实(p.421)。"文化工业"体系中的艺术是一种意识形态,它的形式已经失去了与现实保持距离的张力,消融到既定社会事实(即对象)的同一维度之中,简言之,它已蜕化为没有形式的艺术(p.424)。在这一立论的前提之下,作者对霍克海默与阿多诺、马尔库塞等人的美学思想进行了比较研究,并指出了它们的细微区别。把法兰克福学派的美学理论纳入"形式"的理论框架中进行思考,这一角度很有新意。

朱立元主编的《法兰克福学派美学思想论稿》(复旦大学出版社,1997)主要使用第一手资料,分析了法兰克福学派重要成员(本雅明、阿多诺、马尔库塞、弗洛姆、哈贝马斯)和该学派外围的三位理论家(卢卡奇、布洛赫、布莱希特)的美学观。此书把本雅明的美学观界定为寓言式批评和现代主义,认为阿多诺体现了美学的现代主义思想,马尔库塞所倡导的是一种社会批判的美学。在对各位理论家美学思想分析的基础上,作者认为法兰克福学派诸成员与外围理论家的哲学/美学思想存在着五个基本相同的特征:一、具有鲜明的批判性;二、本质上是一种现代的人道主义美学;三、受到弗洛伊德精神分析学的深刻影响;四、有一种反对科学理性的浪漫主义倾向;五、最终不约而同地参与了审美乌托邦的营建(pp. 5-13)。这种概括应该说是非常准确和恰当的。作为中国大陆第一部对法兰克福学派美学思想进行研究的著作,此书的特点在于系统性和全面性,宏观把握与个案研究相结合,其价值与意义不言而喻。但洛文塔尔没有在著作中出场,又稍嫌遗憾。

周宪的《20世纪西方美学》(南京大学出版社,1997)认为,20世纪的西方美学有两大转向,其一是批判理论的转向,其二是语言学的转向。批判理论在20世纪走过了三个阶段,第一阶段是早期的法兰克福学派的理论实践,即从1930年代到"二战"结束。第二阶段是"二战"以后到1960年代。这一时期的批判理论主要关心的是资本主义福利国家问题、大众媒介和文化产业问题。1960年代以后,批判理论进入第三阶段,法兰克福学派的第一代领袖已逐渐被以哈贝马斯为代表的第二代理论家所取代。在这一背景下,作者分析了阿多诺与本雅明的美学理论,认为前者的美学侧重于救赎,对资本主义文化产业的批判则是其美学理论的一个重要组成部分(p. 109);后者的美学与政治密切相关,是一种"诗学政治"(p. 137)。在此基础上作者分析了本雅明的"韵味"与"机械复制"理论。此书虽然对法兰克福学派的美学理论所论不多,但由于是把它放在美学史的大背景中加以反思,故显得高屋建瓴,切中肯綮。

马驰的《"新马克思主义"文论》(山东教育出版社,1998)中的"中篇"是"法兰克福学派的文论"。主要涉及阿多诺、本雅明与马尔库塞对艺术的看法。从其他学者所谓的"美学"移到"文论",作者也就发现了一些学者所忽略的一些方面。但总体上看,此书虽梳理得较全面,特点却不太明显。

单世联的《反抗现代性:从德国到中国》(广东教育出版社,1998)从德国文化背景和哲学背景出发,以"反抗现代性"为主线,对德国的批判理论传统和美学思想进行了史的梳理。作者认为,法兰克福学派颠倒了当年马克思从哲学到经济学、从文化批判到政治行动的发展逻辑,远离政治革命,放弃暴力行动,退入思想文化领域,从哲学、美学、社会学、心理学诸方面揭发晚期资本主义的病症和危机,拒绝现代技术文明的合理性。而以哈贝马斯为代表的新一代批判理论,已从上一代的"大拒绝"中退回,对当代社会进行改良性、建设性批判,已经由一种浪漫诗学、文化批判转化为政治伦理学、社会理论(pp. 9-10)。由于视角独特,此书的思考具有一定深度。

杨小滨的《否定的美学——法兰克福学派的文艺理论和文化批评》(上海三联书店,1999,此书于1995年先期出版于台北麦田)分析了法兰克福学派及其社会批判理论的缘起、发展和美学理论,重点讨论了本雅明、阿多诺、马尔库塞的美学思想。此书的结语以"现代性的危机"为题指出:在优秀的后现代主义作品里,法兰克福学派美学的主要原则——艺术的批判和否定因素——被保留了,但这并不意味着在现代主义时代里发展并成熟的法兰克福学派理论可以无条件地适用于后现代主义艺术。恰恰相反,正是后现代主义艺术向法兰克福学派的美学提出了最有力的挑战。艺术的自主性,对于解放的终极理想,对于个体和理性的内在维护,已被后现代主义支离破碎的、无所指的、表层化的、彻底"耗尽"的"文本"所质疑(p. 224)。这种反思应该说是富有成效的。此书动用大量外文资料,梳理、分析得清楚准确,不足之处是写得较散。

程巍的《否定性思维——马尔库塞思想研究》(北京大学出版社,2001)是国内马尔库塞研究中的一部力作。作者对研究对象抱有一种"同情的理解",故能深入马尔库塞思想的深处,揭示出他思想中的种种含混、矛盾之处。作者首先对马尔库塞思想的复杂性进行了辨析(他究竟是存在主义的马克思主义者还是黑格尔主义的马克思主义者,抑或是弗洛伊德主义的马克思主义者),然后辅之以文学作品的分析,对马尔库塞在文化革命年代寻找历史主体的冲动、浓郁的乌托邦思想和怀旧情绪进行了细致入微的思考。而通过马尔库塞的所作所为,作者又富有创意地梳理出在最初的空想社会主义者、马克思和恩格斯、波德莱尔与其笔下的浪荡子、卢卡奇、法兰克福学派和1968年的造反学生之间,有一条隐秘的精神之线——弥赛亚救世观念(pp.8-9)。这种观点打破了种种陈见,开拓出了新的思考空间,对于理解马尔库塞乃至整个法兰克福学派助益甚大。

(3) 大众文化理论方面

洪翠娥的《霍克海默与阿多诺对"文化工业"的批判》(台北唐山出版社,1988)是笔者见到的汉语界第一本对阿多诺与霍克海默的"文化工业"理论进行梳理的著作。作者以台北"希代"出版社为例来说明文化工业的标准化与伪个性化、促销和分配技巧的合理化(pp.17-18),可谓理论联系实际,但作者梳理的主要依据是阿多诺与霍克海默的《启蒙辩证法》,没有顾及他们的其他论述,故显得比较简陋。

大陆学者陈学明的《文化工业》(台北扬智文化事业公司,1996)虽以"文化工业"为题,但涉及的是阿多诺、马尔库塞与班杰明(本雅明)的大众文化理论。作者认为,法兰克福学派对大众文化/文化工业的批判可归结为三个要点:一、批判大众文化/文化工业的商品化;二、批判大众文化/文化工业的标准化;三、批判大众文化/文化工业的强制化(pp.35-40)。马尔库塞对文化工业的抨击可概括为:一、文化工业之先导:肯定文化;二、文化工业之雏形:压抑文化;三、文化工业之象征:单面文化;四、文化工业之内涵:物质文化(pp.107-138)。而对于本雅明所谓的复制,作者又概括出机械复制文化的三个特征:一、丧失了传统文化的韵味;二、以展览价值为主;三、向消遣式接受式方法转变(pp.52-63)。此书的梳理线索清楚,但有流于泛泛介绍之嫌。

陆扬、王毅的《大众文化与传媒》(上海三联书店,2000)不是论述法兰克福学派大众文化理论的专著,但由于作者把法兰克福学派批判大众文化的思想放到了西方大众文化理论发展史的背景上,故一些问题就能看得更清楚一些。比如,作者认为大众文化批判理论因其对自己的批判对象缺乏了解而影响到了这一理论的批判力(p.28);阿多诺对文化工业的种种批判,基本上是囿于理论分析,很少伴有具有说服力的经验证明(p.62)。像这种看法,有助于我们对大众文化批判理论形成更清醒的认识。但总体而言,作者对法兰克福学派大众文化理论的否定多于肯定,这在一定程度上反映出中国学界新近的一种流行看法。

单世联的《现代性与文化工业》(广东人民出版社,2001)有将近一半的篇幅是在谈文化工业,但涉及法兰克福学派的地方不多,只是以"本雅明的探索""阿多诺的揭发""洛文塔尔的评论""哈贝马斯的回溯"为题对法兰克福学派的大众文化理论进行了简要评述(pp.409-430)。作者初次涉及中国学界对法兰克福学派大众文化理论的接受与争论问题(pp.478-494),可谓本书的一个亮点,但还谈不上深入细致。书中附有译文两篇,分别为维尔默的《真理、外观与和谐:阿多诺对现代性的审美救赎》和阿多诺的《本雅明的肖像》,很有价值。

陶东风的《文化研究:西方与中国》(北京师范大学出版社,2002)也涉及了法兰克福学派的大众文化批判理论,因接下来将会涉及他的观点,兹不赘述。

(4) 小结

从1980年代后期开始,国内对法兰克福学派进行研究的著作逐渐增多(从发表论文的情况看也是如此),但在哲学、政治学等方面对其研究的力作很少;囿于中国的国情,对它的批判又多于切合实际的反思。从美学、文学理论等方面对其研究的成果较多,也取得了一定成绩,但介绍式、评述式的研究居多;一些著作囿于教材式写法,很难取得突破性的进展。对法兰克福学派大众文化理论的研究是1990年代中后期的事情,现在依然处于起步阶段,像样的研究成果几乎没有。

从国内美学界和文学理论界的情况看,中国学者对法兰克福学派的研究兴趣也逐渐发生了转移。大体而言,1990年代中期以前,更多关注法兰克福学派的美学理论;而从1990年代中后期开始,法兰克福学派的大众文化理论吸引了更多学者的视线。这种移位很大程度上是中国社会/文化语境变化的结果。

2. 对法兰克福学派大众文化理论的接受及相关论争

中国学界对法兰克福学派大众文化理论的接受与对中国现实语境的认识和对"大众文化"本身的理解密切相关,故在下面的清理中主要面对两个问题:其一,中国学界对"大众文化"的认识情况;其二,中国学界对法兰克福学派大众文化理论的认识情况。

(1) 对"大众文化"的认识与讨论

1980年代以前,当代中国并没有"大众文化"这一概念。根据笔者目前掌握的资料,"大众文化"作为一个概念是在1981年被介绍进中国的。在这一年第8期的《国外社会科学》杂志上,出现了一个"大众文化"的名词解释。该名词译自苏联《科学共产主义词典》1980年第3版,解释中说:大众文化"是资产阶级麻痹群众意识的一种资产阶级文化类型","'大众文化'的目的是要建立一种模型来培养'大众人',即政治上消极、怠惰,依附上层人物并为他们所左右,丧失独立判断和独立思考能力,对所发生的社会过程不会作任何批判性理解,盲目接受资产阶级社会的'精神准则',以及失去个性、人道及和谐等特征的人"。"'大众文化'最初是一种'基契'(来自德文Kitsch,意为粗制滥造、低级趣味的作品),即刑事侦破和色情的报刊、书籍、电影及其他拙劣作品的大杂烩,后来又加进了标准的海淫海盗的连环画册、'色情艺术'作品,以及诸如此类的'消遣工业'。'基契'把超人和轰动一时的'明星'在意识中加以神化,从而使人脱离现实"。最后,该解释把大众文化的实质定位于"反人道主义",并认为与之相对峙的是真正进步的群众文化,是社会主义文化(pp.76-77)。

除去那种特有的意识形态化的修辞策略,这一解释基本上还是接近于西方学者(尤其是法兰克福学派)对大众文化的理解的。但当时中国的文学理论界并没有"大众文化"的观念和概念。1980年代中后期,虽然在一些译著中已有对"大众文化"更准确的解释(如豪泽尔的《艺术社会学》,p.261),也翻译了西方学者谈论大众文化的著作(如托马斯·英奇编的《美国通俗文化简史》,1988)。但此时学界的兴趣和讨论实际上是集中在"纯文学和通俗文学"方面,大众文化往往也被限定在"通俗文学"的思考框架之中。种种迹象表明,学界对大众文化的认识在1980年代还没有浮出水面。

1990年代初期,学界开始意识到大众文化的冲击,于是有了对大众文化的讨论,但一开始对大众文化的定位并不清晰。比如,1991年的《上海文论》新设一个"当代视野中的大众文艺"专栏,一些批评家加盟进行讨论。有学者解释说:"本文所要讨论的'大众文艺',从对象而言,主要是指近年在大陆出现的,通过印刷、光电等现代大众传播媒介手段所大量复制,供大众阅读、消闲、欣赏需求的各种文艺制品的总和,如畅销书、通俗小说,通俗性的电视连续剧、放映点和民间流传的录像带、流行歌曲,以及由此构成的文艺和文化现象。"(毛时安:《大众文艺:世俗的文本与解读》,《上海文论》1991年第1期)这实际上说的就是大众文化,但是却又以"大众文艺"命名。这一期间,虽然已有学者在文章中直接使用了"大众文化"的概念(如高小康:《当代美学与大众趣味》,《上海艺术评论》1990年第4期),一些学者也加大了对西方大众文化/通俗文化介绍的力度(如周建军:《西方通俗文化研究概观》,《百科知识》1990年第2期;威尔逊:《商业社会中的高雅文化和通俗文化》,周宪译,《国外社会科学》1990年第8期),但总体而言,"能指"与"所指"还存在着一些错位。

真正对大众文化进行讨论是在1992年之后。黄力之在《"文化工业"的乌托邦忧思录》(《文艺报》1993年5月8日)中对法兰克福学派所使用的大众文化的概念进行了清理与思考,陶东风在《欲望与沉沦:当代大众文化批判》(《文艺争鸣》1993年第6期)中使用法兰克福学派的大众文化理论对中国的大众文化进行了批判。1994年,谈论大众文化的文章剧增,其中如下文章成为后来学界关注的目标:《从"西方的没落"到批判学派》(李彬,《北京广播学院学报》1994年第1期)、《政治·经济·文化——一种关于批判学派之理论探究的辨析》(李彬,《北京广播学院学报》1994年第2期)、《试论当代的"文化工业"》(金元浦,《文艺理论研究》1994年第2期)、《大众文化的时代与想象力的衰落》(周宪,《文艺理论研究》1994年第2期)、《大众时代的大众文化》(杨扬,《文艺理论研究》1994年第5期)、《论大众文化》(张汝伦,《复旦学报》1994年第3期)等。与此同时,1994年第5—6期的《东方》发表了李泽厚与王德胜的对谈(《关于文化现状、道德重建的对话》),李泽厚提出了对大众文化的新思路。

从1994年开始,与"大众文化"相关的学术研讨会开始出现,一些专业性报纸与刊物也辟出栏目就"大众文化"问题进行讨论。1994年5月在太原召开了"大众文化与当代美学话语系统"学术讨论会,1994年12月7日,《文艺报》就"大众文化"邀请北京部分专家、学者举行了专题讨论会,1998年2月25日,《文艺报》又举行了"文化工业"问题研讨会。1997年第2期的《读书》杂志专设"大众·文化·大众文化"

栏目,韩少功等人撰文对大众文化进行辨析。从 2000 年开始,《天涯》杂志特设"媒体与大众文化研究专栏";李陀、陈燕谷主编的《视界》常设"文化研究"专栏,发表了一些研究大众文化的文章。2000 年第 6 期的《中国社会科学》在"文化研究:西方与中国"的主题之下发表了金元浦等人的文章,提出了"重新审视大众文化"的问题。2001 年与 2002 年,童庆炳等人对大众文化/文化工业进行过两次专题讨论(《大众文化师生谈》,《中国文化报》2001 年 3 月 28 日;《糖:养分与"毒药"——中国当下文化工业管窥》,《黄河》2002 年第 4 期),王一川则提出建立"中国大众文化学"的构想(《当代大众文化与中国大众文化学》,《艺术广角》2001 年第 2 期)。2003 年,《文艺报》开设"'大众文化'论坛"专栏,多人撰文予以讨论。

从 1990 年代中后期开始,研究大众文化或与大众文化相关的著作也开始出现,它们是高小康的《大众的梦——当代趣味与流行文化》(1993)、陈刚的《大众文化与当代乌托邦》(1996)、徐贲的《走向后现代与后殖民》(1996)、王德胜的《扩张与危机——当代审美文化理论及其批评话题》(1996)、肖鹰的《形象与生存——审美时代的文化理论》(1996)、周宪的《中国当代审美文化研究》(1997)、黄会林主编的《当代中国大众文化研究》(1998)、戴锦华的《隐形书写——90 年代中国文化研究》(1999)、潘知常的《反美学——在阐释中理解当代审美文化》(1995)及《美学的边缘——在阐释中理解当代审美观念》(1998)、姚文放的《当代审美文化批判》(1999)、邹广文主编的《当代中国大众文化论》(2000)、扈海鹂的《解读大众文化——在社会学的视野中》(2003)、朱效梅的《大众文化研究——一个文化与经济互动发展的视角》(2003)、王一川主编的《大众文化导论》(2004)等。从 1999 年开始,李陀主编的"当代大众文化批评丛书"(江苏人民出版社)和"大众文化研究译丛"(中央编译出版社)的出版发行,很大程度上也推动了中国大众文化的研究工作。在对大众文化的研讨与集中思考中,对大众文化的认识逐渐清晰起来。

毫无疑问,中国学界对大众文化的研究兴趣很大程度上来自现实世界的刺激;而既然要研究大众文化,必然会动用相应的理论资源。在这种情况下,法兰克福学派的大众文化理论便成为中国学者的首选对象。那么,对于法兰克福学派的大众文化理论,中国学者又做出了怎样的反应呢？

（2）对法兰克福学派大众文化理论的接受与认识

1992年，随着市场经济机制的启动与社会的转型，中国的大众文化正式出场并获得了合法言说的机会。面对这种新型的文化现象，许多学者首先采取的姿态是批判。由于法兰克福学派的批判理论在此之前已经有了一定的译介，而且法兰克福学派大众文化理论的主流话语就是以"批判"的面目出现的，所以拿法兰克福学派的批判武器向中国的大众文化开火便成为当时学界的一种时尚。因此，1990年代前中期，中国学界对法兰克福学派的大众文化批判理论基本上是照单全收，阿多诺与霍克海默、马尔库塞对当年美国大众文化的批判话语频繁地出现在中国学者的文章著作之中。1994年前后出现的一批文章（如张汝伦等）以及后来的出现的一些著作（如王德胜等），都不同程度地渗透了法兰克福学派的批判话语。

随着对中国大众文化功能的认识和对法兰克福学派大众文化批判理论的反思，尽管一些学者对自己的批判立场进行了调整，但是借用法兰克福学派理论而对中国的大众文化进行批判的声音依然不绝如缕。世纪之交，仍有学者呼唤一个中国的"法兰克福学派"，认为现时的中国所需要的正是法兰克福学派的批判理论（刘康的观点，参阅《文化研究》第1辑，p. 108）；有的学者在分析费斯克对大众文化的符号学解读时指出：以平民主义姿态出现的大众文化理论事实上是对法兰克福学派大众文化批判理论的一种修正，然而修正者与其修正对象在思想深度和理论高度上又是不能同日而语的（赵斌：《社会分析和符号解读：如何看待晚期资本主义社会中的大众文化》，此文为《理解大众文化》的"中文版导言"），已有学者把这种声音概括为"重回法兰克福学派"的呼吁（李政亮：《大陆文化研究中的"法兰克福学派现象"》，《世纪中国》2003年3月14日）。这种现象值得中国学界认真反思。

1995—1996年，旅美学者徐贲发表于国内的两篇文章（分别为《美学·艺术·大众文化——评当前大众文化批评的审美主义倾向》，《文学评论》1995年第5期；《影视观众理论和大众文化批评》，《文艺争鸣》1996年第3期，后收入《走向后现代与后殖民》一书中）带来了审视法兰克福学派理论和中国大众文化的新视角。作者认为，阿多诺对大众文化的批判产生于特定的历史背景之中，但中国的一些大众文化批判却恰恰把阿多诺的理论当作一个跨时代、跨社会的普遍性理论来运用,把历史的阿多诺变成了阿多诺模式。因此,走出阿多诺模式对于中国的大众文化批评来说至关重要。总体而言,徐贲对阿多诺的观点持否定态度,对中国学界盲目运用阿多诺的理论表示忧虑,这样,就从学理层面给中国学界带来了一种新的声音。但笔者以为,徐文的意义更在于如下方面:通过对费斯克、威廉斯等人的大众文化理论的介绍,让国内学者明白了大众文化理论并非法兰克福学派的专利,当今西方已经发展出多种大众文化理论。这种介绍打开了国内学者的眼界。

继徐贲之后,国内学者也开始了对法兰克福学派大众文化理论的反思。其中陶东风的反思既具有力度也很具有代表性。陶东风原来也是大众文化批判论者,但在《批判理论与中国大众文化》(收入1997年出版的《经济民主与经济自由》一书中,后发表于《东方文化》2000年第5期)一文中,作者不但清理了自己的学术立场,对自己以前套用法兰克福学派的理论进行了"自我反省",而且从世俗化的角度入手分析,认为大众文化在当代中国是一种进步的历史潮流,具有冲击和消解一元的意识形态与一元的文化、推进政治与文化的多元化、民主化进程的积极历史意义。因此,法兰克福学派的批判理论与中国的大众文化之间存在着一种错位。它更适合于批判"文革"时期的政治和群众文化,却无法成为当代中国知识界的话语资源。

陶东风的这一观点延续在他后来的一系列文章中,并成为其《文化研究:西方与中国》一书中的主要论题之一。因紧扣中国的现实语境,这样的反思富有一定成效,但也有简单化之嫌。此后,"错位说"又出现在雷颐的文章(《今天非常"法兰克福"》,《读书》1997年第12期)中。作者指出,那种产生于"发达资本主义"的理论与一个刚刚开始"转型"的社会很难契合,"大众文化"的意义在我们当下的环境中与在美国社会中的意义也非常不同。马尔库塞的《单面人》对美国社会的批判可谓字字珠玑,入木三分。但唯其如此,它与其他社会的距离也就越大,其局限性也就越大。所以当与之不同的另一社会"引进"这一"批判"时就更要慎重,更要对其做一番"规模不小"甚至是"伤筋动骨"的加工改造,才能真正得其精髓。当下中国的"法兰克福"病症恰恰在于游离于"具体的历史环境"之外,所以他们的手中之剑看似锋利,实际上却是塑料的。而且锋芒所向,恰与乃师相反。充其量只是一种理论透支。以"透支"来购买一时的"理论快感",最终要加倍偿还——甚至要破产的。郝建的文章(《大众文化面对法兰克福学派》,《北京电影学院学报》2000年第2期。此文又以《中国说法扭曲法兰克福学派》为题在网上广为流传)附和雷文观点,并进一步把"错位"概括为三:首先我们对待西方左翼学者的态度和方法形成了错位,我们把西方学者茶杯里的风波当成了"四海翻腾云水怒";其次,法兰克福学派理论所产生的社会与今日中国在社会发展阶段、文化生产方式、政治经济结构上都有巨大的错位;最后是文化上的错位。"错位说"至此已成一股势头。

由于批判大众文化时存在着对法兰克福学派理论的简单套用,也招来一些学者对"批判理论"本身的反思。朱学勤(《在文化的脂肪上搔痒》,《读书》1997年第11期)认为,相对于革命前辈的经济批判与政治批判,法兰克福学派的文化批判只不过是在文化脂肪上跳舞,与资本结构远距离调情。这样的文化批判,清风逐流云,荆轲刺孔子,却又很配中国文人的胃口,这至少说明中国文人对法兰克福学派的接受心理是有问题的。徐友渔也认为,批判精神固然可贵,但包括法兰克福学派在内的"西马"之批判往往有钻牛角尖,甚至走火入魔的地方;"西马"人士不是以向前看的眼光批判现代社会,而是向后看,表现出浓郁的怀旧复古、浪漫悲观的情调和十足的贵族、精英倾向;他们把科学技术、物质进步附随的弊病与科学技术、物质进步本身混为一谈,把科学技术、现代性等同于资产阶级意识形态,这只不过表明了他们自己过分地意识形态化(《自由的言说》,长春出版社,1999,页325)。这种对"批判理论"本身的批判,其思路独特新颖,可破除一些人对法兰克福学派的迷信思想,但其中误读的成分也很大。

还有一种观点认为,过多强调法兰克福学派的大众文化批判理论实际上是对其理论的一种简化。曹卫东在《法兰克福学派的历史效果》(《读书》1997年第11期)一文中指出,法兰克福学派的共同兴趣与其说是大众文化批判,不妨说是社会批判和理性重建,或者说是现代性批判。因此,中国学界首先应当把法兰克福学派的学说看作一种介于社会理论与哲学话语之间的批判理论,一种对待现代性的哲学立场。这样,才能较为准确地把握住其理论精髓和思想实质。"为此,我们不妨多多关注他们在方法论、认识论、历史哲学以及政治哲学方面的著作","而不要老是把眼光紧紧盯在那些虽不是无关紧要,但决非举足轻重的文化批判著作"。作者的这种思考对于中国学界是一次重要的提醒,其矫正或纠偏功能不言而喻,但也有理想化之嫌。因为当代中国的问题是许多非常现实的问题,而不是法兰克福学派哲学迷宫中的形而上沉思。如果说法兰克福学派的大众文化批判理论都与当代中国存在着错位,那么,他们的哲学话语究竟能在多大程度嵌入中国的现实,确实还需要认真反思。

(3) 小结

中国学界对大众文化的认识经历了一个过程:从一开始视之为洪水猛兽到后来把它看作一场解构神圣的世俗化运动,从一开始的猛烈批判到后来的认真反思。尽管在中国的现实语境中认识大众文化牵涉到诸多复杂的因素,但无论从哪方面看,去除情绪化之后的学理反思都意味着一种成熟。

但是具体到对法兰克福学派理论的接受以及与其相关的思考,问题却不那么简单。无论是批判说、错位说还是"搔痒说"等,表面上看是就事说事,但实际上却透露着当代中国知识分子内部所存在的深刻分歧。因为对大众文化与法兰克福学派的争论是与人文精神大讨论、新左派与自由主义之争等诸多问题缠绕在一起的,这样也就使这一问题变得更加复杂化了。

2000 年 6 月—2004 年 10 月

参 考 文 献

英 文 部 分

Adorno, Theodor W., *Aesthetic Theory*, trans., C. Lenhardt, London: Routledge & Kegan Paul, 1984.

Adorno, Theodor W., *Aesthetic Theory*, trans., Robert Hullot-Kentor, London: The Athlone Press, 1997.

Adorno, Theodor W., *Against Epistemology: A Metacritique, Studies in Husserl and the Phenomenological Antinomies*, trans., Willis Domingo, Oxford: Basil Blackwell Pub. Ltd., 1982.

Adorno, Theodor W., and Benjamin, Walter. *The Complete Correspondence, 1928-1940*, trans., Nicholas Walker, Cambridge, Mass: Harvard University Press, 1999.

Adorno, Theodor W., and Eisler, Hanns. *Composing for the Films*, London: The Athlone Press, 1994.

Adorno, Theodor W., and Horkheimer, Max, *Dialectic of Enlightenment*, trans., John Cumming, New York: Herder & Herder, Inc., 1972.

Adorno, Theodor W., and Scholem, Gershom, eds., *The Correspondence of Walter Benjamin, 1910-1940*, trans., Manfred R. Jacobson and Evelyn M. Jacobson, Chicago and London: The University of Chicago Press, 1994.

Adorno, Theodor W., *Essays on Music*, trans., Susan H. Gillespie, University of California Press, 2002.

Adorno, Theodor W., *Introduction to Sociology*, trans., Edmund Jephcott, Cambridge, UK: Polity Press, 2000.

Adorno, Theodor W., *Mahler: A Musical Physiognomy*, trans., Edmund Jephcott, Chicago: University, of Chicago Press, 1992.

Adorno, Theodor W., *Minima Moralia: Reflections from Damaged Life*, trans., E. F. N. Jephcott, London and New York: Verso, 1991.

Adorno, Theodor W. , *Negative Dialectics*, trans. , E. B. Ashton, New York: Continuum, 1973.

Adorno, Theodor W. , *Notes to Literature*, Volume One, trans. , Shierry Weber Nicholsen, New York: Columbia University Press, 1991.

Adorno, Theodor W. , *Philosophy of Modern Music*, trans. , Anne G. Mitchell and Wesley V. Blomster, London: Sheed & Ward, 1987.

Adorno, Theodor W. , *Prisms*, trans. , Samuel and Shierry Weber, Cambridge, Ma. : The MIT Press, 1981.

Adorno, Theodor W. , *Quasi una Fantasia: Essays on Modern Music*, trans. , Rodney Livingstone, London: Verso, 1992.

Adorno, Theodor W. , *The Authoritarian Personality*, New York: Norton, 1982.

Adorno, Theodor W. , *The Culture Industry: Selected Essays on Mass Culture*, London: Routledge, 1991.

Adorno, Theodor W. , *The Stars Down Earth and Other Essays on the Irrational in Culture*, London: Routledge, 1994.

Agger, Ben, *The Discourse of Domination: From the Frankfurt School to Postmodernism*, Northwestern University Press, 1992.

Alway, Joan, *Critical Theory and Political Possibilities: Conceptions of Emancipatory Politics in the Works of Horkheimer, Adorno, Marcuse, and Habermas*, London: Greenwood Press, 1995.

Arato, Andrew, and Gebhardt, Eike, eds. , *The Essential Frankfurt School Reader*, New York: Urizen Books, 1978.

Benjamin, Andrew, and Osborne, Peter, eds. , *Walter Benjamin's philosophy: Destruction and Experience*, London and New York: Routledge, 1994.

Benjamin, Andrew, ed. , *The Problems of Modernity: Adorno and Benjamin*, London & New York: Routledge, 1989.

Benjamin, Walter, *Charles Baudelaire: A Lyric Poet in the Era of High Capitalism*, trans. , Harry Zohn, London: Verso, 1992.

Benjamin, Walter, *Illuminations*, trans. , Harry Zohn, London: Fontana Press, 1992.

Benjamin, Walter, *Moscow Diary*, trans. , Richard Sieburth, Cambridge, Massachusetts and London: Harvard University Press, 1986.

Benjamin, Walter, *One-Way Street and Other Writings*, trans. , Edmund Jephcott and Kingsley, London: Verso, 1992.

Benjamin, Walter, *Reflections: Essays, Aphorisms, Autobiographical Writings*, trans., Edmund Jephcott, New York & London: Harcourt Brace Jovanovich, 1978.

Benjamin, Walter, *Selected Writings*, Vol. I, Marcus Bullock and Michael W. Jennings eds., The Belknap Press of Harvard University Press, 1996.

Benjamin, Walter, *The Arcades Project*, trans., Howard Eiland and Devin McLaughlin, Cambridge: Belknap Press, 1999.

Berman, Russell A., *Modern Culture and Critical Theory: Art, Politics, and the Legacy of the Frankfurt School*, Madison: The University of Wisconsin Press, 1989.

Bernstein, Jay, ed., *The Frankfurt School Critical Assessments*, Vol. I-VI, London: Routledge, 1994.

Bernstein, J. M., *Adorno: Disenchantment and Ethics*, Cambridge: The Press Syndicate of the University of Cambridge, 2001.

Bokina, John, and Lukes, Timothy J., eds., *Marcuse: From the New Left to the Next Left*, Lawrence: University Press of Kansas, 1994.

Breines, Paul, ed., *Critical Interruptions: New Left Perspectives on Herbert Marcuse*, New York: Herder and Herder, 1970.

Bressler, Charles E., *Literary Criticism: An Introduction to Theory and Practice*, New Jersey: Prentice-Hall, 1999.

Bürger, Peter, *The Decline of Modernism*, trans., Nicholas Walker, Cambridge: Polity Press, 1992.

Bürger, Peter, *Theory of the Avant-Garde*, trans., Michael Shaw, Minneapolis: University of Minnesota Press, 1984.

Brodersen, Momme, *Walter Benjamin, A Biography*, trans., Malcolm R. Green and Ingrida Ligers, London: Verso, 1996.

Brunkhorst, Hauke, *Adorno and Critical Theory*, Cardiff: University of Wales Press, 1999.

Buck-Morss, Susan, *The Dialectics of Seeing: Walter Benjamin and the Arcades Project*, Cambridge, MA: MIT Press, 1989.

Buck-Morss, Susan, *The Origin of Negative Dialectics: Theodor W. Adorno, Walter Benjamin, and the Frankfurt Institute*, New York: The Free Press, 1977.

Buhle, Paul, ed., *Popular culture in America*, Minneapolis: University of Minnesota Press, 1987.

Burke, Peter, *Popular Culture in Early Modern Europe*, London: Maurice Temple Smith Ltd., 1978.

Caygill, Howard, *Walter Benjamin: the Colour of Experience*, London: Routledge, 1998.

Connor, Steven. *Postmodernist culture*: *An Introduction to Theories of the Contemporary*, Cambridge, Mass: Blackwell publishers, Inc. , 1997.

Cook, Deborah. *The Culture Industry Revisited*: *Theodor W. Adorno on Mass Culture*, Lanham: Rowman & Littlefield Publishers, Inc. , 1996.

Davies, Ioan, *Cultural Studies and Beyond*, London and New York: Routledge, 1995.

Delanty, Gerard, *Modernity and Postmodernity*: *Knowledge, Power and the Self*, London: SAGE Publications, 2000.

Dennis, Christopher J. , *Adorno's Philosophy of Modern Music*, Lewiston, Queenston & Lampeter: The Edwin Mellen Press, 1998.

Dubiel, Helmut, *Theory and Politics*: *Studies in the Development of Critical Theory*, trans. , Benjamin Gregg, Cambridge: The MIT Press, 1985.

Eagleton, Terry, and Milne, Drew, eds. , *Marxist Literary Theory*: *A Reader*, Oxford: Blackwell Publishers, Ltd. , 1996.

Eagleton, Terry, *Walter Benjamin, or, Towards a Revolutionary Criticism*, London: Verso, 1981.

Ferris, David S. , ed. , *Walter Benjamin*: *Theoretical Questions*, California: Stanford University Press, 1996.

Fiske, John, *Understanding Popular Culture*, Boston: Unwin Hyman, 1989.

Fleming, Donald, and Bailyn, Bernard, eds. , *The Intellectual Migration*: *Europe and America, 1930-1960*, Cambridge: The Belknap Press of Harvard University Press, 1969.

Friedman, George, *The Political Philosophy of the Frankfurt School*, Ithaca and London: Cornell University Press, 1981.

Frisby, David, *Fragments of Modernity*: *Theories of Modernity in the Work of Simmel, Kracauer and Benjamin*, Cambridge: Polity Press, 1985.

Fry, John, *Marcuse*: *Dilemma and Liberation, A Critical Analysis*, New Jersey: Humanities Press, 1978.

Gans, Herbert J. , *Popular Culture and High Culture*: *An Analysis and Evaluation of Taste*, New York: Basic Books, 1999.

Goodall, Perer, *High Culture, Popular Culture*: *The Long Debate*, St Leonard's NSW: Allen & Unwin Pty Lty, 1995.

Gould, Timothy, "Pursuing the Popular." *The Journal of Aesthetics and Art Criticism* 57(2), Spring, 1999, pp. 119-135.

Gross, David. "Lowenthal, Adorno, Barthes: Three Perspectives on Popular Culture." *Telos* 45, Fall, 1980, pp. 122-140.

Hanssen, Beatrice, *Walter Benjamin's Other History: Of Stones, Animals, Human Beings, and Angels*, Berkeley, CA: University of California Press.

Hardt, Hanno. "The Conscience of Society: Leo Lowenthal and Communication Research." *Journal of Communication* 41(3), Summer, 1991, pp. 65-87.

Held, David, *Introduction to Critical Theory: Horkheimer to Habermas*, London: Hutchinson & Co. (Publishers) Ltd, 1980.

Hewitt, Andrew, *Fascist Modernism: Aesthetics, Politics, and the Avant-Garde*, Stanford, Calif.: Stnaford University Press, 1993.

Horkheimer, Max, *Critical Theory: Selected Essays*, trans., Matthew J. O'Connell and Others, New York: The Continuum Publishing Corporation, 1982.

Horkheimer, Max, *Critique of Instrumental Reason: Lectures and Essays since the End of World War II*, trans., Matthew J. O'Connell and Others, New York: The Seabury Press, 1974.

Huyssen, Andreas, *After the Great Divide: Modernism, Mass Culture, Postmodernism*, Bloomington: Indiana University Press, 1986.

Ingrid, and Scheurmann, Konrad, eds., *For Walter Benjamin: Documentation, Essays and a Sketch*, Bonn: ASKI, 1993.

Isenberg, Noah, *Between Redemption and Doom: The Strains of German-Jewish Modernism*, Lincoln and London: University of Nebraska Press, 1999.

Jameson, Frederic, *The Prison-House of Language: A Critical Account of Structuralism and Russian Formalism*, Princeton: Princeton University Press, 1972.

Jameson, Fredric, *Late Marxism: Adorno, or The Persistence of the Dialectic*, London: Verso, 1990.

Jarvis, Simon, *Adorno: A Critical Introduction*, Cambridge: Polity Press, 1998.

Jay, Martin, ed., *An Unmastered Past: The Autobiographical Reflections of Leo Lowenthal*, Berkeley: University of California Press, 1987.

Jay, Martin, *Marxism and Totality: The Adventures of a Concept from Lukács to Habermas*, Cambridge: Polity Press, 1984.

Jay, Martin, *Permanent Exiles: Essays on the Intellectual Migration from Germany to America*, New York: Columbia University Press, 1985.

Jay, Martin, *The Dialectical Imagination: A History of the Frankfurt School and the Institute of Social Research 1923-1950*, London: University of California Press, 1996.

Jefferson, Ann, and Robey, David, eds., *Modern Literary Theory: A Comparative*

Introduction, London: B. T. Batsford Ltd, 1986.

Kaplan, Steven L., ed., *Understanding Popular Culture: Europe from the Middle Ages to the Nineteenth Century*, Berlin, New York, Amsterdam: Mouton Publishers, 1984.

Kellner, Douglas, *Critical Theory, Marxism and Modernity*, Cambridge: Polity Press, 1989.

Kellner, Douglas, *Herbert Marcuse and the Crisis of Marxism*, Berkeley: University of California Press, 1984.

Kellner, Douglas, *Media Culture: Cultural Studies, Identity and Politics between the Modern and the Postmodern*, London and New York: Routledge, 1995.

Lash, Scott, *Sociology of Postmodernism*, London and New York: Routledge, 1990.

Lentricchia, Frank, and McLaughlin, Thomas, eds., *Critical Terms for Literary Study*, Chicago and London: The University of Chicago Press, 1990.

Lewis, Justin, *Art, Culture and Enterprise: The Politics of Art and the Cultural Industries*, London: Routledge, 1990.

Lind, Peter, *Marcuse and freedom*, London: Crroom Helm, 1985.

Lindroos, Kia, *Now-Tim/Image-Space: Temporalization of Politics in Walter Benjamin's Philosophy of History and Art*, University of Jyväskylä: SoPhi, 1998.

Lipset, Saymour Martin, and Lowenthal, Leo, eds., *Culture and Social Character: the Work of David Riesman reviewed*, New York: The Free Press of Glenooe, 1961.

Lowenthal, Leo, *Critical Theory and Frankfurt Theorists*, New Brunswick and Oxford: Transaction Publishers, 1989.

Lowenthal, Leo, *False Prophets: Studies on Authoritarianism*, New Brunswick: Transaction, Inc., 1987.

Lowenthal, Leo, *Literature and the Image of Man*, Boston: Beacon Press, 1957.

Lowenthal, Leo, *Literature, Popular Culture, and Society*, Englewood Cliffs, N. J.: Prentice-Hall, Inc., 1961.

Lukes, Timothy J., *The Flight into Inwardness: An Exposition and Critique of Herbert Marcuse's Theory of Liberative Aesthetics*, London and Toronto: Associated University Presses, 1985.

Lunn, Eugene, *Marxism and Modernism: An Historical Study of Lukás, Brecht, Benjamin, and Adorno*, Berkeley and Los Angeles: University of California Press, 1982.

Löwy, Michael, *On Changing the World: Essays in Political Philosophy, from Karl Marx to Walter Benjamin*, London: Humanities Press, 1993.

MacIntyre, Alasdair, *Herbert Marcuse: An Exposition and a Polemic*, New York: Viking Press, 1970.

Marcuse, Herbert, *An Essay on Liberation*, Boston: Beacon Press, 1969.

Marcuse, Herbert, *Counterrevolution and Revolt*, Boston: Beacon Press, 1972.

Marcuse, Herbert, *Eros and Civilization: A Philosophical Inquiry into Freud*, London: Routledge, 1998.

Marcuse, Herbert, *Five Lectures: Psychoanalysis, Politics, and Utopia*, trans., Jeremy J. Shapiro & Shierry M. Weber, Boston: Beacon Press, 1970.

Marcuse, Herbert, *Negations: Essays in Critical Theory*, trans., Jeremy J. Shapiro, Harmondsworth: Penguin Books, 1972.

Marcuse, Herbert, *One-Dimensional Man: Studies in the Ideology of Advanced Industrial Society*, London: Routledge, Beacon Press, 1991.

Marcuse, Herbert, *Reason and Revolution: Hegel and the Rise of Social Theory*, N. J.: Humanities Press, 1983.

Marcuse, Herbert, *Soviet Marxism: A Critical analysis*, London: Routledge & Kegan Paul, 1978.

Marcuse, Herbert, *Technology, War and Fascism*, Douglas Kellner, ed., London and New York: Routledge, 1998.

Marcuse, Herbert, *The Aesthetic Dimension: Toward a Critique of Marxist Aesthetics*, Boston: Beacon Press, 1978.

Marcuse, Herbert. *Towards a Critical Theory of Society*, Douglas Kellner, ed., London and New York: Routledge, 2001.

Marcus, Judith, and Tar, Zoltán, eds., *Foundations of the Frankfurt School of Social Research*, New Brunswick and London: Transaction Books, 1984.

McCole, John, *Walter Benjamin and the Antinomies of Tradition*, Ithaca and London: Cornell University Press, 1993.

McGowan, John, *Postmodernism and Its Critics*, Ithaca and London: Cornell University Press, 1991.

McGuigan, Jim, *Modernity and Postmodernity Culture*, Buckingham, Philadelphia: Open University Press, 1999.

Naremore, James, and Brantlinger, Patrick, eds., *Modernity and Mass Culture*, Bloomington: Indiana University Press, 1991.

Nealon, Jeffrey T., and Irr, Caren, eds., *Rethinking the Frankfurt School: Alter-*

native Legacies of Cultural Critique, Albany: State University of New York Press, 2002.

Neill, Maqqie, ed., *Adorno, Culture and Feminism*, London: Sage Pub., 1999.

Nolte, Ernst. *Three Faces of Fascism*, trans., Leila Vennewitz, Holt, Rinehart and Winston of Canada, Limited., 1966.

O'Connor, Brian, ed., *The Adorno Reader*, Oxford: Blackwell Publishers, Ltd., 2000.

Paddison, Max, *Adorno's Aesthetics of Music*, New York: Cambridge University Press, 1993.

Pensky, Max, ed., *The Actuality of Adorno: Critical Essays on Adorno and the Postmodern*, Albany: State University of New York Press, 1997.

Poster, Mark, *Critical Theory and Poststructuralism: In Search of a Context*, Ithaca and London: Cornell University Press, 1989.

Radway, Janice A., *Reading the Romance: Women, Patriarchy, and Popular Literature*, Chapel Hill and London: The University of North Carolina Press, 1984.

Reitz, Charles, *Art, Alienation, and the Humanities: A Critical Engagement with Herbert Marcuse*, Albany: State University of New York Press, 2000.

Richter, Gerhard, *Walter Benjamin and the Corpus of Autobiography*, Detroit: Wayne State University Press, 2000.

Ridless, Robin, *Ideology and Art: Theories of Mass Culture from Walter Benjamin to Umberto Eco*, New York: Peter Lang Publishing, Inc., 1984.

Rochlitz, Rainer, *The Disenchantment of Art: The Philosophy of Walter Benjamin*, trans., Jane Marie Todd, New York: The Guilford Press, 1996.

Rose, Gillian, *The Melancholy Science: An Introduction to the Thought of Theodor W. Adorno*, New York: Columbia University Press, 1978.

Rosenberg, Bernard, and White, David Manning, eds., *Mass Culture: The Popular Arts in America*, New York: Free Press, 1957.

Slater, Phil, *Origin and Significance of the Frankfurt School: A Marxist Perspective*, London: Routledge & Kegan Paul Ltd, 1977.

Smith, Gary, ed., *On Walter Benjamin, Critical Essays and Recollections*, Cambridge, MA: The MIT Press, 1988.

Smith, Gary, ed., *Walter Benjamin: Philosophy, History, Aesthetics*, Chicago: The University of Chicago Press, 1989.

Steinberg, Michael P., ed., *Walter Benjamin and the Demands of History*, Ithaca and London: Cornell University Press, 1996.

Steuernagel, Gertrude A., *Political Philosophy as Therapy: Marcuse Reconsidered*, London: Greenwood Press, 1979.

Storey, John, ed., *Cultural Theory and Popular Culture: A Reader*, London: Prentice Hall, 1998.

Taylor, Ronald, ed., *Aesthetics and Politics*, London: Verso, 1986.

Wellmer, Albrecht, *The Persistence of Modernity: Essays Aesthetics, Ethics, and Postmodernism*, Cambridge, Massachusetts: MIT Press, 1991.

Wiggershaus, Rolf, *The Frankfurt School: Its History, Theories, and Political Significance*, London and Cambridge: Polity and The MIT Press, 1994.

Williamson, Judith, *Decoding Advertisements: Ideology and Meaning in Advertising*, London: Marion Boyars Publishers, Ltd., 1978.

Williams, Raymond, *Keywords: A Vocabulary of Culture and Society*, London: Fontana Paperbacks, 1983.

Witkin, Robert W., *Adorno on Music*, London: Routledge, 1998.

Witte, Bernd, *Walter Benjamin: An Intellectual Biography*, trans. James Rolleston, Detroit: Wayne State University, 1991.

Wolff, Kurt, and, Jr., Barrington Moore, eds., *The Critical Spirit: Essays in Honor of Herbert Marcuse*, Boston: Beacon Press, 1967.

Wolin, Richard, *Heidegger's Children: Hannah Arendt, Karl Löwith, Hans Jonas, and Herbert Marcuse*, Princeton and Oxford: Princeton University Press, 2001.

Wolin, Richard, *The Terms of Cultural Criticism: The Frankfurt School, Existentialism, Poststructuralism*, New York: Columbia University Press, 1992.

Wolin, Richard, *Walter Benjamin, An Aesthetic of Redemption*, New York: Columbia University Press, 1982.

Zuidervaart, Lambert, *Adorno's Aesthetic Theory: The Redemption of Illusion*, Cambridge: MIT Press, 1991.

中 文 部 分

A

阿达利,贾克:《噪音——音乐的政治经济学》,宋素凤、翁桂堂译,上海人民出版社2000年版。

阿道尔诺,西奥多、霍克海默,马克斯:《启蒙辩证法》,渠敬东、曹卫东译,上海人民出版社2003年版。

阿道诺,西奥多等:《权力主义人格》,李维译,浙江教育出版社2002年版。

阿多尔诺:《否定的辩证法》,张峰译,重庆出版社1993年版。

阿多尔诺,特奥多、霍克海默,马克斯:《启蒙辩证法》,洪佩郁、蔺月峰译,重庆出版社1990年版。

阿多诺:《美学理论》,王柯平译,四川人民出版社1998年版。

阿格尔,本:《西方马克思主义概论》,慎之等译,中国人民大学出版社1991年版。

阿里,塔里克、沃特金斯,苏珊:《1968年:反叛的年代》,范昌龙、李宏等译,山东画报出版社2003年版。

阿特休尔,J·赫伯特:《权力的媒介——新闻媒介在人类事物中的作用》,黄煜、裘志康译,华夏出版社1989年版。

安德森,佩里:《西方马克思主义探讨》,高铦、文贯中、魏章玲译,人民出版社1981年版。

奥威尔:《一九八四》,董乐山译,辽宁教育出版社1998年版。

B

巴赫金:《拉伯雷研究》,李兆林、夏忠宪等译,河北教育出版社1998年版。

巴托莫尔:《法兰克福学派》,廖仁义译,台北:桂冠图书股份有限公司1986年版。

鲍曼,齐格蒙:《立法者与阐释者——论现代性、后现代性与知识分子》,洪涛译,上海人民出版社2000年版。

鲍曼,齐格蒙特:《流动的现代性》,欧阳景根译,上海三联书店2002年版。

贝阿尔,亨利、卡拉苏,米歇尔:《达达——一部反叛的历史》,陈圣生译,广西师范大学出版社2003年版。

贝恩斯,萨利:《1963年的格林尼治村——先锋派表演和欢乐的身体》,华明等译,广西师范大学出版社2001年版。

贝尔,丹尼尔:《后工业社会的来临》,高铦、王宏周、魏章玲译,商务印书馆1986年版。

贝尔,丹尼尔:《意识形态的终结》,张国清译,江苏人民出版社2001年版。

贝尔,丹尼尔:《资本主义文化矛盾》,赵一凡、蒲隆、任晓晋译,生活·读书·新知三联书店1989年版。

本雅明,瓦尔特:《本雅明文选》,陈永国、马海良编,中国社会科学出版社1999年版。

本雅明,瓦尔特:《本雅明:作品与画像》,孙冰编,文汇出版社1999年版。

本雅明,瓦尔特:《单行道》,王才勇译,江苏人民出版社2006年版。

本雅明,瓦尔特:《德国悲剧的起源》,陈永国译,文化艺术出版社2001年版。

本雅明,瓦尔特:《发达资本主义时代的抒情诗人——论波德莱尔》,张旭东、魏文生译,生活·读书·新知三联书店1989年版。

本雅明,瓦尔特:《机械复制时代的艺术作品》,王才勇译,浙江摄影出版社1993年版。

本雅明,瓦尔特:《经验与贫乏》,王炳钧、杨劲译,百花文艺出版社1999年版。

本雅明,瓦尔特:《莫斯科日记·柏林纪事》,潘小松译,东方出版社2001年版。

本雅明,瓦尔特:《莫斯科日记》,郑霞译,北京师范大学出版社2014年版。

本雅明,瓦尔特:《启迪:本雅明文选》,汉娜·阿伦特编,张旭东、王斑译,香港:牛津大学出版社1998版。

本雅明,瓦尔特:《驼背小人——1900年前后柏林的童年》,徐小青译,上海文艺出版社2003年版。

本雅明,瓦尔特:《迎向灵光消逝的年代:本雅明论艺术》,许绮玲、林志明译,广西师范大学出版社2004年版。

比格尔,彼得:《先锋派理论》,高建平译,商务印书馆2002年版。

卞谦:《理性与迷狂——二十世纪德国文化》,东方出版社1999年版。

宾克莱,L. J.:《理想的冲突——西方社会中变化着的价值观念》,马元德、陈白澄、王太庆等译,商务印书馆1983年版。

波德莱尔:《巴黎的忧郁》,亚丁译,漓江出版社1982年版。

波德莱尔:《波德莱尔美学论文选》,郭宏安译,人民文学出版社1987版。

波德莱尔:《恶之花》,钱春绮译,人民文学出版社1986年版。

波德莱尔:《恶之花》,王了一译,外国文学出版社1980年版。

波德里亚,让:《消费社会》,刘成富、全志钢译,南京大学出版社2000年版。

波斯特,马克:《第二媒介时代》,范静哗译,南京大学出版社2000年版。

波斯特,马克:《信息方式——后结构主义与社会语境》,范静哗译,商务印书馆2000年版。

博德里亚尔,让:《完美的罪行》,王为民译,商务印书馆2000年版。

博格斯,卡尔:《知识分子与现代性的危机》,李俊、蔡海榕译,江苏人民出版社2002年版。

布迪厄,皮埃尔:《艺术的法则:文学场的生成和结构》,刘晖译,中央编译出版社2001年版。

布尔迪厄,皮埃尔:《关于电视》,许钧译,辽宁教育出版社2000年版。

布莱希特,贝:《布莱希特论戏剧》,丁扬忠等译,中国戏剧出版社1990年版。

布林德尔,雷金纳德·史密斯:《新音乐——1945年以来的先锋派》,黄枕宇译,人民音乐出版社2001年版。

布罗德森,毛姆:《本雅明传》,国荣、唐盈、宋泽宁译,敦煌文艺出版社2000年版。

布希亚(波德里亚),尚:《物体系》,林志明译,上海人民出版社2001年版。

C

蔡骐、蔡雯:《美国传媒与大众文化——200年美国传播现象透视》,新华出版社1998年版。

陈岸瑛、陆丁:《新乌托邦主义》,台北:扬智文化事业股份有限公司2001年版。

陈刚:《大众文化与当代乌托邦》,作家出版社1996年版。

陈荣灼、黄瑞祺等编译:《当代社会政治理论对话录》,台北:巨流图书公司1986年版。

陈伟、马良:《批判理论的批判——评马尔库塞的哲学与美学》,上海社会科学院出版社1994年版。

陈学明:《二十世纪的思想库——马尔库塞的六本书》,云南人民出版社1989年版。

陈学明:《文化工业》,台北:扬智文化事业公司1996年版。

陈学明、吴松、远东编:《社会水泥——阿多诺、马尔库塞、本杰明论大众文化》,云南人民出版社1998年版。

陈学明、吴松、远东编:《痛苦中的安乐——马尔库塞、弗洛姆论消费主义》,云南人民出版社1998年版。

陈学明:《西方马克思主义的探索》,台北:唐山出版社1994年版。

陈振明:《法兰克福学派的科学技术哲学》,中国人民大学出版社1992年版。

陈振明:《"新马克思主义"——从卢卡奇、科尔施到法兰克福学派》,厦门大学出版社1992年版。

程巍:《否定性思维——马尔库塞思想研究》,北京大学出版社2001年版。

D

德克霍夫,德里克:《文化肌肤:真实社会的电子克隆》,汪冰译,河北大学出版社1998年版。

迪克斯坦,莫里斯:《伊甸园之门——六十年代美国文化》,方晓光译,上海外语教育出版社1985年版。

蒂里希,保罗:《政治期望》,徐钧尧译,四川人民出版社1989年版。

董学文、荣伟编:《现代美学新维度——"西方马克思主义"美学论文精选》,北京大学出版社1990年版。

杜小真编选:《福柯集》,上海远东出版社1998年版。

多尔迈,弗莱德:《主体性的黄昏》,万俊人、朱国钧、吴海针译,上海人民出版社1992年版。

多克,约翰:《后现代主义与大众文化》,吴松江、张天飞译,辽宁教育出版社

2001年版。

E

鄂兰(阿伦特),汉娜:《极权主义的起源》,林骧华译,台北:时报文化出版企业有限公司1995年版。

F

菲斯克,约翰:《解读大众文化》,杨全强译,南京大学出版社2001年版。

费瑟斯通,迈克:《消费文化与后现代主义》,刘精明译,译林出版社2000年版。

费斯克,约翰:《理解大众文化》,王晓珏、宋伟杰译,中央编译出版社2001年版。

芬伯格,安德鲁:《可选择的现代性》,陆俊、严耕等译,中国社会科学出版社2003年版。

冯宪光:《"西方马克思主义"美学研究》,重庆出版社1997年版。

冯宪光:《西方马克思主义文艺美学思想》,四川大学出版社1988年版。

弗尔克尔,克劳斯:《布莱希特传》,李健鸣译,中国戏剧出版社1986年版。

弗里斯比,戴维:《现代性的碎片:齐美尔、克拉考尔和本雅明作品中的现代性理论》,卢晖临、周怡、李林艳译,商务印书馆2003年版。

弗洛姆,E.:《健全的社会》,孙恺详译,贵州人民出版社1994年版。

弗洛姆,埃里希:《在幻想锁链的彼岸——我所理解的马克思和弗洛伊德》,张燕译,湖南人民出版社1986年版。

弗洛伊德,西格蒙德:《弗洛伊德后期著作选》,林尘、张唤民、陈伟奇译,上海译文出版社1986年版。

弗洛伊德,西格蒙德:《论文明》,徐洋、何桂全、张敦福译,国际文化出版公司2000年版。

复旦大学哲学系现代西方哲学研究室编:《西方学者论〈1844年经济学—哲学手稿〉》,复旦大学出版社1983年版。

G

高小康:《大众的梦——当代趣味与流行文化》,东方出版社1999年版。

戈尔曼编,罗伯特:《"新马克思主义"传记辞典》,赵培杰等译,重庆出版社1990年版。

贡尼,H.、林古特,R.:《霍克海默传》,任立译,商务印书馆1999年版。

古尔德纳,阿尔文:《新阶级与知识分子的未来》,杜维真、罗永生、黄蕙瑜译,人民文学出版社2001年版。

郭军、曹雷雨编:《论瓦尔特·本雅明:现代性、寓言和语言的种子》,吉林人民出版2003年版。

H

Hiebert, Ray Eldon、Ungurait, Donald、Bohn, Thomas:《大众媒介与社会》,潘邦顺译,台北:风云论坛出版社1996年版。

哈贝马斯:《公共领域的结构转型》,曹卫东、王晓珏、刘北城、宋伟杰译,学林出版社1999年版。

哈贝马斯:《合法化危机》,刘北成、曹卫东译,上海人民出版社2000年版。

哈贝马斯:《交往行动理论》,洪佩郁、蔺青译,重庆出版社1994年版。

哈贝马斯:《交往行为理论:行为合理性与社会合理性》第1卷,曹卫东译,上海人民出版社2004年版。

哈贝马斯:《现代性的地平线——哈贝马斯访谈录》,李安东、段怀清译,上海人民出版社1997年版。

哈贝马斯:《作为"意识形态"的技术与科学》,李黎、郭官义译,学林出版社1999年版。

哈迪森,O. B.:《走入迷宫——当代文化的同一性与变异性》,冯黎明、张文初等译,华岳文艺出版社1988年版。

杭之:《一苇集》,生活·读书·新知三联书店1991年版。

豪克,古茨塔夫·勒内:《绝望与信心——论20世纪末的文学和艺术》,李永平译,中国社会科学出版社1992年版。

豪泽尔,阿诺德:《艺术社会学》,居延安译编,学林出版社1987年版。

黑格尔:《历史哲学》,王造时译,生活·读书·新知三联书店1956年版。

黑格尔:《美学》,朱光潜译,商务印书馆1984年版。

洪翠娥:《霍克海默与阿多诺对"文化工业"的批判》,台北:唐山出版社1988年版。

霍布斯鲍姆:《极端的年代》,郑明萱译,江苏人民出版社1998年版。

霍克海默:《霍克海默集》,曹卫东编选,渠东、付德根等译,上海远东出版社1997年版。

霍克海默,马克斯:《批判理论》,李小兵等译,重庆出版社1989年版。

J

江天骥主编:《法兰克福学派——批判的社会理论》,上海人民出版社1980年版。

蒋孔阳主编:《十九世纪西方美学名著选》,复旦大学出版社1990年版。

杰,马丁:《法兰克福学派的宗师——阿道尔诺》,胡湘译,湖南人民出版社1988年版。

杰姆逊:《后现代主义与文化理论》,唐小兵译,北京大学出版社1997年版。

杰木乃兹,马克:《阿多诺:艺术、意识形态与美学理论》,栾栋、关宝艳译,台北:远流出版事业公司1990年版。

杰伊,马丁:《法兰克福学派史》,单世联译,广东人民出版社1996年版。

K

卡尔金斯主编:《美国文化教育史话》,邓明言、彭致斌、程毓征等译,人民出版社1984年版。

卡拉奇,理伯卡:《分裂的一代》,覃文珍、蒋凯、胡元梓译,社会科学文献出版社2001年版。

卡林内斯库,马泰:《现代性的五副面孔:现代主义、先锋派、颓废、媚俗艺术、后现代主义》,顾爱彬、李瑞华译,商务印书馆2002年版。

科塞,刘易斯:《理念人——一项社会学的考察》,郭方等译,中央编译出版社2001年版。

克利夫德,詹姆士:《从嬉皮到雅皮》,李二仕、梅峰译,陕西师范大学出版社1999年版。

L

莱恩,戴维:《马克思主义的艺术理论》,艾晓明、尹鸿、康林译,湖南人民出版社1987年版。

莱斯诺夫,迈克尔:《二十世纪的政治哲学家》,冯克利译,商务印书馆2001年版。

赖希,威尔海姆:《法西斯主义群众心理学》,张峰译,重庆出版社1990年版。

朗格,苏珊:《情感与形式》,刘大基、傅志强、周发祥译,中国社会科学出版社1986年版。

老高放:《超现实主义导论》,社会科学文献出版社1997年版。

勒戈夫,雅克:《中世纪的知识分子》,张弘译,商务印书馆1996年版。

勒庞,古斯塔夫:《乌合之众——大众心理研究》,冯克利译,中央编译出版社2000年版。

黎士曼等:《寂寞的群众》,蔡源煌译,台北:桂冠图书股份有限公司1984年版。

里希特海姆,盖欧尔格:《卢卡奇》,王少军、晓莎译,中国社会科学出版社1989年版。

理斯曼,大卫等《孤独的人群》,王崐、朱虹译,南京大学出版社2002年版。

林得,彼得:《马库色的自由理论》,关向光译,台北:远流出版事业股份有限公司1994年版。

刘北成:《本雅明思想肖像》,上海人民出版社1998年版。

刘纲纪主编:《马克思主义美学研究》第2辑,广西师范大学出版社1999年版。

刘国柱:《希特勒与知识分子》,时事出版社2000年版。

刘小枫主编:《现代性中的审美精神——经典美学文选》,学林出版社1997年版。

卢卡奇:《历史与阶级意识——关于马克思主义辩证法的研究》,杜章智、任立、燕宏远译,商务印书馆1992年版。

鲁晓鹏:《文化·镜像·诗学》,天津人民出版社2002年版。

陆俊:《理想的界限——"西方马克思主义"现代乌托邦社会主义理论研究》,社会科学文献出版社1998年版

陆俊:《马尔库塞》,湖南教育出版社1999年版。

陆梅林选编:《西方马克思主义美学文选》,漓江出版社1988年版。

陆扬、王毅编选:《大众文化研究》,上海三联书店2001年版。

陆扬、王毅:《大众文化与传媒》,上海三联书店2000年版。

路德维希,艾米尔:《德国人——一个具有双重历史的国家》,杨成绪、潘琪译,生活·读书·新知三联书店1991年版。

罗岗、顾铮主编:《视觉文化读本》,广西师范大学出版社2003年版。

罗钢、刘象愚主编:《文化研究读本》,中国社会科学出版社2000年版。

罗钢、王中忱主编:《消费文化读本》,中国社会科学出版社2003年版。

罗杰斯,E.M.:《传播学史——一种传记式的方法》,殷晓蓉译,上海译文出版社2002年版。

M

马驰:《"新马克思主义"文论》,山东教育出版社1998年版。

马丁,伯尼斯:《当代社会与文化艺术》,李中泽译,四川人民出版社2000年版。

马尔库塞:《爱欲与文明——对弗洛伊德思想的哲学探讨》,黄勇、薛民译,上海译文出版社1987年版。

马尔库塞:《单向度的人——发达工业社会意识形态研究》,刘继译,上海译文出版社1989年版。

马尔库塞等:《工业社会和新左派》,任立编译,商务印书馆1982年版。

马尔库塞等:《现代美学析疑》,绿原译,文化艺术出版社1987年版。

马尔库塞:《理性和革命——黑格尔和社会理论的兴起》,程志民等译,重庆出版社1993年版。

马尔库塞:《审美之维》,李小兵译,生活·读书·新知三联书店1989年版。

马尔库塞:《现代文明与人的困境——马尔库塞文集》,李小兵等译,上海三联书店1989年版。

《马克思恩格斯全集》第3卷,人民出版社1995年版。

《马克思恩格斯全集》第2卷,人民出版社1957年版。

《马克思恩格斯选集》第1、2卷,人民出版社1995年版。
马克思:《1844年经济学哲学手稿》,人民出版社2000年版。
马克思:《资本论》,人民出版社1975年版。
马特拉,阿芒:《世界传播与文化霸权》,陈卫星译,中央编译出版社2001年版。
麦基,布莱恩编:《思想家》,周穗明、翁寒松译,生活·读书·新知三联书店1987年版。
麦金太尔,阿拉斯代尔:《马库塞》,邵一诞译,台北:桂冠图书股份有限公司,1992。
麦克莱伦,戴维:《马克思以后的马克思主义》,余其铨、赵常林等译,中国社会科学出版社1986年版。
麦克卢汉,埃里克、秦格龙、弗兰克编:《麦克卢汉精粹》,何道宽译,南京大学出版社2000年版。
麦克卢汉,马歇尔:《人的延伸——媒介通论》,何道宽译,四川人民出版社1992年版。
麦克伦泰:《青年造反哲学的创始人——马尔库塞》,詹合英译,湖南人民出版社1988年版。
麦奎尔,丹尼斯、温德尔、斯文:《大众传播模式论》,祝建华、武伟译,上海译文出版社1987年版。
曼海姆:《意识形态与乌托邦》,黎鸣、李书崇译,商务印书馆2000年版。
梅尼克:《德国的浩劫》,何兆武译,生活·读书·新知三联书店2002年版。
莫利,戴维:《电视、观众与文化研究》,冯建三译,台北:远流出版事业股份有限公司1995年版。
默克罗比,安吉拉:《后现代主义与大众文化》,田晓菲译,中央编译出版社2001年版。

N

New Left Review编:《西方马克思主义批判文选》,徐平译,台北:远流出版事业公司1994年版。

O

欧力同、张伟:《法兰克福学派研究》,重庆出版社1990年版。
欧阳谦:《西方马克思主义的文化哲学》,台北:雅典出版社1988年版。

P

帕斯卡尔:《思想录》,何兆武译,商务印书馆1986年版。
潘知常:《反美学——在阐释中理解当代审美文化》,学林出版社1995年版。
潘知常:《美学的边缘——在阐释中理解当代审美观念》,上海人民出版社

1998年版。

佩尔斯,理查德·H.:《激进的理想与美国之梦——大萧条岁月中的文化和社会思想》,卢允中、严撷芸、吕佩英译,上海外语教育出版社1992年版。

Q

齐美尔:《桥与门——齐美尔随笔集》,涯鸿、宇声等译,三联书店上海分店1991年版。

齐泽克,斯拉沃热、阿多尔诺,泰奥德等:《图绘意识形态》,方杰译,南京大学出版社2002年版。

切特罗姆,丹尼尔·杰:《传播媒介与美国人的思想——从莫尔斯到麦克卢汉》,曹静生、黄艾禾译,中国广播电视出版社1991年版。

S

单世联:《反抗现代性:从德国到中国》,广东教育出版社1998年版。

单世联:《现代性与文化工业》,广东人民出版社2001年版。

萨义德,爱德华·W.:《知识分子论》,单德兴译,生活·读书·新知三联书店2002年版。

三岛宪一:《本雅明——破坏·收集·记忆》,贾倞译,河北教育出版社2001年版。

桑塔格,苏珊:《论摄影》,艾红华、毛建雄译,湖南美术出版社1999年版。

上海社会科学院哲学研究所外国哲学研究室编:《法兰克福学派论著选辑》(上卷),商务印书馆1998年版。

盛宁:《人文困惑与反思——西方后现代主义思潮批判》,生活·读书·新知三联书店1997年版。

史蒂文森,尼克:《认识媒介文化——社会理论与大众传播》,王文斌译,商务印书馆2001年版。

斯道雷,约翰:《文化理论与通俗文化导论》,杨竹山、郭发勇、周辉译,南京大学出版社2001年版。

斯特里纳蒂,多米尼克:《通俗文化理论导论》,阎嘉译,商务印书馆2001年版。

斯威伍德,阿兰:《大众文化的迷思》,冯建三译,台北:远流出版事业股份有限公司1993年版。

所罗门,梅编:《马克思主义与艺术》,王以铸、杜章智、林凡等译,文化艺术出版社1989年版。

索伦(朔勒姆),G.G.:《犹太教神秘主义主流》,涂笑非译,四川人民出版社2000年版。

T

汤因比、马尔库塞等:《艺术的未来》,王治河译,北京大学出版社1991年版。

陶东风、金元浦、高丙中主编:《文化研究》第1—3辑,天津社会科学院出版社。

陶东风:《文化研究:西方与中国》,北京师范大学2002年版。

童庆炳:《文学审美特征论》,华中师范大学出版社2000年版。

童庆炳主编:《现代心理美学》,中国社会科学出版社1999年版。

托克维尔:《论美国的民主》,董果良译,商务印书馆1988年版。

W

瓦里美,格雷厄姆:《爵士乐》,王秋海译,生活·读书·新知三联书店1987年版。

汪民安主编:《生产》第1辑,广西师范大学出版社2004年版。

王逢振:《今日西方文学批评理论——十四位著名批评家访谈录》,漓江出版社1988年版。

王逢振主编:《六十年代》,天津社会科学院出版社2000年版。

王逢振主编:《摇滚与文化》,天津社会科学院出版社2000年版。

王鲁湘等编译:《西方学者眼中的西方现代美学》,北京大学出版社1987年版。

王一川:《语言乌托邦——20世纪西方语言论美学探究》,云南人民出版社1994年版。

威廉斯,雷蒙德:《文化与社会》,吴松江、张文定译,北京大学出版社1991年版。

威廉斯,雷蒙:《电视:科技与文化形式》,冯建三译,台北:远流出版事业股份有限公司1992年版。

维尔默,阿尔布莱希特:《论现代和后现代的辩证法:遵循阿多诺的理性批判》,钦文译,商务印书馆2003年版。

沃尔芙,珍妮特:《艺术的社会生产》,董学文、王葵译,华夏出版社1990年版。

沃林,理查德:《文化批评的观念:法兰克福学派、存在主义和后结构主义》,张国清译,商务印书馆2000年版。

沃特斯,林赛:《美学权威主义批判:保尔·德曼、瓦尔特·本雅明、萨义德新论》,昂智慧译,北京大学出版社2000年版。

吴景荣、刘意青主编:《英国十八世纪文学史》,外语教学与研究出版社2000年版。

伍蠡甫、胡经之主编:《西方文艺理论名著选编》,北京大学出版社1987年版。

X

西美尔,齐奥尔格:《时尚的哲学》,费勇、吴曹译,文化艺术出版社2001年版。

西蒙,理查德·凯勒:《垃圾文化——通俗文化与伟大传统》,社会科学文献出版社2001年版。

席勒:《美育书简》,徐恒醇译,中国文联出版公司1984年版。

席勒:《审美教育书简》,冯至、范大灿译,北京大学出版社1985年版。

夏伊勒,威廉:《第三帝国的兴亡——德国纳粹史》,董乐山、李耐西、陈廷祐等译,世界知识出版社1979年版。

肖鹰:《形象与生存——审美时代的文化理论》,作家出版社1996年版。

休斯,罗伯特:《新艺术的震撼》,刘萍君、汪晴、张禾译,上海人民美术出版社1989年版。

徐贲:《文化批评往何处去——一九八九年后的中国文化讨论》,香港:天地图书有限公司1998年版。

徐贲:《走向后现代与后殖民》,中国社会科学出版社1996年版。

徐崇温:《法兰克福学派述评》,生活·读书·新知三联书店1980年版。

徐崇温:《"西方马克思主义"论丛》,重庆出版社1989年版。

徐崇温:《"西方马克思主义"》,天津人民出版社1982年版。

徐友渔:《自由的言说》,长春出版社1999年版。

许纪霖:《寻求意义:现代化变迁与文化批判》,上海三联书店1997年版。

Y

杨小滨:《否定的美学——法兰克福学派的文艺理论和文化批评》,上海三联书店1999年版

伊格尔顿,特雷:《二十世纪西方文学理论》,伍晓明译,陕西师范大学出版社1987年版。

伊格尔顿,特里:《历史中的政治、哲学、爱欲》,马海良译,中国社会科学出版社1999年版。

伊格尔顿,特里:《马克思主义与文学批评》,文宝译,人民文学出版社1980年版。

伊格尔顿,特里:《审美意识形态》,王杰、傅德根、麦永雄译,广西师范大学出版社2001年版。

英奇,托马斯编:《美国通俗文化简史》,董乐山等译,漓江出版社1988年版。

余匡复:《布莱希特论》,上海外语教育出版社2002年版。

约翰逊,保罗:《知识分子》,杨正润、孟冰纯、赵育春等译,江苏人民出版社1999年版。

Z

詹明信:《晚期资本主义的文化逻辑》,张旭东编,陈清侨等译,生活·读书·新知三联书店、牛津大学出版社1997年版。

詹姆逊,弗雷德里克:《布莱希特与方法》,陈永国译,中国社会科学出版社1998年版。

詹姆逊,弗雷德里克:《快感:文化与政治》,王逢振等译,中国社会科学出版社1998年版。

詹姆逊,弗雷德里克:《时间的种子》,王逢振译,漓江出版社1997年版。

詹姆逊,弗雷德里克:《文化转向》,胡亚敏等译,中国社会科学出版社2000年版。

詹姆逊,弗雷德里克:《语言的牢笼 马克思主义与形式》,钱佼汝、李自修译,百花洲文艺出版社1995年版。

詹姆逊,弗雷德里克:《政治无意识》,王逢振、陈永国译,中国社会科学出版社1999年版。

《詹姆逊文集》第3卷《文化研究和政治意识》,王逢振主编,蔡新乐等译,中国人民大学出版社2004年版

张黎编选:《布莱希特研究》,中国社会科学出版社1984年版。

张亮:《"崩溃的逻辑"的历史建构:阿多诺早中期哲学思想的文本学解读》,中央编译出版社2003年版。

张伟:《弗洛姆思想研究》,重庆出版社1996年版。

张西平:《历史哲学的重建:卢卡奇与当代西方社会思潮》,生活·读书·新知三联书店1997年版。

张旭东:《批评的踪迹:文化理论与文化批评:1985—2002》,生活·读书·新知三联书店2003年版。

张一兵:《无调式的辩证想象:阿多诺〈否定的辩证法〉的文本学解读》,生活·读书·新知三联书店2001年版。

赵海峰:《阿多诺"否定的辩证法"研究》,黑龙江人民出版社2003年版。

赵宪章主编:《西方形式美学——关于形式的美学研究》,上海人民出版社1996年版。

赵鑫珊:《希特勒与艺术》,百花文艺出版社1996年版。

赵一凡:《美国文化批评集:哈佛读书札记(一)》,生活·读书·新知三联书店1994年版。

赵一凡:《欧美新学赏析》,中央编译出版社1996年版。

周宪、罗务恒、戴耘编:《当代西方艺术文化学》,北京大学出版社1988年版。

周宪:《20世纪西方美学》,南京大学出版社1997年版。

周宪:《中国当代审美文化研究》,北京大学出版社1997年版。
周小仪:《唯美主义与消费文化》,北京大学出版社2002年版。
朱立元主编:《法兰克福学派美学思想论稿》,复旦大学出版社1997年版。
朱学勤:《书斋里的革命》,长春出版社1999年版。
庄锡昌:《二十世纪的美国文化》,浙江人民出版社1993年版。

索 引

A

阿一本之争　165,175,189,315,317,333
阿一布之争　175
阿达利　23,82,91
阿多诺(阿道尔诺、阿多尔诺)　4—8,12,13,15—17,19,20,22—24,26—31,33,36—103,105—113,119,123,124,126,130—132,135,136,139,141,142,146,147,154,157,161,164—166,168—177,180—187,189—192,195,196,201,202,206,208,212,232,233,235—238,246,248,250—253,257,264,265,269—273,275,276,281—283,297,298,302,306,307,309,312—315,317,318,320—328,331—333,335,337,340,342—344,351,353,354,356—362,366,367
阿多诺模式　15,37,40,367
阿尔都塞(阿图塞)　18,51,275
阿拉贡　149,150,152
阿拉托　153,184
雷蒙·阿隆　302
阿伦特　114,116,120,121,146,147,329,352
阿姆斯特朗　70
阿诺德　140,207,237
阿特休尔　53
埃伯特　309
埃德蒙·柯尔　241
埃斯勒　12
霭理士　70
爱伦·坡　127,129
爱欲　253,261,265—269,272,273,275,277,289,293,295,296,300,330,347—349,352
艾迪生　241,243
艾柯　308,337,343
安德森　12,13,14,20,174,175,297,352
奥德修斯　38,55,56
奥斯维辛　93,103,112,185,321

B

巴赫金　17,34,53,186,278—280,321
巴黎　1,5,6,9,23,57,114—118,121—124,127,128,130,133,134,141,152,165,168,272,275,333,335
巴托莫尔　15,30,314,354
白哲特　140,207,237

柏格森　162,221
柏拉图　29,182
保罗·约翰逊　172,173
鲍勃·迪伦　274,293
鲍曼　9,110,111,124
贝阿尔　150,151,188
贝多芬　63,64,81,82,97,196,293,324
贝恩斯　282
贝克特　15,59,187
贝斯特　60,316
背景音乐　71,196
本杰明　186,337,351,354
本雅明(本杰明)　1,5—9,12,14,15,18,20,22,23,28—34,55,113—173,175—190,201,208—209,251—253,271—274,278,280,281,292,294,297,298,302,303,306,307,309,313—315,317,323,328—339,344,351,353—354,356,358—362
比格尔　189,323
辩证意象　133—136,169,335,338
标准化　31,37,62—68,70—72,75,77,78,96,97,98,181,196,228,236,286,327,361
波德莱尔　5,8,15,33,113,114,118,122—128,130,132,133,137,144,145,146,161,162,165,169,187,208,290,306,331,353,361
波德里亚　51,139,219,221,251,268,308,343
波斯特　104,105,319
伯恩斯坦　49,85,318,325,344
伯拉姆森　36
伯明翰学派　15,307,308

布克-穆斯　136,165,317,333,334,338
布拉格之春　275
布莱希特　12—14,33,113,114,119,139,145—149,151—154,164,172—175,180,183,208,272,278,281,285,306,313,314,323,333,337,359
布朗基　146
布勒东　149,150
布里辛斯基　26
布鲁斯东　245
布洛赫　299—303,331,357,359

C

策兰　187
查拉　188
产业革命　217
阐释者　9,110,111,147,252,261,270,347
超现实主义　146,149—151,154,180,185,187,188,332,339
传播研究　200,239,308,343,344
传统马克思主义　14,20,21,33,48,265,272
传统艺术　31,137—139,145,157—160,164,168,176,179,334
传统引导　219
从属艺术　171
存在主义　60,116,347,360
错位说　310,367—369

D

达·芬奇　137
达达主义　146,149—151,178,180,187,188,332

达尔文主义 220
大拒绝 275,286,290,360
大文化工业 248
大修复 286
大众传播媒介 25,92,95,97,106,218,262,285
大众媒介 5,23—25,50—54,57,92,95,114,137,177,194,198,213,216—219,225,239,240,244—248,263,343,359
大众社会 5,16,21,45,51,98,99,106,216,219,258,263—264
大众文化 2,4—6,8—11,14—20,22—42,48,51,53—55,57,65,66,68,69,78,79,84,85,92—101,106,109,113—115,122,130,131,133,135—137,140—143,154,164—166,175,176,185,187—196,198,201,202,206—210,212,213,217—219,221—223,225—227,229—239,243,244,246—253,259,262—266,269,277,280—283,286,287,289,290,293,306—310,312—315,317—320,324—328,337,338,341—345,349,351,354,361—369
大众文化理论 1,2,4,6,7,10—12,14,15,17—19,22,23,27,29—35,37,39,113,114,115,131,136,137,140,141,185,187,188,190,191,193,212,213,229,235—237,252,253,306—319,322,324—326,337,339,350,361,362,363—367
大众文化批判理论 2,4,14,30,31,36,37,39,137,165,236,237,252,

253,264,265,269,311—313,324,325,327,356,361,362,366,368,369
丹纳 140,207,237
丹尼尔·贝尔 5,99,106,217,218,258,285,286
单面 24,255,260,261,264,287,290,361
单面人 29,252,253,256,258—261,264—266,273—278,280,289,290,292,296,298,345—348,352,367
单面社会 21,31,252,256,260,264,265,266
单子 170
当代文化研究中心 17,193
道德语境 206,207
道德主义 274
德国浪漫派 272,340
德克霍夫 109
德拉-沃尔佩 297
德莱顿 241
德里达 39,108,251,325,332,357
德曼 100,321,334
德塞都 17,53
低俗艺术 41,42,55,58,59
狄尔泰 200
迪克斯坦 274,275,276,284
笛福 243,244
蒂里希 304
颠覆说 18,53
电子媒介 5,23,71,81,90,92,93,95,96,98,106,107,109,177,212,213,236—238,245,246,334
丢勒 211
斗争哲学 174

杜比尔 3,246,319,339,344
杜威 199
多克 16,17,30,319

E

俄国形式主义 278
恩格斯 8,18,20,50,123,124,127,147,220,247,330,361
恩主 203,204
二分法 177,178,209—212
二律背反 59,137,184,280,289,336
二元对立 21,28,130,141,212,222,261

F

发达的工业社会 216,253,256,257,259,263—265,269
法兰克福学派 1—24,26—32,34,35,43,54,60,61,82,84,93,100,101,114,126,137,165,169,172,174,184,187,190—196,199,200,206,208—210,212,226,232,233,246,249,250,252—254,261,264—266,269,275,281—284,296,297,302—320,328,339,341,343,344,346,350—352,354—369
法西斯主义 4,9,19,22—24,27,28,34,36,49,84—100,107,151,152,157,163,185,197,253,254,256,262,264,287,289,321,326,348
反艺术 38,59,60,188,349
非同一性 7,236,320
菲尔丁 240,244
费瑟斯通 30,84,130,187
费斯克 15,17—19,53,229,230,308,366,367

否定的辩证法 29,49,81,236,275,317,351,354,356—358
否定性话语 31—35,306,307
否定性力量 255,286,290
否定性思想 22,254,255,260
否定哲学 174,175
弗尔克尔 152,173
弗莱克斯 280
弗莱斯比 135
弗利斯 73
弗罗姆 97
弗洛姆 8,43,97,221,230,318,350,354,357,359
弗洛伊德 43,69,85—90,93,95,96,162,263,267,305,314,323,324,345,347,352,356,359,360
符号价值 51
符号学方法 310
福柯 103,251,282,332
福楼拜 187
复制艺术 137—139,141,142,166,168,333
富裕社会 258,281
伽威斯 45

G

甘斯 36,175
感官现实主义 182
感性革命 277
高乃依 249
高雅文化 8,15,16,26,27,34,43,187,204,211,248,250,280,282,283,287—292,312,325,342,364
高雅艺术 32,39,41,42,55,58,59,176,203,207
戈贝尔 183

戈德曼 297,340,341
戈培尔 90,96
哥尔德斯密 248
哥特式小说 240
歌德 140,207,237,249,290
革命主体 18,20—22,32—34,153,176,183,272,273,276,277,281,284—287,290,291,292
格拉赫 1
格拉西克 78,79,84,326
格鲁兹 195
格吕堡 1
格罗斯 206,235—237,246,307,340—342
格瓦拉 275
葛拉米·特纳 309
葛兰西 18,20,330
个体理性 255
工具理性 21,50,56,198,257,295,325,335,356
工人阶级 13,20,21,44,192,247,258,272,273,276,284,285,291,318
共产主义 23,35,151,188,273,355,363
贡尼 2,6—8,12,302,354
构成主义 187
怪诞身体 186
官方话语 186,278
光晕 117,137—139,142,145,151,155—159,160,162—164,168,171,184,185,188,294,333,335
广场话语 186,278
国家社会主义 24,91,94,254

H

哈贝马斯 6,105,154,247,251,303,304,313,318,331,332,340,350—352,355,357,359,360,362
海德格尔 102,305,322,332,335,346,347
汉密尔顿 5
汉姆生 197
汉诺·哈特 239,308,343
汉森 39,322,325
豪克海默尔 13
好莱坞电影 25,52,240
赫尔德 30,313
赫鲁晓夫 274
赫塞尔 114
黑格尔 22,29,36,82,102,104,131,156,169,174,254,255,305,323,326,344—346,352,360
黑格尔主义 254,360
后结构主义 11,18,19,60,100,105,251,282,308,316,320,322,327,330,339
后现代主义 3,4,11,15—18,30,31,37,42—44,60,61,84,106,110,130,131,133,135,154,187,188,212,219,230,308,312,316,319,321,325—328,332,338,339,346,351,360
胡伊森 187,188,326
华兹华斯 140,207,237
霍布斯鲍姆 275,276,285
霍尔 17,18
霍夫曼斯塔尔 149,187
霍克海默 1—4,6—9,12,15—17,22—24,26,27,29,31,37,38,41,47,50,51,55—57,62,68,91,112,119,124,139,142,165,166,170,190,192,194,195,197,201,221,

231—234,252,253,256,257,265,
270,271,302,312—314,317,318,
340,350,353,354,358,361,366

霍耐特 6

J

机械复制 55,69,136,138,142,154,
165,167,179,331,333,335,337,
351,353,358,359,361

吉安德隆 37,65,66,78,326

极端的年代 251,275,276,285

极权主义 24,25,34,35,49,93,95,
97,98,154,157,171,183,185,
252,254,256,258,260,262,263,
312

即兴作品 67

技术复制 114,136—138,141—143,
149,168,170,171,184

技术合理性 31,50,256,258,259,
262,298

技术决定论 143,149,168,334

技术理性 21,28,93,142,233,253,
255—262,264,295,296

技术统治 226

季洛杜 149

价值中立 257,258

间离效果 33,114,148,149,180,278

讲故事 137,158—162,334

交换价值 43—47,51,69,134,135

阶级社会 21,44,180,363

杰姆逊 38,42—44,60,112,117,133,
136,143,145,148,162,170,219

解构主义 100,108,154,230,282,320

介入文学 173

借用的情感 205

金斯堡 274

经验主义 17,153,197—202,315,
316,341,343,344

精神分析学 69,85,93,95,263,359

精神革命 150,151,188

精英主义 8,14—16,24,28,34,40,
78,141,177,291

静观冥想 82,103,160,175,177—
180,182,183,189

静止状态的辩证法 29,133,134,170,
335

具体的乌托邦 299—301

聚精会神 70,103,138,139,179—182

爵士乐 16,33,40,61,62,67—71,74,
78—84,92,99,180,181,185,201,
237,277,279,280,324—327

K

卡夫卡 15,59,114,118,122,187,
329,336,353

卡拉奇 280

卡拉苏 150,151,188

卡塔西斯 179,182

卡西尔 102

咖啡馆 71,105,115,116,196,242,
243

凯尔纳 3,23,24,30,60,191,251,
254,256,260—262,264,270,284,
291,299,304,308,309,315—319,
327,343,347—349

康德 102,126,169,184,287,295,
323,332,333,348

考尔克 52

柯尔施 272

科塞 53,103,105,242,243

克拉弗特 167

克拉考尔 39,325,334,335

克劳斯 58,146,152,173,350
克劳斯哈尔 188
肯定性话语 32—35,114,137,306,307
肯定性文化 288,289
肯尼迪 274
库菲尔德 300,301
库克 39,40,43,47,324
垮掉派 274
昆德拉 51

L

拉罗什富科 120
拉什 187
拉斯韦尔 98,199
拉斯韦尔公式 98,199
拉西斯 119,146
拉辛 249
拉扎斯菲尔德 17,26,102,199,200,202,315,343
莱布尼茨 170
莱德雷斯 30
莱恩 108
莱斯诺夫 257,347
莱辛 140,207,237
赖希 88,89,99
兰波 178
老年马克思 19
勒戈夫 119
勒庞 86
李卜克内西 284
里德莱斯 141,179,182,337
理查德·卡尼 157,337
理查逊 240,244,248
理斯曼(黎士曼) 217,218,219
理性主义 17,230,272,347,351

历史决定论 230
历史唯物主义 163,167,169,200,261,297,302,313,331,333,350
历史语境 10,11,19,24,153,189,201,207,236,238,249,272,282,289,294,295,306,316,342,344
历史主义 230
立法者 9,110,111
利奥塔 3,251,332
列斐伏尔 297,308,343
列宁 152,172,313,330,350
列斯科夫 158
林古特 2,6—8,12,302,354
另类 113,114,140,142,190,281,282,334
流通图书馆 242
流行音乐 26,37,61—69,71—81,83,84,88,181,212,317,324,326,327
流行杂志 194,202,213,216,218,238,268
卢德克 303,340
卢卡奇 8,12—14,20,44,45,272,297,312,313,323,326,330,340,351,359,361
卢森堡 284,330
卢斯 25,146
鲁迅 80,100,105
路德维希 101,102
罗伯特·休斯 178
罗杰斯 17,98,200
罗兰·巴特 17,53,236,307,337,338,340,342
罗洛·梅 221
罗森 138,331
罗斯福 24
罗索夫斯基 166

罗歇里兹 188

洛维 272,330,339

洛文塔尔 2,3—9,15,22,26,28,30—32,39,60,101,113,119,140,190—250,253,264,268,297,298,302—304,306—308,312,314,331,339—345,351,355,359,362

M

马丁·杰伊 1,8,9,18,30,43,44,61,82,85,100,101,170,190,191,302,311,312,315,319,320,339,343,351

马丁·路德·金 274,275

马尔库塞(马库塞) 2—4,6—9,14,15,18,20—22,26,28—34,43,101,113,190,197,208,209,251—307,309,312—314,318,330,331,344—350,352,354,356—361,366,367

马克思 3,8,13,15,19,20,38,43—46,50,77,93,102,104,123,130,131,134,147,157,167,174,219,220,247,251,261,264—266,272,273,275,284,296—298,300,301,303,305,316,323,324,326,330,340,344—347,350,355—357,360,361

马克思主义 3,12—15,18—21,33,38,43,48,77,108,114,118,122,135,139,145—148,151,152,157,169,172—175,254,255,264,265,271,272,284,292,302,312—316,318,321,329,330,332,333,337,341,344—347,351,353,354,356,357,359,360

马克斯·韦伯 218,257,338

马拉美 187

马特拉 199

迈克·莱利 70

麦尔 22

麦基 190,265,269,273,283,352

麦金太尔 14,285,344,352

麦卡锡主义 258

麦克莱伦 284

麦克卢汉 25,91,92,104,139,160,161,231,245,334

麦奎尔 98,199

毛泽东 152,153,172,251

梅兰芳 80

美学革命 277

蒙—帕之争 206—209,237

蒙太奇 33,114,149,154,170,180,186,187,281,285,338

蒙田 32,120,140,203,204—209,212,306,342

孟德斯鸠 120

梦像 114,115,131—134,136,338

弥赛亚 28,113,136,154,155,159,292,302—304,331,333,336,339,361

民粹主义 16,39,40

民间文化 5,34,42

膜拜价值 138,139,154,157

陌生化理论 278

莫蕾斯基 54

莫里哀 249

莫扎特 196

墨菲 126,351

默多克 309

默克罗比 131,133,135,338

N

纳粹德国 38,93,99,211
内容分析法 213
内在引导 218,219

P

帕迪森 323
帕斯卡尔 120,140,203,205—208,
　210,212,235,237,306,342
佩尔斯 25,26
批判理论 1—4,7,9,14,16,18,20,
　22,24,26—28,30,31,34,36—40,
　43,54,60—62,78,79,83,113,
　137,165,184,187,196,197,200—
　202,207,209,236,237,239,249,
　252,253,264,265,269—271,
　302—304,306—313,315—317,
　319,322,324—328,340,341,
　342—348,350,351,354,356,357,
　359,360—362,366—368,369
批判理性 255—257,260,264
披头士 274
皮斯卡托 151
平民主义 34,111,141,177,234,307,
　366
破坏性人物 145,146,150
蒲柏 241
普鲁斯特 15,114,116,162,187

Q

齐美尔(西美尔) 110,123,124,156,
　200,334,335
启蒙辩证法 16,23,24,37,38,40,41,
　47,48,50,56,58,62,68,81,91,
　92,192,201,232,316,322,324,
　326,353,361
前技术文化 292,294,296
强式乌托邦主义 60
乔伊斯 187,227
切特罗姆 25,231
青年马克思 20,261,266
轻松艺术 58
清教主义 274
祛魅 131,136,157,332,338
全面被监管社会 20,31,265

R

人民公敌 291
人群中的人 122,125,126,129

S

撒切尔夫人 276
萨特 116,173,297
萨耶尔 190,193,194,340,341
萨义德 140,175,178,183,280,334,
　353
塞纳特 124
塞壬 55,56,91
三岛宪一 7,144,329,353
桑姆巴特 223
桑塔格 119,121,329
搔痒说 310,369
商品拜物教 31,38,40,43—45,47,
　49,69,74,114,117,127,128,
　130—134,136,157,163,181,265
上层建筑 38,292,314,326
社会民主主义 272
社会乌托邦 300—302
社会研究所 1,4,12,47,84,119,123,
　139,165,166,188,190,191,252—
　254,262,272,328

社会主义 8,13,152,156,272,284,298,300,301,303,329,330,345,353,355,357,361,363

身体狂欢 32,83

身体政治学 34,186,189

深度模式 61

审美乌托邦 20,282,292—294,296,298,300—303,359

审美之维 187,252,282,284,288,291—294,296,297,305,348,352,358

审美主义 15,366

生产偶像 26,213—219

生产主义 187

圣琼·佩斯 114

诗性智慧 294

施米特 213

施虐—受虐 69,70,80,81,93,177

什克洛夫斯基 278

实用主义 27,197,199,200,202

实证主义 3,13,14,17,22,27,47,173,199,321,322,356

拾垃圾者 125,127

史密斯 280,331

史特姆 109

使用价值 46,134

叔本华 12,15

双面 260,261,290

朔勒姆 113,118,131,139,146,147,149,167,328,331,339

斯宾格勒 102

斯大林 152,183

斯道雷 30,73,78,139,319

斯蒂尔 243

斯莱特 30,174,270,313

斯摩莱特 240

斯特恩 240

斯特拉文斯基 80—82,324

斯特里纳蒂 5,30,36,319

斯威伍德 5,14,15,30,36,51,94,190,317,318

苏珊·朗格 71

所罗门 114,147,157,255,354

T

他人引导 111,218,219

汤姆·潘恩 241

特列契雅科夫 153

听之退化 68,70,74—77,83,181

通俗传记 26,32,191,213,215,218—220,228,230—234,238,268

通俗文化 5,16,30,36,43,69,73,78,139—141,191—198,200—214,236,237,239,240,319,338,340—343,351,355,363,364

通俗小说 237,238,240,244,246,343,364

通俗作家 240

统治的意识形态 48—50

托马斯·沙兹 52

托马斯·英奇 16,69,213,214,363

永恒的流放 9,312

陀思妥耶夫斯基 15

W

瓦格纳 211,324,326

瓦莱里 187

瓦里美 69,80

完整的自由 55,58,60,325

晚期资本主义 37,39,42,43,49,51,55,58,75,77,103,143,162,170,216,321,334,360,366

王朔 95,230
威格斯豪斯 1
威利斯 139
威廉斯 91,184,192,367
韦尔(魏尔) 1,9
为艺术而艺术 57,96,156,168,189,248
维特金 84,323,324
未来主义 187
伪个性化 31,62,67,68,72,75,77,78,98,181,229,234,361
魏茨泽克 262
温德尔 98,199
文化保守主义 40,100,101,105,159,164,292,320
文化工业 6,16,17,23,24,26,27,31,32,36—51,54—62,65,66,68,69,76—81,83—85,92,93,95,97,100,101,103,107,109,110,113,131,171,174,176,177,181,183,192,193,195,201,209,233,236,237,246,264,267,306,312—316,322,324—327,351,354,358,361,362,364,365
文化贵族 8,14,15,24,34,291,296,303
文化批判的公众 105
文化消费的公众 105,247
文化研究 11,17,38,54,193,206,239,307—310,316—319,324,327,338,339,343,344,354,362,364—367
文人 34,113—115,118—130,141,153—155,159,169,185,211,240,329,353,368
文学社会学 4,191,196,197,201,

235,239,297,340,341,343,344
沃尔德 161
沃林 60,167,184,319,333,344,347,351
沃特斯 30,140,175,177,178,182,183,280,334,353
污言秽语 33,277—279,286
无产阶级 13,14,20,21,33,53,88,151,246,247,272,273,276
五月风暴 251,275
伍德斯托克精神 275
物化 14,38,44,45,58,59,131—133,185,289,312,318,322,340—342
乌托邦-弥赛亚主题 303,304,331,339

X

西尔勒 269
西方马克思主义 11—14,18—20,22,24,27,28,31,34,42,54,97,100,174,175,297,301,312,320,339,347,351,352,354,355,357,358
希尔斯 36,94
希特勒 22,23,86,88,91,92,98
嬉皮士 33,276,277,279,280,286
席勒 15,28,102,140,207,237,287,294—296,305
夏伊勒 90,91
先锋派美学 188,189
先锋派艺术 32,180,183,188,189
先锋派运动 146,149,150,187,188
闲逛者 122,124—130
闲暇工业 208
现代大众社会 263,264
现代型知识分子 103,106,110,111,

185,307
现代性话语 10,100,110,236,306
现代性体验 130,145,160—163
现代艺术 34,55—57,179,351
消费偶像 26,213,215—219,221—224,230,234,351,355
消费社会 14,219,221,222,224,264,268,316
消费文化 30,84,130,135,187
小资产阶级 246,286
心理学诡计 223
心神涣散 32,33,68,70—73,75,77,103,109,138,139,141,175,178—183,188,189,338
新的历史主体 274,276
新感性 33,277,278,285,286,292,293
新左派 12,18,33,251,276,286,297,345,352,369
形左实右 136,164
修辞学诡计 227
虚假需要 14,31,266—268,345
虚假意识 47,48,51,266,267,338
虚无主义 150,164,312,358
徐贲 15,365—367
叙述体戏剧 33,114,148,180,281
学生运动 251,275,282,284,315,345
雪莱 140,207,237
勋伯格 15,55,58,59,78,79,81,82,182,184,250,324

Y

雅各布·汤森 241
雅皮士 286
亚里士多德 138,148,179,182,210,287,327,334

亚文化群体 53,99,277,282
阉割符号体系 69
严肃艺术 58
严肃音乐 55,62—64,74—76,78,81
研究所 1,2,4,6,8,12,13,22—27,29,85,121,190,199—201,236,253,270,284,311,350,354
摇滚乐 32,33,37,78,79,83,84,99,274—277,279—281,284—286,293,327
伊恩·瓦特 243,244,246
伊格尔顿 19,100,136,152,154,185,186,282,321,329,330,339
移情 122,125,129,130,148,180
艺术恩主制 204
艺术体制 189
艺术政治化 23,35,150—152,157,174,188,189
艺术自主 189
异化 43,45,49,77,82,94,116,127,128,134,157,173,255,261,265,278,298,337,348
异托邦 282,292
意识形态 21,31,32,39,40,47—54,56—58,74,77,78,88,89,96,97,99,100,104,128,141,153,154,171,177,181,183,185,186,197,200,215,219,229,230,253,255,257—259,262,264—265,267,278,291,299,312,313,317,321,322,324,330,337,340,350,352,354,356—358,363,367,368
意识形态国家机器 47,54
意识形态批判 54,197,200,313,324,340,356,357
引文 114,122—124,126,148,149,

210
印刷媒介 104,105,107,177,212,213,227,237,238,242,245—247
印刷术 158
印刷文化 100,104—110,161,236,238,244
犹太-弥赛亚主题 8
犹太救世主义 22,272,302
娱乐工业 24,47,76,134
娱乐界人士 214,215,227,234
语言包装 227
语言论转向 39
原子化 44,45,56,76,98,99,105,124,233

Z

詹姆斯 199
展示价值 138,139,141
赵树理 153
真理内容 49,322
真实需要 14,266—268
震惊体验 92,124,144,145,164,338
震惊效果 33,138,161,162,180,186—188
整合说 40,50,53,54,72,74,265
政治革命 151,188,271,277,360
政治激进主义 292
政治审美化 23,151,157

政治实践 13,14,18,33,34,197,270,271,273,277,282,291,292,307,348
政治行动主义 22,34,270
政治哲学 151,252,330,339,346,369
中产阶级 7,8,15,21,88,99,180,203,223,226,241—243,246—248,286,290,314,340
中产阶级的富家子弟 8,15,154,284,285
中产阶级的现实主义 241,246
中产阶级文化 223,246
中断 33,148,149,154,173,180,190,284,295,299,345
种族知识分子 119
重复 32,67,71,81,96—98,105,225,232—234,240,243,286
朱学勤 18,310,368
卓别林 171,185,214
自居作用 88—90
自上而下 6,34,41,42,47—50,52—54,72,177,234,306,314
自主艺术 56—59,97,166,168—173,184,185,314,333
最高级 227,228,234
左翼激进 34,137,143,158,159,164,172,185

后　　记

　　冒冒失失闯进了"法兰克福学派"似乎有些偶然,但回过头来琢磨,却也是命中注定的一件事情。
　　1990年代的中后期,我对"大众文化"逐渐产生了兴趣。现在想想,产生兴趣的原因其实很简单:许许多多的"新生事物"出现了,我却有点找不着北。我知道自己脑子里的那点知识、欣赏趣味和思想的碎片是被1980年代的教育机器和文化氛围生产出来的。那时候复印显得非常奢侈,我靠"抄书"完成了学业;没有电话或者伊妹儿,我用书信传递着友谊和爱情;也看不上电视,"文字"而不是"图像"支撑着我的心灵世界。众所周知,那时候还有美学热、文化热、方法热,我当然也在那些种种的"热"中蠢蠢欲动地做着一些热身活动。然而,所有的这些东西好像在1990年代一下子没有了着落。铁凝在《大浴女》中借她的人物之口说:"1990年代什么都是一副来不及的样子,来不及欢笑,来不及悲伤;来不及恋爱,来不及失恋;来不及倾听,来不及聊天;来不及吃醋,也来不及产生决斗的气概。"为什么有这么多的"来不及"？要我说,这全是大众文化闹的。
　　——也许,这就是我"遭遇"法兰克福学派最深层的动因。当本雅明在那里冷静而优美地为"抄书"的行为辩护时,当阿多诺激动地清算着电子文化的罪恶时,当洛文塔尔反复念叨着"乌托邦"的主题时,当马尔库塞在学生运动失败后由激进变得保守终于投入"美学"的怀抱时,他们的所思所想所作所为常常让我怦然心动;而他们的犹疑、暧昧、含混、矛盾又常常使我感慨不已,我在说他们,但他们好像又在说我。我知道,我的欣赏旨趣已经不可能使我与时俱进,去哼唱出大众文化的赞歌,但是理智又告诉我,大众文化中蕴藏着狂欢身体的美学,而这正是我们这些把思维体操作为日常功课的读书人所欠缺的。——也许,这又是我为什么那么热衷于去呈现法兰克福人暧昧之处的深层原因。

如今,当我能够说出自己的这番感受时,其实是在庆幸自己终于完成了一次思想旅行。实际上,这番感受虽然就是这么几句大实话,但是却也得来不易。2000年春夏之交,导师童庆炳先生帮我敲定了这个选题后,我才意识到自己的书架上已经存放了法兰克福学派的许多著作。它们虽然大部分都没有被认真读过,或者即使囫囵吞枣读过,大半也已经忘却了,但是冥冥之中,它们似乎一直在等待我的再度光临。然而,当我真想走进法兰克福学派的世界中时,我却发现自己面临一个大大的难题——看不懂。马尔库塞说,阿多诺的许多段落连他都看不懂,愚钝如我者读不懂阿多诺似乎也不算丢人,但问题是这帮法兰克福人的书没有一个好懂的。阿多诺的密码式语言片断式写法本来就让我的脑袋瓜子既疼且大,本雅明的"文学蒙太奇"又把我弄得一头雾水,加上洛文塔尔的闪烁其词,马尔库塞的云遮雾罩,有一段时间,我完全沉浸在一种无法言传的"低级痛苦"中:当别人在为自己的理论构想而焦虑时,我却是在为看不懂而发愁。看不懂怎么做论文呢?经过一番激烈的思想斗争之后,我选择了退却,我想从"德国"回到"中国"。

童老师及时地制止了我的逃跑主义思想,我终于痛下决心,开始了这次艰难的旅行。我当然知道自己是带着怎样的缺陷来面对这个选题的,也知道中国人做西方的选题将会面临怎样的文化隔膜。然而缺陷已无法弥补,隔膜又必须打破,我只能在苦读资料的同时动用我周身的每一个细胞,去感悟与想象我的研究对象,让他们在我的心灵底片上显影、曝光。在无数次失眠之后的遐想中,在经过了许多回看山是山不是山的执迷不悟或者恍然大悟之后,我觉得我逐渐走进了他们的心灵世界。阿多诺说,他把传递讯息的漂流瓶抛向了大海,然后期待着出现一个想象中的见证人。我没有资格也从来没敢奢望要去做这样一位见证人,但是我已经打开了它的瓶盖儿。

感谢我的导师童庆炳先生,他对我的教诲、信任、鼓励、批评与宽容让我领略了名师的风范。我虽然已老大不小,但以前只是喜欢随心所欲地读书写作,终于一事无成。自入童老师门下,始悟学问之道。论文中途想知难而退,童老师一番语重心长的话更是让我汗颜惭愧,他让我明白了一个逐渐被人淡忘的道理:学位论文写作是一个研究的过程,也是一个养气的过程。他反复告诫我要读马克思的《资本论》,要学习朱光潜先生的文风;不断提醒我要进入研究对象的语境之中,把人的活动与活动中的人呈现出来。我觉得我已经领会了童老师"出入说""照着说、接着说、对着说"的意图。事实上,我也一直想把这次论文写作看作对导师治学思想的一次实践。只是由于天性愚钝学养不足,自认为离自己想要达到的目标还差得很远。初稿既成,童老师又字斟句酌地为我批改过来,使得我的一些思维漏洞得以弥补。他那种严谨的治学精神已融入我的这次写作之中,这是我积累起来的最大财富。

感谢我的硕士生导师李衍柱先生与夏之放先生。1980年代后期,李老师把我带进了文艺学这块园地里。此后十多年,他一直关心着我的成长。当时,他"逼"着我们从柏拉图读到黑格尔;那次大规模的阅读活动在我这次论文写作中依然隐隐约约地发挥着作用。而夏老师带着我们对马克思《手稿》长达半年的细读,一直让我受益无穷。对于我的这个选题,他曾专门写信过来进行指点。

感谢北师大文艺学研究中心的老师们。开题时,程正民先生、王一川先生、李春青先生、李壮鹰先生为我的选题提出了宝贵的意见或建议。程老师把我带入了巴赫金的狂欢化世界里,让我多了一种打量法兰克福学派大众文化理论的目光;王老师关于大众文化的著作与论文让我获益甚多,我也因此明白了研究大众文化应该采取一种怎样的心态与姿态。就我的这一选题,曾专程请教过罗钢先生。就一些具体的问题,曾几次请教过曹卫东先生,他给我的论文提出了一些建设性的意见,并对本雅明部分提出了具体的修改意见。三年来,陈太胜先生与陈雪虎先生给我的生活与学习提供了很多帮助,他们成了我的良师益友。

感谢陈传才先生、周宪先生,利用学术性会议等机会我曾向他们请教。陈老师的鼓励让我心中充满融融暖意,他几次提醒我要读杰姆逊的著作;周老师信手给我开出了两本很有价值的英文参考书。

美国的李琰女士与赴美深造的马康明女士帮我查、购了部分资料。大学同学刘元满博士为我在北大图书馆借来了"国图"找不到的外文资料。我曾就论文写作的技术性问题请教过师/兄季广茂博士,曾就一些翻译问题请教过师/兄王柯平先生。师兄/弟李建盛博士不断为我的这篇论文出谋划策,他的奇思异想妙语常常让我茅塞顿开。在对216宿舍的定期造访中,严泽胜君不仅给我带来了许多新书的信息,而且给我带来了聊天漫谈中的写作灵感;每当翻译中遇到了麻烦,我总是向他讨教。朋友聂尔对波德莱尔有精湛的理解,我从他的美文与来信中,找到了进入波德莱尔诗歌世界的感觉。师妹于闽梅曾经是我的同道,在我们共同扫荡"国图"里的本雅明的那段日子里,本雅明总是成为我们一路上的话题。每当她发现对我有用的资料,总是及时地提供于我。师弟王珂(他教会了我五笔输入)、吴子林也是我的室友,他们对我帮助甚多,我从他们那种孜孜以求的拼搏精神中学到了不少东西。还有邓光辉、汪民安、胡继华、张怡、曹书文、宋伟才、周志强、范圣宇、何浩、李季等,他(她)们以不同方式为我的论文写作提供过帮助,高情厚谊,在此一并谢过。

  三年来,大学同学杨鲁中先生与宋若云博士对我学业与生活上的关心和帮助不计其数。入学后不久,杨鲁中送给我一台电脑,我开始尝到了电子书写的甜头,却也不得不向我所钟情的纸与笔依依作别,从此,富有"光晕"的写作不复存在。2000年6月8日,宋若云领路,陪我去北京图书馆查资料。以后两年,在无数次对它的造访中,"北图"变成了"国图"。

  还有我的父亲母亲。他们并不清楚我做的是怎样的选题,但是当我告诉他们遇到了意想不到的写作困难时,他们每次的电话都在询问我论文的进展情况,言谈话语中流露出了隐隐的忧虑与担心。

  还有我的妻子儿子。2001年那个炎热的暑假,有将近一个月的时间,我带着妻子每天去"国图"抄资料,一去一整天。只好把儿子一人撂在宿舍,让他中午自个儿泡方便面。儿子尚小,开水很烫,除了千叮咛万嘱咐,剩下的就是我俩在"国图"开饭时暗自忐忑。每念及此,心中不禁怆然。

2002年5月5日赵勇谨记

跋

  这本书是我的博士学位论文。参加完答辩后,它就待在我的电脑里,一待两年多。有将近一年的时间,我似乎得了"产后忧郁症",我总是怀疑这个"孩子"哪儿有毛病,却瞪着眼愣是找不出来。而且,亢奋而又疲惫的写作结束之后,我觉得身心已经亏空,我想把"他"打扮得漂亮些,却不知从哪儿下手。

  一年之后,我又搞到了一些新的资料,于是开始了断断续续的阅读,也开始了断断续续的修改。修改过程中,虽然也对其中的一些部分做了些调整和充实,甚至重写了其中的一节内容,然而更多的时候,我只是拿我刚刚阅读过的材料在对比和印证。我把更多的精力投放在"国内外研究综述"的工作上——那是我做论文期间没有做完的事情。然而,由于字数原因,临到交稿时我终于不得不把那5万字的"综述"全部删掉了。我仿佛一刀砍掉了这个"孩子"的某个部位,为此,数日心痛不已。

  在最初的设计中,还有一章"法兰克福学派与中国"之类的内容,然而,我至今也没有把它写出来。不仅是因为自己的庸忙和懒惰,而且也因为在当今中国,我们已越来越失去了谈论法兰克福学派的思想环境。阿多诺当年批判的"文化工业"已经翻译成"文化产业",受到了主流意识形态的保护;知识界的专业人士似乎也在与法兰克福学派划地绝交、脱钩断奶,仿佛受过"批判理论"的影响成了一件特别跌份的事情。我要是把这些东西说破了,可能会给一些人添堵。——那就暂时不说它了吧。

  今年4月,当本书的修改差不多要告一段落的时候,我在网上做了一个统计。我把我所思考的四位思想家的名字输入到google上搜索,得到了这样一个网页结果——Theodor Adorno:102000;Walter Benjamin：1650000；Leo Lowenthal：6310；Herbert Marcuse：50000。这些数字本身已说明了一些问题。半年之后，我以同样的方式搜索，阿多诺没有任何变化，本雅明的网页增加到了 2240000 个，洛文塔尔与马尔库塞的网页分别变成了 5390 和 54000。

像美国哲学家罗尔斯（John Rowls）所说的那样，我所面对的这四位思想家同样是一些"让人叹为观止的人物"。然而，在当今的西方世界，最火爆的人物似乎还是本雅明。而在中国，本雅明不仅在学界受宠，而且据说已成为"小资"们的偶像了。相比之下，阿多诺则有些门前冷清，更不要说洛文塔尔和马尔库塞了。本雅明的复兴是一个复杂的现象，其中既有本雅明思想本身的原因，也隐含着我们这个时代的诸多症候。但是我想，本雅明对于大众文化那种宽容的态度是不是也暗合了许多人的口味，从而成了他们喜欢本雅明的一个潜在的理由？

本雅明当然非常可爱，然而，我的情感天平却越来越倾斜到了阿多诺那里。他那种义无反顾的批判姿态总是会让我想起中国的鲁迅。他们都是极权主义和专制主义的批判者，他们都是萨义德所谓的向权力说真话的人，他们身上都体现了现代知识分子极为珍贵的精神气质。当越来越多的知识分子变成了"专业人士"，当他们在市场、消费大众和主流意识形态之间潇洒穿行时，他们不可能喜欢阿多诺，正如他们不可能喜欢鲁迅一样。因为阿多诺的幽灵让他们难堪，也让他们积累自己的种种资本时无法心安理得。阿多诺不是他们的盟友而是他们潜在的敌人。然而，也唯其如此，在阿多诺被冷落、受嘲讽、遭批判的时候，阅读、阐释乃至保卫阿多诺就成了一件意义重大的事情。

我将一如既往地感谢我的导师童庆炳先生，如果不是他当时封堵了我的逃跑线路，我将与这些令人叹为观止的人物失之交臂。以陈传才先生为主席组成的答辩委员会（他们是王向峰先生、程正民先生、王一川先生、陶东风先生和曹卫东先生）对我的这篇论文给予了充分肯定，同时也指出了论文中存在的不足。他们的意见和建议为我的修改指明了方向。本书修改期间，孟登迎博士、赵建军博士、马康明博士、刘元满博士为我提供过资料上的帮助。许多人关心过这本书的命运，他们是我认识和不认识的老师和朋友。谨向他们致以诚挚的谢意！

本书的部分章节曾以单篇论文的形式在《外国文学评论》《文学评论》《文艺研究》《音乐研究》《文艺理论研究》《文艺理论与批评》

《天津社会科学》《北京师范大学学报》《学术研究》《文学理论学刊》《文化与诗学》等刊物上先期发表,有的还被《中国社会科学文摘》《文化研究》等刊物摘录或转载,并被收入《21世纪年度文学评论选·2003文学评论选》(人民文学出版社2004年版)中,谨向这些刊物及其责编致谢!

北京大学出版社文史部的张凤珠主任非常关心此书的出版,责任编辑戴远方博士认真严谨,她们为本书付出了大量的劳动,特此致谢!

我以无知者无畏的气概走进了法兰克福学派的世界,做到最后却常常是战战兢兢,如履薄冰。除了需要对法兰克福学派本身的哲学、美学思想熟悉之外,我发现我还必须具备如下的知识背景才能胜任这个选题:黑格尔的理论,马克思的学说,18世纪的英国文学,19世纪的法国文化,20世纪的美国大众文化,西方马克思主义,弗洛伊德主义,犹太神秘主义,达达主义,超现实主义,法西斯主义,席勒,波德莱尔,卡夫卡,勋伯格,布莱希特,古典音乐、流行音乐,五月风暴……我在做论文期间虽然恶补了我欠缺的一些方面,但我肯定没有全副武装起来。所以,这本书只是代表了我现在(准确地说是2001—2002年)对法兰克福学派的理解水平,我希望我的认识和理解能够与时俱进,我也期待着高人的指点。

最后,请让我向这四位思想家——这些令人叹为观止的人物致敬!福柯说:"如果我年轻时就遇到法兰克福学派,除了评论他们的工作就再也没有让我动心的事了。"我正式遭遇法兰克福学派时已不年轻,却想与他们长时间为伍。然而,许多时候我都不得不抽身而出,这实在是一件令人沮丧的事情。

但是,我想,无论如何,他们已成为我心中永远的风景;当然,他们也会成为我思想的永久动力。

赵 勇
2004年11月14日
于北京师范大学文艺学研究中心

增订版后记

2017年6月初,我转交给张文礼编辑一部书稿,书稿将要收入"文化诗学理论与实践丛书"之中。他收到后回复说:"您的《整合与颠覆:大众文化的辩证法》缺货已久,不如您修订一下,也放进这套书中?"他的建议让我心动,我才意识到我这本书确实也可以修订一番了。

但因为总是忙乱,答应了张编辑后我却迟迟没有动作,直到去年新冠疫情期间,才找到了时间。

然而,打开这本尘封已久的书,我却有些茫然:修订什么呢?想当年,我与这些法兰克福理论家较劲,凭借的是无知者无畏的一腔热血和浑身憨胆,自然也把自己的那点本事使到了山穷水尽的地步。如今,当我再次面对这堆文字时,有些地方却觉得不大满意了。但是,倘若对这些不满意处大动干戈,一是需要拿出更长的时间潜心琢磨,二是也会破坏历史的原貌。——我总觉得,我的这篇博士论文已是历史陈迹,其中的观点、想法、思考甚至表达,都不同程度地打上了年轻气盛的烙印,也代表着那个年代我对法兰克福学派的理解水平。对于那个年代的赵勇,我应该抱有足够的敬意和同情的理解。

而且,在我后来对法兰克福学派的持续关注中,一些从这本书里长出来的想法已写成文章。例如,在这本书中,我对本雅明"讲演"与毛泽东《讲话》的比较只有寥寥千字,后来则把它写成了两万多字的文章;阿多诺的名言"奥斯维辛之后写诗是野蛮的"也只是昙花一现,并非我论述的重点,后来也终于让它变成了近五万字的解读长文;本雅明的《讲故事的人》一直让我念念不忘,我在这本书中自然也有所分析,但延伸性的思考却是体现在我那篇《讲故事的人,或形式的政治——本雅明视角下的赵树理》中。那篇文章两万六千字,也算是一次尽兴之举。这些文章大都收录于《法兰克福学派内外:知识分子与大众文化》(北京大学出版社 2016 年版)和《赵树理的幽灵:在公共性、文学性与在地性之间》(中国人民大学出版社 2018 年版)之中,这意味着我在修订时,把这些拓展性的思考搬运过来或融入其中,也不合适。

于是,我也就只能黄鼠狼娶媳妇——小打小闹了。我把这本书摊开,又把电子文档打开,逐字逐句地推敲里面的说法和表达,一些关键用语更是反复掂量,或维持原貌,或加以改动。比如,那个时候,我特意把本雅明的"The Storyteller"译作《说书人》,现在则让它回到了更通行的《讲故事的人》。"Aura"有多种译法,当时我选用了"灵光",现在则改为有学者认为更合适的"光晕"。我的书中使用了不少引文,其中有许多是我自己翻译或参考别人的译文重译的。为了让它们尽可能地信达雅一些,我几乎核对、校译了我翻译的全部文字。为此,我又找出了我当年复印的那一堆英文书,在其中寻寻觅觅,在电脑上修修改改。如果说这次修订有什么重点的话,应该就是这些翻译的引文了。本雅明说:"我著作中的引文就像路边跳出来的强盗,他们全副武装,夺走了闲逛者的信念。"我只能说:"我著作中的引文涉及阿多诺和本雅明,他们手持武器捍卫着句子的尊严,我得想办法解除他们的武装。"

也是因为校译,我才意识到近二十年来,法兰克福学派的著作文章及相关研究专著已译过来不少。例如,洛文塔尔的《文学、通俗文化和社会》(甘锋译),凯尔纳编辑的六卷本《马尔库塞文集》,本雅明的《巴黎,19 世纪的首都》(刘北成译)、《单行道》(王才勇译)、《班雅明作品选——单行道·柏林童年》(李士勋、徐小青译)、《无法扼杀的愉悦:文学与美学漫笔》(陈敏译),阿多诺的《论音乐中的拜物特征与听的退化》(方德生译),杰姆逊的《晚期马克思主义——阿多诺,或辩证法的韧性》(李永红译),沃林的《瓦尔特·本雅明:救赎美学》(吴勇立、张亮译),胡伊森的《大分野之后:现代主义、大众文化、后现代主义》(周韵译),魏格豪斯的《法兰克福学派:历史、理论及政治影响》(孟登迎、赵文、刘凯译),等等。我做论文时,这些书或文都还没有中译本,如今我在校译时已经可以用它们做核对或做参考了,这是需要特别说明的。

这个增订版中增加了一个附录，那是我当年所做的文献综述。我曾经说过，当年成书被迫拿掉这个综述时，我很是心疼。如今我决定把它收进来，倒也不是旧病复发，而是觉得这些资料或许能为后来的研究者提供一些线索。当然，这个综述只是做到了我当年交付这本书稿时为止。那时候，信息渠道有限，网络资源更谈不上发达，其中的疏漏之处也就在所难免。这是需要专家学者和读者朋友谅解和指正的。

因为张文礼编辑的提议，我才有了这次修订和再版的机会。因此，我要对他和北京大学出版社郑重地说一声谢谢！同时感谢他即将付出的辛苦劳动。从 2005 年出版这本书开始，张凤珠副总编就一直对我很是关照，在此一并谢过。

也要再一次感谢我的导师童庆炳先生。因为修订，我又想起了他当年指导我做论文的点点滴滴。如今，他辞世已六年多了。我很怀念他。

2021 年 8 月 15 日